KB046373

者義然則大教之興基乎西

騰漢庭而皎夢照東域而流慈

昔者分跡之時言未馳而成化當常現

常之世民仰德而知遵及乎晦影歸真

遷儀越世金容掩色不鏡三千之

光麗象開圖空端四八之相於是微

凡愚區區庸鄙投其旨趣能無疑
惑者哉然則大教之興基乎西
土騰漢庭而皎夢照東域而流慈昔者分
形分跡之時言未馳而成化當常現
常之世民仰德而知遵及乎晦影歸
真遷儀越世金容掩色不鏡三千之
光麗象開圖空端四八之相於是微

역사신문

신문으로 엮은 한국 역사

고려시대 (901년~1392년)

2

이 책을 만든 사람들

감수위원   박종기(국민대 교수)
검토위원   조동근(경동고 교사)
             박진동(덕수산업정보고 교사)
             남궁원(서울사대부고 교사)
             이화연(경서중 교사)
             신선호(국악고 교사)
집   필   남궁원(대림중 교사)
             박제우(서울대 국사학과 박사과정)
             김성환(역사평론가)
학술 협조 및 자문
             서울 시립대 서울학 연구소
시사만평   이은홍
삽   화   김종도 이철원 김상섭 이은홍
만   화   이바구
지   도   전크리에이티브
표   지   박현숙디자인

교   정   강윤재 최옥미 조경숙
제   작   조영준
미   술   이은홍 송춘회
연   구   김성환
기   획   우지향
편   집   최영재
편 집 인   김경택

역사신문 발간에 부쳐

**우리가 신문보도를 통해서
그날그날 일어난 사건을 접하고,
해설기사를 보면서
그 사건의 성격을 이해하며,
사설을 읽고 그 시시비비를 가릴 수 있듯이,
역사신문을 봄으로써 과거의 역사를
생생한 오늘의 일로 느끼면서도 깊이있게
이해하도록 하자는 것입니다.**

우리는 흔히 '역사'에 대해 서로 다른 두 가지 상을 갖게 됩니다. 역사란 오늘의 우리 모습을 비춰 주고, 내일의 삶에 방향을 제시해 주는 거울 같은 것이라는 거창한 명제가 우리들 의식 한 켠에 늘 자리잡고 있습니다. 그러나 다른 한편, 역사를 단순히 흘러간 옛날 이야기로 치부하거나 골치 아픈 연대기를 외우는 지겨운 과목쯤으로 생각하는 경우도 적지 않습니다. 이처럼 역사에 대해 상반된 상을 갖게 되는 것은 역사를 역사답게 배우지 못했던 교육 여건의 결과이기도 하지만, 역사를 올바로 이해할 수 있도록 도와 주는 자료나 매체가 풍부하지 못한 데에도 원인이 있습니다.

역사란 결코 박제화된 먼 과거의 연대기가 아닐 것입니다. 인류는 유사 이래 서로 이해관계를 다투며 각 시대마다 그 시대의 사회체제와 생활양식을 만들고, 또 이것을 떠받쳐 주는 사상을 엮어왔는 바, 그 총체가 바로 역사라고 할 수 있습니다. 또한 오늘 우리들의 삶도 바로 이 역사의 연속선상에서 이루어지고 있습니다. 그러기에 우리는 과거의 태반 속에서 태어난 역사의 자식인 것입니다.

그러나 이 점을 확연하게 깨닫게 해주는 책은 그리 많지 않은 것 같습니다. 통사류의 개설서나 교과서는 역사의 전 시기를 체계적으로 서술하는 것이 목표이다 보니 너무 추상적이고 어려워, 지식대중들이나 학생들이 역사를 자신의 삶과 관련하여 생생하게 이해하는 데에는 큰 도움을 주지 못하고 있습니다. 그런 반면 이야기 형식으로 꾸며진 역사책들은 흔히 흥미 위주의 이야기들을 모아놓은 데 그치는 경우가 많아 과거 사람들의 삶에 흥미를 갖게 하지만, 각 시대의 실상을 체계적이고 객관적으로 파악하게 하는 데에는 미흡할 수밖에 없다고 생각합니다.

우리가 역사를 신문형식으로 편찬하기로 한 것은 이처럼 비어있지만 가장 중요한 자리를 채우는 좋은 방법이 아닐까 하는 생각에서입니다. 먼 과거의 역사를 마치 우리가 날마다 주위에서 일어나는 사건을 신문을 통해서 보는 것처럼 쉽고 생생하게 이해할 수 있을 거라는 생각입니다. 말하자면 우리가 신문보도를 통해서 그날그날 일어난 사건을 접하고, 해설기사를 보면서 그 사건의 성격을 이해하며, 사설을 읽고 그 시시비비를 가릴 수 있듯이, 역사신문을 봄으로써 과거 역사를 생생한 오늘의 일로 느끼면서도 깊이있게 이해하도록 하자는 것입니다.

우리 역사신문편찬위원회는 이런 목표를 이루기 위해 지난 3년여 동안 함께 모여 수많은 논의를 거치며 집필과 편집작업을 거듭하여 우리 역사를 모두 130여 호의 신문으로 편찬하게 되었습니다. 선례가 없이 처음 만드는 신문이라서 기사의 내용이나 편집체제가 애초의 의도를 살리기에 미흡한 점이 적지 않으리라 생각되어 걱정이 앞서기도 합니다.

그러나 그런 가운데서도 우리 역사를 자기 것으로 이해하고자 하는 지식대중들이나 역사를 가르치고 배우는 교사와 학생 모두에게 바른 역사이해의 길잡이가 되었으면 하는 마음 간절합니다.

역사신문편찬위원 일동

역사신문 읽는 법

(1) 역사신문은 중요한 역사적 사건을 중심으로 전후 몇 십년, 간혹 몇 백년을
   한 호의 신문에 포괄하고 있습니다. 그래서 어쩔 수 없이 수십년 동안 일어난 일을 한 호의 신문에
   실었고 기사 내용도 몇 십년을 한 시간대로 간주하고 쓰여진 경우가 있습니다.

(2) 역사신문 기본호는 4면으로 구성되어 있습니다.

4면의 예

1면 에는 해당 시기의 주요 사건의 보도기사들을
역사적 중요도에 따라 크기를 달리하여 실었습니다.

2면 에는 1면 기사 가운데 중요한 비중을 갖는 사건의 배경과
역사적 맥락 등을 이해하도록 하는 해설성 기사와 사설,
만평 등을 실었습니다.

3면 에는 1면의 관련기사나 생활, 경제기사를 주로 실었습니다.

4면 에는 문화 관련기사와 해외소식을 주로 실었습니다.

(3) 역사신문의 기사들은 이런 성격을 갖고 있습니다.

기사제목 : 기사제목은 역사의 사실을 전달하면서도
이를 당시 살았던 사람들의 생각을 통해 이해하도록 뽑았습니다.
주요 기사의 제목만을 쭉 읽어 보아도 한 시대의 흐름을
알 수 있을 것입니다. 물론 기억에도 오래 남습니다.

연표 : 1면 제호 옆의 연표를 보면 해당 호에 주로 어떤 사건들이
일어났는가를 파악할 수 있습니다. 또 주요 사건의 관련기사가 몇 면에
실려 있는가가 표기되어 있어 신문의 목차 역할도 합니다.

연대표 : 1면 하단의 간단한 연대표를 보면 해당 호의 주요 사건이
각 시대의 전체 흐름 가운데에서 어떤 위치와 맥락에 있는지
참조할 수 있습니다.

관련기사 : 각 호의 주요 기사에 대해서는 반드시 관련 해설이나 관계 인물과 인터뷰 등을 하여 그 내용을 역사적 관점에서 다각도로 이해할 수 있도록 하였습니다.

참조기사 : 앞뒤 호로 연결되는 사건이나 정책 등에 대해서는 참조기사 표시를 하여 역사적 흐름의 이해를 돕고 있습니다.

사설 : 사설에서는 각 시대의 주요 사건을 오늘의 관점에서가 아니라, 그 시대를 살았던 사람들의 관점에서 시비를 가려 평가하였습니다. 오늘날 흔히 논란이 되고 있는 역사적 쟁점을 그 시대인의 눈으로 보는 데에 도움이 될 것입니다.

찾아보기 : 책 말미의 찾아보기는 신문에 실린 각 시대의 주요 사건, 인물, 제도, 정책, 유물 등의 내용을 사전처럼 쉽게 찾아볼 수 있도록 그 게재 위치를 표시한 것입니다. 필요할 때마다 여러 가지 용도로 활용하세요.

(4)역사신문을 읽고 이렇게 해 보세요.

(1) 역사신문의 사설을 읽고 논평이나 비판을 써 보면 그 주제에 대한 자신의 생각을 정리하는 데에 도움이 됩니다.

(2) 관심 있게 읽은 기사에 대해 독자투고를 써 보면, 역사적 사실이 먼 과거에 일어났던 남의 일이 아니라 바로 자신의 일임을 느끼게 됩니다.

(3) 만평을 보고 자신의 소감을 써 보거나 자신이 직접 만평을 그려봐도 재미있습니다.

(4) 특정기사를 광고문으로 만들어 보는 것도 흥미로운 일입니다.

일러두기

1. 역사적 사실에 대한 고증이나 평가 가운데 역사학계에서 이론(異論)이 있는 경우, 고등학교 국사교과서를 기준으로 삼았으며, 국사교과서와는 다르지만 중요하다고 생각되는 견해에 대해서는 독자투고 등의 형식으로 소개하고자 했다.
2. '역사신문' 의 기사는 모두 사실(史實)에 기초하여 집필하였으나, 신문의 형식상 필요한 경우 사실의 범위 내에서 가공한 부분도 있다.
3. 사설은 기본적으로 역사적 입장을 견지하였으며, 구체적인 사항에 대한 평가는 '역사신문' 의 견해에 입각한 것임을 밝힌다.
4. 용어나 지명은 가능한 한 해당 시기의 명칭을 사용하는 것을 원칙으로 하였으나, 현재 확인할 수 없는 경우는 현재의 명칭을 그대로 썼다.
5. 역사상의 인물 모습은 가능한 한 초상화나 인물화를 사용하였다. 그런 자료가 남아 있지 않은 경우에는 임의로 그렸음을 밝혀둔다.
6. 꼭 필요한 경우 외에는 한자를 생략하였다. 중요한 용어나 인명 등에 대해서는 책 말미의 '찾아보기' 에 한자를 병기하였다.
7. '찾아보기' 는 신문의 각 면을 4등분하여 좌 · 우, 상 · 하의 차례대로 가, 나, 다, 라로 세분하여 표시하였다.

역사신문 2권 차례

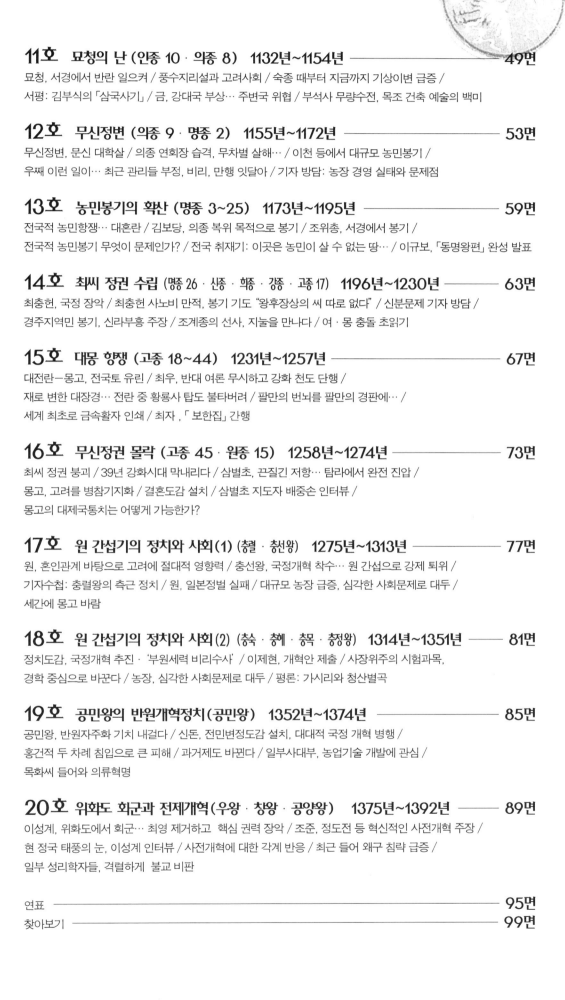

역사신문

누가 승자인가

후삼국 패권 향방 '예측불허'

통일신라의 국정 운영능력 상실로 사회 전반이 극도로 혼란한 가운데 견훤의 후백제, 궁예의 태봉, 신라가 후삼국의 패권을 놓고 치열한 각축전을 벌이고 있다.

최근에는 궁예 휘하에 있던 왕건이 새로운 강자로 부상함에 따라 후삼국의 향후 정세는 누구도 쉽게 예측할 수 없는 혼미한 상황으로 빠져들고 있다.

누가 민심 확보와 호족 세력 포섭에 성공할 것인지…

현재 궁예의 태봉은 평안, 강원, 경기와 충청, 경상, 전라 일부를 점령, 최대세력을 구축하고 있으며 견훤의 후백제는 완산주를 중심으로 여전히 독자세력을 유지하고 있다. 여기에 신라는 사실상 국가간 경쟁에서 탈락한 상태이며, 왕건은 급속도로 성장한 신흥 주자로서 주변의 신망 속에 건국 움직임을 보여 관심의 초점이 되고 있다.

앞으로 이들간의 쟁패는 정치적으로 어떻게 민심을 끌어들이고, 각 지역에 웅거하고 있는 호족세력을 누가 더 포섭하느냐에 달려 있다는 것이 전문가들의 일치된 견해이다. 한편 신라 왕실의 영향력을 받고 있던 경주 주변 경상도 지역의 호족세력 포섭 여부가 후삼국의 패자를 결정하는 주요한 변수로 작용할 것으로 보여, 현재 경상도 지역의 호족 포섭을 위한 막후 접촉과 이 지역을 점령하기 위한 군사대결이 각 세력간에 치열하게 전개되고 있다.　　관련기사 2・3면

왕건, 새 국가 '고려' 세우다

"민생안정을 위해 최선 다할 터"

"혹독한 폭정, 왕실만 살찌웠다", 태조 왕건 즉위사 통해 궁예 격렬히 비판

918년 6월 철원의 포정전에서 많은 사람들이 참석한 가운데 왕건의 국왕 즉위식이 거행됐다.

그는 고구려 계승의 의미에서 국호를 고려라 하고 연호를 천수라 했다고 밝혔다. 즉위사를 통해 왕건은 "혹독한 폭정으로 민중을 수탈함에 따라 요역이 번거롭고 부세가 과중, 백성들의 생활은 힘들고 궁색해졌으며, 국토는 황폐해졌다"고 전왕 궁예를 신랄하게 비판했다. 또 이전의 조정이 국민들로부터 거두어들인 세금으로 "왕실만을 살찌웠다"면서 "앞으로 과감하게 개혁정책을 시행, 이전과는 다른 새시대를 열겠다"고 말했다.

한편 왕건은 즉위 교서에서 "향후 3년간 백성들의 조세를 전액 감면한다"고 밝혀 많은 백성들로부터 환영을 받았다. 이러한 조치는 궁예가 제시하지 못한 대민안정책으로 전왕조와 다른 면이라고 조정 관계자는 밝혔다.

조세감면 조치와 함께 왕건은 어쩔 수 없는 사정으로 노비로 전락한 사람들을 조사, 그들을 원래의 신분인 양인으로 회복시킬 것을 지시하여 제반 경비를 국고에서 지출, 무려 1백여 명의 사람들을 다시 양인으로 만들었다.

새로운 국가 고려의 출범과 더불어 시행된 일련의 조치들은 민생안정을 위주로 향후 정책을 펴나가겠다는 왕건의 강력한 의지가 반영된 것으로 보이며, 많은 이들의 환영을 받고 있다.

각지 유력인사들 줄줄이 고려에 귀순

고려의 신장된 국력과 왕건의 정치력 때문

왕건의 선정이 각지에 전해지면서 여러 지역의 세력자들이 앞다투어 고려에 귀순해오고 있다. 고려 건국 후 골암성주 윤선, 아자개 등이 귀순해왔고, 920년에는 강주장군 윤웅, 922년에는 명주장군 순식과 진보성주 홍술 등이 연이어 귀순해왔다.

이같은 한반도 유력자들의 고려 귀순 현상은 고려의 세력이 점차 강성해지고 있다는 현실적인 측면 외에도 민생안정을 강조하며 국정을 안정감 있게 이끌고 있는 왕건의 정책과 정치력이 높게 평가되고 있기 때문이다. 앞으로도 당분간 유력자들의 고려 귀순은 계속될 전망이다.

한편, 925년에는 신라 고울부의 장군인 능문이 귀순해왔는데 이에 대해 왕건의 측근은 "920년 신라와 국교가 수립된 이후 신라와는 친선 관계를 유지하는 것이 국왕의 기본 입장"이라고 말하고 고울부가 신라의 도읍인 경주에 근접해 있음을 감안, 능문을 다시 신라로 돌려보낼 것이라고 말했다. 이는 고려의 신라에 대한 친선을 보여주는 중요한 측면으로 풀이된다. 이미 고려는 921년에 신라를 침범하려는 달고적(여진족) 1백71명을 등주(안변)에서 격퇴시킨 바 있다. 이번 사건을 계기로 신라와 고려의 관계는 더욱 친근해질 것으로 보인다.

후삼국 전면전 발발 가능성 높아

후백제, 신라 침공 … 고려, 신라 지원에 나서

920년 후백제가 신라의 대야성(합천)을 점령하고 진례성(무주)까지 진출해 신라 함락의 교두보를 마련, 후삼국간에 전운이 감돌고 있다. 견훤은 지난 901년과 916년에도 대야성을 침공했었다.

후백제가 신라를 장악할 경우 큰 위협이 될 것으로 판단한 고려가 신라 지원에 나서 현재 후백제의 진격은 일단 저지된 상태이다. 이로써 그간 유지돼온 후백제와 고려의 친선 관계는 사실상 파기됐다.

지금 신라는 전투력을 거의 상실한 상태이고, 고려 또한 건국 직후 내정의 수습에 바빠 후백제의 적수는 되지 못한다는 것이 군사전문가들의 일반적인 분석이지만, 후백제의 배후지역인 서남부 해안지역을 고려가 장악하고 있어 견훤은 우월한 군사력에도 불구하고 동, 북, 서 3면으로부터의 협공 위협 때문에 과감한 군사행동을 자제하고 있다.

후고구려, 후백제 지역 공략 성공

왕건 큰 공 세워 궁예 대아찬 벼슬내려 치하

903년 3월 후고구려의 왕건은 수군을 동원, 서해를 통해 광주로 진격, 금성군을 함락시켰다. 또 부근 10여개의 군현을 공격하여 이를 후백제로부터 빼앗는 전과를 올렸다.

왕건은 이곳의 지역명을 '나주'로 고치고 군대를 두어 수비하게 한 후 송악으로 개선했다. 이 공로를 인정하여 궁예는 왕건을 대아찬 장군에 임명했다. 이보다 앞서 왕건은 900년에 궁예의 명을 받고 출정하여 광주(廣州), 충주, 청주 등의 3개 주와 당성(경기도 남양), 괴양(충청도 괴산) 등의 군현을 정벌한 바 있다. 그 공로로 왕건은 궁예로부터 아찬의 벼슬을 제수받았다.

발해, '큰 위기'

지배층 분열, 백성들 생활고

현재 발해는 지배층 분열, 백성들의 생활고 가중과 거란의 공격 위협 등 내우외환의 위기에 처해 있다. 발해 왕실은 대책마련에 고심하고 있지만 뚜렷한 대안이 없는 가운데 후량, 후당, 신라 등 주변국가들의 지원을 구하고 있다. 지금 상당수의 왕족이 고려로 넘어오고 있는데 당분간 이같은 추세는 계속될 전망이다.

말갈족과 연합, 국가를 형성한 발해는 국가통제력이 급격히 상실되고 있으며, 지배층 사이에는 사치 풍조가 만연해 있다. 조세 부담과 군역, 그리고 대규모 토목공사 등에 시달린 백성들은 생활고를 벗어나지 못하고 있어 과거 화려했던 강국의 모습은 찾아보기 어렵다.　　참조기사 1권 20호

역사신문

지금은 역사적 전환기

민심을 얻는 자가 천하를 얻을 것

문무왕이 통일대업을 달성한 지 200여년 만에 신라는 다시 분열되고 말았다. 진골귀족들의 끝없는 사치향락과 왕권다툼으로 나라의 기강은 완전히 무너져내려 국가운영 자체가 불가능한 상황인데다, 가혹한 농민수탈로 각처에서 농민들의 봉기가 계속되어 기존 사회체제는 더 이상 지탱할 수 없는 총체적인 붕괴양상을 보이고 있다. 이런 혼란 속에 각처에서 일어난 호족들은 이제 몇 개의 나라로 모여들어 천하의 패권장악을 위해 각축하고 있다. 우리 사회는 바야흐로 역사적 전환기에 접어든 것이다.

그렇다면 과연 이러한 역사적 전환의 원동력은 무엇일까? 우리는 그 원동력으로 무엇보다 민의 성장을 꼽지 않을 수 없다. 지금까지 역사상 민이 이처럼 대대적으로 체제에 저항하여 들고 일어난 적이 있었는가.

되돌아보면 신라의 삼국통일은 영토적 통합임과 동시에 새로운 사회단계로의 비약·발전을 의미하는 것이었다. 즉, 사회발전의 원동력이 농업생산력에 달려 있는 사회가 열린 것이다. 여기에는 그만큼 농업의 발달과 생산농민의 성장이 전제되어 있는 것이었다. 따라서 신라는 당연히 성장한 농민들을 체제 내로 수용하여 사회를 새롭게 재편했어야 함에도 불구하고 엄격한 신분제 아래 진골귀족이 부와 권력을 독점하였고, 말기에 이르러서는 농민 수탈이 극심해져 모순이 첨예화되고 말았다. 작금의 농민봉기는 그동안 성장해온 농민들이 이처럼 첨예화된 모순에 대해 대대적인 저항을 시작한 것을 말해준다. 각지에서 성장하고 있는 호족들이 자립할 수 있는 토대도 이러한 농업발전을 그들이 주도하고 이를 장악하고 있다는 데 있는 것이다. 이런 배경을 바탕으로 각지의 호족들이 서로 정치적으로 또는 군사적으로 힘을 결집하여 대립하고 있는 것이다.

따라서 지금의 사회적 격동을 역사적 전환으로 인식하여 이를 근원적으로 수습하고자 한다면, 무엇보다 사회의 기층을 이루고 있는 농민들의 삶을 안정시킬 수 있는 비전을 제시해야 할 것이다. 그것은 곧 시급하게는 이들에 대한 과도한 수취를 완화하는 일이 될 것이며, 시대적으로는 민이 나라의 근본이 되는 그런 체제와 이념을 세워나가는 일이 될 것이다. 지금 진행되고 있는 삼국간의 쟁패도 궁극적으로는 군사력에 의해서가 아니라 이런 비전 여하에 따라 판가름날 것이 아니겠는가. 무력에의 굴복은 일시적인 것이지만 안식을 찾는 민심은 영원한 것이다.

그림마당
이은홍

나라 세운 왕건, 무슨 일부터 착수하나

왕건, 호족·농민 끌어안기 본격 시동

왕건에게 가장 시급한 과제는 각지의 호족들을 포섭하는 일이다. 건국 후 6개월 이내에 벌써 여러 차례 모반이 있었을 정도로 호족들의 할거는 거세고 상대적으로 왕건의 입지는 아직 미약하다. 그래서 왕건은 각지 호족들에게 친서를 전달하며 평소의 고마움을 표시하고 있다고 한다.

아울러 호족들의 딸과 혼인을 추진하고 있다. 이는 호족들과 사돈관계를 맺어둠으로써 그들을 포섭하려는 정략이다. 그리고 그들의 아들들은 개경에 와서 정책 자문 역할을 해줄 것을 요청하고 있다. 이는 호족들의 지위상승 욕구를 이용하면서 사실상 중앙에 볼모로 잡아둬 그들의 운신폭을 제한하려는 의도다.

이와 함께 왕건 앞에 놓인 숙제는 민생의 안정이다. 신라가 농민항쟁으로 지금 무너지고 있듯이 백성들을 추스르지 않고는 사회안정이 불가능하다. 따라서 왕건은 즉위하자마자 조세를 대폭 감면하는 조치를 취했다. 아울러 신라 말 이래 문란해진 토지제도를 조만간에 정비할 것이라고 발표했다.

무엇보다도 현안은 후백제와의 대결상황이다. 왕건의 한 측근은 "우리는 군사력만으로는 견훤의 적수가 안된다. 정치력과 외교력을 총동원, 우리에게 유리한 정세를 조성해나갈 것"이라고 말한다.

호족세력, 그들은 누구인가?

신라의 지방 통제권 상실로 각 지역마다 실력자들 나타나
6두품, 토착촌주, 해상세력 출신으로 정치력, 경제력 갖춰

호족은 기존의 골품제도 밖에 존재하는 계층으로, 신라 왕실이 지방에 대한 통제력을 상실하면서 각 주와 현에서 그 지역의 실력자가 돼 정치 전면에 나서고 있다. 궁예, 견훤, 왕건 등 현정계의 실력자들이 모두 호족 출신이다.

중앙에서 낙향한 6두품, 지방에 뿌리를 둔 토착촌주세력 등이 호족으로 성장했다. 명주(강릉)의 김순식, 웅주(공주)의 김헌창 등이 6두품 세력이며, 토착촌주층은 각지방에서 현재 성주와 장군을 자칭하고 있는 이들을 말한다. 그 밖에 청해진의 장보고, 북원(원주)의 양길 등은 해상세력 및 초적세력에 속한다. 아무래도 토착촌주층이 수도 많고 일반적인 경우다.

이들은 자기 지역에서의 경제력을 바탕으로 최근에는 정치력까지 장악하고 있다. 자기 지역에 신라 중앙의 정치기구를 모방한 관반제(官班制)를 둠은 물론 군사력까지 갖추고 있다. 그러나 이들 중 대부분은 자기 지역 이외의 지역에 대해서는 통제력이 없고, 또 그럴 의사도 별로 없다. 따라서 주관심은 자기 지역에 대한 통제력의 유지에 있다. 다만 신라에 대해서만은 분명하게 반대의 입장을 표하고 있다.

미륵 신앙과 선종이 이들의 사상적 기반이다. 기존의 교종은 신라 귀족들의 사상이라고 배척하고 있다. 신라의 퇴락과 함께 도래한 권력공백 상태 때문인지 혼란한 현세를 구원해줄 미륵의 재림, 난해한 불경 해석이 필요없는 참선만으로의 구원이 이들의 구미에 맞는다.

이들은 이러한 미륵사상과 선종사상을 일반 백성들에게까지 광범위하게 전파하고 있으며, 궁예와 같이 자기 자신을 현세에 도래한 미륵으로 자처하는 경우도 생겨나고 있다.

최근까지 각지에서 농민봉기가 끊이지 않고 있다. 이는 이상기후로 농업생산이 격감한데다 중앙과 각지 성주 및 장군들의 수탈이 겹치면서 비롯된 것이다. 그러나 조정에서 이를 해결할 만한 통치력을 발휘하지 못하자 농민들 사이에서는 군사력을 가진 이들 지방 호족들에게 의존하는 경향이 나타나고 있다.

중앙 조정 대신 호족들에게 조와 역을 바치고 그 대가로 신변의 안전을 보호받는 것이다. 호족들로서도 농민들은 자신의 경제적 기반이자 군사력의 충원 대상이기 때문에 서로의 이해관계가 현재 시점에서는 일치하고 있다.

참조기사 1권 15호 3면

기자 방담 현 시국의 진단과 전망

견훤·왕건 패권 각축

전국적 통치력 확보 여부가 패권 장악의 핵심

- 김기자 신라의 통치력은 사실상 경주 일원에 국한된 상태다. 왕실의 권위는 땅에 떨어져 있다. 그럼에도 왕실 귀족들의 정쟁과 사치, 향락은 여전해 백성들의 불만이 대단할 수밖에 없다.

- 최기자 낙동강 서쪽 지역은 견훤이 강자로 자리를 굳혀가고 있다. 전주지역을 중심으로 막강한 군사력을 동원, 주변 호족들을 제압해나가고 있다.

- 이기자 중부지방의 경우 왕건의 부상이 주목되고 있다. 특히 그는 해상세력 출신이라 자신의 해군력으로 서남 해안 지방을 평정, 후백제를 압박하는 새로운 전술을 보이고 있다.

- 김기자 전국적으로 지역 정부가 난립, 각축하게 된 상황은 신라가 각지의 농민항쟁으로 무너져내렸기 때문이다. 농민항쟁은 과중한 세금수취가 근본 원인이었다. 견훤도 농민 출신이다.

- 이기자 이러한 상황은 정치적으로 보면 골품제의 종언을 의미한다. 지금 각지에서 할거하고 있는 호족세력들은 모두 몰락한 6두품이거나 지방 촌주들이다.

- 최기자 현재로서는 후백제가 가장 강력하다. 견훤은 조만간 신라 지역을 손에 넣겠다고 호언하고 있다. 이는 왕건의 고려가 신라와 손잡고 후백제를 포위하려는 것에 대한 예방책이기도 하다. 머지않아 3자간 일대 접전이 벌어질 것 같다.

- 김기자 전쟁은 정치의 연장선상에 있다는 말이 있다. 왕건의 정치력에 주목해야 할 것이다. 왕건은 건국 이후 민심 획득에 주력, 조세부담을 감면해주는 조치부터 취했다. 또 신라, 후백제와 화전양면의 능수능란한 외교력을 펼치고 있다.

각지의 호족들에 대해서도 일방적 평정보다는 결혼을 통한 회유·포섭 작전을 구사하고 있다. 이 모든 것들은 후백제의 견훤이나 신라 왕실의 행태와는 판이하게 다른 것이다.

- 이기자 현실적으로 각지의 호족들로부터 지지를 획득하는 것이 패권 장악의 급선무일 것이다. 그러나 전국적 통일을 이루기 위해선 오히려 호족들에 대한 강력한 통제력이 요구된다고 본다.

- 최기자 그렇다. 누가 패권을 장악하든 통치력이 전국에 걸쳐서 미칠 수 있을 것인지가 핵심 문제다.

왕건, 그는 누구인가

877년 송악 출생. 대대로 해상 무역에 종사해온 호족출신. 미간이 넓고 이마가 훤하며 턱이 야무지게 생겼다. 아버지 왕륭이 궁예 휘하로 들어가면서 궁예의 후원 아래 강력한 세력으로 성장. 궁예 휘하에서 송악 성주, 시중 등을 역임했다.

전투에 능하고 특히 해전에 강하다. 견훤 측과의 전투에서 적군이 우월한 것을 보고 부하들이 기가 죽자 "승패는 병사의 질에 있는 것이지 수에 있는 것이 아니다"라며 돌

격, 승리를 거둔 일로 유명하다.

정치적 처신에 있어 주도면밀하고 부하를 잘 거느린다는 평. 궁예로부터 역모 의심을 받았으나 슬기롭게 넘긴 적도 있다. 거사 때 궁궐을 향해 진격해가는 길목에 수많은 군중들이 몰려들어 환호할 정도로 대중적 인기는 높다. 한편 우유부단하고 처세에만 신경쓴다는 혹평이 있으며 심복들이 찾아와 거사를 건의하자 겁먹고 주저했는데 부인의 강권으로 거사에 나선 것으로 알려졌다.

궁예, 견훤, 왕건 비교

	견훤	궁예	왕건
출생지	상주(문경)	왕경(경주)	송악(개성)
출신	농촌 호족	신라 왕족	해상 호족
경력	신라에서 서남해안 변방비장	승려, 초적	궁예 휘하에서 군 경력
성격	권위적	포악, 의심많음	성격 원만
정책	신라 모방	구시대적 폭군	호족들과 우호

고려의 도읍지 개경

북쪽 송악산과 남쪽 용백산 사이에 자리잡은 분지

정궁 만월대는 송악산 남쪽에 위치 … 전체적으로 협소하고 검소한 분위기

919년 고려 왕조는 개경을 도읍으로 정했다. 개경은 북쪽 송악산과 남쪽 용백산 사이의 분지로 나라의 중심부에 자리잡고 있으면서 농업과 수륙교통에 편리하고, 주변의 산들은 적의 침공을 막아내는 데 유리한 자연요새지이다. 이미 왕건은 예전부터 이곳을 중심으로 세력을 키워왔다.

현재는 송악산을 기점으로 남쪽으로 길게 전개된 발어참성만이 축조됐는데, 내성이나 외성과 같은 성벽을 조성하지 않은 이유는 자연적인 지리조건을 이용하고자 한 것이라 한다. 그러나 이후 국제정세 여하에 따라서는 고구려의 평양성에서 보이는 성벽이 축조될 것으로 예상된다.

남북방향으로 길게 뻗은 발어참성의 남쪽이 황성 영역인데 이곳의 중심 북쪽에 왕궁을 두었다. 황성

은 궁성의 외곽 방위성이면서 중앙 관청들이 있는 곳이다. 개경성 내부에는 대도로가 남북으로 향한 것이 1개, 동서로 향한 것이 3개 있다. 919년 이 도로를 경계로 하여 부, 방, 리를 구분했다.

고려의 정궁인 만월대는 송악산 남쪽에 위치하고 있다. 궁전의 정전 앞에는 3개 문이 차례로 배치됐으며 입구의 맨 앞에는 광명천이라는 냇물이 가로질러 흐르도록 하고 거기에 화려한 돌다리를 놓았다. 궁성 안에는 불교와 관련된 절과 불탑이 설치되어 있다.

만월대의 궁궐배치는 이전과는 다른 몇 가지 특징을 가지고 있다. 우선 정전 구역까지 이르는 진입로 주변의 건물이 고구려 때처럼 대칭으로 배열되지 않고 지형에 순응, 자유롭게 배치돼 있다. 또한 회경전의 실내 구조는 알려진 바에 따

르면 하나의 방으로 탁 트여있지 않고, 정청(政廳)과 부속 신하들의 방이 동시에 배치된 객사 형식의 구조라고 한다. 이는 고려 왕조가 아직 절대적인 왕권을 행사할 수 있는 힘을 보유하지 못한 채 귀족 세력이 강한 권력을 행사하고 있는 정치현실을 반영하고 있는 것으로 보인다.

회경전 구역과 장화전 구역의 연결도 중심선이 동일축 선상에 있지 않고 편재돼 있다. 또한 궁궐에 반드시 있기 마련인 유락 시설을 거의 찾아볼 수 없다.

전체적으로 개경 본궁은 협소하고 검소한 분위기다. 따라서 앞으로 도처에 이궁이나 별궁이 건설될 것이라는 예측도 나오고 있다. 이 경우 계획적인 도시 건설을 염두에 둔 공사가 요구된다고 건축 전문가들은 지적하고 있다.

개경 성곽 평면도

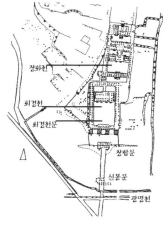

개경 만월대 평면도

개경에 시전 설치

영통, 광덕, 흥선, 통상 등 이름 걸고 영업시작

919년 고려 조정은 새 도읍지의 상업활동을 활성화시키기 위해 시전을 설치, 상인들에게 대여하고 있다. 시전은 경시서(京市署)의 감독하에 운영되는데 "시전을 통해 관청에 필요한 물품들이 쉽게 조달될 수 있을 것"이라고 조정관계자는 전망하고 있다. 현재 관과 관련된 지배층 인사들과 사원과 연관된 일반 상인들이 주로 시전운영을 담당하고 있는 것으로 알려졌다.

개경 시전은 왕궁의 동쪽문인 광화문(廣化門)에서 십자가(十字街)에 이르는 도로인 남대가(南大街)를 따라 조성됐다. 도로 양편을 따라 영통(永通), 광덕(廣德), 흥선(興善), 통상(通商) 등의 간판이 붙어 있다. 현재 고려에는 이들 시전상인들 외에 장작감(將作監) 등과 같은 관청과 직거래를 하는 어용상인들이 활동하고 있다.

궁예, 나라 이름을 태봉으로

911년 1월 궁예는 국호를 마진에서 태봉으로 바꾸고 연호를 수덕만세라 한다고 발표했다. 국호와 연호를 자주 고치는 것에 대해 일부 백성들은 불만을 표시하기도.

궁예, 간언하는 부인 죽여

915년 궁예는 부인 강씨가 "폭정을 그만두고 자세를 바르게 할 것"을 간언하자, 간통죄로 몰아 처형했다. 궁예는 억울하다는 부인에게 '미륵관심법'을 내세우며 '신통력으로 안다'고 말했다. 궁예는 두 아들 청광보살과 신광보살도 함께 죽였다.

고려, 건국 초 계속되는 모반

918년 10월 왕건 즉위 6개월도 못되어 청주 장수 파진찬 진선이 아우 선장과 연합, 모반하다 처형됐다. 918년 6월에는 마군 장군 단선길이 모역, 처형됐으며, 마군 대장군 이흔암 모반 때는 공개 처형하여 시체를 길거리에 버려두기도 했다. 918년 9월에는 순군사 임춘길 등이 모반하다 죽임을 당했다. 건국 초 고려의 정치상황이 다소 불안한 상황이다.

붉은 바지 입은 농민들, 경주 습격
경주 지역 조세확대와 독촉에 항의

막아!!

897년 진성여왕 10년 남서지방에서 붉은 바지를 입은 농민들이 기습적으로 경주인근을 침략하는 사건이 발생했다. 이에 진성여왕은 즉각 경계를 강화할 것과 이들을 체포할 것을 지시했다. 이들은 왕의 세금독촉에 항의해 봉기한 것으로 알려지고 있다.

최근 지방호족들의 세력확장으로 지방에서의 세금수취가 곤란한데다가 흉년으로 농민들의 생활이 곤궁하여 세금의 수취가 어려워지자, 경주 인근지역에 대한 세금수취가 강화되는 시점에서 발생했다. 신라왕실이 매우 긴장하고 있는 가운데 대다수 농민들은 모두가 굶주리는 판에 왕실과 귀족들의 낭비와 사치가 심하다고 비판하고 있다.

큰 바위 얼굴 ?

파주 용미리에 있는 석불. 높이 17.4m. 천연암벽에 불신을 만들고 그 위에 따로 만든 목과 머리 및 갓을 차례로 올려 놓았다. 거대한 신체에서 나오는 괴력과 위엄, 신비로움은 어디에서 연원한 것일까? 여느 불상과는 다른 얼굴과 머리에 쓴 갓이 마치 이 지방 유력자의 모습인 듯하다.

문화시평　진표와 궁예의 미륵 신앙

"미륵신앙, 왕조 교체의 격변 속에 예언과 구원의 모습으로 다양하게 등장"

최근 왕조 격변기 속에 미륵의 세상을 염원하는 미륵신앙이 다양하게 등장하고 있다.

석가모니가 열반에 든 뒤 56억 7천만년 만에 이 세계에 다시 태어나 용화수 아래에서 단 3회의 설법으로 2백72억 인을 교화한다는 보살이 있다. 바로 미륵이다. 이 미륵이 지상에 강림하게 할 수 있는 수행법이 있을까?

난세가 미륵을 부른다

옛 백제 당시, 완산주 벽골(김제) 출신 승려 진표는 금산사·법주사 등 고구려·백제 사찰을 돌며 이 지역에 미륵불이 내려와 지역적·계급적 차별이 사라지는 사회를 만들 것이라고 외쳤다. 그가 지나는 길에는 사람들이 머리를 풀어 진창길을 덮을 정도로 그는 열렬한 호응을 받았다. 특히 그는 나무막대기를 던져 선악업을 점친 뒤 악업을 참회하여 선행을 실천하게 하는 '점찰법회'를 개최, 「미륵경」에서 말하는 10선(十善)의 주체적 실천을 통해 이상사회인 용화세계의 도래를 앞당길 것을 이야기했다.

계속 이어지는 미륵 재림의 염원

진표의 미륵신앙운동이 널리 퍼진 것은 사회악이 극한에 다다른 절박한 현실 속에서 사람들이 다함께 낡은 삶을 버리고 모두의 이익과 안락을 지향하는 새 삶을 추구하면 '아름다운 세상'이 온다는 신념을 심어주었기 때문이다. 견훤이 금산사를 자신의 원찰로 삼아 미륵신앙으로 옛 백제땅의 백성들을 끌어모을 수 있었던 힘은 이미 상당한 역사를 가지고 있었던 셈이다.

최근 미륵신앙으로 화제를 일으킨 인물은 단연 태봉의 궁예다. 선승출신인 궁예는 스스로 미륵불이라고 자처하면서 외출할 때 반드시 백마를 타고 채색비단으로 말갈기와 꼬리를 장식한 채 어린아이들을 시켜 깃발·양산·향화(香花)를 받들어 앞세웠으며 비구 2백 명을 시켜 범패를 부르며 뒤따르게 하는 화려한 행렬을 고집했다.

그의 이러한 연출은 '전륜성왕의 출현과 출가 → 빈궁과 사회혼란 → 미륵의 강림과 교화 → 이상세계의 도래' 라는 공식에 따라 신라 사회를 혼란상태로 진단하고 자신의 사회개혁의 의지를 보여주려 한 것에 다름 아니다.

현실 정치와 결합한 미륵 신앙

그의 옷차림은 전륜성왕의 모습을 보여주는 것이고 외출장면은 '길거리에서 여러 가지 향을 태워 그 열기가 구름같으며 수백수천의 악기가 노래를 연주하는데 하늘의 꽃들이 비오듯 뿌려진다' 는 미륵불의 설법장면을 흉내낸 것이다.

포악하고 잔인한 것으로만 알려진 궁예는 직접 불경을 저술할 정도로 불교사상에 조예가 깊은 승려이기도 하다. 물론 미륵신앙의 기치 아래 지방 민중 조직인 향도같은 비밀결사와 연계, 세력을 규합하는 영리함과 대담성을 발휘한 것도 사실이다.

삼국시대에 유행한 미타정토신앙은 서방의 극락에 태어나는 것을 염원하기 때문에 현실 사회에 미련이 남을 수 없는 반면, 지금 유행하는 미륵정토신앙은 우리가 살고 있는 바로 이곳이 정토로 된다는 믿음을 골자로 하기 때문에 현실 사회에 바

> 우리가 사는 이곳이 정토가 된다는 믿음이 미륵신앙의 기초
> · · ·
> 단지 현실 불만 수용에만 그친다면 사이비 종교로 전락할 위험

탕을 두고 있다. 특히, 현실 세계에서의 지배자의 억압이나 사회체제의 동요가 미륵 출현의 전조로 해석될 때, 혼란스런 사회를 부정하고 이상세계를 건설하려는 운동은 힘을 얻을 수 있다.

미륵은 현세를 구원할 것인가

물론 미륵신앙이 단지 현실 사회의 불만을 수용하는 데 그친다면 미신과 얽혀 사이비 종교로 전락할 수도 있다. 어쨌든 우리가 살고 있는 이 지상에 이상사회가 도래할 것을 바라는 미륵신앙의 열병이 한바탕 휩쓸고 간 자리는 매우 어수선하다.

사찰마다 묘탑 유행

고승의 사리나 유골 안치
부도, 부두, 불도 등으로 불러

쌍봉사 철감선사 부도

최근 고승의 사리나 유골을 안치하는 묘탑이 많이 세워져 사찰양식의 새로운 구성요소로 유행하고 있다.

이 묘탑을 부도, 부두, 불도라고도 하는데 원래 불타 또는 솔도파라는 음이 잘못 전해진 것으로, 처음에는 불상, 불교사원, 불탑을 의미했지만 이후 고승들의 사리를 담는 석조 소탑을 지칭하게 되었다고 한다.

중국에서는 불교가 전래된 후한시대부터 이러한 용어가 사용되기 시작했다. 우리나라의 경우, 중국 당나라로부터 선종이 들어온 최근에 들어서 불상 숭배보다는 고승들의 사리와 유골을 안치한 묘탑이 중요한 예배 대상이 되어 부도가 많이 세워지고 있다.

일반적으로 부도는 석탑과 마찬가지로 기단부, 탑신부, 상륜부로 구성되는데 특히 기단과 탑신, 옥개석이 8각형으로 된 8각원당형이 최근의 양식 추세라고 한다. 옥개석은 목조건축물의 기왓골 양식을 따르고 있으며 기단이나 탑신부에는 부처, 보살을 비롯하여 신장상, 비천, 사자 등이 새겨져 있다.

승려 이엄, 선종 전파

당에서 귀국 길에 … 선종, 불경 연구 보다는 정신 수양 중시

911년 당에서 귀국한 승려 이엄이 김해의 승광산에 절을 짓고 선종을 보급하고 있어 주목된다. 특히 신라 말기 이래 선종이 널리 보급되고 있는 상황에서 이엄의 활약은 선종 확산의 기폭제가 되리라는 전망이다.

이엄은 경주 출신으로 속성은 김씨로 알려진다. 12세대 가야산 갑사의 덕량에게 출가하여 886년 도견에게서 구족계(具足戒)를 받았다. 896년 당나라로 건너가서 운가도응에게 선종의 진리를 배우기 시작하였다.

선종은 참선을 정신수양의 중요한 방법으로 수용하고 있으며, 불경연구보다는 정신수양에 직접 참여하는 것을 중시한다. 따라서 거대한 사찰보다는 자그마한 암자에 의지하여 개인적인 수양에 치중한다. 이 때문에 지방의 세력자들은 신라 중앙의 귀족들이 교종을 사상적 토대로 삼고 있는데 반하여, 선종을 세력확장의 사상적 토대로 삼고 있다.

우리나라의 선종은 가장 먼저 신라의 법랑 승려가 전했다고 하나 잘 알려지지 않았으며, 그의 제자인 신행이 전한 것으로 알려졌다. 이후 784년 당에 유학하여 선종을 깨치고 귀국한 도의 승려에 의하여 821년 이후 신라에 널리 전파돼 왔다.

참조기사 1권 21호 4면

당나라 절도사 주전충 **후량 건국**

현재 중화대륙 혼란 … 유목민족 발호, 중소국가 난립

당나라의 절도사였던 주전충이 황제 애제를 폐하고 스스로를 황제로 칭하면서 '후량'을 건국했다. 당이 멸망함에 따라 중국은 더욱더 혼란스러운 상황에 빠져들 전망이다. 이미 902년부터 당의 정치·사회적 혼란을 틈타서 양자강 이남에 여러 국가들이 성립하여 분열의 조짐을 보이고 있다.

주전충이 황제를 칭하면서 나라를 세움에 따라 중화의 분열은 더욱 거세질 전망이며, 농민들의 원성이 높은 상태여서 이를 무마하는 데는 많은 시간과 노력이 필요할 것이라는 분석이다.

보통 이렇게 중화가 분열의 조짐을 보이면 항상 유목민족들의 발호가 거세져왔다. 이미 거란이 야율아보기를 중심으로 세력이 통합되고 있어 국제관계에 중요 변수로 작용할 전망이다. 이에 우리나라도 국경을 단속할 때라는 지적이 많다.

주전충은 누구인가

852년 안휘지역 출신으로, 본명은 주온. 당왕조 말기의 농민반란인 황소의 난에 가담하기도 한 인물로 882년 형세가 불리하자 관군에 항복하여 당의 희종으로부터 전충이라는 이름을 하사받았다.

이후 주전충은 황소의 잔당을 제거하고 그 외의 군웅들을 평정, 그 공으로 양왕에 봉해지고 각지의 절도사를 겸하여 화북의 제일가는 실력자가 되었다. 그는 강해진 세력을 바탕으로 소종을 제거하고 애제를 옹립하였으며, 이번에는 애제를 폐하고 스스로 황제가 된 것이다.

역사신문

936년 9월 고려가 신라와 후백제를 멸망시키고 한반도에 두번째 통일국가로 등장했다. 고려 건국 초부터 민생안정에 힘써 내정을 안정시키고 돋보이는 정치력을 발휘, 많은 호족세력들로부터 신망을 받아냈던 왕건은 신라의 항복을 받아낸 데 이어 후백제와의 군사적 대결에서도 승리함에 따라 통일신라 붕괴 이후 40여 년에 걸친 대혼란을 종식시켰다. **관련기사 2면**

왕건은 후백제의 항복을 접수하자 갑옷을 입은 채 곧바로 후백제의 수도 완산으로 들어가 백성들을 위로하며 "추호의 보복도 없을 것이니 안심하고 생업에 종사하기 바란다"는 성명을 발표했다. 후백제지역을 비롯한 전국의 백성들은 고려의 통일 소식을 대체로 반기는 분위기이며 향후 고려의 국정운영에 큰 기대를 걸고 있다.

이에 앞서 고려는 후백제 정벌을 위해 10만 대군을 이끌고 일선군으로 진격했다. 이 때 후백제측의 장수 효봉, 덕술, 애술 등이 초반에 잇따라 항복해 버린 데 이어 황산으로 쫓겨가던 신검마저 항복함에 따라 고려의 승리로 끝나고 통일 대업이 완수된 것이다.

앞으로 각 지방 호족들이 고려측에 속속 투항해올 것으로 예측되는데, 정통한 소식통들은 호족들 대다수가 왕건을 지지하고 있어 통일 후 정국수습에 큰 어려움은 없을 것이라는 전망을 하고 있다.

민족통합의 새 역사 열리다

고려, 후삼국 통일의 대업 완수

한편 고려가 패권을 장악하게 된 원동력은 왕건의 전국 차원의 정세분석과 전략전술 능력에 있다고 전문가들은 분석하고 있다. 전의를 상실한 신라는 달래서 아군으로 만들고, 기세등등한 후백제에 대해서는 정면대결을 피해 배후지인 서해안지방을 꾸준히 잠식해들어가는 등 주도면밀한 작전이 오늘의 승리를 가져왔다는 것이다.

발해
개경
고려
후백제
신라
완산
공산
대야
강주촌

신라, 고려에 항복

1천년 영욕의 역사 마감

936년 신라가 항복해옴에 따라 태조 왕건은 신하들과 신라 경순왕의 요청을 받아들여 신라국을 폐지하여 경주로 강등시키고 경순왕 김부를 경주의 사심관으로 임명했다. 이로써 신라는 1천년에 걸친 영욕의 역사를 마감하고 완전히 소멸됐다.

이에 앞서 지난 10월 신라 경순왕 김부는 시랑 김봉휴를 고려에 파견, 항복 의사를 밝힌 뒤, 11월 백관을 거느리고 송악에 와서 태조 왕건에게 "신라가 오랫동안 위기를 겪고 운수가 벌써 다해 다시 왕실을 보전할 희망이 없으니 신하의 예절로써 뵙기를 원한다"는 내용의 글을 전달했다. 왕건은 처음에 이를 만류했으나 거듭되는 신하들의 간정에 따라 결국 천덕전에서 신라왕 김부의 배례를 받았다. 왕건은 김부를 정승으로 임명, 품위를 태자 이상으로 조치했으며 1년 녹봉으로 1천석을 제공했다. 또 왕건은 맏딸 낙랑공주를 김부에게 시집보내기도 했다.

고려, 민생안정·체제정비에 힘써

호족세력 통합에 박차 … 북진정책 추진

태조는 건국 이후 백성들의 조세부담을 줄이는 등 획기적인 대민시책을 시행하여 민생안정에 힘쓰는 한편 국가체제를 정비하기 위한 여러 가지 정책을 실시하고 있다. **관련기사 2면**

우선 태조 왕건은 유력 호족들의 딸을 자신의 비로 맞아들여 각지의 호족세력을 왕실에 통합시키고 있다. 현재 태조 왕건의 후비는 모두 29명. 또 호족들에게 출신지역에 대한 일정한 권한을 부여하는 대신, 그들의 자제를 개경에 유숙케 하여 볼모로 삼는 기인제도를 실시하고, 중앙의 고관과 공신을 자기 고향의 사심관으로 임명했다. 이 제도들은 이들의 토착적 기반을 인정하면서 동시에 중앙정부의 영향력을 확대하려는 노력의 일환이다.

이념적으로는 유교를 치국의 근본으로 삼고 「정계(政誡)」 한권과 「계백요서(誡百寮書)」 8편을 반포, 고려왕조의 정치철학과 신하들의 업무지침을 밝혔다. 또 숭불정책과 풍수지리설에 입각한 정책결정 등을 강조하고 있다.

한편 태조는 고구려의 영토회복을 표방하며 북진정책을 추진하고 있다. 이러한 북방정책의 중심지로는 평양이 중시돼 이곳을 서경으로 삼아 자주 행차하고 있으며 왕식렴을 파견, 왕실세력의 근거지로 삼고 있다.

고창 전투에서 큰 승리

'후삼국 통일 교두보 마련'

고려군이 고창전투에서 대승함에 따라 후삼국 통일의 교두보를 마련했다. 고창전투에서 고려는 후백제 군사 약 8천을 살상하거나 포로로 잡아 견훤에게 치명적인 타격을 입혔다.

이번 전투의 결과로 925년 신라 대야성을 함락시키고, 927년 신라 동경을 침공해 경애왕을 죽인 뒤 공산(대구)에서 고려군과 격돌, 왕건의 충복 신숭겸과 김락을 전사시키는 등 그간 승승장구해온 견훤의 기세는 한풀 꺾이게 되었다. 앞으로 전세의 주도권은 고려에게 넘어갈 전망이다.

견훤이 고창전투에서 목숨만 간신히 건져 완산으로 돌아간 이후 후백제는 완산 이북지역 호족들의 이반으로 웅진 등 30여 성을 고려에 빼앗기는 등 급격한 세력약화상태를 보이고 있다. 특파원 보도에 따르면 후백제는 현재 왕위승계 문제를 놓고 심각한 내분에 휩싸여 있으며 견훤이 실각당해 금산사에 연금돼 있다는 설도 나돌고 있다.

견훤이 넷째아들 금강을 편애하여 왕위를 물려주려고 하자 맏아들 신검이 자신이 왕위에 오르기 위해 동생을 죽이고 아버지를 연금시켰다는 것이다.

한편 그동안 세력 불리를 의식, 견훤과의 정면대결을 피하면서 오랜 기간 계속해온 왕건의 호족세력 회유·포섭 노력은 상당한 성과를 거두고 있는 것으로 알려지고 있다. 이번 고창전투의 승인은 사실 부근 지역 호족들이 왕건에게 협조했기 때문이라는 분석도 나오고 있다.

또 일부에서는 왕건과 견훤의 비밀 접촉설이 상당한 근거를 가지고 제기되고 있다. 대세가 기울었음을 직감한 견훤이 사위 박영규를 통해 왕건측에 항복조건을 제시하는 등 막후협상을 전개하고 있다는 것이다. 이에 대해 고려측은 일체의 공식 언급을 회피하고 있는 반면, 현재 후백제를 이끌고 있는 신검은 이 사실을 전면 부인했다. **관련기사 4면**

태조, 훈요십조 남겨

943년 4월 대광 박술희를 내전으로 부른 태조 왕건은 그에게 훈요(訓要)를 주었다. 모두 10가지로서 이후 역대 왕들이 좋은 계율로 삼아 정치에 매진할 것을 당부하는 내용이다.

"국가의 대업은 부처의 호위를 받아야 하므로 사원 경영에 문란함이 없도록 하라. 도선이 정한 곳 외에 함부로 절을 짓지 마라. 왕위계승은 장남, 차남 그리고 형제순으로 한다. 외국의 풍속을 무조건 본받지 마라. 3년마다 서경에 1백일 이상 머물러 국가의 안녕을 도모하라. 연등회와 팔관회를 시행하라. 간언을 받아들이고 참언을 멀리하라. 후백제 지역의 사람을 등용하지 마라. 인사원칙에 충실하라. 몸가짐을 바르게 하고 경사(經史)를 섭렵, 국정에 참고하라."

발해, 결국 멸망

최근 심각한 내정 불안에 시달리던 발해가 거란 야율아보기의 침략을 받아 결국 멸망하고 말았다. 고구려 유민들과 말갈인 일부가 연대, 국가를 세운 이후 신라와 함께 한반도에 남북국시대를 열면서 해동성국이라는 칭송 속에 한 시대를 풍미했던 발해는 이제 역사의 뒤안길로 사라졌다. 발해 멸망 이후 상당수 주민들은 현재 고려로 귀순하고 있다. **관련기사 3면**

역사신문

후삼국 통합은 새시대의 시작

민생안정과 정치안정이 급선무

신라 말기 이래 혼란과 분열이 극에 달하던 후삼국사회는 마침내 통일되었다. 이 통일은 단순한 영토의 통일에 그치는 것이 아니라, 그 동안의 혼란을 가져왔던 구시대를 청산하고 새로운 질서, 새로운 시대를 향한 발걸음을 내딛었다는 점에서 획기적인 역사적 의의를 갖는 것이다.

회고컨대 삼국통일 이후 신라는 새로 편입된 고구려, 백제의 땅과 백성들을 한 나라 한 겨레로 통합하기 위해서, 또 그 동안의 전쟁으로 피폐된 삼국 백성들의 삶을 안정시키기 위해서 보다 개방적이고 평등한 사회체제를 수립하는 것이 필수적인 과제였다. 그러나 신라는 진골귀족만이 권력과 부를 독점하는 폐쇄적인 신분체제를 지속시켜왔다. 그 결과가 바로 신라 말기 진골귀족들의 백성들에 대한 무한대의 수탈과 향락이었으며 피비린내나는 권력투쟁의 연속이었다.

전국 각처에서 농민들이 봉기하고 지방호족들이 독자적인 세력을 형성하여 할거했던 것은 이런 구체제의 모순에 대한 저항이자 새로운 질서를 수립하고자 하는 몸부림이었다. 신라가 삼국을 통일한 지 200여 년이 지난 후에도 각지에서 일어난 호족들이 결국 후고구려와 후백제의 기치 하에 모여들었던 것도 신라 지배체제의 폐쇄성과 그로 인한 통합의 실패를 반증한다고 볼 수 있다. 그러나 지난 반세기에 걸친 혼란으로 이제 그와 같은 폐쇄적인 사회체제는 더 이상 기능할 수 없게 되었고 새로운 시대, 새로운 질서의 수립은 누구도 거역할 수 없는 역사의 대세가 되어 있다.

따라서 이번의 통합이 명실상부한 겨레의 통합이 되도록 하기 위해서 무엇보다 먼저 신라사회의 골품제를 폐지하고 신분질서를 보다 개방적이고 평등을 지향하는 방향으로 재정비해야 되리라 생각한다. 다음으로 그런 기반 위에서 각지의 호족세력들을 하루빨리 고려국가의 정치질서 하에 통합시켜 정치적 안정을 기해야 한다는 점을 지적하고자 한다. 지난 혼란기를 통해 이들은 정치적으로나 사회적으로 새로운 시대를 열어갈 주역으로 등장하였던 바, 이들을 집권적인 국가체제의 틀안으로 어떻게 통합하느냐가 바로 나라의 장래를 좌우하는 문제가 아닐 수 없다.

끝으로 지적할 것은 그동안의 혼란과 전쟁으로 지친 민생을 하루빨리 안정시켜야 한다는 점이다. 태조가 이미 즉위 초에 '취민유도(取民有度)'를 내세워 백성들에 대한 수취를 완화할 것을 천명한 것은 그런 점에서 매우 반가운 조치라고 생각한다. 위정자들은 백성의 안정과 자립이 바로 나라의 초석이라는 점을 한시도 잊지 말고 모든 정치의 목표를 여기에 둘 것을 촉구하는 바이다.

그림마당
이은홍

해설 고려의 후삼국 통합, 그 역사적 의의

민족 재통합의 기틀 마련

구질서의 상징 골품제도 무너져 … 향후 사회 발전 정도에 관심 쏠려
혼란에 지친 민심 수습 성공이 통일의 원동력 … 분열된 중국 대륙 정세도 한몫

935년 신라 경순왕이 귀순해오고 이어서 936년 후백제의 신검을 무력으로 격파함으로써 분열되었던 삼한사회는 통합되고 다시 평화의 시대가 도래하였다. 이와 때를 같이하여 934년에는 발해의 세자 대광현이 수만 명의 유민을 이끌고 귀순해옴으로써 비록 영토는 축소되었지만 고구려 멸망 이후 신라와 발해로 갈라졌던 남북국의 온 겨레가 다시 하나로 통합됐다. 사관들은 이번의 삼한통합을 삼국통일 이후 남북국으로 분열되었던 삼한사회를 한 나라 한 겨레로 재통합하는 기틀을 마련했다는 점에서 그 역사적 의미가 크다고 평가하고 있다.

고려가 이처럼 역사적 의미가 큰 삼한통합의 주체가 될 수 있었던 요인들을 분석해보면, 우선 지난 반세기에 가까운 혼란과 분열에 지친 상하의 민심을 수렴하는 데 고려정부가 성공했다는 점이다. 태조의 정치력에 각지의 호족들이 그의 휘하로 귀순해왔으며 마침내 신라까지도 귀순해오는 결과를 가져왔다. 태조는 가렴주구에 지친 백성들의 고통을 덜기 위해 취민유도를 내세워 수취를 완화했는데 이런 정책이 결국 민심을 고려로 모으는 데 주요한 역할을 한 것으로 분석된다.

또 통합하는 데 호조건으로 작용한 것은 중국대륙의 정치정세이다. 신라는 삼국을 통일하는 과정에서 당나라의 동북정책에 힘입은 바 컸고 그 반대급부로 당나라의 간섭과 영향을 받지 않을 수 없었다. 그러나 후삼국 시기 중국대륙은 분열되어 우리는 대륙정세로부터 별다른 간섭이나 영향 없이 자신의 정책을 펴나갈 수 있었다.

한편 이번 삼한통합은 사회의 지배세력과 신분질서가 바뀌었다는 점에서도 큰 의의가 있다는 것이 사관들의 일치된 견해이다. 골품제의 해체와 호족세력의 대두로 향후 정치체제와 사회질서가 얼마나 개방적이고 능력본위의 신분질서로 변해나갈지에 많은 사람들의 관심이 쏠려 있다.

인터뷰 민족 재통합의 기수 태조 왕건

"국가 집권체제 내 호족들 통합문제가 최대 현안"

"천명의식과 민본사상이 내 통치철학의 근본"

태조는 통일고려를 과연 어떤 정치철학과 통치이념을 가지고 이끌어갈 것인가. 조야의 관심은 여기에 집중돼 있다. 태조는 삼한통합을 기념, 본지와의 인터뷰를 특별히 허락했다.

통일국가의 초대 국왕으로서 생각하고 있는 국정운영의 최우선과제에 대해 말해달라.

나라가 세워지면 새로운 제도를 마련, 국가체제를 안정시켜야 마땅하다. 고려가 삼한을 통합하기는 했지만 그만큼 확대된 영역과 백성을 잘 다스릴 수 있는 국가의 기틀을 아직 마련하지 못한 상태다. 지금은 역사적 전환기다. 일반적인 제도정비는 시간이 필요로 한 만큼 후대 왕들에게 맡기고, 우선 내가 해야 할 일은 국가의 권력체계를 확립해 정치적 안정을 기하는 일이라고 생각한다. 전국 각지의 호족들을 통합, 국가의 집권체제 안에 끌어들이는 문제가 지금 최대 현안이다.

사실 이번 삼한통합은 전국의 유력한 호족들의 참여에 의해 이루어져 호족들의 공적이나 비중을 무시하기 어려울 것이라는 것이 일반적인 관측이다. 그래서 현재 권력의 성격을 호족연합정권이라고 규정짓기도 한다. 앞으로 호족들을 국가통치에 어떻게 참여시키려고 하는가.

그러한 전망에 동감한다. 그래서 마련한 것이 사심관제도와 기인제도다. 건국에 공이 큰 호족들로 하여금 자신의 출신 지역을 맡아 다스리도록 하고 부호장 이하의 관직 등에 관한 일은 알아서 처결하도록 했다. 그리고 이들의 자제들을 개경에 불러올려 자기 고장의 일에 대해 자문토록 했다. 이렇게 하면 이들도 국가통치에 동참하게 되는 것이고 그만큼 국가에 대한 충성심도 높아지리라 생각한다. 호족들의 충성의식을 높이기 위해 왕씨 성을 내리기도 하고 필요할 때는 그들과 혼인관계를 맺기도 하겠다. 일부 백성들 가운데는 왕비를 많이 거느린다고 나를 비난하는 소리가 있는 것을 잘 알지만 국왕의 입장에서 이런 정치적 고려 때문에 불가피한 측면이 있다.

정부에서는 신료들의 예절을 밝히고자 「정계」 1권과 「계백요서」 8편을 반포했다. 앞으로 어떻게 나라를 이끌어나가려 하는가.

나의 통치철학은 위로 하늘의 도리를 따르는 천명의식과 아래로 백성을 나라의 근본으로 삼는 민본사상에 있다. 임금이 덕을 닦고 관리가 사사로움이 없이 교화에 힘쓰면 백성들은 자연히 생업에 힘쓰게 마련이다. 내가 일찍이 천하의 대의를 좇아 고려를 세우고 삼한을 통합한 것이나 취민유도를 내걸고 백성들 삶을 안정시키려 한 것은 모두 이런 철학에 바탕을 둔 것이다.

지금 정가에서는 태조께서 유교이념뿐만 아니라, 불교나 지리도참설에 입각하여 나라를 다스리는 것이 아닌가 하고들 생각하고 있다. 과연 그러한가.

불교는 오랫동안 삼한 백성들이 믿고 의지해왔던 정신세계이다. 고려가 불교를 떠나 어디서 나라의 안정을 찾을 수 있겠는가. 풍수지리설은 우리의 풍토와 자연환경에 순응하여 억조창생의 길흉화복을 도모하자는 사상이다.

태조께서 수덕이 순조로움을 들어 특별히 서경을 중요시하고 반대로 차령 이남은 지세가 험함을 들어 차별할 것을 말한 것을 두고 말들이 많다. 특별한 까닭이 있는가.

내가 나라를 세울 때 국호를 고구려를 계승한다는 뜻에서 고려로 했다는 점에 주목해달라. 이는 앞으로 북진정책을 추진, 고구려의 고토를 회복하고 문화를 계승해나가겠다는 뜻이다. 평양은 풍수지리적으로 좋은 땅일 뿐 아니라 북진정책을 수행하는 데 중요한 거점이 되는 곳이다. 또 고구려의 고도로서 높은 문화를 이룩한 곳임에도 오랫동안 버려두어 황폐화됐기 때문에 새롭게 경영해나가는 것이다.

삼한통합과정에서 천년사직의 신라까지도 평화적으로 귀순해왔는데 후백제만이 끝내 고려에 저항했다. 만약 후백제 잔당들을 국정에 참여케 하거나 왕실과 혼인관계를 맺게 하면 후일 그들이 또 반역을 일으킬지도 모르는 일이다. 왕실의 기강을 바로 세우고 체통을 지키라는 것이 나의 본뜻이다.

태조 왕건, 개국·통일 공신들에게 역분전 지급

인품과 성실성 반영해 토지 지급

940년(태조 23년) 7월 왕건은 고려 건국과 삼국통일에 공헌이 큰 신하들을 파악하여 역분전을 지급하라고 지시했다. 역분전 지급에는 현재 관리들의 관직의 높고 낮음이 전혀 반영되지 않았지만, 인품과 성실성을 반영해 토지를 지급했다고 왕실 관계자는 밝혔다. 이번 조치로 고려 건국과 통일 공신들에게 어느 정도의 보상이 이루어지게 됐다.

이번 조치에 대해 공신들은 대체로 만족하는 분위기이며 다만 역분전으로 지급된 양에는 일부가 불만을 표시하고 있는 것으로 알려지고 있다. 정가에서는 역분전 지급의 조치가 "개국공신들에 대한 왕실의 양보"라고 평가하기도 했다.

한편 현정부의 최대 과제인 민생 안정을 위한 정책이 제대로 추진되려면 보다 체계적인 토지제도의 마련이 시급한데, 이번 역분전 지급과 같이 호족들과의 이해문제가 얽혀 있어 당분간 민생개선을 위한 토지정책은 쉽게 진행될 수 없다는 의견이 일부에서 제기되고 있어 주목을 끌고 있다.

개국공신 4인방 프로필

- **홍유** 의성부 출신. 궁예 집권 말기에 기병대장 역임. "형벌을 남용, 처자와 관리들을 죽여 없애고 있다"고 궁예를 비난한 뒤 "폭군을 폐하고 현명한 사람을 세우는 것은 천하의 대의"라며 왕건의 즉위를 주장. 936년에 백제정벌에 태조와 함께 출전. 시호는 충렬(忠烈).
- **배현경** 경주 출신. 담력이 일반인보다 특출, 병졸 출신으로 대광(大匡)까지 승진. 태조의 사방 정벌에 가장 공이 컸으며, 그가 병이 위독하자 태조는 그의 집으로 가서 '자손을 후히 돌볼 것'을 약속하기도 했다. 시호는 무렬(武烈).
- **신숭겸** 광해주 사람. 체격이 장대하고 용맹스러움. 태조가 공산전투에서 위기에 빠졌을 때, 원보 김락과 더불어 힘껏 싸우다 전사. 태조는 그의 시호를 장절(壯節)이라 하고 그의 동생인 능길, 아들 보라과 철을 모두 원윤으로 등용하고 지묘사를 창건, 그의 명복을 빌도록 했다.
- **복지겸** 태조 집권 얼마 후 임춘길과 환선길이 반란을 일으키려 할 때 이 사실을 먼저 알고 태조에게 알림. 시호는 무공(武恭).

"서경에 학교 세워진다"

"국가 지원 약속" … 서경의 중요성 더욱 커질 듯

건국과 더불어 영토확장은 물론 북진정책을 전개해온 왕건은 서경에 학교를 창설하도록 지시하고 수재 정악을 서학박사로 임명, 별도로 학원을 창설하여 학생을 모아 가르치도록 명했다.

그리고 태조는 교서를 통해 학문의 중요성을 역설하고 많은 학생들을 훌륭한 인재로 양성해줄 것을 당부하면서 학업이 진흥된다면 국가의 지원을 더욱 강화할 것이라고 말했다.

이번 조치로 서경의 중요성은 더욱 커질 전망이다. 지난 918년에도 왕건은 서경을 대도호부로 하고 4촌동생인 왕식렴과 광평시랑 열평(列評)으로 하여금 서경을 수비하도록 명령했었다.

발해 유민들, 잇달아 고려로…

태조, 이들에게 왕씨 성 하사하는 등 환대

926년 발해가 멸망한 이후 발해의 유민들이 대거 고려로 귀순하고 있다. 928년 발해인 은계종 등이 고려에 귀순한 것을 시작으로 934년 7월에는 발해 세자 대광현이 수만 명의 발해유민을 이끌고 망명해왔고 12월에는 진림 등 160여 인이 왔다. 또 938년에는 박승 등 3천여 호의 발해인이 고려로 들어왔다.

이들은 발해의 왕족과 관리들로 알려져 있는데 국초부터 고구려 계승의식을 갖고 있던 터라 쉽게 고려로 귀순한 것으로 전해졌다. 태조는 대광현에게 왕씨 성을 하사하는 등 이들을 융숭하게 대접하고 있다.

이젠 사라져버린 '해동성국'의 영화 …

발해는 고구려 유민들이 세운 나라. 698년 대조영이 말갈인과 연대, 당군을 격파하고 동모산에 정착해 발해를 세웠다. 고구려계 유민들과 일부 말갈인들이 지배층을 이루어 대다수 말갈인들을 지배했다. 주 산업은 농사·목축·수렵 등.

719년 무왕 때 흑수말갈에 대한 지배권을 노리고 쳐들어온 당나라의 공격을 격퇴, 동북아의 강국으로 급성장했다. 연해주지역까지 영토를 확장했으며 동해의 바닷길을 통해 일본과 수교한 것도 이때부터. 문왕 때는 수도를 상경 용천부로 옮기고 화평정책을 취해 당과 교류하면서 당의 문화를 받아들여 내부체제를 정비, 국가의 기틀을 마련했다. 발해는 무왕 때부터 독자적인 연호를 사용하는 등 중국과 대등한 위치에 서고자 했으며 고구려 계승의지를 분명히 했다.

그후 발해는 9세기 초 선왕 때에 최고의 융성기를 맞았다. 남으로 대동강 유역에서부터 서쪽으로 요하 하류지역, 북으로 흑룡강 일대와 송화강의 중·하류 지역까지 포괄하는 광대한 영토를 다스렸다. 이때 주변의 나라들은 발해를 '해동성국'이라고 불렀다.

그러나 발해는 동북아의 중심지로 고구려가 비약적 발전의 터전으로 삼았던 요양지역을 차지하지 못해 동북아정세의 주도권 장악에 실패했다. 최근 들어 국력이 급속히 약화됐고 결국 거란의 침입으로 926년 멸망했다. 일본과는 우호관계를 유지했으나 신라와는 친선관계를 맺지 않았다. 참조기사 1권 18호

사심관제도란 ?

이번에 전 신라왕 김부가 맡게 된 사심관이라는 직책은 부호장 이하 관직에 관한 일들을 주관하는 자리. 사심관제도는 기존의 기인제도와 함께 고려의 지방통치를 위한 제도이다. 기인제도란 지방 아전들의 자제들을 서울에 와 있게 하여 이들을 통해 그 지방의 사정을 파악하려는 것이다. 이 제도는 이미 신라가 통일 이후에 실시한 바 있는 상수리제도와 유사한 제도이다.

사심관은 해당지역의 행정임자로 촌의 행정을 맡아보는 행정관리들에 대한 임명은 물론 이들을 감찰, 향촌 행정에 실질적인 권위를 갖는다. 김부가 경주 사심관으로 임명된 것은 그가 신라국의 왕이었으며, 왕건과의 사돈관계임을 감안할 때 예우적 조치로 풀이된다. 태조는 현재 정략결혼을 통해 여러 지역의 유력자들과 사돈관계를 맺어왔기 때문에 향후 이들이 각 지역 사심관에 차례로 임명될 것으로 보인다.

거란, 친교 요청

태조, "무도한 나라다" 거절

942년 10월 거란국에서 고려와의 화친을 목적으로 사신을 보내왔다. 사신은 낙타 50필을 가지고 와 왕을 뵙기를 청했는데, 태조 왕건은 "거란은 동맹을 깨고 발해를 멸망시킨 심히 무도한 나라"로 "친선관계를 맺을 필요가 없다"며 거란사신을 섬으로 귀양보냈다.

울릉도 항복

930년 12월 울릉도의 백길과 토두가 토산물을 가지고 고려에 와 항복의사를 밝혔다. 이에 대해 왕건은 백길(白吉)에게는 정위, 토두(土豆)에게는 정조의 품계를 주고 울릉도를 고려의 속국으로 삼았다.

◆ 고려 만화경 1

엇갈리는 3 최씨의 행보

최치원, 최언위, 최승우 모두 경주 최씨, 6두품 출신

나라가 기울고 세상이 어지러워지면 지식인은 어떤 길을 걸어야 할까? 나라와 함께 운명을 같이 할 것인가, 아니면 자신의 뜻을 펼 수 있는 새로운 길을 택할 것인가. 신라사직이 기우는 가운데 당대 최고의 지식인들인 3최씨가 서로 다른 길을 걸어 세인의 화제가 되고 있다.

화제의 주인공은 3최씨로 그 명성을 세상에 널리 떨친 최치원, 최언위, 최승우. 이들 3최씨는 모두 경주 최씨로 신라 6두품 출신의 지식인들이다.

최치원은 868년 12세의 어린 나이로 당나라에 유학, 18세 때 빈공과에 합격했고 황소의 반란 진압에 참여하여 유명한 '토황소격문'을 지어 일약 글솜씨를 크게 떨쳤다. 29세 때 신라로 돌아와 중앙과 지방에서 관리로 봉직. 894년 나라가 극도로 혼란스러워지자 진성여왕에게 10여 조의 시무책을 올렸으나 실현되지 않자 가야산에 은거, 신라의 멸망과 함께 그 행방이 묘연한 실정이다.

최언위는 최치원의 종제로 그 또한 일찍이 당에 유학하여 문과에 급제했다. 귀국하여 집사성시랑이 되었으나 935년 신라가 고려에 귀부하자 태조 밑에 들어가 그에게 봉사하여 태자사부가 되었고 벼슬이 한림원령평장사에 이르렀다.

최승우는 890년 당나라에 유학, 3년 만에 빈공과에 합격하여 거기서 관직에 나아갔다. 그는 귀국 후 신라의 실정에 염증을 느끼고 후백제 견훤 아래 들어가 그를 위해 봉사, 927년에는 견훤을 대신하여 고려 태조에게 보내는 격문 '대견훤기고려왕서'를 짓기도 했다.

피리 부는 풍만한 몸매의 처녀

거창 둔마리 고분벽화

고분의 벽화는 원래 묻혀 있는 자의 혼을 극락으로 인도하고 묻힌 자의 편안한 안식을 위해 그리는 것이다. 이전 삼국시대나 통일신라에서는 보통 신비로운 형상을 한 12지상이나 사신(四神)을 그렸다. 그런데 최근 거창 둔마리에 있는 무덤에는 종전과는 다른 분위기의 벽화가 그려져 화제다.

한 손에 피리를 들고, 또 한 손에 과일을 담은 접시로 보이는 것을 들고 있으며, 옷자락은 불상에 나타나는 의문(衣紋)으로 돼 있고, 어깨에 천자락을 걸쳐 앞으로 늘어뜨린 모습이다. 소녀 같은 풋풋함을 풍기는 얼굴과 풍만한 몸매가 이채롭다. 생기 있고 자유로운 필치는 이전 벽화에서는 볼 수 없는 생동감을 전해주고 있으며, 불교적인 요소에 도교적인 요소까지 가미된 분위기가 초월적인 형상미가 아닌 현실적인 생동감을 전해주고 있다.

이웃집 아저씨 같은 부처님

개태사 삼존석불입상

936년 태조는 후백제 정벌 기념으로 충청남도 논산군에 있는 천호산에 사찰을 건립, 개태사라고 명명했다. 태조는 황산(黃山) 숫고개를 넘어가 신검에게 항복받고 후삼국을 통일했는데, 이것을 하늘의 도움이라 하여 황산을 천호산이라 이름붙였다고 한다. 태조는 낙성법회를 베풀고 친히 '개태사 창건발원문'을 지었다.

그런데 개태사의 석불입상은 이전에 보았던 불상들과는 다른 분위기를 전해주고 있어 주목을 끈다. 개태사 석불은 본존상과 좌·우협시보살로 이루어진 삼존석불입상인데, 본존상은 사각형의 연화대좌 위에 서 있는 거구의 상으로 전체 머리모양이 타원형을 이루고 있으나 얼굴은 이마에서 눈꼬리 부분이 넓고 내려올수록 좁아지는 역삼각형이다.

눈꼬리 부분이 유난히 크고 길게 표현돼 예전의 신비로움이나 선정(禪定)에 든 부처님 모습과는 사뭇 다른 느낌이다. 아마도 이는 부처님을 알지 못할 미지의 세계에서 도래한 신성한 존재라기 보다는 현세 속에 얼마든지 있을 수 있는 존재로 표현했기 때문일 것이다.

또 연화대좌의 중심에는 연꽃무늬가 새겨져 있는데, 꽃테두리를 굵은 띠 모양으로 처리한 연꽃의 모습은 신라 후기의 형식과는 다른 특이한 것으로 앞으로 많은 불상과 부도에 활용될 것으로 보인다고 전문가들은 말한다.

좌협시보살상 3.53m   본존상 4.15m   우협시보살 3.46m

도저히 용납할 수 없는 망국의 한 … 마의태자

경순왕의 아들 마의태자가 신라가 고려에 항복하는 것을 끝내 반대하다 금강산에 들어가 초근목피로 살아간다는 사실이 알려져 신라인들은 새삼 회한에 잠겨 있다.

930년 고창전투에서 고려가 승리함으로써 삼한의 대세는 고려로 기울었고, 고려 왕건의 평화공세와 세력에 눌려 더 이상 사직을 보전할 수 없다고 판단한 경순왕은 935년 어전회의를 열어 고려에의 투항을 논의하였다. 이 자리에서 마의태자는 "나라의 존망에는 반드시 천명이 있으니 힘을 다하지 않고 천년사직을 가벼이 남에게 넘겨줄 수 없다"며 투항을 강력히 반대하였다. 그러나 경순왕을 위시한 대부분의 대신들은 "국운이 회복하기 어려운 지경으로 기울었으니 무고한 백성들을 더 이상 희생시킬 수 없는 노릇"이라며 시랑 김봉휴를 시켜 고려에 국서를 보내 항복하고 말았다.

이에 마의태자는 통곡하며 왕에게 하직, 금강산에 들어가 바위에 의지하여 집을 짓고 삼베 옷을 두르고 초근목피로 살아가고 있다고 한다. 옛 신하들이 찾아와 귀가를 권유해도 듣지 않고 세상을 등진 생활을 계속하고 있는데, 태자로서 고귀한 몸에 삼베옷을 걸쳤다고 사람들은 그를 '마의태자'로 부르고 있다.   관련기사 1면

몽롱한 노래 '번화가' 부르다 자결한 경애왕

927년 신라의 수도인 경주를 침공한 견훤이 경애왕과 왕비를 생포하여 욕보이려 하자, 경애왕은 치욕을 이기지 못하고 자결했다.

당시 경애왕은 포석정에서 주연을 베풀어 많은 신하들과 더불어 자연을 벗삼아 유흥에 흠뻑 젖어 있었다. 그 노래의 제목은 '번화가'로 신선의 경지에서 정신없이 노는 모습을 표현하고 있어 왕의 유흥이 극치를 달리고 있었음을 보여준다.

이미 신라의 왕실은 백성들과는 거리가 먼 생활을 함으로써 비난의 대상이 되고 있었다. 나약한 신라의 모습은 백제의 공격의 대상이 되었으며, 927년에 견훤의 침입을 받고 왕과 왕비가 죽음을 맞이한 것이다.

경애왕이 지어서 부르게 했던 '번화가' 노래는 다음과 같다.

> 머리를 들어 한 번 바라보니
> 꽃이 언덕에 만발하였다.
> 옅은 안개와 가벼운 구름이
> 둘 다 몽롱하구나.
> ……

이 노래처럼 경애왕은 백성들의 생활은 생각하지 아니하고 몽롱하게 놀았으며, 그때 군대를 거느리고 경주에 들이닥친 견훤은 왕과 왕비를 생포하였고, 결국 경애왕은 치욕을 당하느니 자결을 택한 것이다.

해외 소식

거란, 요나라 건국, 세력확장

916년부터 세력을 확장해온 거란은 926년 발해를 공격, 수도인 상경을 함락시키더니 드디어 추장 야율아보기의 영도로 요나라를 세웠다. 본래 요하강을 중심으로 하고 있던 거란족은 만주지역에서 점차 남하, 중국 북부까지 그 세력을 확장시키고 화북지방을 향해 계속 진출하고 있다.

한편 936년 하동절도사 석경당은 거란의 세력을 끌어들여 후당을 멸망시켰다. 현재 양자강 이북의 중국은 후당을 대신해 후진이 성립됐으며, 거란은 지원을 구실로 화북지방에 연운 16주를 획득했다.

유지원, 후한 건국

942년 조정에 반거란 분위기가 조성돼 대거란 강경정책을 고수하던 후진이 요나라의 침입으로 멸망했다. 이에 저항하는 민중 봉기가 각지에서 발생하는 가운데 후진의 하동절도사 유지원이 요의 세력을 격퇴시키고 후한을 건국했다.

큰 놀이 행사, 동채싸움

견훤은 원래 지렁이, 소금 푼 강에 떠밀어 죽였다는 전설에서 유래 … 일명 차전놀이

경상도 고창(안동)지방에는 동채싸움놀이가 유행하고 있다. 동채는 원래 바퀴를 뜻하며 따라서 동채싸움은 일명 '차전놀이'라고도 불리워진다. 이 놀이는 후백제의 견훤과 고려 왕건 사이의 싸움에서 유래했다고 한다. 후백제의 견훤이 고창으로 진격했을 때 고창의 성주였던 김선평은 왕건의 편을 들어 견훤과 싸웠다. 이때 지렁이가 둔갑하여 사람이 되었다는 견훤의 비밀을 안 고창사람들은 지렁이가 무서워하는 소금을 낙동강에 풀어 놓고 견훤을 강물에 떠밀어 죽였다고 한다.

그후 해마다 고창 사람들이 모여 팔짱을 끼고 서로 상대편의 어깨를 밀어내는 초보적인 동채싸움이 생겨났다. 이제 이 놀이는 마을의 중요한 행사로 자리잡아 마을 촌로의 지휘로 목수들이 동원돼 추수가 끝난 후부터 정성껏 나무를 고르고 기구를 제작한다. 이 놀이는 수백 명이 서로 돌진하고 부딪치므로 부상자가 나오기도 하나, 농민들 사이에서는 한 해 농사를 마무리한 후 새해에 서로의 결속을 다지는 행사로 호응을 얻고 있다.

역사신문

광종, 호족 대대적 숙청… 정가 초긴장

상상을 초월한 대규모, 개국공신 중 40여 명만 생존

광종, "왕권 위협하는 모든 세력 척결하고 통치권 확립할 것"
광종 시해·반란 관련 각종 설 난무, 일부 호족 강력 반발 움직임
역모 및 비리혐의로 체포, 처단 … 옥사 청원초과, 임시 옥사 마련

960년 광종이 대대적인 호족 숙청작업에 나서 정가는 현재 초긴장 상태다. 광종이 진행하고 있는 숙청의 규모와 수준은 일반의 예상을 훨씬 뛰어넘는 것이어서 호족들은 말 그대로 자신의 생존을 위해 동분서주하고 있는 상황이다.

대상 준흥과 좌승 왕동의 역모사건이 고발되면서부터 시작된 광종의 호족 숙청은, 혜종과 정종의 외아들까지 처단하는 등 왕족, 개국공신, 무장, 지방 토호 등을 가리지 않고 무자비하게 진행돼, 현재 개국공신 중 숙청되지 않은 사람이 약 40명에 불과할 정도로 거의 모든 정계의 실력자들이 역모, 비리 관련혐의로 당국에 의해 처형되고 있다. 광종 시해나 역모에 관련된 소문이 난무하고, 일부 호족들은 강력한 반발 움직임을 보이고 있는 등 현 시국은 예측 불가능한 상황이다.

광종은 태조 이래 강력한 왕권이 확립되지 못함에 따라 통치행위가 제대로 이루어지지 못하고 있기 때문에, 왕권에 위협을 주는 세력들을 완전히 제거하지 않고서는 국가운영이 어렵다는 판단 하에 이번 숙청작업을 지휘하고 있는 것으로 알려지고 있다. 광종의 한 측근은 "지난 혜종과 정종의 즉위과정에서 보여줬던 극심한 왕실 내분과 호족들이 제멋대로 날뛰는 양상은 이제 다시 있어서는 안 되겠다는 것이 광종의 확고한 소신"이라고 말했다.

호족 숙청작업은 최근 광종의 왕권강화 움직임에 불만을 표시해온 호족세력들을 역모나 비리 혐의로 체포, 처단하는 방식으로 진행되고 있는데 당국은 "광범위한 정보와 피의자 주변인들의 고발장 접수 등을 통해 각 사건 수사에 착수하고 있다"고 밝혔다. 지금 당국에는 수많은 고소, 고발장들이 접수되고 있는 것으로 알려지고 있는데 노비가 자기 상전을 고발하거나 부자

가 서로 고발하는 경우도 있다고 관계자는 전했다. 일부에서는 광종의 정치적 숙청작업이 여러 해 동안 계속되면서 전반적인 사회 분위기도 이에 편승, 각종 사회문제가 야기되고 있다고 우려하고 있다. 현재의 사회불안 심리는 어느 때보다도 심각한 실정이며 각종 민사사건도 급증하고 있는 추세다. 또 체포된 자들이 너무 많아 전국에 임시 옥사를 마련해야 할 실정이다.

한편 정치·사회적 불안이 장기화되면서 호족들의 반발을 우려한 광종은 전국에서 장정들을 모집, 대규모 호위부대를 편성했다. 정계 관측통들에 의하면 호족들은 이번 숙청작업의 진원지로 쌍기를 지목하고 맹렬한 비난을 하고 있는 것으로 알려지고 있다. 쌍기는 광종 7년 후주에서 귀화, 한림학사로 기용돼 과거제도 등 일련의 왕권강화정책의 참모 역할을 하고 있다. **관련기사 2면**

노비안검법 시행

호족 소유 노비 중 원래 양인인 사람들, 심사 후 원래 신분으로 회복된다

일부 호족들 정부정책에 노골적으로 불만 표시

956년 광종은 노비안검법(奴婢按檢法)을 제정, 호족들이 불법적으로 소유하고 있던 노비들 가운데 본래 양인들이었던 자들을 심사 후 본래의 신분인 양인으로 복귀시키도록 지시했다.

노비안검법은 광종의 왕권강화를 위한 일련의 정책 가운데 하나로서 일부 호족들의 강한 불만 여론에도 불구하고 강력하게 시행될 전망이다.

이번 조치를 통해 강제로 노비의 신분으로 전락됐던 많은 사람들이 양인으로 구제되고 있는데 이들은 앞으로

국가에 직접 조세를 납부하게 돼 국가의 재정 안정에도 큰 몫을 할 것으로 보인다.

한편 서경의 한 호족은 "광종의 노비안검법에 수긍할 수 없으며, 이는 개국에 커다란 공로가 있는 우리를 무시하는 처사"라며, 광종의 조치를 호족들에 대한 "숨통조이기 작전"이라고 비난했다. 그러나 일부 군소호족들은 그동안 과도했던 대호족들의 권력독점을 비난하면서 광종의 조치에 긍정적인 반응을 보이고 있다. **관련기사 3면**

과거제도 시행

쌍기 건의 … 시험 합격해야만 국가 관리 될 수 있다

과거제를 통해 관리를 선발하는 관행이 점차 정착되어가고 있다. 광종은 과거제 시행을 건의했던 쌍기를 과거 주관자인 지공거로 임명, 958년에 최초로 과거시험을 실시한 이래 올해 다시 제2차 과거를 실시했다. 제술과와 명경과가 실시된 이번 시험에서는 서희 등이 명경과에 급제했다.

광종의 과거제 실시는 관리선발의 합리적 기준을 마련하기 위해 중국의 여러 제도를 검토하는 등 상당 기간의 준비를 거쳐 이루어진 것이다. 이 역시

왕권강화를 위한 조치로 풀이되며 노비안검법과 더불어 태조 이래 일대 세력으로 나타난 호족들에 대한 견제조치이기도 하다.

이로써 앞으로 지방의 유력자들도 과거를 거쳐야만 고위관직에 나아갈 수 있으며, 과거 출신자들에 대한 국왕의 전폭적인 지원이 예상되고 있다.

관리가 되기 위해선 유학을 공부해야만 하는 현실에 비추어 유교경전을 중심으로 한 교육이 발전할 것으로 보인다. **관련기사 2면**

백관 공복 지정

국가 기강 확립 위한 조치, 서열에 따라 색 지정

960년 3월 광종은 왕실의 위엄과 왕권강화를 위한 시책의 일환 속에서 관리들의 기강확립을 위해 관리들의 복장을 정하여 시행토록 조치했다.

앞으로 원윤(元尹) 이상은 자삼(紫衫: 자색 웃옷의 일종), 중단경(中壇卿) 이상은 단삼(丹衫:적색 웃옷의 일종), 도항경(都航卿) 이상은 비삼(緋衫: 진홍색 웃옷의 일종), 소주부(小主簿) 이상은 녹삼(綠衫: 푸른색 웃옷의 일종)을 입게 된다. 이로써 상하 사단(四段)의 서열이 생겨 사회적으로는 색복계급(色服階級)이 등장할 것으로 보인다. 처음으로 공복제도를 실시한 때는 백제 고이왕 때인데, 머리에 쓰는

관모(官帽)와 허리에 차는 대(帶)의 색깔로 상하의 등위를 구별했었다.

새 연호로 '준풍' 사용

960년 즉위 후 중국과는 다른 독자적인 연호 사용을 계속하던 왕이 이번에는 준풍(峻豊)이란 연호 사용을 발표했다. 즉위 이듬해인 950년에 광덕(光德)이란 연호를 사용했고, 한때 951년에는 다시 중국 후주의 연호인 광순(廣順)을 사용했는데, 이번에 다시 독자적인 연호 사용을 발표했다.

정종, 왕규 체포

반란 기도 혐의로

왕권강화의 전기될 듯

945년 외손자를 왕위에 오르게 하기 위해 역모를 구미려던 왕규가 처형됐다. 혜종 2년 9월에 국왕에 즉위한 정종은 왕규가 반란을 피하고 있다는 정보를 입수, 왕식렴 등의 도움을 받아 즉시 왕규를 체포했다.

이번 왕규의 반란 기도를 미리 예측하는 데는 사천관(점술가) 최지몽의 점

술이 큰 역할을 한 것으로 알려지고 있다. 정종은 최지몽에게 공을 표창하고 노비와 은그릇 등의 상품을 내렸다.

이번 사태를 계기로 혜종대의 약해진 왕권에 비하여 향후 다소 왕권이 강화될 전망이며, 이번 반란의 진압에 공을 세운 서경의 왕식렴 세력이 정계의 실력자로 부상할 전망이다.

역사신문

왕권강화, 정치안정과 직결

민심 수렴할 새로운 가치관 정립해야

최근 광종의 호족세력 숙청과 일련의 왕권강화정책 실시로 정국이 급냉하고 있다. 광종 7년부터 시작된 숙청과 왕권강화책은 전국 각지에서 독자적인 세력을 이루고 있는 호족들을 뿌리뽑고 국왕의 집권기반을 강화하기 위한 정지작업으로, 이로 인해 정국에 파란이 일고 있는 것이다.

우리는 광종의 이러한 과감한 왕권강화정책에 대해 환영의 뜻을 표하는 바이다. 고려의 삼한통일은 각지의 유력 호족들의 협조와 지지로 가능했던 것이고, 그런 연유로 고려는 국초부터 집권체제를 확립하지 못하고 이들의 정치적 영향력을 상당한 정도로 인정해줄 수밖에 없는 호족연합정권의 성격을 띠고 있었다. 그러나 그 때문에 태조 사후 왕위계승과정에서 끊임없이 정쟁이 계속되었고, 호족들의 발호 속에 왕권은 극도로 약화되었다. 광종의 과감한 호족 숙청과 왕권강화정책은 정치적으로 그런 악순환을 끊는다는 점에서 획기적이라 할 수 있다.

또 이번에 실시된 노비안검법은 그동안 호족들에게 불법적으로 소유되었던 노비들을 원래의 신분인 양인으로 복귀시켜 그들의 고통을 풀어주었다는 점에서 반가운 일이 아닐 수 없다. 더구나 이들을 국가의 공민으로 편입시킴으로써 나라의 기반을 그만큼 굳건히 할 수 있게 되었다는 것은 긍정적으로 평가해야 할 일이다. 또 과거제도를 실시하여 학문적 능력이 있는 자를 관리로 선발하게 된 것은 물론, 신분제의 틀 안에서의 일이라는 한계가 분명한 것이긴 하지만, 타고난 혈통이 아니라 자신의 노력과 능력에 따라 등용시킨다는 정신의 발현이라는 점에서 진보한 제도로 생각된다. 이런 제도적 정비는 마땅히 나라의 건국과 함께 이루어져야 할 일로서 차라리 때늦은 감이 있다.

그러나 여기서 한가지 짚고 넘어갈 일은 이런 일련의 과정에서 누구를 막론하고 정당하고 확실한 근거없이 억울하게 숙청당하는 일이 없어야 한다는 것이다. 지금 항간에는 이번 숙청을 정적에 대한 무자비한 피의 숙청이라고 지탄하는 소리가 없지 않으며, 감옥이 넘쳐나 옥사를 새로 지어야 할 형편이다. 자칫 옥석의 구별없이 억울하게 옥사당하는 일이 없도록 해야 할 것이다.

이와 함께 우리가 촉구하고자 하는 것은 국초 이래 왕위 교체과정에서 균열된 사회질서를 새롭게 추스리고, 최근의 정국 속에 흐트러진 민심을 안정시킬 정치사상과 이념을 정립할 필요가 있다는 것이다. 국왕과 신하와 백성이 서로 자신의 본분을 다하는 가운데 민생이 안정되고 나라가 발전할 수 있게 하는 그런 가치관과 사상의 정립이 어느 때보다 절실하다.

그림마당

이은홍

"아~ 차가운 왕권강화성 고기압으로 인한 숙사구팽형 독감인데, 요즘 호족들 사이에 팍팍 퍼지고 있다오!!"

"팽!"
"팽!!"

호족세력 약화와 왕권강화라는 일관된 목적

끊임없이 나도는 모반설과 광종의 연이은 숙청으로 꽁꽁 얼어붙은 정국이 전혀 해빙의 기미를 보이지 않고 있다. 광종은 현재 감옥을 신축하는 등 숙청의 고삐를 더욱 세게 당기고 있다. 호족들은 광종의 포악한 성품과 지나친 자기보호 본능, 그리고 후주(後周) 출신 측근 쌍기의 잘못된 보필을 최근 정국경색의 원인으로 지적하고 있다.

그러나 호족을 제압하고 왕권을 강화하려는 광종의 의지가 최근 정국의 근본 동력임은 일련의 정책들 속에서 쉽게 읽어낼 수 있다. 노비안검법 실시, 과거제 시행, 백관 공복제정 등은 모두 호족세력 약화와 왕권강화라는 일관된 목적을 갖고 있다. 노비안검법은 노비를 경제수단뿐 아니라 사병화를 통해 군사적 수단으로까지 활용하고 있던 호족세력들을 겨냥한 조치였다. 또 태조 이래 계속해서 조정 고위직을 차지해온 개국공신들을 과거제를 통해 자연스럽게 도태시켜가고 있다. 또 관리들에게 직책에 따라 공복을 정해줌으로써 왕의 권위를 가시적으로 제도화시키려 하고 있다.

광종이 왕권강화에 나선 것은 후삼국통일이 각지 호족들과의 연합적 성격이 짙었기 때문에 이들을 제어하지 않고는 통치가 이루어지기 어렵다고 보기 때문이다. 실제로 전임 혜종, 정종은 호족들의 도움 없이는 왕위를 유지하기도 힘들었던 것이 사실이다.

광종이 즉위한 지 7년이 지나서야 호족 숙청작업에 착수한 것도 그만큼 이들을 제거하기가 쉽지 않았기 때문이다. 광종은 7년간 호족들을 무마하면서 당의 정치학 서적 「정관정요(貞觀政要)」를 토대로 면밀한 계획을 세웠고 국내에 세력 기반이 없는 후주(後周) 사람 쌍기를 측근으로 삼아 측근세력을 키워왔다는 후문이다.

광종은 자신을 황제로, 개성을 황도(皇都)로 삼고 독자 연호 준풍을 사용하는 등 명실상부한 왕권확립을 이루어냈다. 그러나 아직 각 지방의 호족들은 장차 중앙정계에 재기할 기회를 틈틈이 엿보고 있다. 광종 사후에도 강력한 왕권이 유지될지는 두고볼 문제다.

후주에서 절도순관, 장사랑, 대리평사 역임. 광종에 의해 원보한림학사로 발탁. 과거제 건의, 시행케 함. 3차례 과거에서 지공거 역임. 광종 개혁 추진의 실세. 두뇌 회전이 빠르고 추진력이 있다는 평.

"과거제로 인재를 공정하게 선발할 수 있다"

언제 우리 고려에 처음 왔는가.

광종 임금 즉위 후 축하 사절로 사절단인 설문우를 따라왔을 때다.

중국에서는 과거를 언제부터 실시해 오고 있는가.

수나라에서 선거제의 명목으로 실시하기 시작했으며 당나라에서는 인재선발의 중요한 방법으로 널리 사용됐다.

과거시험의 장점은 무엇인가.

인재선발의 객관성을 유지할 수 있다는 점이다. 개인 감정에 의한 부패를 제거할 수 있으며, 공정을 기할 수 있다. 그리고 능력 있는 사람이 등용돼 관리로서 봉사하게 하면 행정적인 측면에서도 보탬이 되리라 생각한다.

이번 과거시험 실시의 의의는 무엇이라고 생각하는가.

앞에서도 말했다시피 고르게 인재를 등용할 수 있다는 점이다. 또한 현재 주요 관직을 독차지하며 실세로 부각되어 있는 호족들이 가지고 있는 권리를 억제한다는 의미도 있다.

때문에 호족세력이 위축되고 이에 따른 호족들의 반발이 예상된다.

왕이 그러한 문제를 고려하지 않은 것은 아니라고 생각하는데 사실 956년에 노비안검법의 실시에 대해서도 대호족들은 불만이 있지 않았는가.

새로운 정책이 시행될 때 그 사회에서 특권을 누리고 있는 자들의 불만이 있는 것은 당연하다.

그러나 호족들도 국가시책에 협조해야 할 것이다.

과거시험 응시 요강

응시자격 양인 신분이면 누구나 응시 가능. 단, 부모 상중에 있는 자는 탈상 때까지 응시 불가. 현직 6품 이상 관리 응시 불가. 6품 이하 관리는 3회에 한해 응시 가능.

시험과목
진사과 : 시(詩), 부(賦), 송(頌), 책(策)
명경과 : 「상서」, 「주역」, 「모시」, 「춘추」, 「예기」
복과 : 「맥경」, 「침경」, 「본초경」 등 6과목
의업과 : 「소문경」, 「갑을경」, 「명당경」, 「난경」 등 7과목

시험방식
진사과 : 당일 제시된 논제에 대한 논술.
명경과 : 당일 제시된 문장의 독해.
복업과 : 사전대에서 별도 주관.
의업과 : 태의감에서 별도 주관.

시험요강
1. 수험생은 행권(이름, 나이, 4대조까지의 이름 기록)과 가장(가계 증빙서류)을 공원(시험관리소)에 제출.
2. 수험생은 시험일 이전에 시권(시험지) 머리에 이름, 본관, 나이, 4조 이름을 기록한 뒤 다른 사람이 볼 수 없도록 그 부분을 풀로 붙여 공원에 제출해야 함.
3. 시험 도중 공원 관리가 일일이 신원 확인하여 시권에 승선의 금인을 찍음.

시험 문제 출제 시험 전날 지공거가 문제를 출제, 국왕의 결재를 받은 뒤 봉함해 시험 장소에서 개봉함.

합격자 발표
1. 시험 종료 후 지공거가 채점하며 이틀 뒤 승선이 봉한 이름을 뜯어 합격자를 발표함.
2. 합격자는 국왕 면접 후 합격증서인 홍패를 하사받음.

명경과 급제자 서희

"훌륭한 외교전문가 되고 싶다"

소감은.

무척 기쁘다. 공정한 시험을 통해 관직에 진출할 수 있게 해주신 국왕께 감사드린다. 이전에는 집안 배경이 있어야만 관직에 진출할 수 있지 않았는가. 우리 집안도 남에게 뒤질 정도는 아니지만 오직 내 실력으로 관직에 나가게 된 것이 너무나 기쁘다.

시험공부는 어떻게 했는가.

「춘추」, 「예기」, 「주역」 등 교재에 충실했고 따로 개인교습을 받은 적은 없다. 특히 문제가 암기위주보다는 사고력을 측정하는 것이어서 교재의 이해에 중점을 뒀다. 교재를 반복해서 읽고 의문나는 부분은 따로 표시해뒀다가 시험을 얼마 안 두고 집중적으로 공부한 것이 많은 도움이 됐다.

공부하는 데 어려움은 없었나.

가장 어려웠던 것은 우리나라가 불교를 워낙 중요시하다보니 유교연구가 잘 안 돼 있고, 따라서 참고할 주석서를 구하기가 매우 어려웠다는 점이다.

부친께서는 내의령(內議令)을 지내셨는데, 앞으로 어느 방면의 관직으로 나가고 싶은가.

아버지의 후광을 업고 출세할 생각은 전혀 없다. 나는 외교 전문가로 성장하고 싶다. 지금 우리 북방지역의 정세가 복잡하고 앞으로 할 일이 많다고 본다. 외교분야에서 우리 국력을 키우는 데 일조하고 싶다.

광종, "각 지방 세공 내역 조사하라"

효율적인 국가재정 운영과 호족 경제기반 약화, '두 마리 토끼 잡기'

949년 8월 광종은 즉위 직후 국가조세량 파악을 위해 각 지방 공부(貢賦)의 양을 정하여 보고토록 지시했다.

이번 조치는 광종이 국왕으로 즉위한 지 얼마되지 않아 아직 국정 전반을 장악하지 못한 상태에서 지시된 것으로 보아, 정가에서는 광종의 의욕과 과단성을 보여주는 조치로 받아들이고 있다.

광종은 해당 관리들에게 지방 각 주현에서 해마다 바쳐야 할 공물의 양을 정확히 정하여 보고하라고 명령했는데 이에 따라 이들은 조사착수를 위한 사전 작업에 들어갔다.

이들은 우선 해당 지역을 나누고, 기존의 자료를 토대로 각 지방의 특산물 파악과 호구수 파악을 위한 실무진 선발 작업도 진행중이다.

관계자에 따르면, 공부의 내용으로는 각종 광산물, 직물류, 동식물과 그 가공품 그리고 해산물이 포함되며, 수공업지역인 소(所)지역에서 생산되는 물품들도 역시 포함된다.

이번 조치는 고려의 세공 내역이 아직 정확하지 않기 때문에 전국적인 규모와 양, 세목 등을 정부에서 정확히 파악하려는 의도에서 시행되는 것이다.

이번 조사가 끝나면 지방에서 납부할 공물의 수량을 정확히 파악함으로써 국가재정 운영에 효율성을 기할 수있을 것으로 관계자는 전망하고 있다.

그동안의 지방 세공이 주로 지방 호족들의 손에서 이루어져 왔다는 점을 감안한다면, 이번 조치에는 정부가 지방 조세를 직접 장악하겠다는 광종의 정치적 의도가 숨어있다고 볼 수 있다.

이렇게 될 경우 지방민에 대한 호족들의 지배력은 약화될 것으로 전망된다. 때문에 지방의 유력한 호족들은 본격 조사가 시작되기 전부터 긴장하는 모습이며, 백성들은 공정하게 공부의 액수가 정해져 이번 조사가 백성들에게 이익이 되는 계기가 되기를 바라고 있는 모습들이다.

기자 수첩

왕사·국사제도를 보는 엇갈린 시각

968년 광종 19년 불교 진흥 정책을 꾸준히 전개해온 광종은 승려인 혜거를 국사(國師), 탄문을 왕사(王師)로 칭하고 이들로 하여금 국왕의 자문에 응하도록 요청했다. 이번 요청으로 불교에 대한 광종의 큰 관심을 다시한번 확인할 수 있었는데 이미 광종은 즉위와 더불어 봉은사, 불일사, 숭선사 등을 창건, 태조의 원당, 어머니 류씨의 원당으로 삼은 바 있으며, 과거제 실시 때도 승과를 설치해 승려들을 합법적으로 선발하는 제도적인 창구를 마련하였다.

이번의 조치에 대해 불교계는 내심 크게 환영하면서도 선뜻 입장표명을 자제하고 있는 모습이다. 이는 그동안 광종이 다수의 호족 세력들을 대상으로 피비린내나는 숙청을 감행, 온 나라를 공포 분위기로 몰아 넣었던 전력이 있어 혹시 불교계에도 여파가 있지 않을까 몸을 사리고 있기 때문이라는 후문이다.

국왕의 한 측근은 "국왕의 칼날 같은 날카로움은 이제 사라졌다"고 말하면서 앞으로 귀족층의 입장을 수용하는 쪽으로 정책을 선회할 것이라고 말했다. 이번의 국사 왕사제도도 그동안 숙청작업으로 많은 피해를 입은 호족들을 종교적인 열정으로 감싸안으려는 광종의 헤아림 때문이라는 해석이다.

그러나 이같은 설명에 대해 일부에서는 현재 불교계 지도자들을 확실하게 손아귀(?)에 장악, 불교계에 왕권강화에 대한 자신의 입장을 설파하려는 광종의 정치적 의도로 바라보는 시각도 있다.

어쨌거나 이번 정책은 일반인들에게 그동안 많은 호족들을 숙청한 것에 대한 국왕의 화해 제스쳐로 비치고 있는 것이 사실이다. 실제로 불교계를 끌어안고 있는 모습은 백성들에게 부드러운 국왕 이미지를 전달하는 데 성공하고 있는 듯하다.

왕실의 한 측근은 이번 조치를 왜곡됨 없이 받아들여주길 당부하면서 광종의 불교에 대한 순수한 열정과 종교를 통해 이전의 죄과를 용서받으려는 나약한(?) 인간적 모습으로 이해해달라고 말했다.

과연 앞으로 더 이상의 정치적 살상은 없을지, 불교의 입김으로 순화될 광종의 정책이 얼어붙은 정치판을 녹이기 시작할지는 두고 볼 일이다.

◆ 고려 만화경 2

정도사 석탑 건립 때 양전 실시

토지대장 작성하고, 소유주, 위치, 넓이, 결(結)수 등 자세히 기록

956년 광종 6년 경산부의 속현인 약목군의 정도사에 석탑을 조성하는 과정에서 이 지역에 대한 양전사업이 전개돼 양전사가 하전(下典)과 산사(算士) 등을 대동하고 해당 지역에서 양전을 실시했다.

양전의 결과 토지대장을 새로이 작성하고 여기에 토지소유주, 전품(田品), 토지의 형태, 토지의 위치, 토지의 넓이, 결수, 양전의 방향, 양전척의 단위 등이 기록됐다.

이번 양전은 전국적인 사업은 아니었으며, 이들 지역에 석탑이 조성됨에 따라 국가에서 자세한 내역을 파악하기 위하여 양전을 실시한 것이라고 한 관리는 밝혔다.

그는 앞으로 지방행정체제가 완비되면 촌락의 변화에 따른 조세의 현실적인 부과를 위해서 양전을 전체 지역으로 확대실시할 것이라고 말했다.

제위보 설치

빈민구제 사업 활성화 기대

963년 광종 14년 제위보의 설치로 빈민들에 대한 구제사업이 좀더 활발히 전개될 전망이다. 태조 때는 흑창을 설치, 백성들에게 곡식을 싼 이자로 대여해 생활의 안정을 꾀하여 왔으나, 빈민들에게는 이것마저도 어려운 실정이었다. '보'라는 것은 어느 정도의 재원을 마련하고 이 자금으로 사업을 전개, 그 이자로 사업을 하는 것인데, 제위보는 빈민구제를 목적으로 하는 사업재단인 셈이다. 관계자에 따르면 제위보의 재원은 재정 담당 관청과 국왕 그리고 일부 귀족들이 함께 조달했다고 한다. 그러나 제위보가 그 기능을 제대로 발휘할 수 있을지는 아직 미지수다. 혹시 이를 이용한 해당 관리들의 무리한 고리대 행위가 늘어날 수도 있다는 점이 크게 우려되고 있다. 현재도 일부에서는 고리대로 인한 백성들의 피해는 계속 늘어나고 있는 실정이다.

정종, 불교 발전 위한 뜻깊은 불사 지시

불명경보와 광학보 설치

불경 수집·보급 … 불교학도 위한 장학기관

946년 정종이 곡식 7만 섬을 여러 큰 절에 헌납해 불명경보와 광학보를 설치했다. 불명경보는 불경의 수집과 보급사업을 주로 담당하는 기관이며 광학보는 불교를 공부하는 사람들을 위한 장학재단이다. 이에 앞서 국왕은 대사령을 내렸으며, 개국사에 불사리를 안치한 바 있다.

이같은 조치는 태조의 능인 현릉을 참배하기 위하여 정성을 들이던 도중 궁전 동쪽 소나무에서 "극빈한 백성을 잘 돌보아주는 것이 임금의 가장 요긴한 정무니라"는 말을 정종이 듣고 이에 크게 깨달은 바가 있었기 때문이라고 한 측근은 말했다.

태조가 훈요 10조에서 불교를 장려하는 것을 국가의 기본정책으로 설정한 이후 우리 고려는 많은 불교장려정책을 시행해왔다.

국왕 정종이 부친의 뜻을 이어 개국사에 불사리를 안치하고 곡식을 헌납해 이를 불명경보와 광학보 설치에 사용할 것을 지시한 일은 불교발전에 커다란 초석이 될 것으로 보인다. 앞으로 불교에 귀의하려는 승려들에게는 경보를 통해서 많은 불경이 지급·보급될 것이며, 광학보를 통해서는 장학비가 지급돼 불교에 관심 있는 사람들은 물론 불교에 귀의하려는 많은 사람들에게 큰 도움을 줄 전망이다.

문화 시평

덩치가 큰 만큼 불력도 큰가?

최근 거대한 괴불 곳곳에 건립 … 호족세력의 영향력 반영된 사회적 산물

안동 니천동 석불. 높이 12.38m. 자연 암벽의 몸체가 풍기는 힘과 머리에 쓴 갓이 이채롭다.

후삼국시대 때 일부 지역에서 나타나 눈길을 끌었던 괴상한 모양의 불상이 최근 들어 지방 곳곳에 거대한 규모로 조성되고 있어 화제를 낳고 있다. 이 돌불상은 그 모습이나 양식이 이전과는 판이하게 다르다.

안동의 제비원 석불이나 관촉사의 미륵석불은 그 대표적인 예. 산꼭대기나 산기슭에 마을을 굽어보면서 서있거나, 또는 벌판 한가운데 뚝바로 우뚝 솟아 있는 불상들은 매우 독특한 분위기를 풍기고 있다. 한편 이런 불상들의 대부분이 미륵의 형상을 하고 있다는 점도 매우 흥미로운 점이다.

특히 관촉사의 은진미륵은 광종의 명령에 의해 혜명이라는 승려가 1백여 명의 석공을 데리고 39년간에 걸쳐 만든 것이다. 18미터 높이의 이 석불은 얼굴과 곧바로 연결된 상체, 그리고 하체의 두 부분으로 나누어지며, 두 팔은 각각 다른 돌로 만들어 조립하는 방법을 사용했다. 사용된 돌은 수백 톤에

해당하는 것으로 매물식 방법을 이용해 만들었다고 한다. 흙더미를 산처럼 쌓아 돌을 운반하여 올린 다음, 흙더미를 허물어 형체를 드러내게 하는 방식이다.

거대한 크기의 불상을 어떻게 만들었는가 하는 방법상의 문제도 관심거리이지만 불상의 모습이 보여주는 분위기가 그 이전과는 판이하게 달라 많은 사람들 사이에서 논란이 되고 있다. 이전 시대에 만들어진 불상은 인자하고 자비로운, 그래서 속세를 떠난 해탈의 경지를 보여주는 신비로움을 지니고 있었다. 그러나 최근 만들어진 불상에서는 거대한 형체가 발산하는 강한 힘과 흡인력이 느껴진다. 특히 얼굴 형상이 해탈의 부처가 아니라, 인간의 모습을 한 자연스러운 인상에 다부진 입술과 괴력을 발휘하는 눈매가 인상적이어서 보는 사람을 압도하고 있다. 또 관모나 갓까지 써서 매우 독특하다.

이런 새로운 모습의 불상들이 세워

진 지역은 대체로 호족의 입김이 강한 지역들이다. 이 점을 들어 전문가들은 불상의 외형적 풍모가 지방민을 자신의 영향력 하에 끌어들이려는 호족들의 의지를 강하게 전하고 있다고 분석하기도 한다. 또 여기에는 얼마 전 크게 유행했던 미륵사상의 영향도 있다는 설명이 있다.

이러한 맥락에서 보자면 최근의 관촉사 불상 조성의 경우처럼 국왕의 명령에 의해 괴불이 조성되고 있다는 점은 특히 주목을 끈다. 이는 아마도 왕실과 호족 사이의 타협과 결탁을 상징하는 것으로 보인다. 고려왕실은 지방에 거대한 불상들을 만들면서 어느 정도 독립적으로 활동하는 호족세력을 포섭해나가는 한편, 불력을 이용해 민심을 위무하려는 양면적인 목적을 가지고 있었던 것으로 추측해볼 수 있다.

한 시대의 문화는 결코 그 문화가 자리한 시대를 떠나서 이루어질 수 없음이 다시 한번 확인된다.

논산 관촉사 미륵불. 높이 18m. 정면뿐만 아니라 옆면에서도 보일 정도로 크게 표현된 눈이 특이하며, 머리에는 삼중의 관을 썼다.

균여, 「보현십원가」 발표

향가 전성시대 마지막 장식
중국측 "부처 재림했다" 극찬

973년 향가의 인기가 시들한 지금 균여가 「보현십원가」를 발표, 향가 전성시대의 마지막을 화려하게 수놓았다. 보현십원가는 보현십원왕가 또는 원왕가로 불리기도 한다. 균여는 『화엄경』의 어려운 내용을 향가를 빌려 쉽게 전달, 중생을 교화하고자 했다'고 작품 발표 소감을 대신했다. 전체는 11수로 되어 있으며, 각 수가 모두 11분절로 떼어져 있다.

작품 몇 수의 내용은 다음과 같다. 〈예경제불가〉는 모든 부처님을 공경하고 예배하겠다는 내용이다. 〈칭찬여래가〉는 여래불의 공덕을 칭송하는 노래이며, 〈광수공양가〉는 넓게 여러 가지 공양을 모두 행하겠다는 내용으로 그 많은 공양 중에서도 물질공양이 아닌 몸으로 하는 법공양이 으뜸임을 강조한다. 〈참회업장가〉는 오늘의 참회로부터 다시는 죄를 짓지 않겠다는 다짐이다. 〈수희공덕가〉는 어느 누구의 공덕이라도 이는 곧 나의 공덕이 되니, 그 모든 공덕을 따라 기뻐하겠다는 것이다.

균여의 〈원왕가〉를 한문으로 번역한 최행귀는 균여의 향가를 중국의 사부(詞賦)를 능가하는 작품으로 평가하고 있다. 그는 균여의 향가가 송나라의 군신들에게까지 전파되어 호평을 받았으며, 그들은 균여를 일컬어 '진실로 한 부처가 세상에 오셨다'고 칭송했다고 말했다.

체관, 국내에 천태종 소개

관련 저술 출간 … 국내 불교 통합운동에 기여할 듯

960년 광종 때 체관이 천태종의 교관인 오시팔교를 차례로 풀이한 책을 만듦에 따라 천태종이 널리 보급될 것으로 예상된다. 천태종은 대승불교의 일파로 법화경을 근본교의로 하여 선정(禪定)과 지혜의 조화를 종으로 삼고 있는 종파이다.

체관의 이번 저술은 교종과 선종으로 분리돼 있는 우리 종교계에 커다란 의미가 있는 것으로 평가되고 있다. 현재 우리 불교계는 화엄종을 중심으로 한 교종과, 범안종을 중심으로 한 선종으로 대립되어 있는데 과연 선종과 교종을 통합시키기 위한 하나의 돌파구로서 천태종이 자리잡을 수 있을지 많은 불교 관계자들은 큰 관심을 나타내고 있다.

역사신문 설문조사　무슨 옷 즐겨 입나?

"흰 옷에 두건 두른다" 답변 가장 많아

최근 역사신문에서는 우리 백성들의 의생활에 대한 조사를 실시했다. 조사 결과, 우리 백성들은 일반적으로 삼국시대와 큰 변화 없는 의생활을 하고 있는데, 머리에 두건을 두르고 흰색의 옷을 가장 많이 입고 있는 것으로 조사됐으며 머리에 두르는 두건의 형태는 지위나 계층에 따라 다양한 취향을 보이고 있어 흥미를 끌었다.

농업이나 상업에 종사하는 백성들은 보통 머리에 두건을 두르고 흰색의 옷을 입는 평상복 차림이 일반적이다. 국왕이나 조정의 백관들도 사택에서는 이러한 평상복을 입고 있다고 답했다. 여유가 있는 사람들의 경우에는 정교한 옷감을 사용하는 경우가 많았다. 다만 두건에 있어서 조정의 관리, 귀인들과 서민들을 두건에 달린 대로써 구분한다.

송나라 건국

당 이후 새로운 통일국가 성립될지 큰 관심

960년 후주의 절도사 조광윤은 새로 나라를 건국하여 송이라 하고 수도를 개봉으로 정했다.

본래 조광윤은 무인 출신으로 후주를 멸하고 새로 국가를 세운 것이다. 이는 과거 당의 절도사였던 주전충이 당나라를 멸망시킨 것에 견주어볼 만한 일인데 앞으로 송의 통일정책에 관심이 모아지고 있다. 이미 조광윤은 북벌을 전개하여 북부지방을 중심으로 세력을 펴고 있는 다른 세력을 무너뜨

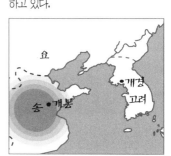

리고 당에 이은 통일 왕조의 건국을 꾀하고 있다.

'송'의 중국통일은 가능할까?

우리 정부의 대응도 주목돼

송(宋)의 건국으로 당의 멸망 이후 5대 10국으로 분리되어 있던 중국이 과연 다시 통일국가로 성장할 수 있을까.

후주 세종대에 중앙금군의 총사령관이던 조광윤이 석수신 등의 도움으로 후주를 멸망시키고 송을 건국하여 황제가 된 이후 조광윤은 하북지역에 대한 통합작전을 전개하고 있다. 양자강 이남지역의 국가 통합이 현재 조광윤에게 주어진 숙제이다.

사실 당의 멸망 이후 한족의 통일왕조는 아직 이루어지지 않고 있으며, 당 이후 5대의 나라가 건국됐다. 후량, 후당, 후진, 후한, 그리고 후주의 다섯 왕조가 그것이다. 과연 송이 독립왕조로서 새로이 통일국가로 중국 역사에 등장할 수 있을지 많은 사람들은 큰 관심을 갖고 있다. 조광윤의 탁월한 군사지휘와 절도 있는 군사력으로 보았을 때 통일왕조의 건국은 그다지 어렵지 않을 것이라는 전망도 나오고 있다.

한편 우리 정부의 대응도 주목된다. 광종은 특히 후주와 친교했으며, 광종의 즉위 직후에는 후주에서 사신이 다녀가기도 했었다.

역사신문

"유교정치이념이 국가통치의 기본 원리"

최승로 시무 28조, 성종 적극 수용할 듯

불교행사 제한, 지방관 파견, 군제 개편, 유공자 후손 등용 등 주장

982년 6월 성종의 요구에 따라 정광 최승로가 국왕에게 올린 28가지 국가 시무책이 앞으로의 정책방향에 큰 영향을 줄 것으로 예측되고 있다. 시무책은 유교의 정치이념화를 강조하고 있으며 과다한 불교행사의 제한, 지방관의 파견, 군제의 개편, 승려의 횡포 방지, 개국공신의 후손 등용 등의 구체안을 제시하고 있다. 성종은 이를 상당부분 수용할 것으로 알려지고 있어 조만간 정치기구의 개편이 뒤따를 것으로 전망된다.

성종은 즉위 후 팔관회를 폐지하고 백관의 관제를 정하면서 982년 6월 조서를 내려 5품 이상의 중앙관리들에게 현행 정치의 장단점을 분석, 보고서를 제출할 것을 지시하며 이를 바탕으로 국정운영을 해나갈 것이라고 밝힌 바 있다.

최승로 시무책은 우선 태조부터 경종까지 역대 정치의 잘잘못을 평가하고 이를 토대로 앞으로의 방향과 훌륭한 군주상을 설정하고 있다. 전체적으로 유교정치이념의 구현이 강조돼 있으며 시종 불교를 비판하고 있다. 불교 비판의 내용은 주로 불교의 폐단에 대한 것들이다. 또 최승로는 시무책을 통해 중앙집권체제의 정치형태를 제안했는데, 이 제안의 실현 여부가 정가의 큰 주목을 받고 있다.

최승로의 시무책에 대해 정가에서는 궁정의 군졸 수를 줄이라는 내용은 왕권의 전제를 막으려는 의도가 깔린 것이며, 공신 중용과 신분제에 있어 고위층 보호, 그리고 신하를 예로써 대우하라는 시무책 내용에 대해서는 귀족관료들의 권위와 특권에 대한 옹호라고 분석하고 있다.

이미 성종이 팔관회를 폐지시킨 것에서 알 수 있듯이 앞으로 불교 폐단 시정에 나설 것으로 보이며, 광종 이래 계속돼온 과거제도를 활성화시키기 위해 유학 장려에 힘쓸 것으로 전망된다. **관련기사 2면**

정부, 중앙관제 대폭 개편

"이번 조치로 고려 정치·행정, 제도적으로 완비돼"

983년 성종 2년 5월 정부는 기존의 정치행정제도를 모두 혁파하고 새로운 관제를 설치한다고 발표했다. 정부 대변인은 "우선 내사문하성과 어사도성을 두고 어사도성 아래에 6부를 두어 행정실무를 추진토록 했다"고 밝히고 "정부 행정이 한층 효율적으로 운영되면 정치 선진화에 한발짝 다가서게 될 것"이라고 말했다.

중앙관제 외에도 국왕의 외교문서를 작성하는 한림원, 역사편찬을 담당하는 춘추관, 관리감찰을 담당하는 어사대 등의 기구도 함께 설치됐다. 12목 설치와 이번 조치로 고려의 정치행정은 중앙과 지방에 걸쳐 일단 제도적으로 정비된 것으로 보인다.

이번 중앙관제 정비에 대해 정가에서는 성종의 중앙집권화정책의 제도적 완성이라고 평가하며 "이제까지는 호족세력의 위협으로 이러한 제도의 마련을 아예 생각할 수도 없었다. 광종 이후 호족들의 세력이 둔화됨에 따라 이번에 성종이 중앙집권적 제도를 마련할 수 있었던 것"이라는 반응을 보이고 있다.

중앙관제 도표		
기존기구	신설기구	업무 내용
광평성	내사문하성	국정 논의, 임금에 간언
내의성		
내봉성	어사도성 (상서성)	백관 통솔, 실무 행정
삼사	삼사	중앙과 지방의 돈·곡식의 출납 회계
	선관	문관의 선발, 공훈 수여
	병관	무관의 선발, 군무, 역참관계 사무
	민관	호구조사, 공물과 과세징수
	형관	법률, 소송, 범죄자 심리
	예관	예의, 제사, 외교, 학교, 과거 업무
	공관	산림과 하천, 공장(工匠) 건축 업무

전국에 12목 설치, 목사 파견

지방에 대한 중앙정부의 통제력 강화될 듯

983년 성종 2년 2월 성종은 양주, 광주, 충주, 청주, 공주, 진주, 상주, 전주, 나주, 승주, 해주, 황주에 12목을 정하고 이 곳에 지방관을 파견했다. 이에 따라 지방에 대한 중앙정부의 통제력이 보다 강화될 전망이다.

국왕은 최승로의 건의를 적극 수용, 집권화정책을 추진하는 과정에서 우선 중요 지역에 목을 설치, 목사를 파견한 것인데, 최승로는 지방의 호족이 공무를 빙자, 백성을 괴롭히고 있는 현실을 지적하며 '애민'의 차원에서 가능한 수준의 인력을 지방에 시급히 파견할 것을 건의한 바 있다.

이전까지는 금유(今有), 조장(租藏) 그리고 전운사(轉運使) 등이 필요한 경우에만 임시로 지방에 파견돼 공무(조세의 징수와 보관 및 서울로 이송)를 수행해왔다. 이번 목사 파견조치에 따라 금유와 조장은 폐지된다.

한편 12목 설치와 목사 파견에 대해 지방의 호족들은 크게 긴장하고 있는 것으로 알려지고 있다. 국초에 사심관제를 시행, 지방통치에 대해 어느 정도 호족들의 권리를 인정해왔으나, 이제 그 권리를 중앙에서 통제한다는 점에서 호족들은 기득권 상실을 크게 우려하고 있다. 그러나 일반 백성들은 민생안정의 측면에서 이번 조치에 큰 기대를 나타내고 있다.

경종, 전시과 제정

"직급에 따라 토지 분급"

개국공신 등에게 훈전 지급, 전시과 후속 조치

976년 문무관료에게 직급에 따른 토지 분급을 규정한 전시과가 제정됐다. 정부관계자의 말에 따르면 곡물을 재배하는 전지(田地)와 땔나무를 충당하는 시지(柴地)를 함께 나누어 주었기 때문에 이번 제도에 전시과라는 이름이 붙었다고 한다.

이전에는 역분전(役分田)이라 하여 주로 개국 공신에게 토지를 분급하여 왔지만, 관료층에게도 직급에 따라 토지를 분급할 필요성이 생긴 것이 전시과 제정의 배경인 것으로 분석되고 있다.

분급 기준은 관품과 인품을 이울러 고려한 것으로 알려졌는데, 이는 구세력인 개국공신들과 신세력인 관료층을 모두 만족시키려는 데에서 정해진 고육책으로 볼 수 있다.

아울러 최근에는 전시과의 후속 조치로 개국공신과 귀부해온 성주들에게 훈전(勳田)을 지급했다.

이는 전시과에서 소외된 개국공신들 특히, 신라와 후백제 지역에서 귀부해온 성주와 장군들이 자신들에 대한 대접이 소홀한 것에 대해 불만을 토로해왔는데, 이에 대한 정부의 적극적 배려로 풀이된다. **관련기사 3면**

역사신문

유교정치 근본은 성군과 민본

민(民)의 힘이 커져야 그 근본이 튼튼해질 것

성종은 즉위 이후 중앙관서를 개혁하고 지방제도를 제정하는 등 국가체제 정비에 박차를 가하고 있다. 고려사회 각 분야가 초창기를 지나 이제 본격적으로 체제를 정비해가는 모습을 역력히 볼 수 있다. 그런 가운데 획기적인 것은 이러한 제도와 문물의 정비가 유교정치이념에 의해 탄탄하게 밑받침되고 있다는 사실이다. 고려정치는 이제 제도뿐만 아니라 임금과 신하 모두가 함께 공유해야 할 가치관을 확립함으로써 비로소 그 체모의 골격을 갖추었다고 할 수 있을 것이다. 반가운 일이 아닐 수 없다.

유교정치이념의 확립은 보도된 바와 같이 성종이 최승로의 시무 28조 진언을 수용하면서 이루어졌다. 익히 알다시피 유교정치사상은 국초 이래 태조의 통치이념이자 유훈이기도 하였다. 최승로의 시무 28조는 그런 태조의 유훈을 재천명한 것이면서도 이를 보다 체계적으로 정리하고 현실문제의 각 방면에 구체적으로 적용하였다는 점에서 그 의의가 큰 것이다.

최승로 진언의 골자를 요약하자면 나라를 다스리는 요체는 성군과 민본에 있다는 것이다. 우선 그는 임금이 스스로를 잘 닦아 성군이 되어야 한다는 점을 강조하고 있다. 국왕이 매사에 만백성의 모범이 되어야 한다는 것이다. 또 임금은 백성을 나라의 근본으로 삼아 항상 그들의 고통을 덜어주는 정치를 행할 것을 역설하고 있다. 요컨대 최승로의 진언은 성군으로서의 국왕을 중심으로 하는 정치질서와 민본이념을 고려정치에 구현하자는 것으로, 이는 앞으로 고려왕조가 나아가야 할 기본방향을 제시한 것이라고 볼 수 있다.

여기서 유의할 것은 최승로의 시무책은 기본적으로 지배층의 시각에 입각한 것이라는 점이다. 신분질서의 확립을 강조하고 신분의 귀천에 따른 의복·가옥제도의 정비 등을 새삼 주장한 것도 그런 시각에서 나온 것이다. 따라서 그의 생각은 지배층의 입장에서 백성들의 고통을 덜어줄 것에만 관심이 모아졌지, 민이 스스로 자신의 삶의 주체로 성장하기 위해 무엇이 필요한가에 대해서는 아무런 언급이 없다. 이것은 그의 생각의 한계이자 유교사상 자체의 성격을 드러내준 것이라 여겨진다. 앞으로 우리 정치는 유교정치이념의 충실한 실현을 기본 방향으로 하면서도, 민이 위정자의 시혜에 의해서가 아니라 스스로의 힘으로 자신의 삶과 나라의 근본으로 성장할 수 있도록 해야 할 것이다.

최승로의 시무 28조 시무책

유교의 중요성 거듭 강조

서두 부분에서 최승로는 태조 이래 역대 왕들의 허와 실을 논하고 있다. 혜종, 정종, 광종의 즉위 초기는 "모든 일이 안정되지 못한 시기"라고 못박고 민본에 바탕을 둔 정치를 강조하고 있다. 또한 여러 부분에서 광종대의 과중한 불교행사 내용과 그에 따른 비용과 폐단을 날카롭게 지적, 비판하여 유교의 중요성을 강조하고 있다. 다음은 시무책 중 일부 항목.

경주 출신의 관료. 부친 최은함은 신라에서 원보의 벼슬을 지냈다. 총명하고 민첩하며, 학문을 즐겨하는 문장가. 태조가 12세 때 불러 논어를 익혔는데, 실력이 뛰어나 원봉성의 학생으로 있게 됐다. 이후 문필의 임무를 맡았으며, 성종 원년에 어사 벼슬과 상주국 훈위를 받았다. 성종 2년에는 문하시랑 평장사, 성종 7년(988)에는 문하수시중으로 임명됐으며, 식읍 7백 호를 받았다.

- 군왕은 체통을 지켜야 한다.
- 사원의 고리대업을 금지시켜 인민들의 피해를 없앤다.
- 토호들의 백성침탈 폐해가 많으니, 10여 주현에 지방관을 파견하고 그 아래 2~3명의 속료를 두어 백성을 위무하고 구휼해야 한다.
- 백관의 공복제도와 평민들의 의복착용을 차등있게 정한다.
- 승려들이 객관, 역사에 유숙하는 것을 금하여 그에 따른 폐단을 없앤다.
- 예악과 시서의 교훈, 군신 부자의 도리는 중국제도를 따르고 의복 등의 제도는 우리 풍속에 따라 사치와 검약을 적절히 한다.
- 연등과 팔관회 행사로 인한 백성들의 부담이 크니 삼간다.
- 전하께서 매일 근신하시며 교만하지 마시고 아랫사람을 공손하게 대하며, 법에 의해 논죄하시면 태평의 위업을 달성할 것이다.
- 궁중에서는 필요한 만큼의 노비와 말만 둔다.
- 더 이상의 사원건축을 막아 백성들의 부역부담을 줄인다.
- 예관에게 명령, 신분의 귀천에 따라 가옥제도를 책정하고 준수케 한다.
- 불경 필사와 불상 조각을 간소하게 하도록 한다.
- 공신들을 중용한다.
- 양인, 천민의 구별을 뚜렷이 해, 미천한 자가 윗사람을 능욕 못하게 한다.

해설 최승로 건의문, 무엇을 담고 있나?

전국 통치 지향하는 정책 대안이라는 점이 중요

최승로의 건의문은 태조 이래 5조의 치적을 평가한 '5조 치적평'과 향후 정치개혁안인 '시무 28조'의 두 부분으로 구성돼 있다. 과거의 평가와 미래의 대안제시인 것이다.

'5조 치적평'을 말하자면 '군주론'이라 할 수 있는데 후삼국을 통일한 태조의 정치를 표본으로 삼아야 한다고 주장한다. 그러면서 광종의 개혁에 대해서는 극단적이라며 신랄한 비판을 가하고 있는 점이 눈에 띈다. 결국 왕은 인덕과 아량으로 나라를 다스려야 한다는 점을 강조하고 있다. 재야의 한 유학자는 "이는 당의 「정관정요」를 모방한 것으로 그가 당과 유대가 깊었던 신라의 6두품 출신인 것과 관련이 깊다"고 분석한다.

'시무 28조' 역시 유교사상을 기반으로 하고 있다는 것이 대체적인 분석이다. 특히 28조 중 무려 10여 조가 불교의 폐단 지적에 할애되고 있는 것이 주목된다. 기존 체계의 파괴 없이는 새 체계가 설 수 없다는 진리를 확인시켜주고 있는 것이다. 나머지 대부분은 민생문제와 관련된 내용이다. 민생이 안정되지 않고서는 정치적·사회적 안정도 있을 수 없다는 것이다. 이 역시 유교의 '민본정치'를 말하고 있는 것이다.

최승로의 건의문이 중요한 것은 그 내용이 기존의 것과 같이 중앙정치에 국한된 것이 아니라, 전국적 규모의 통치를 지향하고 있다는 점이다. 사실 통일 이후 60여 년 동안, 왕실은 지방에 대해 확실하게 통치권을 행사해오지 못했다. 최승로의 건의문은 바로 이 점을 개선해야 한다고 주장하고 있는 것이고 그 대안으로서 유교적 통치질서를 제안하고 있는 것이다.

그림마당
이은홍

기자 수첩

주목받는 신진 정치인들

최승로, 최량, 이몽유, 김심언, 서희, 이지백, 한언공, 이들이 맡고 있는 중책에 비하면 모두 새로운 이름들이다. 이를 두고 정가에서는 성종의 세대교체정책이 결실을 거두고 있다고 말하고 있다.

사실 세대교체는 성종이 적극적으로 추진했다기보다는 불가피한 측면이 있다. 최승로가 "광종이 죽고 나자 살아남은 개국공신은 얼마 안 됐다"고 말할 정도로 광종은 호족출신 공신들을 무자비하게 숙청했었다.

그뒤 경종이 개국공신들의 복권을 시도했지만 이미 연령적으로 그들은 한 세대를 마감할 때가 되었던 것이다. 따라서 성종이 즉위하면서 새 인물등용은 불가피했는데, 유교적 개혁정책과 맞물리면서 최승로 등이 정계에 두각을 나타내기 시작한 것이다.

이들을 한 부류로 묶어서 보기에는 무리가 있다. 이들 내부에도 알력과 갈등은 존재하는데, 정가에서는 흔히 이들을 양대세력으로 나누어 말하고 있다.

문하시랑평장사 최승로, 내사문하평장사 최량 등이 그 한 세력으로 현재는 이들이 실세를 이루고 있다. 이들은 신라 6두품 계열 또는 과거급제자 계열이라고 불리기도 하지만 정가에서는 대체로 신흥유학자 그룹으로 부르고 있다. 이들은 주로 내사문하성의 관직에 포진해 있다.

또 다른 세력은 병관어사 서희, 간의대부 이지백, 형관시랑 한언공 등이 형성한 세력이다. 이들은 주로 어사대 등에서 근무하는 행정관료층이다. 일부에서는 이들의 출신지(경기지방)에 주목해서 이들이 최승로 등 경주 출신파와 대립하면서 지역감정으로 결속하고 있는 것이 아닌가 보기도 한다.

어쨌든 이들은 지금 이런저런 이유로 많은 사람들로부터 주목을 받고 있다. 몇몇 비판에도 불구하고 이들이 구세대와는 달리 실력으로서 정책 경쟁을 펴고 있다는 점만은 높이 사주어야 할 일임에 틀림없다.

12목에 경학박사·의학박사 파견

지방 유학교육 장려책 … 유교의 정치이념화 정착을 알리는 조치

987년 성종 6년 8월 국왕은 경학박사와 의학박사를 12목에 파견하도록 지시했다. 성종은 "경서에 능통하고 서적을 많이 본 사람을 택하여 경학박사, 의학박사로 삼아 12목에 각각 1명씩 파견, 가르치게 하고 주·군·현의 장리들과 백성들 중 공부시킬 만한 자가 있으면 모두 교육시킬 것"을 명령했다. 또 '효제'와 '의술'로 이름난 사람이

있다면 관원들에게 중앙에 추천하도록 아울러 지시했다.

한편 국왕은 985년에도 주·군·현에 명령을 내려 학생을 뽑아 서울에서 공부하게 해 모두 2백60여 명이 서울로 올라왔으나, 2백7명의 학생이 고향을 그리워하여 귀향한 바 있었다. 이번 박사 파견조치에 대해 정부 관계자는 "왕의 교육에 대한 높은 관심이 나타난 것

이며, 나아가 작년의 귀향학생들에 대한 교육적 배려"라고 말했다.

성종의 이러한 교육에 대한 관심은 최승로의 시무책 이후에 본격적으로 나타나고 있으며, 983년에 진사복시제를 직접 주관하였던 것도 이와 무관하지 않다. 이러한 일련의 정책들은 유교가 정치이념으로 강하게 자리잡아가고 있음을 보여주는 것이다.

지방행정 재원 '공해전' 지급키로

12목 설치 후속조치 … "지방관 부정 억제 효과" 대체로 환영

983년 성종 2년 6월 정부는 지방 관청에 대해 공해전을 지급키로 발표했다. 정가에서는 이번 조치로 지방의 경비 재원이 마련됨으로써 지방 행정의 능률 향상과 지방행정에서의 비리 제거의 좋은 계기가 마련됐다는 반응을 보이고 있다.

이번 조치는 12목에 지방관을 파견한 데 이어 지방행정에 대한 재원을 마련했다는 점에서 지방행정조직의 완성이라는 의미를 갖고 있다. 아울러 흔히 있을 수 있는 지방관들의 부도덕한 행위를 경제적인 측면에서 제어할 수 있기에 관리들은 물론 백성들도 만족스러운 조치로 환영하고 있다.

이번에 제정된 지방의 공해전은 공수전(公須田), 지전(紙田), 장전(長田)의 세 종류인데 공수전은 관청의 운영

비와 외관녹봉의 재원 마련을 위해 지급된 토지이고, 지전은 사무용 종이를 조달하는 비용을 위해 지급된 토지, 장전은 역(驛)의 경우 역장, 향·부곡의 경우 향장, 부곡장에게 보수로 지급된 것이다.

일반 주현에도 장전이 지급되는데 이는 호장들에게 직무수당의 재원으로 지급했던 토지이다.

전시과란 ?

전시과에서 전(田)은 농지, 시(柴)는 임야, 과(科)는 등급을 말한다. 즉 글자 그대로 농지와 임야를 등급에 따라 나누어준다는 것. 태조 때의 역분전(役分田)은 개국공신들의 공헌도에 따라 지급한 것이었지만 국가체제가 정비되면서 관직에 따라 토지를 분급할 필요가 생겨났다.

등급은 관복의 색깔에 따라 크게 자삼(紫衫), 단삼(丹衫), 비삼(緋衫), 녹삼(綠衫)의 넷으로 나누고, 그

각각에 대해 다시 품계별로 나눈다. 다만 자삼층의 경우 문, 무, 잡의 구분이 없다. 이는 자삼층이 주로 개국공신들이어서 그들을 배려한 것이다. 토지 단위는 결(結)인데 1결은 사방 6백40척(약 2백6m)이지만 실제로는 20석(300斗)이 생산되는 토지를 말한다. 따라서 토지의 비옥도에 따라 1결의 실제면적은 조정이 된다. 즉 비옥한 토지일수록 1결의 면적은 좁아진다.

"의창 설치, 쌀 1만 섬 확보"

986년 7월 성종은 흑창을 의창으로 개칭하고 곡식 비축량을 쌀 1만 섬 이상으로 확충하라고 지시했다.

흑창이란 건국 초기부터 봄에 농민들에게 국가 관청의 곡식을 대여하고 추수기인 가을철에 싼 이자로 거두어 들이는 제도이다. 그러나 시간이 흐르면서 창고의 곡식량이 인구 증가에 못미치게 되고, 운영에 있어서도 특권층의 농간에 따라 백성들의 피해가 있어 민원이 이어져왔다. 최근 12목에 파견된 지방관들로부터 이에 대한 문제점이 지적돼 왔다.

노비환천법 시행, '노비제 강화'

부모 중 한 사람이 노비이면 그 자식은 노비로 규정

성종은 노비제 점검에 나서 '노비환천법'을 실시키로 했다. 이는 양인과 천인간의 구분을 분명히 하여 신분제를 강화하는 조치로서 '유교의 정치이념화'와 연관돼 있다. 성종은 유교적인 이념 하에서 엄격한 법이 마련되고 그 법을 엄중히 준수하도록 하겠다는 강한 의지를 천명하고 있는 것으로 알려졌다.

광종의 호족탄압 시기에 일부 노비의 신분을 양인으로 만든 노비안검법이 시

행되었는데 이번 조치는 이를 시정, 규정을 새로 만든 것이다. 광종대에 시행된 노비안검법은 광종의 왕권강화책과 맞물려 상당한 관심을 모으면서 전개되었다.

이번 노비환천법 시행 내용 가운데는 부모 중의 한 사람이 노비인 경우 그 자식들도 노비로 만든다는 규정이 특히 눈에 띄는데, 강력한 신분제를 통해 사회를 운영하겠다는 성종의 강한 의지를 엿볼 수 있다. 참조기사 3호 1면

유학서적 필사본 보관, 수서원 설치

990년 성종 9년 12월 유학을 공부하는 학생들의 서적을 필사하여 보관하는 '수서원'이 서경에 설치됐다. 한 관계자는 "후신라가 멸망하면서 많은 옛 서적들이 소실됐다"며 이미 정부는 심은사의 2만여 권의 책을 필사했으며, 장사공의 30여 수레의 서책도 호관에 보관하고 있다고 밝혔다. 그는 "양경에 서적을 풍부히 해 학생들이 시장에 나가서 책을 사는 수고를 없애는 것"이 성종임금의 바람이라고 덧붙였다.

극심한 가뭄에 성종, 교서 발표

991년 성종 10년 전국적으로 비가 내리지 않고 가뭄이 계속되어 농촌에 피해가 늘자 성종은 다음과 같은 교서를 내렸다.

"가을이 거의 반이나 지났는데 아직 비가 오지 않으니 대단히 걱정되는 바다. 혹 나의 정치교화가 잘못된 탓인가? 형벌이 부적당한 탓인가? 감옥을 열고 죄수를 석방하고 정전에서 딴 곳으로 옮겨앉아 아침 저녁 반찬 가지 수를 줄이며 사원들에 정성껏 산천에 제사를 지냈으나 아직 비가 내리지 않고 가뭄이 점점 심해지고 있다. 나의 덕이 없음으로 하여 이런 가뭄을 만나게 됐으니 노인을 존경하는 행사를 거행, 농사를 걱정하는 나의 뜻을 표하려 한다."

성종, 조카 송을 개념군으로 삼고 훈계

990년 성종 9년 12월 성종은 조카 송을 개념군으로 삼고 교서를 내렸다. 교서에서 성종은 조카 송의 총명과 덕행을 칭찬하고 몇 가지 사항을 당부했다.

"부모에 대한 효도로 임금에 충성하고 군신, 부자의 도리를 지켜 예의를 어기지 말며, 시서의 교훈을 부지런히 학습하고, 호사로운 생활을 하지 말며, 주색놀이에 빠지지 말라. 농사가 어렵다는 이치를 알고 조정의 정치교화에 힘쓰라."

전국의 효행사례 발굴, 큰 포상

990년 가을 성종의 교서에 따라 지방 곳곳에서 효행 실천사례가 발굴됐다. 이번에 알려진 효행들에 대해 성종은 정문(旌門) 건립, 부역 면제, 관직 및 품계 하사 등의 조치와 아울러 곡식 1백 석, 은식기 2개 등을 하사했다. 다음은 효행사례.

전주 구례현 손순흥 모친이 병사한 뒤 초상화를 그려놓고 제사를 지내며 3일에 한 번씩 묘에 감. **전주 운제현 지불 차달 3형제** 늙은 어머니를 봉양하는데, 부인이 어머니를 잘 모시지 못하자 이혼했고, 두 동생은 결혼도 하지 않고 극진히 어머니를 공양하고 있음. **서도(평양) 모란리 박광렴** 모친이 돌아가신 후 갑자기 한 그루의 나무가 자기 어머니의 형상과 흡사한 것을 발견, 자기 집으로 업어다가 정성껏 섬김. **남해 남산710 능선의 딸 함부** 아버지가 독사에 물려 죽었는데 침실에 비소를 설치, 5개월 동안 살아있을 때와 다름없이 음식을 드림. **경주 연일현 정강준의 딸 자이와 서울 송흥방 최씨의 딸** 일찍 과부가 됐으나 개가하지 않고 효성을 다하여 시부모를 섬기고 있음. **절충부 별장 조영** 어머니를 자기 집 후원에 장사 지내고 아침 저녁으로 제사를 지내고 있음.

팔관회 폐지 "사치풍조 더이상 좌시 못해"

유교정치 실현과 관련 … 민간차원에서는 계속될 듯

982년 11월 성종은 팔관회가 "잡되고 도리에 맞지 않으며 번거로우니 폐지하라"고 지시했다. 이는 태조가 유훈에서 "반드시 거행할 것"을 명시한 바에 비추어 파격적인 조치로 받아들여지고 있다.

원래 팔관회에서 '관'은 禁의 뜻으로, 본뜻은 날을 정해 하루 동안 살생, 도둑질, 음행 등 여덟 가지

를 금하고 한끼만 먹으며 부처님의 수행을 본받자는 것이었다. 그러던 것이 태조가 "부처를 공양하고 신을 즐겁게 하는 모임"으로 규정하면서 축제일로 바꾸었다. 그리고 이날 왕실에서는 문무백관의 하례를 받은 뒤 지방관 및 외국사신들의 선물 증정을 받고 가무와 유희를 즐겨왔다.

최근에는 완전히 잔칫날로 변모돼

백성들도 이날은 하루 내내 이를 구경하고 춤과 노래로 지새는 일이 일반화되었다. 이번에 팔관회를 폐지한 데는 최승로의 건의가 주효했다는 후문이다. 그러나 백성들은 전례 행사를 하루 아침에 없앨 수 있느냐며 불만을 표시하고 있어 민간 차원에서는 이날이 계속 유지될 것이라는 관측도 있다. 참조기사 6호 3면

발해 유민이 세운 정안국, 거란에 멸망

발해 유민 부흥운동 종식

986년 거란이 압록강변에 있던 정안국(定安國)을 정벌, 멸망시켰다. 정안국은 발해 유민이 세운 나라로서 북방의 중요 교통로인 압록강변을 장악하여 주목을 받아왔다. 970년에는 송에 사신을 파견하는 등 외교활동도 활발히 전개해왔다. 981년에는 송에 사신을 보내 '거란의 횡포가 심하니 토벌해주십사' 하는 요

청을 한 바 있다.

지난 979년 발해 유민 수만 명이 우리 고려로 넘어온 일이 있는데 이는 정안국 내정의 불안과 연관이 있지 않느냐는 추측이 있었다.

정안국의 소멸로 926년 발해가 멸망한 뒤 지속되어온 발해 유민의 부흥운동은 최종적으로 종말을 고한 것으로 평가되고 있다.

"무기 거둬들여 농기구 만들어라"

호족세력 무장해제, 농기구 보급 …
명분과 실리 모두 갖춰 '일석이조'

987년 성종은 무기들을 회수하여 농기구를 만들라고 각 지방에 지시했다. 성종은 "농업은 나라의 근본이고 백성들의 삶의 바탕"이라며 농업의 중요성을 강조하고 역사 이래로 성군은 농업을 장려했음을 지적하고 농업이 중요하기에 특별히 조치를 내린 것이라고 거듭 강조했다.

아울러 성종은 호족세력들이 그동안 많은 무기를 소유해왔는데 이제 국가가 어느 정도 안정되고 있는 형국이어서 무기는 더 이상 필요없게 되었다고 덧붙였다.

무기로 농기구를 만들라는 이번 지시는 농기구제조를 통한 생산력의 증대를 꾀한다는 점과 호족들의 무기를 회수, 그 세력을 약화시킴은 물론 중앙집권화를 꾀한다는 측면이 내재되어 있는 것으로 분석된다.

이에 따라 각 지방의 지방관들은 성종의 지시 이행을 위한 사전작업으로 무기 회수의 방법과 그 처리방안 등을 다각적으로 검토 중이며, 이미 일부의 지방에서는 이러한 정보를 사전에 입수한 해당 지방호족들의 무기를 회수하고 있으며, 장인과 능숙한 농민들을 동원, 무기를 녹여서 농기구 제조작업에 들어간 것으로 알려진다.

한편 일부 호족들은 무기를 강제로 회수하는 것에 반대, 성종의 지시를 이행하는 지방관과 마찰을 빚고 있다. 그러나 성종의 이번 지시가 국민적인 지지를 얻고 있어 아직 큰 불상사는 생기지 않았다. 더구나 농민들 대다수가 이번 조치에 동조하고 있어 무기로 농기구 만들기는 순조롭게 진행되어가고 있다.

무기 수집해 철불도 제작

최근에 각지에서 철불이 많이 제작되고 있어 관심을 모으고 있다. 삼국시대나 통일신라시대에는 만들어지지 않던 철불이 왜 갑자기 제작되기 시작하였을까?

여러 가지 추측이 무성하지만 가장 유력한 견해는 지방호족들이 가지고 있는 병기를 압수해 이들의 군사력을 약화시키려는 목적에서 나온 것이라는 쪽으로 흐르고 있다. 실제로 성종은 각 지방의 병기를 모아 농기구를 만들라는 명령을 내린 바 있다. 물론 농기구를 만들어 보급하는 것이 절실한 이유도 있겠지만, 호족들이 가지고 있는 각종 병기를 이렇게라도 수거하는 것이 중앙정부의 입장으로서는 필요하지 않았을까? 같은 맥락에서 최근의 철제제작 유행도 설명될 수 있을 것이다.

가장 대표적인 철불로는 충주 대원사의 불상(아래 사진)이 있다. 이 불상에서는 철이 주는 강한 느낌과 거친 옷주름에서 느껴지는 생동하는 힘이 전달되어 온다. 쭉 찢어진 눈과 작은 입 등으로 표현된 개성있는 모습은 아마도 이 지방 호족의 모습이 아닐까 추측된다.

충주 대원사의 철불

돌과 나무를 함께 이용해 절을 짓는 곳이 있어 화제가 되고 있다. 충청북도 중원군에 건설되고 있는 미륵사가 바로 그곳. 미륵의 속불입상이 있는 법당과 그 앞에 있는 전실로 이루어져 있는데 법당은 북쪽을 향해 있으며 그 중심에 석불입상이 서 있다. 돌로 만든 벽에는 불상조각들이 있으며 법당 위에는 목조지붕을 씌웠다. 절 앞에는 돌등과 다양한 돌탑들이 늘어서 있다.

이러한 새로운 형식의 절은 불교가 흥성하면서 생기는 다양한 양식 중의 하나인 것으로 보이며, 이러한 특색은 절뿐 아니라 탑이나 부도 등에서도 나타나고 있다고 한다.

예전보다 화려해진 부도

불교계 승려들의 영향력 커졌음을 반영

최근 각 사찰에 유명 승려들의 사리를 안치한 부도가 설치되고 있는데 이전의 부도 양식에 비해 화려하고 섬세해지고 있어, 우리 불교계에 승려들의 영향력이 그만큼 막강해졌음을 느끼게 해주고 있다. 　참조기사 1호 4면

구례 연곡사 북부도

여주 고달사 부도

경기도 여주의 고달사에 있는 부도는 높이가 3.4m로 기단부, 탑신부, 옥개석 등을 모두 갖춘 전형적인 팔각원당형으로 되어 있다. 탑신에는 각 면에 우주를 모각하고 사천왕상, 창살 등을 조각했다.

부유층, 중국식 좌식생활
서민용, 아궁이로 난방

고구려식 온돌과 신라식 마루가 전승돼 갖춰져 있는 것이 우리 고려의 보통 살림집 구조이다.

그런데 최근 부유층을 중심으로 중국식 주거문화가 유행하고 있어 관심을 끈다. 정계, 재계의 유력인사들의 집을 가보면 대부분이 의자, 침상 등을 사용하는 중국식 좌식생활을 하고 있다. 이러한 좌식생활에는 온로나 화로와 같은 난방기구가 필요하다. 온로는 물을 담아 궤안에 두고 겨울에 손을 데우는 기구이다.

한편, 일반 백성의 집은 지붕을 풀로 이었으며 서까래 양쪽을 잇대어놓은 정도의 크기였고 한두 집 정도 기와를 덮은 경우도 있다.

난방방식은 대부분 땅을 파서 아궁이를 만들고 흙침상 위에 눕는 방식이다. 왕족이나 귀족들은 숯 속속이 넉넉하여 온로 정도로 견딜 수 있으나 서민은 그것이 부족하여 아궁이를 만들어 그 위에 누워야 하는 까닭이다.

전라남도 구례 연곡사에 있는 부도는 높이가 3m로 한 장의 돌로 된 네모난 지대석 위에 기단부와 탑신부, 상륜부를 차례로 쌓은 형이다. 하대석은 2단으로 구성되었는데 하단에 구름 모양이 조각된 8각 대석을 놓았고 그 위에 연화문을 두른 복련대를 놓았는데 여덟 귀퉁이에는 귀꽃무늬를 조각했다. 넓은 옥개석은 목조 건축양식을 따라 기왓골, 막새 등을 아랫면에는 비천상을 새겨 안정감을 더해주고 있다.

고달사의 부도가 화려한 양태를 뽐내고 있는 데 비해, 이 부도는 정제된 아름다움을 은근히 내비치는 멋이 있다.

송나라로부터 대장경 수입

13만 매의 목판에 새긴 관판(官版) 대장경

990년 송나라에 사은사(謝恩使)로 갔던 한언공이 대장경 4백81함을 가지고 돌아왔다. 이 대장경은 송나라 태조가 발원하여 착수한 관판(官版)대장경이다.

총 1천76부, 5천48권의 불전이 13만 매의 목판에 새겨서 천자순으로 배열한 4백81개의 함에 차례로 수장돼 있다. 중국에 불교가 전래된 뒤 전교승들이 가장 관심을 쏟은 것은 인도말로 된 불경을 한문으로 번역하는 일이었다. 대장경은 원래 불교

관계 성전을 총칭하는 것으로, 부처의 사후 제자들이 그의 가르침을 집대성할 필요를 느끼고 삼장(三藏)의 결집에 착수한 것이라고 한다. 삼장은 '세 개의 광주리'라는 뜻이며 각각 경장(經藏), 율장(律藏), 논장(論藏)이라고 불렸다. 인도에서는 이 세 종류의 불전을 나뭇잎에 새겨 그것을 '패엽경'이라고 한다.

앞으로 우리나라에서도 이 대장경을 기초로 한 불전정리작업이 체계적으로 착수될 전망이다.

키예프공국, 그리스정교 수용
슬라브민족 통일의 계기될 듯

988년 키예프공국의 수장 블라지미르가 동로마 황족과 전격 결혼, 사실상 그리스정교에로의 귀의가 결정됐다. 그는 전체 국민들에게 세례명을 내렸고 이에 따라 모든 국민이 기독교를 믿게 됐다. 비잔틴제국에서 초청돼온 성직자들은 세례의식을 거행했다.

본래 슬라브인들의 신앙은 자연과 조상을 숭배하는 샤머니즘이었다. 조상숭배의 경우 씨족의 가장 오래된 우두머리 '추르'가 자신들의 일가친척들을 언제나 보살펴준다고 생각했다. 때문에 씨족마다 다른 조상신 탓에 국가 통일에 어려움을 겪고 있었는데, 이번 그리스정교 귀의가 계기가 돼 민족적 통일을 이룰 것이라고 기대하는 사람이 많다.

역사신문

동북아 전쟁 먹구름

조정, "국제질서 균형추 자임할 터"

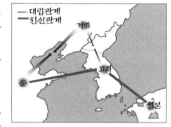

— 대립관계
····· 친선관계

최근 거란이 여진족을 정벌, 압록강 하류지역까지 진출해와 송·거란의 전면전이 초읽기 상태에 돌입했다. 거란과 송 양국으로부터 확실한 입장표명을 동시에 요구받고 있는 우리 고려조정은 조만간 태도를 표명할 예정이다. 한 외교관리는 "현 시기는 위기인 동시에 기회이다. 어쩌면 우리는 이번 기회에 동북아 국제질서의 균형추 역할을 할 수 있을 것이다"라며 기대 섞인 발언을 했다.

최근 동북아 국제질서의 기본축은 송·거란 양대국간 관계로 볼 수 있다. 송은 크게는 대륙 통일을 완수하기 위해, 작게는 연운 16주의 획득들을 위해 거란과의 일전을 준비하면서 거란 배후의 여진 및 우리 고려와의 연합작전을 꾸준히 추진해오고 있었다. 한편 거란은 송을 제압해 동북아의 강국으로서 자리를 확고히 하기 위해 먼저 배후의 여진과 우리 고려를 정벌하려 하고 있었다. 일단 여진이 거란과 국경을 접하고 있어 여진부터 정벌한 것이다.

그간 여진과 우리 고려는 송의 대 거란 연합작전 요구에 대해 적극성을 보여오지 않았다. 기본적으로 송과의 화친을 원하지만 강대국 거란과의 전쟁은 국운을 걸 일임을 잘 알고 있기 때문이었다. 송은 거란과의 일전 이전에 배후의 서하를 먼저 정벌하기로 결정, 송·거란의 전면전이라는 불씨를 간직한 채 동북아는 불안하나마 안정을 유지해온 것이다. 그러나 이제 거란이 여진을 몰아내고 압록강 일대에서 우리와 국경을 접하게 됨에 따라, 거란은 고려와의 문제를 매듭짓고 송과의 전면전에 나설 태세다. 우리고려의 태도 표명이 국제질서의 큰 관심사로 떠오르고 있다.

거란과 화친조약 맺다

거란측 침공, 무력 시위 ··· 협상대표 서희 큰 공, '압록강 유역 확보'

거란의 침입으로 큰 위기에 빠졌던 우리 정부는 거란과 화친을 맺는데 성공, 일단 전란을 중지시켰다. 화친협정 결과 거란은 즉시 철군하고 우리는 압록강 유역에 6개 성을 구축, 이 지역을 우리 영토에 편입시키게 됐다. 이 과정에서 협상대표 서희가 큰 공을 세웠다.

지난 993년(성종 12년) 8월, 여진에 거란이 침입했다는 긴급보고가 있어 성종이 각도에 병마제정사를 파견, 해당 지역의 수비는 물론 병사를 정제하여 북계지역의 위급함을 구하도록 지시했다. 이어 10월, 시중 박량유를 상군사, 내사시랑 서희를 중군사, 그리고 문하시랑 최량을 하군사로 각각 임명, 군대를 통솔하고 북계로 나가 거란을 막도록 했다.

이번 거란의 침입은 이미 지난 5월부터 그 징후가 있었다. 5월이후 사태의 위급함이 속속 전해지자 성종은 친히 서경으로 가서 군사지휘에 나섰다. 그러나 계속해서 거란 세력이 봉산군을 격파하고 강하게 밀려오자, 성종은 서희를 보내어 화친의사를 타진케 했던 것이다.

협상에서 거란측 소손녕은 고려

거란장수 소손녕과 담판을 벌이고 있는 서희

가 신라를 기초로 성립된 국가인 탓에 고구려의 옛땅은 거란의 영토라고 강변한 것으로 알려졌다. 아울러 고려는 거란과 국경을 접하고 있으면서도 바다 건너 송을 섬기고 있는 점을 들어 자신들의 침입 이유를 주장했다고 한다.

이에 대해 우리측 협상대표 서희는 "고려는 나라 이름 그대로 고구려의 후계자다. 수도를 왜 서경에다 정했겠는가. 따지자면 거란의 수도 요양도 우리 땅"이라고 반박했다. 또 거란과 국교를 열지 못하는 것은 거란과의 사이에 여진이 가로막고 있는 탓이라고 설명하여 거란측을 설득, 끝내 화친조약을 맺는 데 성공했다.

현재 조정은 일단 거란 침공의

강동 6주

위협으로부터 벗어났다고 판단하고 향후 대책마련에 부심하고 있다. 최근 급변하는 동북아정세에 제대로 대처하지 못하고 있다는 비판이 정계 일각에서 거세게 일고 있는 가운데 정부는 이번에 거란과 화친조약을 맺은 상황에서 송과의 외교관계를 앞으로 어떻게 풀어갈 것인가를 두고 큰 고민에 빠져 있는 것으로 알려지고 있다. 관련기사 2면

국립대학 국자감 창설

"유교적 학식 갖춘 인재 양성의 산실될 것"

4서 5경 주요 과목, 박사 인원 확충해 교수질 높여야

992년 12월 성종의 지시로 국립대학인 국자감이 설치됐다. 국자감은 우선 기존의 박사와 조교들을 중심으로 운영되며, 학생은 개경의 학생들을 우선 수용하고, 점차 지방의 학생들도 수용할 방침이다. 국자감의 창설은 기존의 교육활동이 제도적으로 완성되었다는 의미를 지닌다.

국자감의 관원으로는 국자사업, 국자박사, 국자조교, 대학박사, 대학조교, 사문박사, 사문조교를 두며, 이들은 주로 학생들에게 유교의 경전인 4서 5경을 강론하게 된다. 이에 따라 학생뿐만 아니라 박사들도 보다 많이 확보하여 교수의 질을 올

려야 한다는 지적도 나오고 있다.

그동안은 태조 이래로 신라의 학교제도에 따라 설치된 학교에서 고위층의 자제들을 중심으로 한 교육이 이루어져왔다. 지방에도 학교가 있어 지역유지들의 자제들을 중심으로 교육활동이 이루어졌으나, 학문지도 능력을 구비한 박사의 부족과 정부의 지원 부족으로 운영에 어려움을 겪어왔다.

국립대학인 국자감이 개경에 설치됨으로써 성종의 유교정치이념은, 정치제도와 신분질서상의 구현은 물론 본격적인 재생산구조를 갖추게 되어 완결적 구조를 갖추게 되었다는 평이다. 관련기사 3면

사직단 설치하고
감사제 거행한다

성종 지시, 왕실 제례 계획도

성종은 사직단을 세워 정례적으로 제를 올릴 것을 지시했다. 이는 유교정치이념을 정착시키려는 강력한 의지의 일환으로 보인다.

'사'란 토지신, '직'이란 곡식신을 말하는 것으로 사직단 설치에 따라 앞으로는 궁궐 안에 설치된 단에서 대신들이 참석한 가운데 정례적으로 토지신과 곡식신에 대하여 감사제를 올리게 된다.

이미 역대 중국왕조들은 모두 사직단을 설치하고 제를 올려왔다. 이 제도는 주나라에서 제도화되어 시작된 것으로 「예기」에 그 내용이 소개되어 있다.

성종은 이와 더불어 태묘를 세워 왕실의 제례를 지낼 것임도 밝혔다.

송과 국교단절

고려와 송의 국교가 단절됐다. 거란의 침입으로 국가적 위기에 처했던 고려가 송에 지원군 파견을 요청했다가 거절되자, 조정에서는 송과의 국교단절을 결정했다. 이로써 962년 광종 이래 계속되어온 송과의 정상적 국교는 30년 만에 끊어진 셈이다. 조정에서는 작년 거란으로부터 받은 침략을 보복하기 위해 송에 지원군을 요청했으나, 송은 자국의 북방이 위급한 상태에서 군대를 경솔히 파견할 수 없음을 분명히 했다고 한 관계자가 밝혔다. 한편 고려가 계속 송에 접근하려는 모습이 보이면 거란의 침입이 계속되리라는 예측이 나오고 있어 앞으로 고려의 대 송, 대 거란 외교방향이 주목되고 있다.

목종, 전시과 개정, "관직에 따라 차등 지급"

998년 12월 목종은 전시과의 개정을 발표했다. 경종대에 마련된 전시과제도가 이번에 다시 정리됨으로써 관료체제 정착의 계기가 될 것으로 보인다. 경종 때의 전시과제도는 관등보다는 인품을 기준으로 하여 상당한 비판이 있어 왔는데, 성종대의 정치제도 정비를 기초로 하여 이번에 다시 개정됐다. 관련기사 2면

개정내용을 보면, 총18과로 나누어 각 과마다 해당 관직을 규정하고 있다. 또한 마군은 17등급에 보군은 18등급에 포함되어 이전에는 빠져 있던 군인층을 포함시킨 것이 눈에 띈다. 그러나 같은 품계의 무반은 문반보다 1과나 2과 정도 낮게 지급받도록 되어 무반들의 불만이 클 것으로 보인다. 참조기사 4호1면

역사신문

대외정책, 현실에 맞게 조정해야

적극외교로 국제질서 주도권 잡을 때

최근 국제정세의 변동으로 우리 고려는 외교적 기로에 서게 되었다. 특히 993년 거란의 침략을 맞으면서 조정에서는 거란에 대한 화전(和戰) 양론으로 국론이 갈라져 논란이 분분한 실정이다. 거란의 대송 단교요구를 수용하고 그들과 화친할 것인가, 아니면 이들의 침략에 무력으로 대결할 것인가.

그동안 우리 고려는 후주의 조광윤이 중국을 통일하여 송나라를 세우자 송과 친선관계를 맺어 제반 문물을 교류해온 반면, 거란에 대해서는 국초 이래 북진정책을 추진하는 가운데 거란을 금수의 나라로 규정하고 이들과 지속적으로 대립해왔다. 특히 태조는 유훈으로 거란과의 교류를 금하도록 하였다. 주전론자들은 이런 정책의 연장선상에서 거란을 무력으로 격퇴해야 한다고 주장하고 있다. 이 주장은 전통적인 외교노선이나 우리의 북진정책에 비추어 지당한 측면이 있다.

그러나 국가간의 외교정책은 현실에 바탕을 두고 나라의 이익을 극대화시키는 방향으로 이루어져야 한다는 것이 외교의 제일 명제이다. 그러려면 현실의 변화에 민감하게 대처하여 그 변화를 외교정책에 수용해야 할 것이다. 거란이 동북아시아의 강자로 급부상한 현재의 국제관계가 바로 외교정책의 수정을 요구하고 있는 것이다.

지금 동아시아의 군사대국 거란은 송과의 전면대결을 앞두고 배후에 있는 고려를 제압하려 하고 있다. 또 송을 고립시키기 위해 그동안 여러 차례 송과의 단교를 요구해왔다. 이번의 침입도 그런 연장선상에서 이루어진 것으로 봐야 할 것이다. 반면에 송은 거란의 막강한 군사력을 막기 위한 지원군 요청에 자신의 방위력 부족을 들어 거절하고 있는 형편이다. 고려·송·거란의 삼각관계에서 거란의 위협 앞에 고려와 송이 서로 자국의 이익을 앞세울 수밖에 없는 형국인 것이다. 게다가 거란의 국력은 날로 커지고 있다. 이런 정황 속에 우리의 국익을 지키기 위해서는 지금까지의 송나라 일변도의 대외정책은 수정할 필요가 있으며, 거란과는 정면대결보다는 화전 양면전술로 대처할 필요가 있다는 것이 우리의 생각이다. 대외정책에 권도를 발휘하는 유연한 태도가 필요하다는 것이다.

끝으로 언급할 것은 이런 화전 양면전략은 내적으로 강력한 국방태세가 전제되었을 때 현실성을 갖는다는 점이다. 군·관·민 상하가 건곤일척의 자세로 일전불사의 결의를 다질 때 비로소 우리는 평화를 얻어낼 수 있을 것이다.

그림마당
이은홍

해설 거란과 화친조약 체결

이번 거란 침입의 목적은 고려와 송의 국교단절에 있어

군사전문가들은 이번 거란 침입의 주요 목적을 고려와 송의 국교단절이라고 분석하고 있다. 즉 송을 공격하기 위한 선제공격의 의미로서 고려를 침입했던 것이다.

이번 거란군의 침공위협에 정부내에서는 일전불사론과 거란에게 서경 이북 땅을 떼어주고 화친을 맺자는 할지론(割地論)이 팽팽히 맞섰다. 이렇게 우리 정부가 갈광질팡한 것은 송의 태도가 우리가 기대했던 만큼 우호적이지 않았기 때문이다. 송은 우리측이 지난 985년에 대거란 협공작전을 거절한 바 있기 때문에 그 보복으로 이번 우리의 지원 요청을 역으로 거절한 것으로 알려졌다.

일단 거란과 화친조약을 맺은 우리 정부는 이미 송의 연호를 폐지하고 거란의 연호 통화(統和)를 사용키로 했으며 사신을 보내 사대의 예를 갖출 것이라고 한다. 그러나 향후 송과의 국교단절이 가져올 세력균형 파괴에 정부는 깊은 우려를 표하고 있다. 송은 현재 우리를 제치고 거란과 정전협정을 모색하고 있다는 소식도 들린다.

전문가들은 조속히 송에 사신을 보내 3국간 세력균형 회복책을 논의해야 한다고 입을 모으고 있다.

송·거란 충돌 후 화친 조약, 현재 정전상태

당분간 1강 2약의 세력균형 지속될 듯

지난 994년 거란과 화친조약을 맺은 이래 우리가 송과 국교를 단절한 것은 주지의 사실이다. 거란이 우리와 화친조약을 맺게 된 것은 우리측의 저항이 강했던 탓도 있지만 사실상 거란으로서도 배후에 송을 두고 우리와의 전쟁에만 몰두할 수 없는 사정이 있었다.

그런데 우리와 여진이 송과의 동맹을 파기한 것 자체가 송에게 불리한 국제정세를 조성한 것임이 이번에 증명되었다. 거란은 우리와 여진이 더 이상 송 침공의 장애요인이 아니라고 판단하자 곧바로 송 침공을 개시한 것이다. 결국 전연이란 곳에서 송과 요는 이른바 '전연의 맹'이란 화친조약을 발표하고 정전상태에 돌입했다고 한다.

국제문제 전문가들은 이로써 동북아에서 당분간은 1강 2약의 어중간한 세력균형이 형성될 것으로 관측하고 있다. 따라서 우리 고려는 송과의 조심스런 관계회복을 통해 거란의 행동반경을 현수준에 묶어두는 전략을 펴야 할 것이라고 조언하고 있다.

거란 급성장의 배경

특이한 이중 정치체제

거란의 북·남추밀원이라는 이중적 정치체제가 주목을 끌고 있다. 거란은 원래 유목민족인데 선진 농경민족을 복속해나가면서 그들의 선진문화를 받아들이지 않을 수 없었고 그로 인한 내부적 갈등이 아주 심각했다는 것이다. 성종이 즉위하면서 남방 농경지역에 대해서는 당의 군현제를 모방한 체제로 통치하고 북방 유목지역에 대해서는 자신들 전래의 관습법으로 다스리는 이중체제를 구축해 그러한 갈등과 반목을 해결했다는 것이다.

인터뷰 對 거란 협상의 주역, 서희

"정확한 정황분석 통해 상대 의중 간파했다"

뛰어난 협상전략을 짜내는 비결이 무엇인가.

나는 과거를 통해 관직에 몸담은 문신이다. 전쟁은 칼만 가지고 하는 것이 아니다. 현재 국제정세를 봐야 한다. 거란은 배후의 송 때문에 무리를 하면서까지 우리를 칠 상황이 아니었다.

거란이 어쨌든 대군을 이끌고 쳐들어오지 않았는가.

봉산군에서 대치하고 있을 때 자꾸 항복하라는 문서만 보내왔지 실제 진격은 안 했다. 나는 저들이 침공해올 의사가 강력하지 않다는 것을 간파하고 과감히 대화를 제의했고 그것이 적중했다. 상황분석이 중요했다.

애초에 조정에서는 조기항복론도 제기됐다고 알려져 있는데.

우리 조정은 누가 쳐들어오기만 하면 지레 겁먹는 경향이 있다. 물론 우리 국력은 그들을 당해내기에 역부족인 것이 사실이다. 그러나 일단 싸워서 전선을 교착시켜놓는 다음 협상을 하는 것이 병법의 원칙이고, 또 그래야 조금이라도 더 이득을 볼 수 있는 것이다.

협상에서 강동 6주까지 얻어낸 것은 정말 의외였다.

협상에서는 상대의 의도를 먼저 간파하는 것이 중요하다. 소손녕과 대화하다보니 저들의 궁극적 목표는 우리에게 있는 것이 아니었다. 송을 치려고 하는데 먼저 우리와 송의 동맹관계를 차단시켜놓겠다는 것이었다.

그래서 "그러면 강동 6주는 원래 우리 땅이니 돌려달라. 그러면 너희 요구를 들어주겠다"고 제의했다.

전시과개정의 배경과 특징

성종 때 관제개혁의 성과 그대로 반영 … 관제 따라 18과로

이번에 개정된 전시과는 그동안 성종대에 이루어진 관제개혁을 그대로 반영하려고 노력한 결과인 것으로 분석되고 있다. 성종대에는 주지하다시피 중앙에 3성 6부제가 확립됐고 지방에는 12목을 설치했다. 이러한 관제는 일부 조정이 됐지만 그 뼈대는 지금까지 유지돼오고 있다.

이러한 사정 변경에 따라 경종 때 막연히 관복의 색깔에 따라 크게 넷으로 구분했던 전시과는 개정이 불가피했던 것이다. 즉 관복 색깔에 따른 구분을 전면적으로 폐지하고 전체를 새관제에 따라 일률적으로 18과로 재조정한 것이다. 그리고 각 관복 색깔 아래 품계에 따라 복잡하게 나뉘었던 것도 18과 각과마다 일일이 관직을 다 열거해 일목요연하게 정리했다.

아울러 이번 개정전시과의 특징은 처음에는 없던 군인층에 대한 전토 지급이 비록 마군(馬軍) 17과, 보군(步軍) 18과로 등급이 낮기는 하지만 명시됐다는 점이다. 그리고 무신 고위층에 대한 배려도 눈에 띈다. 그러나 여전히 문반에 비해 낮은 것만은 변함이 없다. 즉 무반 최고위직인 상장군이 5과, 그 다음인 대장군은 6과에 불과한 것이다. 이에 따라 무신층 일부에서는 "왜 우리는 항상 찬밥 신세냐"며 볼멘 소리가 나오고 있다는 후문이다.

경주에 동경 설치

이로써 전국에 3경, 지방 통치 원활해질 듯

성종은 경주를 동경으로 정하고 서경에 준하여 관직을 정했다. 이는 서경이 고구려의 고도로서 북방의 중심지라면, 동경은 신라의 고도로서 남방의 중심지인데 개경이 한쪽에 치우쳐짐을 감안한 것이다.

이로써 개경을 비롯하여 3경을 두게 되어 중앙 지방통치가 보다 원활해질 전망이다. 북방지역은 서경을 중심으로 통치하며, 남방은 동경을 중심으로 통치하게 된다. 경주의 동경 승격과 때를 같이하여 성종은 16

년인 997년 8월에 동경으로 행차하였으며 동경과 흥례부(울산)에서 연회를 베풀어 경주가 동경으로 승격했음을 축하하였다.

중추원 설치

왕궁 숙직 보위 임무

991년 왕궁의 숙직 보위를 주 업무로 하는 중추원이 새로 설치됐다. 이는 병관 시랑인 한언공의 건의로 시행된 조치이다.

송나라에 사신으로 파견되었던 한언공은 송나라 정치기구의 하나인 추밀원을 우리나라에도 설치할 것을 성종에게 보고했으며, 명칭은 우리 실정에 맞도록 바꾸었다고 한다.

이는 유교정치 이념에 따라 왕권을 강화하기 위해 설치한 기구로 앞으로 상당한 영향력을 행사할 것으로 보인다. 이는 왕궁을 숙직 보위한다는 점에서 쉽게 짐작할 수 있는 것이다. 이에 따라 중추원의 직책은 현재 고위관리들이 중임할 것이라는 설이 나도는 등 정가의 관심이 집중되고 있다.

중앙군제 완비 …
"개경 방위 물샐 틈 없다"

6위에 군영 설치하고 2군을 새로 편재

1002년 목종은 6위의 군영 및 2군을 설치하도록 지시했다.

6위는 그동안 수도의 수비는 물론 궁성의 수비까지 담당하였으나 그동안 군영이 따로 마련되지 못해 문제로 지적돼왔는데, 이번에 군영이 마련됨으로써 그 위상이 크게 정착될 전망이다. 또한 6위 위에 2군을 설

치하여 궁궐수비는 물론 왕실호위를 맡도록 했다.

2군 6위는 총 4만5천 명으로 구성되며 이들은 주로 군역으로 충당된 백성들로 각 지역에서 교대로 서울에 올라와 근무하게 된다. 한편 지방에는 주현군이 조직되어 지방관의 통제 하에 지방을 수비하게 된다.

건원중보 발행, "철전 통용된다"

상인들, "아직은 시기상조 … 사용 않겠다"

996년 4월 철전이 주조·발행돼 화폐로 통용된다. 관련부처에서는 이미 오래전부터 상품의 보다 원활한 유통을 위하여 화폐유통을 고려하고 있었는데, 이번 건원중보 발행을 계기로 상업발전에 커다란 전환점이 마련되길 기대한다고 밝혔다.

철전주조는 우리나라에서 처음 있는 일로 많은 이들이 관심을 보이고 있다. 그러나 현물을 중시해온 관행 때문에 화폐유통에 거부감을 느끼는 사람들도 많다. 개경에 사는 한 상인은 "쇠로 만든 작은 물건이 쌀과 포목을 대신할 수는 없다"고 말하면서 화폐를 사용하지 않겠다고 했다. 그러나 이를 관장하는 호부와 삼사는 화폐유통을 적극 권장하고 있다. 삼사의 한 관리에 따르면 화폐의 통

용은 이미 다른 나라에서 성과를 본 것이며 상품유통에도 간편할 것이라고 강조했다.

그러나 이미 쌀과 포목이 교환의 수단으로 널리 자리잡고 있는 상황에서 화폐가 얼마나 널리 통용될지는 의문이다. 더구나 우리의 농촌경제가 자급자족적 성격이 강하므로 화폐가 농촌지역에까지 유통되려면 먼저 농민들의 의식이 바뀌어야 하고 그러려면 상당한 시일이 걸릴 것이라는 게 대다수의 의견이다.

상평창 설치

993년 2월 조정에서는 개경과 서경 그리고 12목에 '상평창'을 설치한다고 발표했다. 상평창은 일정 기금을 가지고 있으면서 그 기금을 활용하여 물가가 하락하면 해당 물건을 구입하여 비축하고, 물건이 등귀하면 내다 팔아서 물가와 민생이 안정되도록 하는 데 목적을 둔 기구이다.

이에 따라 일단 곡식 6만4천 섬을 준비하여 상평창의 기금으로 활용하도록 하였다. 그중 5천 섬은 개경의 시장관리부서인 경시서가 우선 활용할 것이라고 한다. 나머지 5만9천 섬은 서경과 12목 등 15개소의 창고에 나누어 보관하되, 서경은 분사사헌대, 주군의 지역은 지방관에게 관리를 위임하여 빈궁한 농민을 구제하게 된다.

목종, 즉위기념 선심

학생, 관리들에게 특혜

목종은 즉위 직후인 997년 10월 과거에 응시하여 합격하지 못한 학생들에게 벼슬을 주도록 교서를 내렸다. 이번 조치는 처음 있는 일로 즉위기념 은사의 차원이라는 것이 왕실의 발표이다. 우선 명경과와 진사과에 열 번 응시하고도 합격하지 못한 사람과 명서과(明書科), 지리과 학생으로 만 10년이 된 자는 모두 벼슬을 내릴 것이라고 말했다.

또 목종은 "5품 이상 문무관의 아들에게 음직을 주라"고 지시하였다. 이전에도 음서제는 있었으나 5품 이상이라고 규정되기는 처음이다. 이를 계기로 관리들의 세력이 커질 전망이다. 그러나 일부에서는 '특권층의 재생산 조치'라며 불만을 표시하고 있다.

한라산 화산 폭발

용암, 닷새 간 흘러

1002년 탐라의 한라산이 폭발하여 섬사람들이 크게 놀라 바닷가로 대피하는 소동이 벌어졌다. 한라산은 검은 연기를 내뿜다가, 천지를 뒤흔드는 굉음과 함께 하늘 높이 불기둥을 내뿜었고 용암이 닷새 동안이나 흘러내렸다고 한다.

일본인 귀화

정부, 이천에 정착시켜

999년 10월 도요미도 등 1백여 명의 일본인이 우리나라에 귀화했다고 왕실이 발표했다. 이들은 배편으로 고려의 남해에 기착, 귀화의 뜻을 밝혔으며, 지방관은 이를 즉시 정부에 보고했다. 왕실은 회의를 소집하고 이 문제를 의논한 끝에 귀화를 수용했다고 한다.

이들의 거주지역은 이천군으로 이천지역에서 토지를 경작하여 생활할 수 있도록 배려했다. 이에 따라 이들은 앞으로 고려인이 됨은 물론 일반 민호가 되어 세금을 납부해야 한다.

이들의 귀화동기는 정확히 알려지지 않았으나, 일본국 정책에 대한 거부감을 갖고 정부와 마찰을 일으켜 일본 정부가 이들을 추방한 것 아니냐는 해석이 나오고 있다.

과거 시행 일시, 시험방식 등 개정

수험생이 경서 완전 암송했는지를 시험

1004년 목종 7년 과거법이 개정됐다. 개정된 과거법에 따르면 과거는 매년 3~4월(봄)에 치르며, 시험장 봉쇄는 더욱 강화된다. 시험방식은 책 한쪽을 펴서 양끝을 덮고 중간의 한 줄 중에서 석 자 정도를 뽑아 적어서 수험생에게 주면 수험생이 앞뒤의 문자를 암송하는 방식이

다. 즉 수험생이 경서를 완전히 암송했는지 검사하는 것이다.

시험 일정은 첫날에는 시(詩)와 부(賦)를 보고 둘째날 시무책(時務策)을 본다. 그리고 10일 후에 성적 등급을 사정하여 왕에게 보고하고 시험장의 봉쇄를 해제한다. 왕의 결재를 얻어 합격자를 발표한다.

"공무에 시달리는데 웬 숙제?"

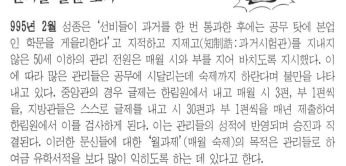

문신월과제 시행 …
관리들 볼멘 소리

995년 2월 성종은 "선비들이 과거를 한 번 통과한 후에는 공무 탓에 본업인 학문을 게을리한다'고 지적하고 지제고(知制誥:과거시험관)를 지내지 않은 50세 이하의 관리 전원은 매월 시와 부를 지어 바치도록 지시했다. 이에 따라 많은 관리들은 공무에 시달리는데 숙제까지 하란다며 불만을 나타내고 있다. 중앙관의 경우 글제는 한림원에서 내고 매월 시 3편, 부 1편씩을, 지방관은 스스로 글제를 내고 시 30편과 부 1편씩을 매년 제출하여 한림원에서 이를 검사하게 된다. 이는 관리들의 성적에 반영되며 승진과 직결된다. 이러한 문신들에 대한 '월과제'(매월 숙제)의 목적은 관리들로 하여금 유학서적을 보다 많이 익히도록 하는 데 있다고 한다.

국자감 탐방
과거시험 목표로 한 학생들의 학업 열기 대단

우리나라 최고의 교육기관인 국립종합대학 국자감. 학생 수는 1백여 명으로 주로 서울과 지방의 관리 자제들로서, 성종이 유교를 정치이념으로 천명하고 교육의 진흥을 강조한 직후여서인지 학생들의 학업 열의는 보기에 대단했다. 학교 건물은 공자 이하 현인들을 모신 문묘와 강의실인 학사로 나누어져 있고 학생들의 기숙사인 '재'도 따로 마련되어 있다. 학부는 유학학부와 기술학부로 나뉘어져 있는데 유학학부는 주로 7품 이상 관리의 자제들이, 기술학부는 8품 이하 관리의 자제들과 서인들이 재학중이다.

이수과목을 보면 유학학부의 경우 「논어」와 「효경」이 전공필수과목이고 「주역」·「주례」·「예기」·「좌전」 등이 전공과목이다. 그밖에 산술과 시무책을 익히고 날마다 습자를 해야 한다. 이는 장차 관리로서 갖추어야 할 기초교양을 쌓기 위한 하나의 훈련과정이다. 이들은 모두 과거합격을 목표로 삼고 있는데 국자감 학생들에게는 전국적으로 실시되는 예비시험을 면제받는 혜택이 주어진다. 특히 성적이 우수한 학생은 과거 본시험의 1차시험까지 면제받기도 한다.

강의는 교수 한 사람에 5~6명의 학생이 토론식으로 진행하는데, 보통 한 학생들이 두 가지 정도의 질문을 제기하고 이에 대해 토론하도록 한다. 수업년한은 따로 없으나 유생으로 9년, 율생으로 6년을 수학하고도 과거에 합격하지 못하면 퇴학시킨다.

차와 병과 문화 발달

"茶水 중 제일은 충주·원주의 물"

불교와 함께 이 땅에 들어온 차가 크게 발달하고 있다. 전하는 바에 따르면 차는 신라 선덕여왕 때 들어왔다고 한다. 그리고 사원에서 제수(祭需)로 쓰이기 시작하면서부터 우리 고려의 국교인 불교와 함께 발달하였던 것이다.

그 일례로 국왕이 조정의 중신들에게 내리는 하사품 속에는 차가 들어 있는 경우가 많다.

성종 때 중신인 최승로가 죽었을 때 왕은 그를 위로하여 뇌원차 2백 각, 대다 10근을 하사하여 장의용으로 쓰게 하였다고 한다. 이처럼 귀족들의 생활에서 차는 일상적인 것

으로 됐다.

또한 귀족들 사이에서는 국내에서 나오는 차가 매우 써서 마시기가 힘들다고 하여 중국의 납차나 용봉, 사단과 같은 차들을 중히 여길 뿐 아니라 이것들을 사고 파는 일이 매우 성행하고 있다.

차를 끓일 때에는 무엇보다 물이 중요한데 차수(茶水)로서 제1수는 충주, 원주의 물, 제2수는 한강물, 제3수는 속리산의 삼타수를 쳐준다.

차와 함께 다식판(茶食板)이 유행하고 있다. 다식판이란 단다(團茶), 곧 떡의 형태를 가진 차과자(茶菓子)로서 다식을 만드는 판이란

뜻이다.

이것은 중국차가 우리나라에 들어오면서 간소화한 것이라 한다. 다식은 선조의 제사 때도 올려졌는데, 이때의 다식은 쌀가루, 밀가루 등을 꿀에 섞어서 틀에 넣은 후 떡으로 만든 것이다.

또한 차를 관리하는 관청으로는 각종 연회에 차를 올리는 임무를 가졌던 다방(茶房)이 있다. 이외에도 절에서는 다촌(茶村)을 두고 차나무(茶樹)의 재배를 맡아보게 한다.

이렇게 유행하는 차 풍속은 일본으로까지 전파되고 있을 정도로 선풍적인 인기를 끌고 있다.

월정사탑 건립 1007년 오대산 월정사에 8각 9층 석탑이 건립됐다. 기단은 이중으로 했는데 지대석에는 복련을 새겼다. 탑신부의 각층 옥개석 모서리에 청동 풍탁을 달아 바람이 불면 아름다운 소리를 낸다. 이러한 기교는 전통적인 양식을 벗어난 것으로 송의 영향을 받은 것으로 풀이된다. 그러나 지나치게 변화를 줌으로써 우리 불교 전래의 단아한 맛을 잃었다는 지적도 있다.

거란말 배우기, 거란인과 혼인 …

'거란은 있다' … 정부, 거란 알기·거란 배우기 열중

거란과의 외교관계가 수립되면서 거란 배우기 열풍이 불고 있다. 994년 거란과의 정식 외교관계가 수립되고 송과 외교가 단절되면서 거란의 연호인 '통화(統和)'를 사용한데 이어 995년 10여 명의 아동을 거란에 보내어 거란어를 배우도록 하였다. 이는 그동안 거란과 등한히 하였던 관계를 지속적으로 진척시키려는 노력의 일환으로 보이며, 거란과

의 관계개선을 위한 구체적인 모습이다. 즉 거란어를 배움으로써 거란과의 외교적 관계를 강화하겠다는 것이 정부의 입장이다. 파견된 10여 명의 아동은 모두 국경지방에 거주하는 역관의 자제들이다. 아동을 보내는 것은 아이들일수록 다른 나라의 언어를 배우기 쉬움은 물론, 장기적으로 활용가치가 크기 때문이라는 지적이다.

10여 명의 아동을 파견한데 이어 좌승지 조지린을 거란에 보내어 혼인을 청하였는데, 거란측에서는 동경수 부마인 소항덕의 딸과 혼인하도록 하였다. 이러한 조치도 역시 거란과의 관계개선을 위한 것이다. 그러나 그동안 송과의 긴밀한 관계가 있었던 탓에 거란과 관계가 쉽사리 이루어지지는 않을 것으로 내다보는 사람이 많다.

대묘 준공

왕실의 위엄 우뚝 서

992년 성종 11년 대묘가 준공됨에 따라 우리 왕실의 위엄과 권위는 한층 더 높아졌다. 그동안 고려는 왕실의 대묘가 없이 왕릉과 각 사원에 모셔진 왕들의 위패를 중심으로 제례를 지내왔다. 대묘 건설은 지난 988년에 결정됐으며 989년에 공사가 시작돼 이번에 완성을 보게 됐다.

대묘는 지난 해 설치된 사직단과 더불어 유교적 국가체제의 정착단계를 보여주는 것이다. 또한 성종이 집권과 더불어 추진해온 유교이념의 강화가 왕실 차원에서 완성된 것으로도 분석된다. 성종은 교서에서 종묘제례의 소목 차례와 제향의 의례를 결정하여 보고하도록 지시했으며, 이에 따라 신하들은 이미 중국의 책을 중심으로 연구검토에 들어가 있는 것으로 알려졌다.

지금 유럽은 로마네스크의 시대

수도사들의 세계관과 봉건 위계질서의 표현 양식

최근 유럽의 회화나 조각·건축에 새로운 양식이 유행하고 있다. 이 양식은 로마제국이 멸망한 뒤 10세기에 들어 유럽이 어느 정도 정치적으로 안정을 찾고 수도원제도가 크게 발전한 결과로 생겨났다고 한다.

이 양식은 창문과 문, 아케이드에 반원형 아치를 많이 사용하고, 건물 내부를 떠받치기 위해 원통형볼트와 교차볼트를 사용하였으며, 굵은 기둥과 창문이 없는 두꺼운 벽을 세운 점이 특징이다. 건물들은 보통 공간을 복잡하게 나누고 있는데 이는 수도사들의 세계관을 나타낸 것이며, 봉건제도의 위계질서를 표현한 것이라고 한다. 또한 역사나 교리를 설명하는 조각을 주두나 육중한 교회문 둘레에 돌출되게 새겨놓음으로써 역사나 교리를 설명하고 있다. 교회 내부의 벽화에서도 신학 저서나 성서에 나오는 사건들, 성인들의 삶이 다루어지고 있다.

베네딕트 수도원 창설

992년 유럽에 베네딕트 수도회가 조직되어 교회문화에 새로운 지평을 열고 있다. 이 수도회는 베네딕투스(480~547)의 수도회칙을 따르는 수사들과 평신도 형제들의 모임이라고 한다.

베네딕투스의 규율은 기도, 육체노동, 연구활동을 하루일과 속에 적절히 배치하는 것을 주된 특징으로 하고 있다. 수도원은 이제 학문의 중심지이자 각종 문헌의 보관장소로서 그리고 교육기관으로 역할할 것으로 보인다.

역사신문

거란, 두차례 대대적 침공…피해 막대

계속되는 거란의 침입으로 나라 전체가 큰 혼란에 빠져 있다. 거란은 993년의 1차 침입에 이어 1011년 강조의 정변을 구실로 대규모 군사를 이끌고 고려를 침입, 개경을 완전히 불태워버리는 등 큰 피해를 입히고, 현종의 친조를 요구했다. 정부가 이에 불응하자, 거란은 1018년 세번째 침략을 감행, 또다시 우리 국토를 유린하였다.

2차 침입… 개경 불바다로 만들어, 강동6주가 목적

40만 대군, 강조 정변 구실 삼아 침공 … 현종, 전라도까지 피신

1011년 정월 초하루 강조정변을 구실로 압록강을 넘어 침입한 거란군이 개경에 침입, 대묘와 궁궐 그리고 민가를 모조리 불사르는 등 포악한 만행을 저질러 엄청난 피해가 발생했다.

강조가 30만의 군사로 압록강변에서 거란군에 맞섰지만 패퇴하였다. 강조는 통주에서 싸우던 중 적군에 사로잡혀 죽었다. 거란군의 규모는 40만으로 파악되고 있으며 이들의 기병은 날쌔고 용감하여 감히 막아내기 어렵다고 전해지고 있다. 백성들은 정부가 거란 침입에 전혀 대비하지 않았다고 비난하고 있다.

현재 경기 광주에 머물고 있는 현종은 거란군이 개경까지 진입함에 따라 곧 시종들과 더욱 남쪽으로 피신할 계획이다. 현종의 한 측근에 따르면 "거란의 위세가 대단해 전황이 크게 나아지지 않는 한 왕은 계속 남으로 내려갈 것"이라고 말하고 "종착지는 전라도지역이 되겠다"고 덧붙였다. 왕의 피신에 대해 개경 사람들은 왕의 피신을 이해는 하면서도 "대책도 없이 계속 남으로 내려가면 결국 피해를 입는 대상은 우리와 같은 일반 백성"이라면서 불안해 하고 있다. **관련기사 2면**

정가에서는 침입의 발단이었던 강조는 죽었지만 거란의 실질적 목표는 '강동 6주'의 반환이기 때문에 화의가 성립하기까지에는 상당한 논란이 일 것으로 전망하고 있다.

친조 요구 불응, 송에 지원 요청 …

1012년 4월 거듭되는 거란의 친조 요구에 우리 정부가 불응하자, 거란은 대규모 군사공격을 할 것이라고 위협하고 나섰으며, 이에 조정은 송에 긴급히 원조 요청을 하는 등 다각적인 대책을 강구하고 있다.

현종은 거란의 끈질긴 친조 요구에 대해 형부시랑 전공지를 거란에 파견, 병을 핑계로 이행하지 못함을 통고했다. 이는 거란의 요구가 단지 친조에 있는 것이 아니라, 강동 6주 반환에 있기 때문에 일단 대화 자체를 거절한 것이라는 분석이 유력하다.

거란 왕은 "거란이 고려보다 우월한 지위에 있으니 친조는 당연한 것"이라고 강변하며 친조가 거부되자, 즉각 강동 6주 공격을 명령했다고 전했다. 이에 조정에서 국방대책을 강화하면서 송나라에 사신을 파견, 원조를 요청한 것이다.

그러나 조정에서는 송이 우리를 지원할 형편이 아니라는 것을 잘 알고 있다. 따라서 송에의 지원 요청은 거란에 대한 외교적 시위의 성격이 큰 것으로 분석된다. 아울러 송이 지원을 거절할 경우 우리로서는 송과 국교를 끊고 거란측으로 기울 명분도 축적할 수 있다는 여러가지 계산이 깔려 있다는 것이다.

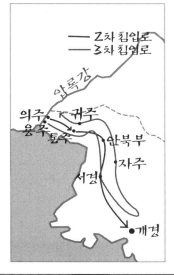

```
— 2차 침입로
— 3차 침입로
압록강
의주  귀주
용주  토주
      안북부
      자주
   서경
      •개경
```

강조, 정변일으켜 실권장악

목종 살해하고 현종 즉위시켜

목종 살해 사실 뒤늦게 알려져 … 현종, 조처에 고심

1010년 10월 그간 자살한 것으로 알려져온 목종의 죽음이 실제로는 현 행영도통사인 강조에 의해 살해된 것으로 밝혀졌다.

당시 서경 도순검사 강조는 1003년 태후 황보씨와 김치양 사이의 아들이 왕으로 즉위할 가능성이 커지자 군대를 동원, 개경을 장악하고, 대량원군 순(지금의 현종)을 즉위케 하고 목종을 폐위하여 충주로 내려보내는 조치를 취한 바 있다. 그런데 후사를 두려워한 그가 자객을 보내 적성현 주변에서 목종을 살해했다는 사실이 밝혀진 것이다. 이때 김치양 부자 및 그들 일파 7명도 함께 죽였다는 것이다.

얼마전까지 현종도 목종의 죽음을 자살로 알고 있었다.

이번에 진상이 알려지면서 왕실을 비롯한 많은 사람들이 큰 충격과 슬픔을 느끼고 있다. 살해 사실이 알려지면서 왕의 무덤인 공릉에는 참배객들의 발길이 끊이지 않고 있다.

강조의 도움으로 즉위한 현종은 현재 이 사건과 관련하여 아무런 공식적인 언급을 하고 있지 않으며, 현재 서북면에서 군사를 이끌고 거란에 대항하고 있는 강조의 처리문제를 놓고 크게 고심하고 있는 것으로 알려지고 있다. 왕실의 한 측근은 "여론을 감안, 거란문제가 마무리되는 대로 강조에 대한 모종의 조치가 있을 것"이라고 말했다.

관련기사 2면

현종, 관리들 근무 기강 확립 강조

계속되는 기상이변 관련 특별 조서 발표

현종은 즉위 직후, 계속되는 기상이변과 관련 관리들의 근무기강 확립과 대민지원을 위해 특별 조서를 발표했다. 왕실 관계자는 이번 조서가 국왕의 민생 정치 구현을 위한 의지의 표현이라고 논평했다.

특별 조서 주요 내용

지혜와 의견을 바로 내고 모든 이치를 참작, 정치를 보좌하라.
매사를 공명하게 처리하며 아첨하는 무리들의 말을 듣지 말라.
형옥을 처리함에 공평하게 하고 억울함이 없도록 하라.
모든 관리는 자기의 직책에 충실하며 사리사욕이 없도록 하라.
지방의 수령들은 백성을 자식처럼 사랑하라.
변방의 장수들은 항시 훈련하며 적의 침입에 철저히 대비하라.
궁중의 관리들은 안일한 생각을 버리고 변함없이 충성하라.

3차 침입… 퇴각 거란군에 강감찬이 귀주에서 철퇴

친조 요구 불응에 대한 거란의 보복 전쟁

1018년 12월 거란은 다시금 소배압을 총사령관으로 하는 10만 군사로 침입해왔다. 이번에도 거란군의 목표지점은 개경인 것으로 알려졌다. 우리측에서는 강감찬을 상원수로, 강민첨을 부원수로 삼아 20만 대군을 동원하여 응전하고 있다. 사력을 다하여 거란군의 진격을 막아냈지만 거란군은 전세가 불리하면 우회하여 무조건 개경 쪽으로만 진격해오고 있다.

1019년 정월에는 개경 100리 밖 신은현까지 진군해왔으며 현종은 개경 부근 백성들에게 식량을 가지고 모두 개경 안으로 피신해 들어와 성문을 사수하라고 명령했다. 이는 이른바 청야(淸野)전술로 적군의 식량보급을 끊어 전력을 약화시키기 위한 것이다. 이런 우리측 전술이 적중하여 거란군은 결국 퇴각을 결정했다. 이에 강감찬 상원수는 그들의 퇴로를 미리 장악했다가 일시에 기습, 적군에 막대한 피해를 입혔다. 지난 2월 귀주에서는 거란 대군을 퇴로가 없는 협곡에 몰아넣고 3면에서 일시에 공격, 괴멸시켜 버렸다. 거란은 10만 대군에서 불과 2천여 명만이 살아 돌아갔다.

어쨌든 우리는 거란군의 계속된 침입을 막아냈으나 매번 국경선에서 막지 못하고 내륙으로 끌어들임으로써 막대한 피해를 입었다.

관련기사 2면

역사신문

내우외환 근원은 왕실기강 문란

집권 체제 확립 위한 제도정비 서둘러야

최근 강조가 목종을 살해하는 정변이 일어나는가 하면, 이를 빌미삼아 거란이 대대적으로 침략해오는 등 고려는 내우외환에 시달리고 있다. 우리는 이 모든 혼란이 왕실기강의 문란으로부터 연유한다는 점을 개탄하지 않을 수 없다. 불과 30년전 성종이 유교정치이념을 국가통치의 규범으로 삼아 국정을 새롭게 하고 국가체제를 정비했던 치세와 비교하면 오늘날의 이 문란상은 그야말로 격세지감이 있다.

유교이념에 따르면 국사의 근본은 임금으로부터 말미암는다고 한다. 그만큼 군주의 위상은 막대한 것이다. 그런 만큼 임금이 성군이어야 한다는 것이 절대적인 전제가 된다. 그래서 임금은 끊임없이 스스로를 닦아 성군이 되도록 노력해야 할 것이다. 이것이 유교이념에서 상정하고 있는 군주상이다. 태조에서 성종에 이르기까지 성군들이 바로 이를 실천하기 위해 부단히 노력하여 우리나라를 오늘날의 모습으로 세웠다.

그러나 지금 왕실의 모습은 어떤가. 우리 왕실은 국초 이래 혈통의 순수성과 외척세력의 발호를 방지한다는 목적으로 근친혼을 거듭해왔는 바, 지금에 이르러서는 혼인관계가 난잡과 혼란의 극에 달했고 급기야 외간 인사와의 불륜관계가 왕실에서조차 공공연한 실정이다. 이래가지고서야 어찌 왕실의 체통이 서며 나라의 기강이 잡히겠는가. 또 그런 문란 속에서 나라의 정책인들 바르게 행해질 수 있을 것인가. 이는 왕실 스스로 국왕의 권위를 훼손시키는 작태로, 강조가 목종을 살해한 것도 이런 상황이 자초한 것임을 알아야 할 것이다.

따라서 이제 새로 즉위한 현종에게 부과된 책무가 막중하다는 점을 지적하지 않을 수 없다. 성종대에 들어 제반 문물제도가 크게 정비되었다고 하지만 아직도 집권적인 국가로서의 제도적인 미비점이 많은 게 현실이고, 밖으로 북방에 거란이 웅거하여 내침이 잦은 형편이어서 집권체제의 정비가 시급한 실정이다. 이 점은 현종 자신이 거란의 침략으로 나주지방에 피신했을 때 지방호족들에게 겪은 수모를 통해서 절감했을 것이다.

그래서 우리는 국왕을 정점으로 하는 중앙집권체제를 확립하는 것이 초미의 과제라는 점을 강조하고자 한다. 그러기 위해서는 무엇보다 왕실의 체통과 기강을 확립해야 할 것이며, 지방제도를 철저히 정비하여 국초 이래로 각 지방에 뿌리내리고 있는 호족세력들을 중앙집권체제 안에 제도적으로 통합시켜나가야 할 것이다.

그림마당
이은홍

난 오촌 고모와 증조부 사이에서 태어났고, 당신은 우리 엄마 남편인데…… 오촌 고모라 부르리까 6종형이라 부르리까???

정가 논란, "강조는 충신인가, 아니면 반란 수괴인가"

약화된 왕권과 왕실의 부패상이 국란을 불러일으켜

강조에 대한 정가의 평가는 왕권을 옹위하려 애쓴 충신으로 보는 측과 국왕을 살해하고 실권을 장악하려 한 반란 수괴라고 주장하는 측의 양극으로 팽팽하게 나뉘어져 있다.

충신론자들은 그가 목종의 어머니 헌애왕후가 외척 김치양과 불륜을 저질러 낳은 아들을 왕위에 앉히려고 한 것에 분노, 왕권의 혈통을 지키기 위해 궐기했다고 주장한다. 실제로 헌애왕후와 김치양은 목종이 아들이 없자, 목종을 제거하고 자신들의 아들을 왕위에 즉위시키기 위해 목종이 자는 궁궐에 불을 지르는 등 못된 짓을 한 것이 사실이다. 태조 이래 왕실 혈통이 아닌 자가 왕위에 오른 적이 한번도 없었기 때문에 이 주장이 전혀 근거가 없는 것은 아니다.

더구나 그는 나중에 거란군에게 포로가 되었을 때, 거란 성종이 그의 용맹성과 지략에 감탄하여 자신의 부하가 되어달라고 했을 때 "나는 고려 사람인데 어찌 너희 신하가 되겠는가"하며 죽음을 택했다. 권력에 눈이 어두웠다면 이런 행동을 할 리가 없지 않았겠느냐는 것이다.

반면, 반란수괴론자들은 그가 애초에 목종이 살해당한 줄 알고 출동했으나 목종이 살아 있다는 사실을 알고나서도 군사를 되돌리지 않고 궁궐로 침입, 목종을 퇴위시키고 급기야 그를 죽이기까지 한 것은 어떤 이유로도 변명의 여지가 없다고 주장한다.

더구나 그는 자신의 힘으로 현종을 즉위시킨 뒤 이부상서 참지정사의 직위에 올라 사실상 전권을 휘두르는 등 권력욕을 여지없이 드러냈다는 것이다. 국가적으로 보아도 그로 말미암아 거란에게 침입의 구실을 제공해 국토가 전란의 도가니로 빠져들어 국가에 돌이킬 수 없는 해를 끼쳤다고 한다.

지금 이 논쟁에 어떤 해답을 내릴 수는 없다. 그러나 분명히 드러난 것은 왕실의 부패와 그로 말미암은 왕권의 약화가 이번 사건을 통해 여실히 드러났다는 사실이다. 따라서 이는 강조라는 한 인물에 국한해서 책임을 물을 일이 아니라고 지적하는 이들이 많다. 최근 왕실의 혼란상에 많은 뜻있는 이들이 우려를 나타내고 있는 것이다.

인터뷰 귀주대첩의 영웅 강감찬

거란의 제2차 침공시 강감찬의 승전보에 전쟁에 시달리던 많은 백성들은 환호했다. 귀주대첩은 우리 전사(戰史)에 영원히 기록될 빛나는 승리이다.

경기 금주 출신. 성종 때 과거 급제. 거란 1차 침입 때 조정의 항복론에 유독 혼자서 반대. 현재 서북행영도통사 상원수. 어떤 사람이 밤중에 큰 별이 어느 집에 떨어지는 것을 보고 찾아가 보니 마침 그 집 부인이 사내 아이를 낳았는데 그가 바로 강감찬이었다는 출생일화와, 그가 재상이 된 후 송의 사신이 그를 보고는 갑자기 절하며 "문곡성이 오래 보이지 않더니 여기 와서 있구나!"라고 했다는 일화가 있음.

거란의 퇴로 예측, 일격에 몰아붙여

그는 귀주의 현장에서 군사를 돌보고 있었으며, 작은 키에 평범한 얼굴로 언뜻 보아 용장이라기보다는 동네 아저씨였다.

제2차 거란 침입 당시 거란이 개경 주위의 신은현까지 진격, 당시 개경인들은 물론 대다수의 국민들이 제1차 전쟁 때처럼 왕이 피신가는 것이 아니냐면서 두려워했었는데 당시 장군은 어떤 대응을 하고 있었는가.

당시 거란의 소배압은 국경지방에서 패하자 제1차 침입 때처럼 국왕에게 항복을 받기 위해 우선 일부의 군사를 거느리고 개경으로 향했던 것이다. 수도를 장악함으로써 기선을 제압하려는 의도였다. 나는 국경지방에 있으면서도 항시 왕이 거주하는 개경을 걱정했었다. 그래서 밀사를 개경으로 파견, 적정을 살피고 있었다. 그 과정에서 거란이 국경쪽으로 후퇴한다는 소식을 들었다.

장군의 전술은 어떤 것이었나.

고지를 선점, 저지로 돌진하는 것은 병법의 상식이다. 더구나 거란군은 피곤에 지쳐 있었다. 귀주가 적지였다. 고지에 매복해있다가 적이 다가오기를 기다려 3면에서 일시에 공격했다. 이번에 세운 공은 내 것이 아니라 우리 병사들의 것이다.

기자 수첩   갈 데까지 간 왕실의 성 문란

지난번 강조의 정변으로 왕실 및 귀족들의 문란한 혼인관계에 대해 비판론이 제기돼 관심을 끌고 있다.

당시 드러난 바에 의하면 경종과 그의 왕후인 헌애왕후, 헌정왕후 셋이 모두 서로 사촌 오누이 사이였다. 그에 앞서 광종과 그의 이복 형제 욱은 모두 아버지 태조의 배다른 딸들을 왕비로 맞았다. 그리고 최근의 성종도 사촌 누이를 왕비로 들였다.

이러한 왕실 내의 족내혼은 신라 이래 관습으로서 왕실 혈통의

순수성을 지키기 위한 것이라는 옹호론이 있는 것도 사실이다.

하지만 최근에 보듯이 태조의 또 다른 아들 욱이 이미 자신의 조카인 경종의 왕비가 된 헌정왕후(그에겐 또 다른 조카이다)와 혼외 관계를 가져 아들을 낳음으로써 이제 왕실의 혼인관계는 그 혼란이 극에 달한 느낌이다.

이러다 보니 경종비 헌애왕후가 왕족이 아닌 김치양과 불륜을 저지르고도 부끄러움을 모르지 않느냐는 한탄이 나오고 있는 것이다.

비판론자들은 왕실의 이러한 문란한 성관계가 귀족들에게로 전파되고 급기야 일반 백성들에게까지 퍼지면 나라의 풍속이 심히 문란해질 것을 우려하고 있다. 따라서 그들은 조정에서 근친혼에 대한 규정을 새로 만들고 어기는 자에 대해 엄히 다스려야 한다고 주장하고 있다.

1033년 8월 덕종은 즉위 초부터 계속된 국경선의 불안을 해결하고자 압록강 유역에서 동해안에 이르는 장성을 쌓을 것을 평장사 유소에게 명령했다. 이 장성은 국내성 부근 압록강 하구를 기점으로 시작돼 동해안 화주에까지 이어지게 된다. 이 사업의 책임자 평장사 유소에 따르면, 압록강 입구에서 위원, 흥화, 정주, 영해, 영덕, 영삭, 운주, 안수, 청새, 평로, 영원, 정융, 맹주, 삭주 등 13개 성을 거쳐 요덕, 정변, 화주 등의 성지에 이르는 대략 천 리가 되는 길을 잡고 현재 공사를 진행 중이라고 밝혔다. 이 공사를 위해 변방에 거주하는 군인과 기타 양계 지방의 백성들이 요역으로 동원되고 있다. 공사 기간은 최소한 10년은 걸릴 것으로 추산하고 있다. 일부에서는 천리장성 축성 작업에 대해 "가뜩이나 잦은 전쟁과 병충해 등으로 생활고를 겪고 있는 농민들에게 경제적 지원을 해주기는커녕 부역에 동원하는 것은 문제"라며 무리한 사업이라는 비판론도 제기되고 있다.

한편 거란 침입을 계기로 개경 주변의 방비가 소홀한 것을 염려한 강감찬의 건의로 나성(외성)을 축조하기 시작하여 1029년에 완공됐다. 현종은 사업 책임자로 이가도를 임명하여 그의 책임하에 공사가 진행됐다. 그 둘레는 60여 리(약 40Km)이다.

천리장성 10년 동안 쌓는다

일부에선 강한 비판론 제기
개경 외성도 축성

김훈·최질 등 무신, 반란 일으키고 집정

전장에서 무공 세운 무신 푸대접이 화근

1014년(현종 5년) 10월 상장군 김훈과 최질 등 무신들이 반란을 일으켜 정가에 충격을 주었다. 이들은 궁궐에 침입해 문신인 중추원사 장연우와 중추원 일직원 황보유를 포박하고는 국왕을 협박하여 이들을 귀양보냈다.

이들이 반란을 일으킨 직접적 동기는 녹봉 지급을 둘러싼 문제였던 것으로 알려졌다. 이들의 반란에 앞서 장연우와 황보유 등 문신들은 관리들에게 지급할 녹봉이 부족하자 무인들의 토지인 경군영업전을 회수하여 관리들의 녹봉으로 지급할 것을 국왕에게 건의하여 무신들의 불만을 샀다. 김훈, 최질 등은 "거란 침입 당시 공을 세운 게 누군데 이리 푸대접이냐"며 반란을 일으켰다는 것이다.

이들은 문제 문신들을 귀양보낸 뒤, 즉각적으로 고위 무신들이 문관을 겸임케 할 것을 현종에게 요구하였고 현종은 이를 어쩔 수 없이 수락했다.

현종은 무인들의 문관 직무 간섭과 월권행위에 대해 표면적으로는 아무 내색도 하지 않았으나, 은밀하게 화주방어사 이자림을 시켜 이들을 제거할 계획을 세웠다고 한다. 서경에 술자리를 베풀고 김훈, 최질 등 19명을 초대하여 술을 먹인 후 이들이 술에 취하자 모두 주살시켜 버린 것이다.

대부경 왕희걸 등 비리혐의로 파면

직권 이용해 치부 일삼아

1032년(덕종 원년) 어사대의 상소로 왕희걸 등이 관직에서 파면당했다. 이들은 서경분사에 있으면서 자신의 권한을 악용, 토지를 겸병하고 막대한 사적 이득을 올린 것으로 밝혀졌다. 어사대에서 올린 상소에 따르면 이들은 서경분사의 주변에 있는 토지를 백성들로부터 빼앗아 분사의 소유지로 만들어놓고는 그 토지에서 나오는 수확을 모두 자신들의 재산으로 만들었다는 것이다.

이번에 파면된 관리들은 대부경 왕희걸, 우시랑중 유백인, 예부랑중 최복규, 원외랑 이응년 등이다.

이번의 파면 조치를 계기로 그동안 공공연하게 행해져왔던 관리들의 부정이 다소 수그러들 것이라고 예견되는 가운데, 많은 사람들은 지방 관청에 근무하는 관리들에게 성실한 공무 집행을 요구하고 있다.

이렇듯 권력을 이용한 관리들의 부정이 만연하고 있는 가운데, 국왕의 한 측근에 따르면 현재 덕종이 관리들의 기강 확립과 농민 생활 안정에 특히 많은 관심을 가지고 있다고 말하고, 앞으로 부정의 척결을 위한 모종의 조치가 있을 것임을 시사했다.

개경 뒤덮은 황무   일부선 "난리날 징조다", 큰 사회혼란

1018년 4월 개경 하늘에 지독한 황무현상이 발생하여 개경 사람들을 긴장시키고 있다. 황무현상은 4일째 계속되있는데, 앞이 잘 보이지 않았으며, 미세한 먼지를 함유한 안개가 개경을 뒤덮고 있다. 때마침 개경에는 유행병도 돌아 많은 백성들을 공포의 도가니로 몰아넣고 있다. 왕은 의원으로 하여금 그 원인을 분석하도록 했으며, 유명한 의원들을 급파하여 치료는 물론 구호작업에 나서도록 긴급 지시했다.

의료 당국은 백성들의 눈과 코 등 호흡기에 질병이 다수 발생하는 것은 봄바람에 의해 오염 물질이 날리기 때문이라고 설명했다.

여진, 적극적인 우호의 손짓

1012년 2월 여진의 추장 마시저가 와서 토종말 등의 특산물을 바친 데 이어 윤 10월에는 모일라, 조을두 등이 역시 많은 수의 부족을 거느리고 찾아와 특산물을 바쳤다.

이는 일단 여진인들이 우리 고려와 우호관계를 다지려는 의도로 파악되지만, 속셈은 우리 조정에 상당량의 곡식을 요청하려는 데 있는 것으로 보인다. 그러나 이들의 이같은 움직임은 우리가 현재 거란의 압력으로 상당히 어려운 시기에 있음을 감안할 때 우리의 입장에서는 매우 다행스러운 일이다.

이들은 성씨를 단위로 부락을 이루고 있다 하는데 30개에 달하는 성씨가 한꺼번에 찾아오는 등 우리에게 부족의 위용을 보이려 했다.

연등회와 팔관회 부활

거란침입을 불력으로 막아보려는 왕실 의도로

1010년 윤 2월 연등회와 팔관회가 다시 부활됐다. 태조 이래 계속돼오던 이들 행사는 성종 때 그 폐단이 지적돼 폐지되었는데 이번에 다시 시행되는 것이다.

이번 행사는 거란의 침입을 불력으로 막아보려는 왕실의 의도가 반영된 것이라는 소식이다.

이번 행사에 대해 귀법사의 한 승려는 "부처님의 자비로움이 왕을 감동시킨 것"이라고 말하고 있으며, 태조의 원당인 봉은사의 한 승려는 "거란족의 침입을 걱정하시는 왕의 배려로 이번 행사가 열린 것"이라며 "참된 군왕의 곁에는 참된 부처님이 계신다"고 말하기도 했다. 그러나 일부 유학자들은 외적의 침입으로 국가재정이 어려운데도 비용이 많이 드는 불교 행사를 치른다고 비판하기도 한다. 그렇지만 그들도 불교가 우리나라의 국가 종교라는 부분에 대해서만은 부인하지 않는다.

현종, 지방 관제 정비

4도호·8목 중심으로

1018년 정부는 지방제도의 개혁을 단행, 고려의 지방관제를 4도호·8목을 중심으로 그 아래에 중앙에서 지방관을 상주시키는 56개의 [주], [군], 28개의 [진], 20개의 [현]으로 편성했다.

한편 이에 앞서 성종이래 지속되어온 12절도사를 혁파하고 그 대신 5도호·75도안무사를 설치했었다. 12절도사제의 편성은 군사적인 성격으로 지방호족의 통제와 거란에 대한 대비책이었다는 분석이다. 그러나 아직 전국의 모든 군현이 중앙의 통제하에 들어간 것은 아니다. 발표된 자료에 의하면 지방관이 설치된 고을의 총수는 146개소이며, 지방관이 배치되지 않은 고을도 361개소나 되는 것으로 나타났다.

여진 해적, 울릉도 침입 … 조정, 관리 파견

1018년 11월 여진이 울릉도에 침입하여 농토를 짓밟고 농기구를 탈취해갔다는 보고가 들어와 근심거리가 되고 있다. 여진인들은 그동안에도 수차례에 걸쳐 동해안을 침략하여 약탈과 방화를 일삼아 왔었다.

조정에서는 동해안의 주·진에 대책을 강구할 것을 지시하였으며, 이 원구를 울릉도에 파견하여 백성들을 위무하도록 함은 물론, 농기구를 하사하여 농사를 재개할 수 있도록 해주었다.

한편 동해안 진명의 선병도부서 장위남은 1019년 4월 여진 해적선 8척을 나포했다. 이들 여진 해적은 동해안에서 고려는 물론 일본에도 피해를 입혔던 자들로 밝혀졌다. 조정은 이들을 전원 처벌하도록 했다.

대장경 간행 착수

'불력으로 국난 타개' 염원 담아

1011년 왕의 명령에 따라 대장경 간행이 시작됐다. 이번 대장경의 간행은 부처님의 말씀을 나무판에 새기는 공력으로 이민족의 침입을 막으려는 구복적인 측면이 담겨 있다고 한다.

일반적으로 대장경이란 석가의 설법을 기록한 경장, 교단의 계율 및 그 해설을 담은 율장, 그리고 경의 주석 문헌인 논장을 집대성한 '불교 성전'을 이르는 말이다.

대장경 간행 사업에 참가하고 있는 한 승려는 이번 사업이 "불교를 흥왕시키려는 목적도 있지만, 주목적은 불력으로 국난을 타개해서 호국하려는 것"이라고 말했다.

이번 대장경의 간행은 지난 991년에 한언공이 송나라에서 들여온 4백80질 5천47권에 달하는 개보판을 기준본으로 하여 작업에 착수한다.

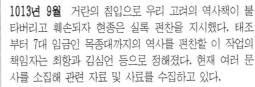

7대 실록 편찬 착수

거란 침입으로 기존 역사책 소실돼

1013년 9월 거란의 침입으로 우리 고려의 역사책이 불타버리고 훼손되자 현종은 실록 편찬을 지시했다. 태조부터 7대 임금인 목종대까지의 역사를 편찬할 이 작업의 책임자는 최항과 김심언 등으로 정해졌다. 현재 여러 문사를 소집해 관련 자료 및 사료를 수집하고 있다.

이 작업에 대하여 많은 사람들은 우리 고려의 역사를 편찬하는 것은 당연하고 바람직한 일이라고 말하고, 다시는 외적의 침입을 받아 소실되는 일이 없도록 하는 것이 더 중요하다고 입을 모았다.

김심언은 "이 작업은 상당히 오랜 시일이 걸릴 것이며, 객관성과 정확성을 기하려면 아무래도 힘든 작업이 될 것"이라고 말했다. 그리고 그는 분량이 30여 권은 넘을 것으로 내다봤다.

현종, 현화사에 둔전 1천여 결 시납

대다수 관리들 극력 반대 불구

1020년 8월 현종이 안서도(해주)의 둔전 1천2백40결을 현화사에 시납하도록 지시해 논란이 일고 있다. 현화사는 현종 부모의 명복을 빌기 위해 1018년 6월 창건된 원찰로 왕실의 상당한 비호를 받고 있다. 둔전 시납 지시에 대해 상서성과 중서성의 고관들은 재삼 반대를 표시했으나 현종은 완강히 주장을 굽히지 않고 있다.

본래 둔전이란 국경 등의 군사 주둔지에 지급하여 군사비에 충당토록 한 토지로 군사력 증진은 물론 병사들의 사기 양양에 중요한 토지이다. 따라서 해당 지역 병사들의 반감이 깊어갈 것으로 보이며, 거란의 압력이 상존하는 시점에서 국방에 부정적인 요소로 작용할 것이라는 전망이다.

현종에 얽힌 이야기들

국왕될 것 예견하는 시 쓰고 꿈꾸어

현종은 왕자시절 천추태후의 미움을 극단적으로 샀다. 때문에 여러 번 죽을 고비를 넘겼는데, 신혈사에서는 천추태후가 보낸 자객 때문에 위기를 맞았지만 한 노승이 방안에 땅굴을 만들어놓았던 탓에 살 수 있었다. 그후에 현종은 국왕이 될 줄 알았는지 다음의 시를 지었다.

만경참과 멀고 먼 바다로 향하누나 / 바위 밑을 스며흐르는 물 적다고 하지 마라 / 용궁에 도달할 날 그리 멀지 않으리

현종이 어느 날 닭우는 소리와 다듬이 소리가 들려오는 꿈을 꾸고 술사에게 물었는데, 술사가 속담으로 해몽해주었다. "닭울음은 꼬끼요(高貴位), 다듬이 소리는 어근당어근당(御近當)하니 이 꿈은 왕위에 오를 징조로다." 과연 현종은 목종 12년 2월에 왕위에 올랐다.

무용음악, 다양하게 발전

당악정재, 향악정재, 일무 등으로

송나라의 무용음악이 1073년(문종 27년) 우리나라에 도입된 이후 여러 분야로 발전하고 있다. 원래 음악계에서는 중국계 음악을 당악이라 하였고, 고려 이전부터 전승된 전통음악을 향악이라 불러왔다. 마찬가지로 춤도 중국에서 전래된 춤은 당악정재라 하고, 전통적인 우리 춤을 향악정재라 부른다. 이밖에도 유교의식에 쓰이는 음악과 춤이 전래되면서 일무(佾舞)라는 새로운 형태의 춤이 등장하고 있다.

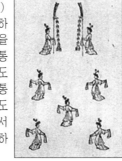

향악정재의 대표적인 음악으로 〈무고〉, 〈동동〉, 〈무애〉 등이 있다. '무고'는 북을 두드리며 정읍사를 노래하는 화려하고 장쾌한 춤이며, 동동은 상아로 만든 작은 박을 두 손에 하나씩 들고 '착착' 소리를 내며 추는 춤이다.

당악정재의 대표적인 것으로는 헌선도, 포구락, 수연장 등이 있다. 이것은 모두 고유한 줄거리를 가지고 엄격한 형식에 의하여 연출되는 대규모의 춤이다. 향악정재에서는 춤을 추다가 우리말로 된 노래를 부르는데 비해, 여기에서는 한문으로 된 노래를 부른다. 1076년(문종 30년)에 국가의 음악기관인 대악관현방을 설립하였는데 여기에는 각종 당악기를 연주하는 중국인 연주자와 더불어 중국인 무용수가 소속돼 있다. 이들은 국내의 연주자나 무용수에 비해 높은 수준의 대우를 받고 있다.

일무는 아악에 따르는 춤으로 열을 지어 추게 된다. 그 열의 수에 따라 8일무, 6일무, 4일무 등이 있다. 이 춤은 또 문무(文舞)와 무무(武舞)로 나뉜다.

푸른 눈의 대식국인들, 고려에 오다

정기적인 무역거래 원해

그동안 당나라나 송나라에만 오는 줄로 알았던 푸른 눈의 대식국인들이 고려에 왔다. 이들은 상인들로 모두 하얀 옷을 걸쳐입고 고려의 벽란도에 들어왔다. 1024년 9월과 1025년 9월에 두 차례에 걸쳐 왔으며, 모두 많은 양의 특산물을 가지고 와서 현종에게 진상하였다. 주요 물품은 향료이며, 희귀한 것들로 보는 사람들로 하여금 감탄사를 연발케 하고 있다.

이들이 두 번에 걸쳐 모두 9월에 입국한 것은 바람을 이용하기 위한 탓이라고 한다. 즉 여름철에는 남동에서 바람이 불어오는데 이 바람을 이용하여 고려에 손쉽게 닿을 수 있었다. 이들은 앞으로 정기적으로 고려와 무역거래를 원하고 있으며, 이들이 가지고 온 상품은 많은 사람들에게 호기심을 유발시키고 있어 앞으로 고려의 무역 발달에 기여할 것으로 보인다.

서하, 강대국으로 성장할 듯

1032년 이원호가 서하를 건국, 하주, 은주 등 10여 주의 지역을 지배하는 강대국으로 성장했다. 서하 국경 지역은 예로부터 교통로로 활용돼 왔는데 서하는 교통상의 이점을 살려 중계무역을 중시할 것 같다. 농경과 유목지역을 모두 포괄하고 있으며 소금이 많이 생산돼 앞으로 큰 발전이 예상된다.

봉건사회의 유럽을 가다 1

주종관계 속의 평등계약

최근 유럽에서는 새로운 사회제도가 나타나고 있다. 이전의 그리스나 로마 사회와는 전혀 다른 이 사회 제도를 학자들은 봉건제라고 부르고 있다. 이 봉건제의 실상을 현지 특파원을 통해 3회에 걸쳐 연재한다.

최근 유럽의 기사계급들 사이에서는 전쟁터에 나가 싸우기보다는 지방에 안주하는 경향이 나타나고 있다. 그동안 노르만·바이킹 등이 빈번하게 쳐들어왔고 그 와중에서 기사계급은 전쟁 덕분에 상류계층으로 급격한 지위상승을 이루었다. 그러나 최근 프랑크왕국의 약화와 외적침입의 감소를 틈타 이러한 경향이 나타나고 있다. 기사들은 유력한 제후와 손을 잡아 자기 지역에 대한 지배권을 인정받는 대신, 그 제후의 안전을 보장해주기로 하는 계약을 맺고 있다. 기사는 〈복종선언서〉를 작성해 충성을 선서하고, 제후는 〈분봉 서임〉이라 하여 기사에게 창이나 깃발 혹은 분봉해줄 땅의 흙을 한 줌 하사하는 의식을 치른다. 이때 제후가 분봉해준 영토를 장원이라고 부르고 있으며, 장원을 지배하게 된 기사를 영주라고 부른다.

그런데 신기한 것은 제후와 영주는 위계상으로는 주종관계지만 둘 사이의 계약은 쌍무적인 평등계약이라는 점이다. 즉 제후가 장원에 간섭한다든지 영주가 제후의 요구를 이행하지 않는다든지 하면 계약은 파기된다. 이는 외적의 침입이 잦은 현실이 기사의 위상을 상당히 상승시켜줬음을 보여주는 것이다.

현재의 형편에서 장원은 외부 침입에 대해 스스로 방위해야만 한다. 따라서 영주의 장원에 대한 지배권은 거의 절대적인 형편이다.

역사신문

고려·송·요 평화체제 확립

거란과 국교 재개 합의, 거란에 조공, 거란 연호 사용
송 - 거란 평화 … 거란, 내정불안으로 팽창정책 포기

지난 925년 거란이 발해를 침공, 멸망시킨 이후 형성된 거란과 송·여진·고려 사이의 전쟁과 적대관계가 드디어 막을 내렸다. 고려·송·요간에 평화체제가 확립된 것이다.

1037년 우리 조정은 최연하를 거란에 파견, 거란과 국교재개에 합의를 이루어냈다고 발표했다. 이는 그동안 거란과 영토문제 및 정치문제로 대립과 전쟁을 일삼았으나 이제 양국간에 사신 왕래가 재개돼 평화적 교류를 기대할 수 있게 됐다는 것을 의미한다.

아직도 압록강 하류 지역 영토 문제와 우리가 쌓은 천리장성 문제가 남아 있기는 하나 교류재개 및 사신 교환이라는 양국의 기본입장에는 변함이 없어 양국간 평화의 전망은 밝다.

최근에는 최연하에 이어 김원충을 보내 거란의 연호 중희(重熙)를 사용하겠다고 공식적으로 통보했고 거란측도 환영의 뜻을 표했다고 한다. 이에 앞서 조정에서는 대거란 조공 절차를 지키겠다고 알린 바 있으며, 1038년에는 조공품으로 금은제품, 면포, 종이 등을 보낸 바 있다. 이에 대해 거란에서는 마보업을 보내 사신에 대한 감사와 함께 앞으로 양국간 친선을 약속하였다.

한편 송·거란 관계도 지난 1004년 '전연의 맹' 이후 평화관계가 정착돼가고 있다. 더욱이 최근에는 우리가 송과 교역을 개시해도 거란측으로부터 별다른 항의가 없다고 한다. 조정의 한 관리에 의하면 "사실 교역에 국한해 볼 때 영양가는 거란보다는 송에 있다"고 한다. 아직 송

과 공식적으로 국교를 재개하는 것은 거란의 눈치를 보아야 하기 때문에 곤란하지만, 민부(民部) 관리들에 의하면 비공식 사신은 가끔 교환하고 있다는 후문이다. 그러나 민간 교역은 아주 활발해서 양국간 무역 규모는 급팽창하고 있다. 송 역시 거란과의 교역보다는 우리와의 교역에 많은 관심을 가지고 있기 때문이다.

이로써 동북아에서는 상당기간 동안 안정과 평화가 유지될 것으로 기대되고 있다. 더욱이 거란의 내정이 점차 불안해져 이전과 같은 대외팽창정책은 더 이상 없을 것 같다는 게 국제문제 전문가들의 한결같은 분석이다. 다만 여진 부족의 잦은 침입과 약탈만이 작은 문제로 남아 있다.
관련기사 2면

벽란도, 국제무역항으로 각광
아라비아 상인들까지 낯선 물건 갖고 왕래

최근 국제간 무역이 활성화되면서 우리나라의 대표적 국제무역항인 벽란도가 크게 발전하고 있다. 벽란도(碧瀾渡)는 신라 때부터 무역항으로 각광을 받아왔으며 광종 때 송과 공식 무역관계가 열린 이후부터 국제무역항으로 급성장을

거듭하고 있다. 따라서 요즘 벽란도에서는 거리에서 송인들은 물론 눈동자가 파란 아라비아인과 서역인을 보는 것도 그리 드문 일이 아니다. 교역의 대부분은 송과 이뤄지고 있는데 송의 비단, 약재, 자기와 우리의 금, 은, 인삼, 면포 등이 교역되고 있다. 아라비아 상인들은 향료, 상아, 공작 등 우리에게 낯선 물건들을 가져오고 있다.

공음전시법 제정

공음전, 세습 가능 … 공신들 환영

1품에서 5품 공신에게 최고 전지 25결과 시지 15결 지급

1049년 5월 문종은 공음전시법을 제정하여 공표하였다. 이에 대해 정부의 고위관직에 있는 공신들은 크게 환영하고 있으며, 그동안의 역할에 대한 정당한 대우라며 매우 흡족한 반응을 보이고 있다. 공음전 지급 대상은 1품에서 5품까지의 공신

들이며, 지급의 액수는 최고 전지 25결과 시지 15결이며, 최하는 전지 15결과 시지 5결이다. 제도 시행을 위하여 마련된 부칙에 의하면, 공음전은 계속 세습되며, 국가를 위태롭게 하는 음모를 저지를 경우에는 지급 액수가 경감된다. **관련기사 2면**

말단 관리 생계 안정 위해 구분전 지급

6품 이하 관리의 가족들을 대상으로

1047년 2월 문종은 6품 이하 관원의 생활안정을 위해 구분전 지급을 지시했다.

6~7품의 관원으로 대를 물려줄 자손이 없는 경우 그 처에게 구분전 8결을 주며, 8품 이하 관원과 전사한 군인으로서 대를 물려줄 자손이 없는 자의 처에게는 구분전 5결, 그리고 5품 이상의 집안의 부부가 모두 죽고 아들이 없으며, 출가하지

않은 딸이 있는 경우에는 그 딸에게 구분전 8결을 주고 출가하면 국가에 다시 반환하도록 했다.

구분전 지급은 관리로서 국가에 충성한 대가로 나머지 식솔에 대해 최소한의 생활을 보장하려는 국왕의 의지에 따라 마련된 것이라고 해당 관리는 밝혔다. 이번 조치로 그간 어려웠던 말단 관리들의 생활수준이 다소나마 높아질 전망이다.

천리장성 완성 … 12년에 걸친 대역사

압록강에서 출발, 주요 13개 성 거쳐 동해 바다까지

1044년 11월 정종 10년 서해에서 동해에 이르는 천리장성이 완성됐다. 병마사 김영기의 보고에 따르면 동해안의 장주성, 정주성, 원흥진성을 완성함으로써 지난 1033년 덕종의 명에 의하여 평장사 류소가 쌓기 시작한 장성은 공사 시작 12년만에 그 웅장한 모습을 드러내게 됐다.

장성 완성을 기념하여 정종은 공사에 가담한 모든 이에게 후한 상을 내리도록 했다. 7품 이상의 관리들은 직급을 한 등급 올려주면서 그 부모에게도 관직을 주고, 8품 이하의 경우에는 직급만 한 등급을 올려주도록 했다. 또한 이 공사에 가담하였던 군인들과 뱃사공 그리고 인부들에게도 각자에 맞는 상을 내리도록 했다.

천리장성은 국내성 경계의 압록강이 바다로 흘러들어가는 곳에서 시작하여 위원, 흥화, 정주, 영해, 영덕, 영삭, 운주, 안수, 청새, 평로, 영원, 정융, 맹주, 삭주 등 13성을

거쳐 요덕, 정변, 화주 등 3성을 지나 동쪽의 바다에 이르게 된다. 이 장성은 모두 돌로 쌓았으며, 높이와 두께가 각각 25척의 견고한 성으로 진나라의 만리장성과 비견되는 장성으로 평가된다.

마지막 구간의 공사를 담당한 병마사 김영기는 공사의 완성에 대하여 "아주 흐뭇하고, 자부심이 느껴진다"고 말하고, 이 장성의 완성으로 국방이 한층 강화되었다고 평가했다. 그리고 그는 공사를 처음에 함께 시작하였던 류소에게 명복을 빌고(1038년 죽음) 그가 보았다면

더욱 좋았을 것이라며 아쉬움을 나타내기도 했다. 천리장성 공사에 참여한 한 병사는 "그동안 무척 힘들었지만 공사가 무난히 끝나 참으로 기쁘다"고 말했다.

이 장성은 우리 역사에 있어 두 번째 것으로서, 첫번째 것은 고구려가 당나라의 침략에 대응하여 위로는 부여성에서 남으로는 비사성에 이르는 천 리의 장성을 쌓은 것이다. 그러나 일각에서는 이 장성의 완성으로 거란과의 관계에 악영향을 미치지 않을까 하는 우려의 목소리도 나오고 있다. **참조기사 6호 3면**

역사신문

대외교역, 민의 성장에 직결돼야

사치품 위주보다는 민간물품 중심으로

925년 거란이 흥기하여 발해를 멸망시키고 주변 여러 나라를 침략하면서 고조되었던 동아시아의 긴장관계가 종식되고, 이제 100여년 만에 고려·송·거란 사이에 평화체제가 수립되었다. 이에 따라 각 나라간의 경제교역이 점차 확대되어가고 있다. 최근 벽란도를 중심으로 대외무역이 급격히 발달하면서 송나라 상인들이 빈번히 내왕하는 것은 물론, 멀리 아라비아지역의 상인들까지 오는 그야말로 무역의 시대가 도래한 것이다. 평화가 정착되고 경제적으로 물자 유통이 활성화되어 우리네 삶이 윤택해질 수 있는 가능성이 열렸다는 점에서 반가움을 금할 수 없다.

그런데 지금 벌어지고 있는 대외교역은 주로 송나라 상인들이 그 주도권을 장악하고 있다. 이들은 대규모 상단을 조직하여 고려조정과 민간인을 상대로 교역에 열중하고 있다. 반면에 우리의 경우, 민간 무역보다는 정부의 관무역이 주류를 이루고 있으며 거래물품도 주로 귀혀사회의 사치품이나 서적으로 일반민들의 생활용품과는 거리가 멀다.

이런 현상은 어디에서 오는 것인가. 우리는 그 원인이 국가의 상업정책의 빈곤에 있다고 생각한다. 우리나라는 국초 이래 국가가 대외교역을 관장하는 공무역 중심의 교역정책을 취해왔다. 조공사절의 왕래에 편승하여 필요한 물자를 거래하는 조공무역이 그것이다. 그러나 이런 상업정책은 정부 차원에서 필요한 물품을 조달하고 교역의 이익을 정부가 독점하는 데 목적이 있는 것이지, 상품의 유통을 적극적으로 활성화시키려는 것은 아니다. 그러다보니 자연히 거래 물품도 상류사회의 수요품이나 서적류에 한정되게 마련이고, 또 그 무역을 통해서 살찌는 것도 관과 가까운 대상인이나 그와 결탁한 문벌귀족들이다. 무역의 성격이 그러하니 무역이 활발하게 발달할 수도 없고, 무역을 통해서 민간의 부가 성장하지도 못하는 실정이다.

그래서 우리는 대외교역 활동을 보다 폭넓게 민간에게 개방하고, 그 이익이 수공업 등 일반 백성들에게도 돌아가 그들의 생업을 더욱 발달시키도록 하는 방향으로 무역정책을 전환할 것을 주장하는 바이다. 그러기 위해서는 일반 민들 가운데 능력이 있는 자들은 외국과의 교역에 나서서 우리 물품을 유통시키고 재화를 축적하도록 적극 권장하자는 것이다. 이럴 경우 정부는 이런 민간 교역활동의 방향을 관리하고 이를 지원하면서 그로부터 일정한 비율의 세률 징수하여 국고를 충실히 하면 될 것이다. 민부의 성장이 곧 나라의 부강을 가져올 것이다.

그림마당
이은홍

내가 다 살레니···

자빈 값만 치루소!

＊.고려의 대외무역

해설 활발해진 국제 교역

평화 파도 타고 무역선 넘실

최대 교역국은 송, 일본과의 교역도 활성화 ··· 동북아 평화 지속돼야

거란과의 오랜 전쟁이 끝나고 평화시대가 도래하면서 동북아의 국제무역이 아연 활기를 띠고 있다. 특히 그 대상국이 기존의 송에 그치지 않고 일본 및 남지나해 국가들과 사라센제국으로까지 넓혀져 우리 고려가 국제 무역 중심지로 부상할 것이라는 말까지 나오고 있다.

우리의 최대 무역상대국은 아무래도 송이다. 그러나 아직 거란이 우리와 송 사이의 우호관계에 대해 우려의 눈길을 보내고 있기 때문에 송과의 국가간 공식 교역은 이뤄지지 않고 있으며 주로 민간 부문이 교역을 주도하고 있다.

송 상인들은 주로 7, 8월과 11월에 집중적으로 입국하고 있는 것으로 밝혀졌는데 7, 8월은 계절풍을 이용한 항해에 적기이고, 11월은 팔관회를 이용한 교역에 호기이기 때문이라고 한다.

해상로는 이전에는 주로 예성강 및 대동강 하구에서 산동반도 등으로 연결되는 항로를 이용해왔는데 최근에 와서는 흑산도 부근에서 남중국 명주 등으로 연결되는 남선항로가 각광을 받고 있다고 한다. 이에 따라 현재 개성에는 수백 명의 송 상인들이 상주하면서 교역 활동을 벌이고 있다.

한편 거란과 여진은 교역을 적극적으로 요구해오고 있지만, 우리로서는 실익이 별로 없어 소극적으로 응하고 있는 정도라고 한다.

오히려 동남 해안지방에서 일본과의 교역이 점차 활기를 띠어가고 있다는 소식이다. 그들은 주로 수은, 진주, 칼, 화살촉 등을 가지고 와서 교역을 요청하고 있는데 규모가 점점 커지자 최근 김해 지방에 이들을 위한 여관을 건축했다.

지난 1020년대에서 1040년대에 걸쳐 3차례 내왕한 바 있는 사라센제국 상인들도 곧 또 내왕할 것이라는 기대가 높다.

규모도 당시 100명 단위의 대규모로 왔으므로 이번에도 최저 그 수준 아니겠느냐는 분석이 많다. 사실 그들의 물품은 송 상인들이 이미 중개하고 있지만 직교역 관계를 튼다는 것은 또 다른 의미를 가져올 수 있는 것이다.

이러한 활기찬 무역은 동아시아 각국 발전에 모두 큰 기여를 할 것으로 보인다. 이를 위한 각국 조정의 적극적인 평화체제 유지노력이 요청되고 있다.

최고의 상업도시 지향하는 개경

국내 농수산 제품은 물론 외국 상품도 거래

개경의 유명상점으로는 영농, 광덕, 홍선, 통상, 효의 등이 알려졌고, 이들 지역에서는 비단, 공예품, 해산물, 약재 그리고 농산물 등의 거래가 활발하다. 이들 상점들은 농촌의 농민수공업자들과 연결하여 그들의 수공업제품을 판매하고 있으며, 외국상인들과도 연결하여 그들의 상품을 판매하는 등 다양한 물품을 갖추어 구매자들을 유혹하고 있다. 이들은 국가로부터 필요한 물품을 정기적으로 납품하는 대신 상업행위를 인정받은 일종의 '특권상인'이다. 따라서 이들은 특권귀족들과 연결되어 막대한 양의 부를 챙기고 있다는 지적이다.

한편 개경에 거주하는 일반 서민들의 구매를 위하여 상설시장 밖에 노천시장이 개설된다. 이곳에서는 주변 농촌의 농산물과 지방의 값싼 특산물 등이 교환 매매된다.

이들의 상거래에서 교환의 주된 기준은 쌀이나 포목이며, 때로 금이나 은이 유통되기도 하지만 일반 서민들은 꿈꾸기 어려운 실정이다. 지난 성종대에는 철전을 주조하여 유통시켰으나 현재 통용되지 못하는 실정이며, 상업의 융성과 유통의 원활을 기하기 위하여 화폐의 대량주조와 유통이 필요하다는 의견이 조심스레 제기되고 있어 주목된다.

참조기사 8호 4면

對 거란, 여진, 일본무역

일본, 향료나 수은
거란·여진, 모피나 말

거란과 여진 그리고 일본과의 무역은 거의 조공무역으로 이루어진다. 특정한 날에 사신이 오가면서 양국의 특산물품이 교류된다. 일본과의 무역은 거란이나 여진에 비해 극히 적은 물량이다. 일본인들은 주로 향료나 수은 등을 가지고 온다.

이에 비해 거란이나 여진은 모피나 은 그리고 좋은 말을 갖고 와서 곡식이나 종이, 문방구 그리고 농기구 등을 가지고 간다. 그러나 이들의 무역물품은 고려에 있어 커다란 도움은 되지 못하며, 다만 그들이 가지고 오는 말은 군사력 강화라든가 특권층들의 구미에 어울린다는 지적이다.

공음전시제 시행의 의미

수조권 세습으로 문벌 귀족들 경제적 기반 마련

고려 초기의 지배세력은 주로 호족 내지 농민출신의 무공공신(武功功臣)들이 주류를 이루고 있었다. 그러나 광종대의 공신세력 숙청과 과거제 실시는 지배세력 구성에 많은 변화를 가져왔다. 이를 통해 학문을 할 수 있는 가문적 배경이나 경제적 부를 가진 자들이 주로 지배세력으로 진출하게 된 것이다.

이런 추세에 따라 일단 지배세력으로 오른 자들은 자신들의 지위와 경제적 부를 계속 누리려 했고, 이런 과정에서 여러 가지 제도적 장치가 만들어졌다. 가장 대표적인 것이 음서제와 이번에 시행되는 공음전시제의 분급이다.

성종 후기 상례화된 음서제의 가장 큰 특징은 바로 관직을 대대로 세습할 수 있다는 점이다. 한번 5품 이상의 관직에 오르면 그 자손에게 음직을 줄 수 있고, 그 자손이 또 5품 이상에 오르면 다시 음직을 줄 수 있었던 것이다. 그렇게 하여 3대가 5품 이상에 오른 경우도 있었다. 예를 들면 인주 이씨나 해주 최씨 등의 가문이 그러했다.

게다가 이번에 만들어진 공음전시법에 의해 고위관직에 오른 자들은 수조권을 안정적으로 세습할 수 있게 되었다. 원래 이 토지는 경종 원년 개국공신 및 귀순 성주들에게 준 훈전에서 유래한 것이라고 한다. 이로써 문벌귀족들은 자신들의 경제적 기반까지도 확실시할 수 있게 되어 그야말로 우리사회의 지배세력으로서의 토대를 갖추게 된 것이다.

이밖에도 이들의 지위를 공고히 해주는 제도로 가문이나 행동에 하자가 있을 때 승직의 기회에 제한을 가하는 한직제(限職制)와, 왕실이나 세력있는 문벌귀족가문과 중첩된 혼인관계를 맺는 통혼권(通婚圈)이 있다. 이러한 제도들을 통해 귀족들은 하나의 문벌을 이루어 그 세력을 확장해가고 있다. 참조기사 4호 1면

작황에 따라 조세 감면 등 혜택 주기로

문종, 답험손실법 제정 … 작황에 따른 손실 보전 제도적으로 보장

1050년 11월 민생안정에 주력해 온 조정에서는 작황에 따라 조세 감면 등의 혜택을 주기로 했다. 이러한 제도는 사실 성종대에 마련되었지만 제도적으로 시행되기는 어려웠으며, 역대의 왕들도 역시 서리와 홍수 등의 피해를 입은 지역에 대해서 조세 감면 등의 조치를 취한 바 있었으나 한시적인 조치였다. 작황에 대하여 제도적으로 그 내용과 보상 규정이 마련되기는 이번이 처음이다.

시행 규정 내용은 토지 1결의 작황을 10등분으로 나누어 손실된 액수를 정하도록 하여, 피해가 4등분 (40%)에 이르면 조를 면제하고, 6등분(60%)에 이르면 租와 布(베)를 면제하고, 7등분(70%)에 이르면 조, 포, 역(부역)을 모두 면제하도록 하고 있다. 이의 시행을 위하여 구체적인 방법도 밝혔다.

각 고을에서 물, 가뭄, 벌레와 서리 등으로 인한 곡물의 피해가 발생하면 고을의 최고 책임자가 수령에게 보고하고, 수령은 친히 나가 현지조사를 한 뒤 그 결과를 호부에 신고해야 한다. 호부에서는 그 내용을 삼사에 보내 삼사에서 공문을 작성, 그 허위 여부를 재차 검토한 뒤 해당 지역의 안찰사로 하여금 다른 사람을 보내어 자세히 검토하도록 하여 자연재해임이 명백한 지역에 대해 조세 감면의 조치를 취하도록 규정했다.

이러한 조치에 대하여 농민들은 크게 환영하고 있으며, 이를 계기로 농민생활이 다소 안정될 것이라는 전망도 나오고 있다.

문종의 이번 조치는 구분전의 지급, 공음전시의 지급 등과 궤를 같이 하는 것으로서 국가 경제의 안정을 도모하기 위한 조치이다.

對宋 무역 활발

송 상인들 잦은 내왕으로
영빈관, 화선관 등 객관 설치

근래에 송 상인들의 잦은 출입으로 대외무역이 활성화되고 있다. 이러한 현상은 송나라의 사회경제적 안정과 황해 바다에서의 계절풍을 이용한 항해술의 발달, 송나라와의 대외관계 때문으로 보여진다.

고려의 대송무역은 962년(광종13년)부터 조공형식의 사절단 무역으로 전개됐으며, 사무역은 관청에서 허가해주는 형식으로 이루어졌다. 그러나 차츰 송 상인들의 내왕이 잦아지자 우리 고려국 측에서는 외국 상인들의 숙박소 겸 상품거래의 특허장소로서 영빈관, 화선관 등의 객관을 설치하게 되었다. 이러한 배경으로 말미암아 근래에는 송 상인들이 부유층의 소비품인 상아, 공작, 약재 등 진귀한 물품을 가지고 와서 인삼, 광포 등과 교환해가고 있다. 그러나 송나라에서 들어오는 물품이 일부 부유층의 물품으로 일반 서민들의 생활과는 아무런 관련이 없는 것들이어서 그리 크게 우리 고려국의 서민생활에는 변화가 없을 것으로 추측된다.

참조기사 8호 4면

토지 등급에 따라
세율 조정키로

전품 3등법 시행

농민 소득 늘어날 전망

1054년 조정에서는 전품의 등급을 정하고 토지의 등급에 따라 조세도 다르게 책정하기로 하였다. 이에 따라 마련된 규정에 의하면 평지의 경우에는 불역전(不易田 ; 해마다 경작하는 토지)을 상(上田)으로 삼고, 일역전(한 해씩 묵혀 경작하는 토지)을 중(中田)으로 삼으며, 재역전(2년간 묵히고 경작하는 토지)을 하(下田)로 삼는다. 산전의 경우는 이보다 낮은 비율로 책정된다.

이렇게 토지의 등급을 나눈 것은 무엇보다도 토지의 비옥도에 따라 생산량이 다른 탓에 백성들 중에는 많은 피해를 입거나 혹은 반대로 이득을 얻는 경우가 많았기 때문이다. 이번 조치로 산전이나 하전을 경작하는 농민들의 살림이 다소 나아질 것이라는 기대와 아울러, 산전의 개간이 활발해지리라는 예상이 나오고 있다. 한편 서북지역 등 지역에 따라서는 등급 지정에 불만을 품은 사람들의 등급 재조정 요청도 있을 것이어서 당국에서는 대책 마련에 부심하고 있다.

12조창 운영 규정 마련

조세 운반의 통일 기해 국가 재정 안정시키려는 목적

정부는 12조창의 조세 운반선의 수를 결정하고 규정에 따라 시행토록 하였다. 이번 조치는 국가재정의 안정적 확보를 위해 조선 운영의 통일을 기하고자 마련된 것이다. 거란과의 평화적 국면을 맞이해 재정의 확충과 민생의 안정이 최대 현안 문제로 부상되자 이에 따른 대비책의 일환으로 보인다.

석두, 통양, 하양, 영풍, 진성, 부용, 장흥, 해륜, 안흥창은 각각 배 6 척인데 모두 초마선이요, 한척에 1천 섬을 싣게 된다. 그리고 덕흥창은 20척, 흥원창은 21척인데 모두 평저선(밑이 평평한 배)으로 한 척에 2백 섬을 싣는다. 이는 강의 수운과 바다의 수운이 다르기 때문에 배의 규모는 물론 싣는 양을 조정한 것이다.

한편 성종 때 조세 운반선의 서울까지 운반 비용 액수를 정한 바 있는데 이 규정은 계속 준수된다. 이 규정에 의하면 운반비가 가장 비싼 곳은 역시 가장 먼 곳에 위치한 통양창과 석두창으로서 5섬당 운반비가 1섬이다. 가장 싼 곳은 21섬당 운반비가 1섬인 지역으로 조해포, 광통포(공암현), 덕양포, 거안포(김포현) 등이 이에 해당한다.

본래 조세는 각 고을의 부근에 위치한 창고에 운반하였다가 이듬해에 배로 나른다. 서울에서 가까운 곳은 4월까지이며, 먼 곳은 5월까지 운송을 마쳐야 한다. 그러나 바람이 순조롭지 못하여 배의 키잡이 3명이상, 배꾼과 잡인 등이 5명 이상이 배와 함께 침몰하면 조세를 다시 징수하지 않으며, 기한 보다 늦게 출발하고 키잡이 배꾼 1/3까지의 인원이 빠져죽는 경우에는 해당 고을의 관원, 색전(色典 ; 해당사무를 맡은 인원), 키잡이, 배꾼 등이 평균 액수를 배상해야 한다. 그러나 거짓으로 배가 침몰되어 피해가 크다고 보고하고 곡식을 나누는 행위가 있어 이에 대한 대책도 마련해야 한다는 중론이다.

정종, 집권 이후 지속적으로 특사령 내려

계속된 천재지변에 의한 민심불안 해소하기 위해

정종은 집권 이후 민심회복과 정치적 안정을 위해 대사령과 특사령을 지속적으로 실시했다. 즉위 직후 대사령을 실시한 데 이어 1035년과 1036년에는 도형 이하의 죄수를 모두 석방시켰다. 한편 1035년 지진, 홍수 피해가 잇달았을 때는 형부에서 보관중인 사형자 명부를 확인, 참형과 교형에 해당하는 자들을 모두 감형, 섬에 유배토록 지시했다. 이때 혜택을 받은 사형수는 모두 1백16명이다. 또 1038년에도 사형수 1백3명에게 감형조치를 내려 장형으로 다스린 후 유배시켰다.

고려의 형벌 제도

형벌의 명칭
태형(笞刑) 대쪽으로 볼기를 치는 형벌. 10대, 20대, 30대, 40대, 50대
장형(杖刑) 곤장 형. 60대, 70대, 80대, 90대, 100대
도형(徒刑) 징역 형. 1년, 1년 반, 2년, 2년 반, 3년형
유형(流刑) 귀양 형. 2천 리, 2천 5백 리, 3천 리
사형(死刑) 교형(목을 옭아 죽임)과 참형(목을 벰)의 두 가지

형벌에 쓰이는 매의 규격
척장(脊杖) 잔등 치는 매 길이 5척, 끝머리 둘레 7푼, 첫머리 둘레 9푼
둔장(臀杖) 볼기 치는 매 길이 5척, 끝머리 둘레 7푼, 첫머리 둘레 5푼
태장(笞杖) 길이 5척, 끝머리 둘레 5푼, 첫머리 둘레 3푼

형벌의 집행을 금지하는 날
국기(國忌)일 죽은 왕 혹은 죽은 왕비의 제삿날.
십치(十直)일 10가지 일이 상치되는 날.
초하루, 초파일, 14일, 15일, 18일, 23일, 24일, 28일, 29일, 30일.
속절(俗節) 풍속으로 오는 명절 정월초하루, 정월보름, 한식, 삼짇날, 단오, 중구(9월 9일), 동지, 추석, 팔관.
근신하는 날(愼日) 정초의 子일과 午일, 2월 초하룻날

입사법 제정, 가계상속 정비 … 재산상속은 기존대로

외손의 경우에도 가계계승 허용, 양자의 경우도 긍정 검토 중

1046년 입사법이 제정, 발표돼 그간 관습에 주로 의존하던 민간의 가계상속 절차가 법규화됐다. 왕실의 가계계승은 태조의 훈요에 따라 이루어져 오고 있다.

이번 입사법의 특징은 외손의 경우에도 가계계승이 허용된다는 점이다. 양자에게도 계승권을 주는 문제는 현재 조정에서 긍정적으로 검토하고 있다고 한다. 이번 입사법은 가계계승에 관한 것이며 재산 상속과는 무관하다. 재산상속은 관습에 따라 부모 생전 분재(分財)와 자녀 균분상속을 원칙으로 하며 분쟁이 발생할 경우 재판을 받는다. 부모 생전에 부모 뜻에 따라 상속자와 재산을 미리 정해 놓고, 부모 사후에 미처 나누지 못한 재산이 생겼을 경우 자녀가 차별없이 균등 분배하는 기존 관례는 그대로 지켜지게 된다.

입사법상의 가계계승 순위

1 본처 맏아들
2 1의 맏아들
3 1의 동모(同母) 동생(나이순)
4 2의 동모 동생 (나이순)
5 서자
6 외손자

팔관회 행사, '국제 교류의 장'

송·여진·탐라 사신 및 아라비아 상인 등 외국인 다수 참석

1034년 9월 왕위에 오른 정종은 종묘에서 고사 의식(매월 초하루에 종묘에서 시행하는 의식)을 치르고 덕종을 숙릉에 장사지내며, 민심을 안정시키기 위하여 팔관회를 광범위하게 거행하였다.

10월에는 서경에서 2일간 주연을 베풀었으며, 11월의 개경 행사에는 왕이 직접 위봉루에 나가 대사령을 내리고 또한 여러 나라 사신들의 축하를 받았다. 이웃의 송나라는 물론 동·서 여진, 그리고 탐라국 등이 각각 토산물을 바쳐왔다. 첫날에는

관리들을 위하여 주연을 베풀었으며, 둘째날에는 동경과 서경의 지방관, 동북 양계의 병마사, 그리고 4도호부와 8목의 지방관이 표문을 올려 축하하였으며, 다른 나라의 상인들이 이 자리에 참석하여 토산물을 바쳤다.

이에 대하여 정종은 매우 만족한 모습이었다고 측근은 전하고 있으며, '앞으로 팔관회 행사에 외국인의 참여를 환영한다.'고 정종이 말했다고 덧붙여, 외국과의 교류가 보다 본격화될 것임을 예고했다. 따라

서 앞으로 대식국(아라비아) 상인들이 이 행사에 참석함은 물론 대식국과의 교류도 활발해질 전망이다. 나아가 외국상인들의 주요 무역항인 벽란도 항구는 더욱 번영할 것이며, 굳이 우리가 송나라를 통하지 않더라도 이제는 상당히 다양한 물품들을 평상시에도 볼 거라고 생각된다.

본래 팔관회는 현종대에 재개되어 왔으나, 거란의 침입과 더불어 다소 그 행사가 주춤거렸으며, 멀리 다른 나라의 상인이나 사절이 참석하는 행사는 아니었다.

새로 선보인 가무희, 초영 作 '포구악'

관객 호평 … 현재 유행하는 공던져넣기놀이를 극화

1053년 2월 가수이며 무용가인 진경이 지도하는 '도사행가무'가 연등회에서 초연돼 큰 관심을 불러일으켰는데, 1053년 11월의 팔관회에서는 초영(楚英)이 '포구악'을 연출, 참석한 내빈들로부터 호평을 받았다.

가무희는 기존의 악무 형식과는 달리, 무용보다는 노래가 주도적인 역할을 담당하는 종합무대예술이다. 초영이 창작한 '포구악놀이'는 현재 유행하는 공던져넣기놀이를 예술화한 작품으로 경기적 흥미에 예술적 수법을 결합시킨 작품으로 평가된다. 우선 출연 인원을 두 패로 가르고 무대 중앙에 공을 쳐넣는 무대를 아름답게 장식하여 둔다. 경기 전에 경기에 참여하는 인원들의 심리를 노래와 무용 동작으로 보여주고 실제 경기에 들어간다. 공던져넣기에 성공하면 환성, 지화자노래를 부르며 춤을 추게 되고, 실패한 사람들의 얼굴에는 벌로써 먹으로 점을 찍는다.

이름난 효자 문충과 석주

문충 … 매일 출퇴근 길에 어머님께 문안
석주 … 부모 모습 조각상에 날마다 봉양

문충의 어머님에 대한 효도와 석주의 부모님에 대한 효성이 화제가 되고 있다. 문충은 생계는 물론 어머님 봉양을 위해 벼슬살이를 하고 있는데, 하루도 빠짐없이 아침 출근과 저녁 퇴근 때 어머니에게 문안을 드렸다. 그는 어머니가 늙어가는 것을 서러워하며 이런 노래를 지었다. "나무 옹두리를 깎아 자그마한 닭을 만들어 벽상에 꽂아두었더니 그 닭이 울면서 때를 알릴 제 어머니 얼굴은 비로소 늙지 않은 것 같네."

한편 석주의 부모는 그가 어려서 돌아가셨다. 그는 의탁할 곳이 없어 머리를 깎고 중이 됐다. 그는 나무를 깎아 부모의 형상을 만들어 옷을 입혀 모셔두고는 아침 저녁으로 문안하고 봉양하는데 곁에서 지켜본 사람들은 저마다 "마치 석주가 살아있는 부모를 모시는 것 같았다"고 하며 그의 정성과 효성에 혀를 내둘렀다.

퇴직한 고위 관리에게 얼음 지급

문종, 훈작제 등급발표

1036년 6월 정종은 퇴직한 관리들에게 얼음을 지급하라고 지시했다. 따라서 전 문하시중 유방 등 17명이 입추 때까지 매 1일에 1차례씩 얼음을 받게 된다고 관계기관은 밝혔다.

본래 얼음은 태양이 북륙(北陸; 별 이름. 28수의 하나인 虛宿의 별칭)에 있을 때 떠서 빙고에 저장하고, 태양이 서륙에 있을 때 내어쓴다. 그리고 빙고를 열기 전에는 반드시 염소를 잡아 제사를 지낸다. 얼음 사용은 춘분에서 추분까지이다.

문종은 훈작제의 등급을 정하여 발표했다. 이는 모두 왕실과 왕실의 외척 등에게 수여되는 것으로서 매우 명예로운 것으로 알려진다.

훈에는 두 가지가 있는데, 상주국은 정2품으로 했으며, 주국은 종3품으로 했다. 작에는 公, 侯, 伯, 子, 南이 있다.

문종은 1077년 3월에 왕자들의 관작을 조정했는데 조선후 도(燾)와 계림후 희(熙)를 공으로 높이고, 비(俉)를 검교사공 금관후로, 음을 검교사공 변한후로 책봉했다.

"좁은 세계, 살 것은 많다"

사라센 국제무역선 인도, 중국까지 진출

사라센 제국의 국제해상활동이 대단히 활발하다. 특히 국제 무역의 경우 세계의 거의 모든 지역을 망라, 인도양이나 남지나해, 중국까지 이들의 무역선이 오가고 있다.

주요 교역품목은 아프리카의 노예·상아·사금(砂金), 인도나 수마트라의 조미료·진주·보석류·견직물, 중국의 비단·도기·차 등인데, 현재 이태리 반도를 통해 유럽대륙으로 공급되고 있다.

또한 사라센 본토에서는 종이와 유리생산이 활발, 그 품질을 세계적으로 인정받고 있는데, 종이의 경우 바그다드, 이집트에 대규모 생산공장을 가동, 대량공급에 나섰고, 유리는 맑고 얇게 만드는 신기술개발에 성공해 세계를 제패하고 있다.

한편, 현지 지식인들은 사라센의 국제 무역이 중세 유럽대륙의 암흑시대에 활기를 불어넣고는 있지만, 그리스시대 이래 잘 보존돼 오던 고대 지중해 문명을 새로운 문물로 뒤덮어 질식시키고 있다고 염려하는 반응을 보이고 있다.

셀주크 투르크 제국 건설

투르크족의 일파인 셀주크 투르크족이 압바스제국의 분열을 이용해 바그다드에 입성, 압바스 왕조로부터 술탄의 칭호를 얻었다. '분열되어 있는 사라센지역을 통합할 수 있는 강력한 세력'이라는 평을 얻고 있는 셀주크 투르크는 현재 압바스왕조의 지역만이 아니라, 이집트지역에 독립한 파티마왕조와 동로마제국에 대한 공격을 늦추지 않고 있어, 사라센지역에는 거대한 투르크 바람이 한바탕 일어날 것으로 보인다.

본래 투르크족은 유목민족으로 아프카니스탄과 인더스강 하류 하라파에 가즈니왕조를 세워 세력을 결집했으나, 점차 사라센의 이슬람문화에 동화되어갔다. 이들은 근거지를 중앙아시아로 옮겨 세력을 규합, 11세기에 압바스왕조의 혼란을 틈타 압바스왕조의 수도인 바드다드에 입성하였다. 당시 압바스 왕조는 바그다드지역만을 통치하는 미력한 세력이었으며, 바그다드 역시 종교적 명맥의 도읍지일 뿐이었다. 현재 셀주크 투르크는 정복지역의 무사들에게 토지를 제공, 강력한 전사결집체를 형성해 정복전쟁을 계속하고 있다.

봉건사회의 유럽을 가다 2

농노로서의 생활

장원에서 농사일을 하는 농민들을 농노라고 부른다. 글자 그대로 농민과 노예를 합성한 말이다. 최근 롬바르드 평원 남부에 위치한 한 장원을 찾아갔을 때 "이곳 생활이 힘들죠?"하고 물었더니 필자를 이상한 눈초리로 쳐다보면서 "여기 보다 편하고 안전한 데가 어디 있소?"하고 반문하는 것이었다. 그들은 자진해서 이곳 장원에 들어왔다는 것이다.

그러나 농노의 생활은 비참하기 짝이 없다. 농사지어 자기 먹을 것과 옷은 챙기지만 나머지는 대부분 영주에게 바쳐야 한다. 더구나 영주가 지정해준 경작지를 마음대로 벗어날 수 없다. 또 영주가 직접 경작하는 직영지에 가서 일을 해줘야 한다. 따라서 이들의 1년 농사는 눈코뜰새 없이 바쁘다. 결혼도 영주의 허락이 있어야 한다. 더구나 영주에게 초야권이라는 게 있어 결혼 첫날밤은 신부가 영주와 자야 한다. 살림집은 영주 거주지와 구분돼서 농지 귀퉁이에 누추한 흙벽돌로 지어져 있었다. 집을 둘러본 뒤 나오며 시험삼아 "재산을 좀 챙겨놨다가 도망가지 그러냐"고 부추겨봤더니 "방앗간이 하나밖에 없고 엄격히 관리돼 수확물을 빼돌리는 것은 원천적으로 불가능하다"고 했다.

역사신문

고려, '안정과 번영의 시대' 맞이하다

국가제도 정비작업 거의 마무리, 사회 전분야 '눈부신 발전' 거듭

국제 정세도 평화지속 … 인주 이씨 막강한 왕실 외척으로 등장, 정가 '우려의 목소리'

우리나라는 지금 대외적으로 동아시아 평화체제가 정착되고 내적으로는 제반 문물제도가 완비되는 등 건국 이래 최대의 치세를 떨치면서 사회안정을 구가하고 있다. 또한 불교 및 유학 등 학문과 미술, 공예에까지 문화전반에 걸쳐 눈부신 발전을 하고 있다.

문종은 즉위 이후 집권체제를 강화하기 위한 관제개편을 단행한데 이어 이에 맞춰 녹과전을 제정했으며, 전시과를 개정하는 한편 양계지방의 방어사와 진장 수를 늘리고 그밖의 지방에서도 지방관을 늘려 중앙집권체제 정비를 거의 마무리했다. 아울러 지방 향리의 자제들을 인질로 서울에 머물게 하여 해당 지역의 통치에 자문토록 함으로써 중앙의 집권력을 한층 강화시켰다. 뿐만 아니라 공음전시법과 답험손실법 등을 마련했고 삼원신수법, 국자감제생 고교법 등도 제정했다.

삼원신수법은 죄인의 신문에 3인 이상의 형관이 입회하게 한 것으로 공정한 수사와 인권보호에 획기적인 기여를 할 것으로 기대되고 있으며, 국자감 고교법은 생도의 수학 연한에 제한을 가해 자질 부족자를 퇴학시키는 제도로 국자감의 학문 수준 향상에 큰 영향을 미칠 것으로 보인다.

한편 문종은 지난 1052년 인주(인천) 이씨 이자연의 세 딸을 한꺼번에 왕비로 맞아들여 정가에 충격을 주고 있다. 인예태후, 인경현비, 인절현비가 그들인데 어차피 차기 국왕은 이들이 낳은 아들 중에서 나올 것이므로 인주 이씨 가문이 외척으로서 지위가 확고해질 것으로 관측되고 있다.

점차 정가 실세로 떠오르고 있는 이자연 가문은 과거 왕규나 김치양과 같은 외척과는 달리, 상당한 실력을 갖추고 있는 것으로 알려져 있다. 이자연의 아들이 금산사의 혜덕왕사로 있고 손자가 현화사에 있는 등 사원과 밀접한 관계를 맺고 있으며 그의 일가는 이미 조정 곳곳의 고위직에 포진하고 있다. 최근에는 지위를 이용, 토지재산도 엄청나게 불리고 있는 것으로 알려졌다.

현재까지는 이자연 가문이 국정에 심각한 영향을 끼치는 징후는 별로 보이지 않는다. 그러나 "이들 문벌귀족들이 지금은 발언을 별로 하지 않지만, 정가에 가장 힘있는 세력으로 자리잡은 것만은 사실"이라는 말처럼 이들의 향후 행보에 정가의 관심이 집중돼 있는 상태다.
관련기사 2면

관련기사 2면

송과 국교 재개

국교 단절 84년 만에

1078년 6월 문종 32년 송나라 사신 안도와 진목이 송 신종의 국교재개 국서를 지니고 고려를 방문, 송과의 국교가 정식으로 재개됐다. 이는 지난 994년 거란 침입 때 우리측의 원군 요청을 송이 거절한 것을 계기로 양국간 국교가 단절된 이래 무려 84년 만의 일이다.

이번의 양국간 국교재개는 외교가에서 '문병외교'라고 이름 붙일 만큼 우리 문종의 병에 대한 송 황제 신종의 각별한 걱정과 배려가 촉매 역할을 한 것으로 알려지고 있다. 송과 우리는 이미 지난 1070년과 1071년에 사신을 교환하며 국교재개 의사를 서로 타진한 바 있는데, 이때 문종의 풍비증 병세를 알게 된 송 신종은 의사 왕유와 사신을 보내어 문종의 치료를 돕도록 조치했다. 이후 다시 명의 마안세와 수백 가지 약재를 계속 보내와 양국간의 우의와 신뢰는 더욱 두터워졌다.

일부 외교소식통들은 이번 송과의 국교재개는 양국간의 오랜 관계를 보면 극히 자연스러운 일이지만 현재의 정세에 비추어 볼 때 거란을 자극할 수 있다는 지적도 하고 있다. **참조기사 5호 1면**

전시과, 다시 개정

관직 늘어나 지급 결수 줄어, 무관 등급 상향조정

"기존 문제점 완전히 보완, 더 이상의 개정은 없다"

1076년 문종은 지난 1034년에 개정된 바 있는 개정전시과를 30년 만에 다시 개정한다고 발표했다. 이번에 개정된 전시과의 내용을 보면 이전의 18과 등급은 변함이 없지만 지급 결수가 전반적으로 줄었고 각 과에 해당하는 관직의 이동도 눈에 띈다. 특히 무관의 등급은 전반적으로 대폭 상향조정됐다. 지난 개정전시과의 경우, 무반 최고위 직인 상장군이 5과였는데 반해 이번에는 3과로 올라갔고, 최하위 18과에 속했던 보군은 16과로 올라갔다.

한편 이전에는 전시과 지급대상이던 산직자(散職者:직위는 있으나 업무는 없는 관직)가 이번 전시과 지급대상에선 제외됐고, 기존에는 한외과(限外科)를 두어 18과에 명기되지 않은 관직도 배려했으나 이번에는 이를 모두 18과 안으로 포함시키고 한외과는 폐지했다.

이번 개정안의 배경에 대해 한 관리는 "지급 결수가 줄어든 것은 대상 관직이 그만큼 늘었기 때문이다. 연구과정에서 관료들의 불만사항을 충분히 수렴하려 했고, 그 결과가 무반등급의 상향조정과 한외과의 전시과 내 포괄로 나타났다. 산직자를 제외한 것은 지난번에 별도로 제정한 공음전시과에 그들이 모두 대상자로 포괄됐기 때문이다. 이로써 전시과제도는 더 이상의 개정이 불필요할 만큼 완비됐다는 것"이 그의 설명이다. **관련기사 2면**

참조기사 4호 1면 · 5호 1면

녹봉제 정비

현직관리, 등급에 따라 지급

1076년 문종은 녹봉제를 정비하여 발표했다. 앞으로 관리들은 1년에 두 번씩 정월과 7월에 규정된 녹봉을 받게 되는데 녹봉을 받으려면 관리들은 관직의 표시로 받은 녹패를 가지고 개경의 좌창으로 가면 된다.

이번 녹봉제는 기존 토지분급과 별도로 관리들에게 등급에 따라 녹봉을 지급토록 한 것으로 그간 관행적으로 이루어진 녹봉제도가 법제적으로 완비됨으로써 녹봉지급에 객관성을 유지할 수 있을 것으로 예상된다.

또한 새로이 정비된 녹봉제에는 일반 관리만이 아니라 하급관리들, 서리, 수공업자 등에 이르기까지 국가에 대해 일정한 복무가 있는 자라면 모두 녹봉을 지급하여 생활을 보장하고 있다. 녹봉은 현직관리들에게만 지급되며 퇴직하거나 명예직의 사람에게는 지급되지 않는다. **관련기사 2면**

개경 중심 사학 크게 발전

귀족 자제 대거 관직 진출 … 관학 진흥 필요성 제기

현재 개경을 중심으로 12개의 사학이 성황을 이루고 있다. 현재 12사학 가운데 최고로 평가받는 최충의 문헌공도의 경우 학도들의 상당수가 과거에 급제한 것으로 알려져 그 명성이 높다. 이들 사학집단의 대표자들은 모두 학문적으로 일정한 경지에 이른 사람들이며, 일부는 과거시험 주관자인 지공거를 지내기도 했던 인물들이다.

기존의 음서제와 함께 이들 사학의 발달로 귀족들의 관직 진출이 크게 증가, 고려의 귀족사회화 경향이 뚜렷해질 전망이다.

일반적으로 사학발달은 '관학의 부진'에서 비롯된 것으로 평가하고 있는데, 그동안 거란 침입 등으로 관학 진흥에 대한 정부 차원의 관심이 소홀해 왔던 것은 사실이다. 한편 일부에서는 고위직을 차지하면서 공음전과 음서의 혜택을 누리는 일부 관리들이 자신의 세력을 집안 차원으로 확대하려는 의도에서 사학을 일으킨 것이 아닌가 하는 추측들을 하고 있다.

개경의 12사학

문헌공도	최충
정경공도	왕영
홍문공도	정배걸
충평공도	유감
광헌공도	노단
정헌공도	문정
남산도	김상빈
서시랑도	서석
문충공도	은정
양신공도	김의진
서원도	김무체
구산도	(미상)

역사신문

문물제도 완비, 민생안정 기대

장차 외척문벌들의 발호를 경계해야

올해는 태조가 통일전쟁의 먼지를 털며 나라를 세운 지 150주년이 되는 해이다. 그동안 고려는 대내외적으로 수많은 난관과 위기를 겪으면서도 이를 극복하고 오늘날의 안정을 이루었다.

안으로 각지의 호족세력들을 통합하여 국왕을 중심으로 하는 집권적인 정치체제를 수립하였고 유교사상을 통치의 기본이념으로 삼아 제반 문물제도를 정비해왔다. 또 밖으로는 거란의 침입을 당하여 개경이 불타는 참상을 겪기도 했지만, 강감찬을 위시한 우리 민과 군이 일치단결하여 이를 격퇴하였으며, 최근에는 송나라와도 국교를 재개하여 동아시아에 고려·송·요의 삼국정립체제를 이룩하였다. 이를 바탕으로 중국과의 문물교류가 활발해졌고 제반 문물제도가 완비되었을 뿐만 아니라 학문과 예술도 크게 일어나고 있다. 바야흐로 태평성대라고 해야 할 것인 바, 이는 백성들과 관리 모두가 합심협력하여 이룩한 결과라고 할 수 있을 것이다.

특히 문·무반의 차별이 없도록 전시과를 개정하고 녹봉의 액수와 지급절차 등을 상세하게 마련하여 비리의 소지를 없애고 객관성을 확보함으로써 관료사회가 활기를 찾게 되었다. 또 전품삼등법과 답험손실법이 제정되어 백성들은 지세 부담이 공평해지고 흉년의 재해로부터 보호받을 수 있게 되었는 바, 민생안정의 바탕을 이루었다.

이밖에 최충을 비롯한 석학들이 사학을 일으켜 유학을 크게 진흥시킨 것도 매우 반가운 일이다. 성종이 나라 경영에 유교이념을 강조하고 국자감을 세워 유학교육을 진작시킨 이후, 각 지방에까지 유교교육이 확산되었고 이제 개별 학자들이 스스로 문벌 자제들을 모아 유학을 교육시키고 있는 것이다. 이에 대해서는 관료들이 문벌을 중심으로 벌족화하려는 경향이라는 비판이 있지만, 그 시비는 별도로 하더라도 그만큼 유교이념의 저변이 확대된 것만은 발전적인 일로 생각된다. 우리 사회가 이처럼 정치·경제·사회·문화 각 방면에 걸쳐 건국 이래 최대의 안정과 발전을 이룩한 데 대해 기뻐해마지 않는다.

그런데 이런 치세 가운데서도 한 가지 걱정되는 것은, 최근 고위관리들이 문벌화하는 경향을 보이는가 하면 그 가운데서도 특정 가문은 왕실과 겹치는 혼인관계를 맺고 있어 장차 이들에 의해 권력이 독점되지 않을까 하는 것이다. 우리 사회가 국왕을 중심으로 하는 정치체제를 근간으로 하여 오늘날과 같은 안정과 번영을 이룩한 점을 상기할 때 이런 징후는 대단히 염려되는 사안이 아닐 수 없다. 이에 대해 모두가 경계하는 자세를 늦추지 말아야 할 것이다.

그림마당
이은홍

오실 땐 도련님…… 나가실 땐 대감마님!

해설 인주 이씨 가문의 급부상

국왕이 왕실세력 조성 위해 적극 배려

정계, 종교계 등 세력 광범 … 정가, 태풍의 눈으로 등장

이번에 인주 이씨 가문이 정치의 전면에 나서게 된 배경에는 왕실의 복잡한 이해관계가 얽혀 있다. 사실 이자연이 이번에 득세하게 된 내력은 그의 조부 이허겸 때로 거슬러 올라간다. 이허겸은 당시 왕실 외척 김은부 가문과의 혼인관계를 통해 왕실과 인척관계를 맺어 정가에 등장했다. 이는 당시 국왕 현종의 적극적 배려 하에 이루어진 것이었다.

현종은 왕권의 약화로 인한 수모를 누구보다도 적나라하게 겪은 것으로 알려져 있다. 현종이 지방에 순시차 들렀을 때, 일개 지방관들조차 국왕 알기를 우습게 여기는 수모를 수차 당했던 것은 널리 알려진 일이다. 이는 현종의 출생 배경이 어머니는 경종비 헌정왕후지만 아버지는 경종이 아니라는 설 때문이기도 하겠으나, 사실 근본 원인은 태조 이래 왕실이 각지 호족들과 확실한 주종관계를 정립하지 못한 데 있다는 것이 중론이다. 따라서 현종은 자신에게 충성할 왕실세력을 키우고자 하였고 이것이 오늘날과 같은 외척세력 성장의 직접적 계기가 된 것이다.

외척세력이라고 하면 태조 때 왕규, 목종 때 김치양 등이 있었지만 그들은 대개 한번 정변을 일으키고는 정치 무대에서 사라졌다. 그러나 이번 인주(경원) 이씨는 그들보다 훨씬 탄탄한 기반을 가진 것으로 분석되고 있어 장기간 정치세력으로 연명할 수 있을 것으로 보인다.

이미 인주 이씨 가문의 인사들이 정계는 물론 불교계에까지 널리 포진하고 있는 것으로 볼 때도 그렇다. 그러나 그들 가문 중 한 사람인 이아무개는 "우리를 한 정파로 보지 말아달라. 우리는 출세할 때는 가문의 힘을 빌어 나오지만, 일단 입지를 확보한 뒤에는 부계(父系)에만 얽매이지 않는다. 각자 나름의 정파를 형성한다"고 말한다.

이들은 현재는 정치적 발언을 자제하고 있지만 이들이 앞으로 정가에 미칠 영향력은 결코 작지 않을 것이다.

녹봉, 누가 얼마나 받나?

공 4백60석 받아 최고 … 중서령, 문하시중은 4백석

전시과제도 개정과 함께 녹봉제도가 정비됨에 따라 국가 관료체제의 경제적 토대가 정립됐다는 일반의 평가가 내려지고 있다.

문종은 좌창에 조세로 들어오는 쌀, 조, 보리 총액 13만 9천7백36섬 13말을 등급에 따라 1년에 두 번으로 나누어 주도록 했다. 중앙에서는 비주(왕의 처, 첩, 딸 등), 종실(왕의 친족), 백관 등이 받게 되며, 지방에서는 삼경과 주부군현의 관원들이 녹을 받게 된다. 이러한 조치에 대해 왕실은 '관리들이 부정한 일을 하는 것을 부끄럽게 생각하는 기풍을 세우는 것'이 이 제도 시행의 목적이라고 밝혔다. 해당 관리들도 "생활안정에 많이 보탬이 될 것 같다"며 반기는 분위기다.

또한 새로이 정비된 녹봉제에는 일반 관리만이 아니라 잡직(하급관직들), 서사(서리), 공장(수공업자) 등에 이르기까지 국가에 일정한 복무가 있는 자리면 모두 녹봉을 지급하여 생활을 보장하도록 했다. 각 아문에 소속되어 있는 공장의 경우 3백 일 이상 출역한 사람에게는 최고 쌀 20석에서 벼 7석까지 지급받게 된다.

녹봉은 관리들의 경우는 현직관리들에게만 지급되며 퇴직자, 명예직에게는 지급되지 않는다. 지급 양을 보면 다음과 같다.

제원주 2백33석 5두
귀비, 숙비, 제음주 2백 석
공 4백60석 10두
후 4백 석
상서령 3백50석
중서령, 문하시중 4백 석
중서시랑, 문하시랑 3백66석 10두
지서경류수 2백70석
동경류수사 2백23석

인터뷰 전시과 개정 실무책임 상서이부 상서 김환

"전시과 줄지 않아 … 달리 받는 것도 합산해봐야"

- 이번 재개정에서 지급결수가 대폭 삭감됐는데.

전시과만 들어서 불만을 표시하는 자는 솔직히 비양심적이라고 본다. 자신이 받는 공음전시 등 다른 토지와 합산해서 생각해야 한다. 이전에는 공음전을 공신에게만 지급했지만 문종계에서는 공음전시, 한인전, 구분전 등을 마련해서 관직자 및 그 자제들에게 일괄적으로 토지가 지급되도록 조치한 바 있다. 따라서 합산한다면 총결수는 줄지 않았을 것이다. 오히려 공음전 등은 상속이 가능하기 때문에 더 좋아진 측면도 있다.

- 무관직 등급 상승은 환영을 받고 있지만 산직자를 제외한 이유는.

산직자 역시 공음전시과에서 대부분 포괄되고 있다. 그래도 누락되는 자들을 위해 무산계 전시과를 별도로 설치했다. 무산계(武散階)라고 이름은 붙여졌지만 무관 산직자만 대상은 아니고 퇴역군인, 지방향리, 탐라 왕족, 여진 추장, 공장(工匠), 악인(樂人) 등이 모두 대상이 된다.

- 이렇게 나가다가 혹시 토지가 모자라게 되지는 않을른지 모르겠다.

조정에서 토지를 분급할 때 실제 토지를 주는 것이 아니다. 국가에서 관리에게 분급하는 것은 실제 토지가 아니라, 백성들이 국가에 납부해야 할 세를 받아가질 권리, 즉 수조권을 주는 것이다. 따라서 토지가 모자라는 일은 없고 다만 국고 수입이 다소 감소할 것이다.

- 앞으로 또 개정될 전망인가.

이번 재개정 작업은 장기간에 걸쳐 충분히 연구한 결과이다. 더 이상의 개정이 필요없을 것으로 자신한다.

나라에서 땅을 지급한다?

전시과제도에 따르면 땅을 가진 사람은 나라에 세금으로 조(租)를 내야 한다. 나라에서 조를 걷는 권리를 수조권(收租權)이라 하는데 나라는 직역의 대가로 관리에게 이 수조권을 부여한다. 관리는 수조권을 부여받아 해당 토지에서 조를 거두어 갖는다.

그러나 전시과체제 하에서 비록 관리들에게 수조권이 주어졌다 하더라도 그것은 직역의 대가이기 때문에, 그가 관직에서 물러나면 국가에 반납하는 것이 원칙이다. 따라서 국가에서 관리들에게 분급해준 토지는 국가나 왕실의 토지를 떼어내 해당 관리에게 지급한 것이 아니라, 해당 관리들에게 국가에서 가진 수조권을 지급한 것이며, 이것은 일반적으로 1대에 한하는 것으로 해당 관리가 관직에서 물러나면 국가에 반납하는 것이 원칙이다.

흥왕사 낙성식 성대히 거행

경주 황룡사에 필적 … 초대 주지로 의천 거론돼

무기 제조용 공납 철을 공사에 사용하는 등 건립과정부터 많은 화제

1067년 문종 21년 1월 전국에서 수많은 승려들이 몰려와 대성황을 이룬 가운데 흥왕사 낙성식이 거행됐다. 이날 문종은 직접 재를 거행했다. 흥왕사는 개경 근방에 위치한 절로서는 우리나라에서 최대 규모로 경주 황룡사에 필적할 거대 사찰이다.

지난 1056년 2월부터 짓기 시작, 12년 만에 낙성된 흥왕사는 군사무기 제조용 공납철을 사찰의 공사에 충당케 해 많은 비난을 받기도 했으며, 1062년

8월 문종이 완성되어가는 절을 찾은 기념으로 대사면령을 내리는 등 건립 과정에서부터 많은 화제를 불러일으켜 왔다.

흥왕사 창설을 기념하여 5일 동안 연등대회가 곧 열리게 되는데, 이 대회에는 정부의 모든 관리들이 참석할 것으로 알려졌다.

또한 "안서(해주)도호부, 개성부, 광주, 수주(수원), 양주, 동주(철원) 등 5개주와 강화·장단 두 현에 명령, 대궐

에서 흥왕사문 앞까지 5색 비단을 감은 시렁대를 잇대이게 할 것"이라 하여 이 행사가 고려 개국 이래 최대의 불교행사가 될 것임을 예고하고 있다.

흥왕사는 왕실 주도 하에 건립되었기 때문에 앞으로 왕실의 중심 사찰이 될 것이라는 의견이 지배적이며 관심을 모으고 있는 초대 주지로는 문종의 아들인 대각국사 의천으로 이미 내정됐다는 소문이다.

서북지역 등에 양전(量田) 실시

생산량 변동 심해, 토지 등급·세액 재조정

1059년 양주 관내의 현주와 서북면의 안북도호부 지역 그리고 귀주(구성), 태주(태천), 영주(의주), 위주(위원) 등 일부 지역에 대해 양전을 실시했다. 이들 지역은 토지를 측량한 지 오래된 지역으로서 비옥도와 척박함이 많이 달라진 까닭으로 양전을 실시한다고 정부 관계자는 밝혔다.

특히 서북지역의 경우 지난 거란과의 전쟁으로 극심한 피해를 보았던 지역으로 이제는 생산력이 어느 정도 회복되어 생산이 늘고 있는 지역이다.

현주지역은 고을이 설치된 지 1백5년이나 됐고 그 동안 수재와 한재를 겪은 탓에 상당히 고통을 받았던 지역으로, 호부에서 실상을 파악하여 토지의 등급과 세액을 재조정할 예정이다. 서북지역은 병마사의 요청에 의해 양전을 실시하는 지역으로, 이곳은 바닷가 가까운 저지대인데다 모두 강을 끼고 있어 이전에 비해 생산량의 증가가 있었다. 농사기술이 발달하여 생산량이 증가함은 물론 토지도 상당히 비옥해졌다는 것이다.

'토지측량용 자'의 수치 확정

측량 결과 놓고 다투는 민원 줄어들 듯

1069년 문종 23년 토지를 재는 자의 수치가 확정, 발표됐다. 그동안 자가 통일되지 못하여 불만이 많았으며, 이로 인한 민원이 제기되기도 했다.

일부 지역에서는 세액을 정하는 관리가 이를 속여서 부당이득을 취하는 일이 빈번해 국가의 입장에서는 재정약화 그리고 농민의 입장에서는 과중한 조세부담이라는 피해를 입어왔던 것이 사실이다.

토지측량을 위한 자의 수치 일원화는 앞으로 토지측량과 세액의 결정을 둘러싼 민원의 소지를 줄인다는 의미에서 적절한 조치로 이해되며, 앞으로의 토지측량에서는 이번에 제정된 규칙이 적용돼, 토지의 결수에 불만 있는 사람들의 경우는 재측량이 이루어진다.

한편 토지측량에 따른 수치가 정해짐에 따라 토지세금의 액수도 다르게 조정됐다. 그동안 토지세금은 성종대에 제정된 규정에 의거하여 징수됐으나,

시간이 흘렀고 농촌의 상황도 달라졌기 때문에 다시 조정한다고 밝혔다.

10부에 쌀 7홉(合) 5작(勺)을 내고 1결에는 쌀 7승(升) 5홉, 그리고 10결에는 쌀 1섬을 내게 된다.

조정된 농지 규격

1결	사방 33보
2결	사방 47보
3결	사방 57보 3푼
4결	사방 66보
5결	사방 73보 8푼
6결	사방 80보 8푼
7결	사방 87보 4푼
8결	사방 90보 7푼
9결	사방 99보
10결	사방 1백4보 3푼

* 1보 6척, 1척 10푼, 1푼 6촌

동쪽 변방 여진 정벌

1080년 12월 문정 등이 이끄는 보병과 기병들은 여진을 격파하여 큰 승리를 거두었다. 여진족들은 그 동안 수차례에 걸쳐 동쪽 변방지역을 습격, 민간인을 죽이고 약탈하며 불을 지르는 등의 많은 피해를 입혀왔다.

이번 작전에는 중서시랑 평장사 문정이 판행영 병마사로, 동지 중추원사 최석과 병부상서 염한이 병마사로, 좌승선 이의가 병마부사로 각각 임명되어 참여하였으며 전투에서 적 431명을 살상 및 포로로 붙잡았다. 이 전과에 대하여 왕은 매우 흡족해하고 있으며, 즉시 이들에게 전문을 보내 노고를 치하했다.

송 황제, 의관 파견

문종의 풍비병 치료 위해

1079년 7월 문종 33년 송의 황제는 우리나라에 사신과 의관을 파견하여 문종왕의 치료를 돕도록 했다. 현재 왕은 나이 많고 기력이 약하여 심한 '풍비증(風痺症)'에 걸렸으며, 현재 우리의 의료시설과 기술로는 치료가 불가능한 것으로 알려졌다. 따라서 이번의 의원 내왕은 문종의 요청에 의한 것이며, 한림통사사인 왕순봉과 한림의관 형조 등 88명이 고려에 왔다.

의관 형조는 "일백여 가지의 약품을 가져왔다"고 말하고 문제는 왕의 기력 여하에 달렸다고 그의 의술에 자신감을 피력했다. 한편 이들이 가지고 온 약재는 송나라의 각지에서 생산되는 희귀한 약재를 총망라하고 있는 것으로 알려졌으며, 이와 더불어 우황(牛黃) 50량중, 용뇌(龍腦) 80량중, 주사(朱砂) 3백 량중, 사향(麝香) 50제(臍)도 가지고 왔다. 의관을 수행한 한 사람은 복약용으로 쓸 행인지 열 병도 가지고 왔다고 말했다.

◆ 고려 만화경 3

독자 투고
사원 건축 문제 있다

"거리가 메워지도록 사원을 많이 세우더라도 나라의 위태한 환난을 구출하지 못하다니 중들이 길에 가득찬들 어찌 국가를 보위하는 군사에 도움을 주겠는가" 하는 글귀가 당나라의 역사책에 적혀 있다.

우리나라는 불교국가임에 틀림없다. 태조의 건국 이후 줄곧 불교 숭상정책이 실시되어왔으며, 광종은 왕사·국사제도와 승과제도를 실시했다. 그리고 현재 팔관회와 연등회가 해마다 실시되고 있다.

그런데 국가의 불교정책을 보면 많은 문제점이 있다. 특히 문제가 되는 것은 계속된 사원 건축이다. 사원 건축을 위해 많은 백성들이 부역으로 동원되어 땀을 흘리고 있는 점은 많은 사람들이 우려하는 문제이며, 특히 이번 흥왕사 건축을 위해서는 공납 철의 양을 늘리려고까지 했다는 점은 도저히 납득하기 어려운 처사였다. 흥왕사 건축을 위한 공납 철 확대 징수조치는 결국 군사무기 제조용 철을 조정이 나서서 사원 건축에 전용하는 처사라는 비판이 거세 결국 없었던 일로 되기는 했지만, 어째서 자꾸 이렇게 무리한 발상을 하는지 도저히 이해할 수 없다. 왕실과 불교계에서는 사원 건축을 모든 백성들이 당연히 좋아하고 있는 것으로 알고 있는 모양이다.

계속된 사원 건축만이 능사는 아니다. 불교를 믿는 것은 신앙인으로 바람직한 일이지만, 국가가 나서서 벌이는 종교적 사업들이 백성에게 도리어 부담이 된다면 위정자의 입장에서는 재고해봐야 할 문제일 것이다.

개성에 사는 박시진

술술술

우리 사회에서 차츰 술이 기호품으로 되어가고 있다. 예로부터 술은 그것을 빚었던 지역의 고유한 풍토나 산물, 독특한 생활양식의 소산이다. 따라서 술의 역사는 그 사회의 식생활의 역사라고 하여도 과언이 아니다.

우리나라에서는 예로부터 북쪽 추운 지방에서 소주(燒酒)류의 화주(火酒)를 많이 마시고 남쪽에서는 막걸리가 더 애용되었다. 요즘에 들어서 술의 종류도 다양해지고 있는데 계급이나 용도에 따라서 달리 쓰이고 있다. 그 예로서 궁중의 연회나 연등행사에서는 화주를 주로 사용하였고, 왕이 하사하는 술도 또한 화주이다.

상류층 학자들도 술을 좋아하는데 이들은 황금술, 잣술, 솔술, 댓잎술 등 다양한 술을 마신다. 일반 서민들은 맵쌀에 누룩을 넣어 술을 빚어 먹고 있는데, 이렇게 만들어진 술은 색깔이 짙어 '탁주'라 한다. 또한 '탁주'를 질항아리에 보관하였다가 나중에 걸러서 매우 맑은 술로 만들기도 하는데 이것을 '청주'라 한다.

돈돈돈

사개치부법(四介治簿法)

개성 상인들의 비밀장부 기입법
주고받는 사람과 물건 꼼꼼히 기록

최근 상업이 활성화되면서 개성상인들이 비밀로 전수하면서 쉽사리 공개하지 않으려 하는 장부가 있다고 해서 세간에 화제가 되고 있다.

특히 송이나 왜, 아라비아 등지와의 교역이 활발해지고 아울러 국내 상업활동도 상승세를 타면서 개성상인들 사이에는 거래를 기록하는 것이 상례로 정착해가고 있다. 이 문서를 보통 사개다리치부, 사개다리문서, 또는 사개문서라고도 하나 주로 개성상인들이 사용한다고 해서 사개송도치부 또는 개성부기라고 부르고 있다.

이 장부의 가장 큰 특징은 사개(四介)에 있다고 한다. '사개'는 원래 건축에서 쓰이는 말로 '네 모퉁이가 서로 물려서 밀접하게 관련되어 있는 상태'를 뜻한다고 한다. 사개치부법에서는 이 사개가 주는 사람, 받는 사람, 주어지는 것, 받아지는 것의 네 가지를 의미하는 것으로 거래기록의 중요 요소를 나타낸다.

장부는 보통 일기와 장책, 각종 보조 장부로 이루어진다. 일기에는 주로 거래상황을 기입하는데, 처음에 간략히 쓰는 초일기와 다시 정리해서 기입하는 정일기로 나뉜다. 장책에는 거래처마다 따로 거래상황을 옮겨 쓰는데, 물건을 주는 사람과의 거래장부는 타급장책이라 하고, 받는 사람과의 거래 장부는 외상장책이라 한다.

모든 거래는 사람과 사람이 주고 받는 것으로 기록하고, 그 사람의 이름이나 상호를 쓰는 것이 보통이지만 경우에 따라서는 사람보다는 거래를 중시하여 질(秩)을 사물 뒤에 붙여 기록한다. 예를 들어 포목질, 이자질, 어음질 등이다.

현금의 경우에는 그것을 맡은 사람이나 보관하는 금고와의 거래로 생각하고 각각 문(文), 금(金) 따위의 문자를 쓰고, 받아들이는 측을 상(上), 내주는 측을 하(下)라 쓴다.

거래장부가 이렇게 꼼꼼하게 기록된다는 것은 그만큼 우리의 상업계가 성장하고 있다는 반증이다. 그런데 들리는 소문에 의하면 이런 유력한 부상들이 대개 문벌귀족이나 왕실의 권력을 배후세력으로 가지고 있다고 한다. 귀족이나 왕실측근들은 상업계에서 나오는 이익을 먼저 차지하려 앞다투어 부상들을 지원하려고 한다는 것이다. 이런 현상에 대해 조정의 한 관리는 상업계를 지원하는 역할을 할 것이라는 의견을 내비치지만, 오히려 상업계의 발목을 붙잡는 장애물이 되지 않을까 염려하는 견해도 있다.

현지 탐방
宋 동방의 거대한 문화국가

우리 일행은 1080년 7월 15일 예성강 입구 벽란나루에서 배를 탔다. 예성강을 빠져나와 강화 앞바다를 지나 24일에야 군산도 아래에 정박했다. 거기서 바람을 기다려 8월 8일 출발, 9일 저녁에는 흑산도를 바라보게 됐다. 22일에는 중국의 수주산이 바라보였고 27일 정오에야 명주에 도착했다. 벽란나루를 떠난지 42일째였다. 배 안의 사람들은 모두 초췌해져 꼴이 말이 아니었다.

명주의 번화함에 우리 일행은 어디에 눈길을 줘야할지 몰랐다. 거리거리에 고려사람 말고도 일본인, 몽고인, 거란인, 안남인 등 외국사람들이 붐볐고 멀리 아라비아에서 온 푸른 눈의 상인들도 심심찮게 보였다. 아라비아상인들은 향료를 가지고 와서 비단과 자기를 사간다고 한다.

상점이 즐비한 거리에는 각종 상품이 형형색색으로 진열되어 있었다. 상점에서는 우리 고려와 다르게 대부분 화폐를 지불하여 물건을 거래하고 있었다.

송나라 물건으로는 역시 도자기를 최고로 쳤다. 북부지방에서는 청자와 흑갈색의 자기가 많이 생산되고 남쪽에서는 경덕진의 백자, 복건의 흑도 등이 유명하다.

시장의 한복판에서는 사람들이 빙둘러 운집한 가운데 무대를 설치하고 갖은 우스개와 요술로 사람들을 즐겁게 해주고 있었다. 이런 재담을 모은 책들도 많이 쏟아져 나오고 있었고 문인들도 서민들의 이런 생활모습과 사랑을 주제로 희곡을 써서 무대에 올린다고 한다. 예술로는 불상조각과 산수화가 널리 알려져 있었다. 산수화는 효과적인 붓놀림과 세밀화법으로 고승이나 동물, 새 등을 그린 그림이 많았는데, 이성과 범관이 요즘음 날리는 화가라고 한다. 우리는 시간에 쫓겨 송나라 농촌을 보지 못하는 아쉬움을 갖고 다시 고려로 향하는 배에 올랐다.

왕안석, 신법 개혁

1069년 문치주의와 사대부 육성정책 때문에 약해진 송의 국방과 경제불안을 치유하기 위해 신종 임금을 보필하는 왕안석이 새로운 정책 개혁안을 제시했다. 이 신법의 궁극적 목적은 농민 생활의 안정과 생산증가, 그리고 국가 재정의 확보를 통한 부국강병책으로 청묘법, 시역법, 균수법, 모역법, 보갑법, 보마법 등 구체적인 시책들이 제시됐다.

그러나 이러한 개혁안은 보수적 유교주의자들 즉, 지주, 대상인, 관료들의 이익과 정면으로 대체되는 것이어서 보수파의 중심인물인 사마광은 반대의 뜻을 밝히고 있다. 따라서 이의 개혁안을 둘러싼 대립이 예견된다.

- **청묘법** 춘궁기에 농민들에게 저리의 자금 대부, 가을에 환수. 고리대금의 피해를 척결하려 함.
- **시역법** 도시의 중소상인 구제
- **균수법** 물가의 지방차를 제거, 물자의 원활한 유통을 가능케 함.
- **모역법** 부역 대신 면역전을 거두어 공역의 고통을 구제하고 지방 재정을 확충함.
- **보갑법** 직업군인제도
- **보마법** 농민들에게 말을 사육시켜 유사시 군마 확보.

봉건사회의 유럽을 가다 3

장원 경영 실태

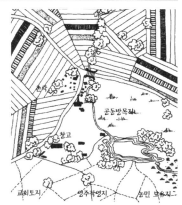

장원은 대개 자급자족적인 하나의 마을을 이루고 있다. 따라서 현재 유럽 각 왕국을 구성하는 최소 생활단위를 장원이라고 봐도 무리가 없다.

기자는 장원 형태를 골고루 갖추고 있는 것으로 알려진 롱강 하류 아비뇽 근교에 있는 레이몽 영주 장원을 방문했다. 장원의 중앙 높은 곳에는 영주 거주지가 위풍 당당하게 서있다. 꽤 넓게 지어져 있는데 외적의 침입이 있을 때는 마을 사람들이 모두 이곳으로 피신한다고 한다. 그리고 큰 건물로는 교회와 장원재판소가 있고 약간 떨어진 곳에 곡식 창고와 방앗간이 있다.

마을 중심부를 빙 둘러 농지가 개간돼 있는데 관리인에 의하면 2천 에이커 정도 된다고 한다. 이 정도면 평균수준이라고 하며 가장 작은 것은 3, 4백 에이커, 큰 것으로는 5천 에이커나 되는 장원도 있다고 한다. 이곳을 경작하는 농노는 현재 25가구라고 해서 "그러면 가구 당 평균 80에이커 정도를 경작하는군요"했더니 실제로는 그렇지 않다고 한다. 요즘은 최근 도입된 3포식 농법을 실시하고 있는데, 농지를 3등분해서 3분의 1은 지력 소모를 막기 위해 매년 돌려가며 휴경지로 놔둔다는 것이다. 또 3분의 1에는 지난 봄에 귀리·보리·콩을 심어 지금 수확하고 있으며, 나머지 3분의 1에는 이번 가을에 밀·보리·호밀을 심을 예정이라고 한다. 이전에는 2포식 농법으로 농사를 지었는데 3포식으로 바꾼 뒤 1년 총수확량이 두 배로 늘었다고 한다. 3포식으로 농사를 짓다보니 한 농노 가구의 경작지도 한 곳에 있지 않고 세 군데로 나뉘어 있게 되고 1년에 55에이커 정도를 경작하게 된다는 것이다. 수확물 중에서 영주에게 바치는 양이 얼마나 되는지 물어봤으나, 얼버무리며 대답하려 하지 않는 것으로 봐서 아마도 영주가 상당 부분을 가져가는 것으로 보였다.

농지 중에는 영주 직영지와 교회 소유지가 따로 있었는데, 이곳은 모두 농노들이 무보수로 경작해주게 돼 있다고 한다. 그리고 농지 바깥으로는 목초지와 임야가 있는데 이곳은 모두 공동으로 사용한다고 한다.

역사신문

숙종, "강력한 왕권 확립하겠다"

"이자의 난은 왕권이 미약한 데에서 발생한 사건"

1095년 10월 자신의 조카를 왕으로 즉위케 하려 했던 이자의의 역모를 적발하고, 헌종의 뒤를 이어 즉위한 숙종은 즉위 초기부터 왕권강화를 위한 조치들을 잇달아 시행, 문벌귀족 중심으로 운영되던 고려의 정국에 지각변동을 일으키고 있다. **관련기사 2면**

숙종은 취임 직후 "이자의의 난은 왕권이 미약한 데서 비롯된 불행한 사건"이라며 왕권강화를 위한 제반 조치를 단행할 의사를 분명히 했으며, 현재 왕국모와 소태보, 윤관 등 자신의 측근세력들과 함께 중추원 개칭, 화폐유통을 통한 유통구조 개선정책, 남경 건설, 별무반 창설 등 일련의 개혁정책을 강력하게 추진하고 있다.

이들 숙종의 정책들은 이전에 막강한 권력을 휘둘러 온 문벌귀족들의 세력 기반을 약화시키고, 왕실의 재정확대, 국방력 강화, 민생안정 도모를 통한 왕권강화에 뚜렷한 목표를 두고 있는 것들이어서 향후 정국은 국왕을 중심으로 재편될 조짐이다.

정가에서는 숙종이 개혁정책을 소신껏 밀어붙일 수 있는 강인한 성격의 소유자라는 점과, 이전의 최대 문벌이었던 인주 이씨와의 단절을 위해 유씨를 왕비로 맞이하는 등 왕권강화를 위한 강한 의지를 천명하고 있다는 점, 또 윤관으로 대표되는 충직한 측근들이 왕의 의지를 뒷받침하고 있다는 점 등을 들어 숙종의 개혁정책은 성공할 가능성이 높다고 보고 있다.

또 신진관료 세력들이 숙종의 개혁정책을 "송의 왕안석 신법에 비견될 만한 조치"라고 환영하며 적극적인 지지의사를 분명히 하고 있어 숙종을 중심으로 한 개혁정국은 상당한 지지기반을 가지고 당분간 지속될 전망이다.

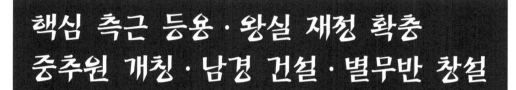

핵심 측근 등용·왕실 재정 확충 중추원 개칭·남경 건설·별무반 창설

과감한 왕권강화책 실시, 문벌세력 약화시켜
"왕안석 신법에 비견될 조치", 신진관료들 환영

숙종 문종의 셋째아들로 선종의 동복 아우. 1054년 7월생. 도량이 크고 기질이 굳세며 과단성 있는 성격이라는 평. 1065년 계밀후에 올랐고, 1077년 공(公)으로 승진. 1086년에는 수태보 벼슬을 받음. 1092년 선종을 따라 서경에 갔을 때, 자색 구름이 장막 위에 오르자 측근들은 그것을 임금이 될 자의 징표라고 했다는 일화가 있음.

중추원, 추밀원으로 개칭

이자의 일파 물갈이 의미
숙종 측근 윤관 등용될 듯

1095년(헌종 즉위년) 10월 왕실은 중추원의 명칭을 추밀원으로 바꾼다고 발표했다. 소식통에 의하면 지난 7월 이자의 일파를 제거하고 중서령(中書令)의 지위에 오른 계림공(숙종, 10월에 즉위)이 이자의가 중추원의 최고직위인 중추원사를 맡고 있었기 때문에 중추원의 물갈이 차원에서 이번 조치를 단행한 것으로 알려지고 있다.

기구의 위상을 바꾸지 않으면서 송의 명칭을 그대로 본떠 중추원을 추밀원으로 개칭한 것은 이 기구의 당초 설립 의도에 맞게 추밀원을 왕권강화에 이바지하게 하려는 숙종의 의도가 담겨 있는 것으로 해석되고 있다. 정가에서는 추밀원의 요직에 계림공의 측근 실력자인 윤관이 등용될 것으로 보고 있다.

중추원은 성종 때 송의 추밀원 제도를 모방, 설치한 것으로 군사기밀·왕명출납·왕실 숙위(宿衛)를 담당했으며 중서문하성과 더불어 양부의 하나를 이루어왔다. 중추원의 고위관리 추밀은 중서문하성의 고위관리 재신보다 품계는 낮지만 재추합의제에 따라 재신 못지 않은 권한을 갖고 있다. 원래부터 중추원은 양부의 상호견제를 통해 문벌귀족 세력을 견제하고 왕권을 강화하기 위해 만들어 놓은 장치인 것이다. **참조기사 5호 3면**

여진 격파, 9성 축조 … 윤관, "영토권 확보 조치할 것" 국왕에 건의

여진 대비한 방어사 파견, 사민정책 등

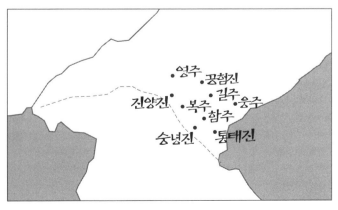

1108년 3월 윤관이 지휘하는 별무반이 동북쪽의 여진족을 크게 격파했다. 조정 대변인은 정부군이 영주성을 포위하고 침략해오는 여진 20여 명의 목을 베고 병기와 병마 여덟 필을 노획했으며, 포로 346명과 말 96필 그리고 소 3백 두를 국왕에게 보내왔다고 밝혔다.

지난 2월 여진을 평정한 것을 기념, 공험진에 비석을 세워 국경선을 삼은 바 있었던 윤관은, 작년 12월에는 왕의 명령에 따라 별무반을 지휘하여 동북 국경에 진출, 웅주·영주·복주·길주에 성을 축성했었다.

이번에 여진을 격파하고 9성을 새로이 구축하고 있는 윤관은 "각 성에 여진을 대비, 방어사를 둘 것과 이들 지역에 사민정책을 실시, 이 지역에 대한 고려의 영토권을 확실히 할 것" 등을 국왕에게 건의한 것으로 알려졌다. **관련기사 3면**

역사신문

숙종의 왕권강화정책을 지지한다

보다 근본적인 민생 안정대책을 세워야

지금 정계에서는 숙종의 즉위에 대해 설왕설래가 없지 않다. 숙종이 즉위하던 해 3, 4월 서리와 우박이 내리는 기상이변이 일어나자, 중서성에서는 이자의 난을 처리하는 과정에서 무고하게 처벌된 사람들의 원한이 천지에 가득차서 일어난 재앙이라고 뒷공론이 분분하다. 이는 숙종이 이자의 일당을 숙청하고 집권했다하더라도 조정에는 아직 숙종에 반대하는 문벌세력이 만만치 않게 존재하고 있음을 말해주는 것인 바, 앞으로 그가 추진하고자 하는 일련의 왕권강화정책에 큰 장애가 되리라 짐작이 되고 남는다. 다시 말해서 앞으로의 정국은 숙종의 왕권강화정책 추진과 문벌귀족들의 이에 대한 반발로 점철되리라는 것이다.

여기서 우리가 주목하는 것은 숙종의 왕권강화정책은 그동안 문벌귀족들의 발호로 약화된 국왕의 권력을 강화하기 위한 것일 뿐만 아니라, 강화된 국가의 공권력을 바탕으로 문벌귀족들의 토지겸병과 부의 독점에 제동을 걸고자 한다는 점이다. 지금 문벌귀족들은 대상인들과 결탁하고 대외무역 등을 통해 막대한 부를 집중하고 있어 국가의 재정 운영 자체가 어려운 지경에 이르고 있다. 또 전국 각처에서는 문벌귀족들의 대토지겸병으로 땅에서 쫓겨난 농민들이 늘어나고 있으며 이들의 유망이 점차 증가하여 심각한 사회불안을 일으키고 있다. 그만큼 관민 상하간에 위기의식이 심화되고 있는 것이다. 숙종의 정책은 국가 차원에서의 이에 대한 대처방안인 것으로, 우리는 이 정책이 문벌귀족들을 견제한다는 점에서 부의 집중현상을 시정하여 민생안정에 기여하는 바가 없지 않다고 여겨 일단 환영하고 지지하는 바이다.

그러나 현재의 민생문제는 그런 정도의 처방으로 해결하기에는 역부족인, 보다 구조적인 성격을 띠고 있다는 점을 지적하지 않을 수 없다. 최근 유민들이 전국적으로 늘어나고 있는 현상은 기술이 발달하여 농업생산량은 늘어나면서도 그 과실은 주로 대토지소유자들이 차지함으로써 이들이 광대한 토지를 겸병하고 가난한 농민들은 오히려 자신의 땅에서 쫓겨나고 있는 데 있다. 이것은 고려의 국가기반을 뿌리에서부터 허무는 일로, 이런 사태가 방치된다면 모순이 격화되어 머지않아 민들의 대대적인 저항이 필연적으로 뒤따를 것이다. 이를 미연에 방지하기 위해서는 우선 농민생활의 안정대책으로 의창과 같은 진대기구의 기능을 적극 활성화시켜야 할 것이다. 뿐만 아니라 날로 커가는 농업발전의 열매를 이들도 차지하여 자신들의 땅을 지킬 수 있도록 별도의 대책을 강구해야 할 것이다.

문벌귀족 세력과의 힘겨루기에서 왕실측 기선제압
국정 파탄 상황, 왕권강화로부터 수습에 나서

이자의 정변과 헌종의 양위, 숙종의 등극으로 이어진 일련의 정국변화 속에서 헌종 이후 정치권력을 장악해온 안산 김씨, 인주(경원) 이씨, 경주 김씨, 해주 최씨, 파평 윤씨 등 대표적인 문벌들이 과연 해체될 것인지가 현재 정가 초미의 관심사가 되고 있다.

이번에 숙종에 의해 제거된 인주 이씨의 실세 이자의는, 헌종이 유약해 그 어머니가 국사를 대신하게 되자 자신의 생질인 한산후 균을 왕으로 옹립코자 했으며 이를 공공연히 공표할 정도로 당당한 위세를 자랑하다가, 정치적 위기의식을 느낀 왕실측의 계림공(숙종)에 의해 결국 제거됐다. 계림공은 이자의 세력제거에 성공한 뒤 조카 헌종으로부터 반강제적으로 왕좌를 이양받아 숙종으로 등극, 현재 일련의 정계개혁에 나서고 있다.

왕실과 문벌귀족간 힘겨루기의 이면에는 사회적 부의 분배를 둘러싼 문벌귀족과 기타 세력들간의 이해관계가 본질적으로 내재해 있다. 그동안 인주 이씨 등 문벌귀족들은 대농장 형태로 토지소유를 확대하고 사적인 대규모 상업활동을 통해 부를 독점해왔고, 이런 상황은 일반 농민들과 중소지주층의 존립을 위협, 자영농민과 관영상업을 국가재정의 주요한 기반으로 삼고 있는 왕권과 필연적으로 충돌할 수밖에 없었다. 또 정치적으로도 문벌귀족에 의한 권력독점은 왕실을 위협해왔을 뿐만 아니라, 신진관료들의 이해와 상충할 수밖에 없었다. 지금 문벌귀족들의 사치와 가렴주구는 극에 달해 사회기강이 해이해졌고, 지방관리들까지 지방민들의 수탈에 열을 올려 백성들의 유민화가 심각한 사회문제로 대두하고 있는 실정이다.

숙종의 정계개혁 노력은 정치경제적 파행현상을 바로잡아야 한다는 여론 속에 진행되고 있는데, 숙종은 왕족과 신진관료들을 기용, 일단 왕권강화에 착수했다. 숙종 집권 후 동생의 의천과 신진관료 출신 윤관이 중용된 것은 그 일례이다. 특히 송나라 유학시절 왕안석의 '신법' 개혁을 직접 체험했던 의천은 왕권강화를 위한 물질적 기반조성에 몰두하고 있으며, 화폐발행정책 등을 추진중이다. 과연 지난 50여 년 동안 우리 사회에 광범하게 뿌리내린 문벌귀족들의 정치판을 뒤엎을 수 있을지 숙종의 향후 행보가 주목되고 있다.

숙종, 측근 등용해 왕권강화책 잇달아 시행

숙종은 그의 즉위에 협조했던 왕국모와 소태보 그리고 새로이 윤관을 중용, 과감한 왕권강화정책을 실시하고 있다. 처음에 윤관이 여진정벌에 실패하여 재신들의 탄핵요구가 있었으나, 끝까지 윤관을 신임하여 정책을 집행했던 데서도 알 수 있듯이 숙종의 개혁은 철저히 자신과 소수 측근들을 중심으로 진행되고 있다.

화폐통용론은 숙종의 동생인 의천에 의해 주도됐다. 의천은 쌀·옷감 같은 현물화폐보다 운반이 편리하고, 현물화폐 사용시의 부정이나 다툼의 여지를 없앨 수 있으며, 녹봉의 일부 전납을 통해 녹비 독촉에 의한 대민수탈을 방지할 수 있고, 미곡이 비축돼 흉년에 대비할 수 있다는 점을 들어 화폐통용론을 주장했다.

이는 유통과정에서 중간층의 이익을 제거해 민생의 안정을 기함은 물론, 국가가 유통구조를 장악, 국가경제를 강화하려는 정치적 의도도 가지고 있다. 따라서 당시 유통구조 안에서 이익을 보았던 문벌들은 격렬하게 반대했다. 최사추와 김상기 등 대표적인 문벌관료들은 전폐의 사용이 기존의 화폐관행 및 수취체계와 부합하지 않는다고 지적했으며, 참지정사인 곽상은 풍속에 합당하지 않다고 비판적인 견해를 제시하기도 했다.

남경건설은 김위제에 의해 거론되어 숙종 6년 본격 착수됐다. 김위제는 음양도참에 입각, "지력이 쇠한 개경을 벗어나 지력이 강한 남경에 순주하면 주변의 여러 나라들이 내조할 것"이라고 주장했다.

이는 숙종 집권과정에서의 불미스러움과 집권 초기에 발생한 기상이변으로 인한 민생불안을 치유하려는 조치로 보인다.

별무반 창설은 윤관에 의하여 시작됐다. 별무반의 구성상 특징으로는 신기군(기병)의 설치인데, 이는 기병의 설치를 통한 군사력강화라는 의미 외에 '말이 있는 집'인 바로 문벌세력을 신기군의 주요 일원으로 포섭하여, 왕 자신이 개혁정국을 계속 주도하려는 의도도 담겨 있는 조치이다.

그림마당
이은홍

숙종은 과연 외척제거에 성공할까? … 숙종 역시 인주 이씨 일가

왕실의 발표에 따르면 이자의는 이자위 등과 결탁하여 자신의 조카인 한산후 균을 왕위에 즉위시키려 했다고 한다. 당시 헌종은 병약하고, 어린 나이에 즉위해 주변에서는 왕위에 대한 모종의 암투가 전개되고 있었으며, 이자의는 중추원사(종 2품)로 여동생인 원신궁주의 아들을 즉위시킴으로써 자신의 입지를 강화시키려 했었다.

숙종은 이자의 난에 관련된 원신궁주 이씨와 그의 아들인 한산후 균을 모두 경원군으로 유배시켰다. 그리고 이자의 난을 '왕실에 대한 위협'이라고 규정하고 앞으로 왕권강화에 주력할 것이라고 밝혔다.

그러나 세간에서는 현재 고려왕실 자체가 워낙 인주 이씨와 혈연으로 얽혀 있어 숙종의 왕권강화 노력이 머지않아 한계에 부딪칠 것이라는 전망들을 하고 있다. 인주 이씨는 문종대 이후 50여 년 동안 왕실과 복잡한 외척관계를 맺어 권력을 독점, 그 위세는 왕실을 능가할 정도이며, 인주 이씨 가문이 곧 고려왕실이라는 등식이 성립될 정도이다.

이허겸의 두 외손녀가 현종의 비가 된 것을 시작으로, 이허겸의 증손녀 세 명은 문종(11대)의 왕비가 됐다. 두세 명의 딸을 동시에 한 왕에게 시집 보낸 것은 혹시나 왕이 본처에 싫증이 나 다른 가문의 딸을 새 왕비로 맞아들일까 우려했기 때문이라고 한다. 한편 이허겸의 자식 이자연의 세 아들은 모두 자신의 딸들을 왕비로 들였다. 순종비 장경궁주, 선종비 원신궁주, 선종비 사숙태후가 그들. 이자의 난의 당사자 숙종의 어머니는 이자연의 딸이다.

인터뷰 문하시중 윤관

"기병 위주 별무반의 전투력이 여진정벌의 원동력"

태조를 도운 삼한공신 윤신달의 자손으로 문종 때 등과. 1095년 요와 송에 파견돼 숙종의 즉위 사실을 알리는 일을 처리한 숙종의 핵심측근. 1104년 여진정벌에 실패, 별무반 창설. 1107년 여진을 격파하고 9성을 쌓은 공으로 문하시중에 봉해짐.

지난 1104년 1차 여진정벌에 실패, 정치적으로도 곤경에 처해있었는데 이번 승리의 요인은 무엇인가.

그때는 우리 군대가 주로 보병이어서 기병 위주의 여진족에 대항하기 어려웠다. 그래서 국왕께 건의하여 기병 중심의 별무반을 창설했다.

별무반에는 현직에 있지 않은 문무 관리로부터 노비에 이르기까지 광범한 계층이 동원되어 있는데, 이를 기병과 보병, 경궁군(梗弓軍), 정노군(精弩軍), 발화군(發火軍)과 같은 특수병으로 나누어 조직했다. 결국 이번 승리의 가장 큰 원동력은 이 별무반의 전투력에 있다고 할 수 있다.

별무반 병력의 주력이라고 할 수 있는 신기군은 말을 가진 사람들이 직접 자신의 말을 끌고 참여토록 한 것인데 그럴 수 있는 사람이란 주로 문벌귀족 출신들이다. 이는 곧 징병을 통한 사회통제와 국왕의 집권력 강화를 피한 것이 아닌가.

여진정벌은 거국적으로 힘을 모아야 할 중대사다. 이렇게 막중한 국사를 수행하는 데 어찌 고관의 자제라고 예외일 수 있겠는가.

문하시중께서는 어떤 계기로 국왕의 신임을 얻게 되었는가.

숙종께서 즉위한 이후 내가 바로 요에 파견되어 이 사실을 통보하고 이를 공식화시키고자 했는데, 이때 요에서는 이를 인정하지 않고 헌종 임금이 사망할 때까지 계속 양위과정에 문제를 제기하여 정부로서는 난처했었다. 그 과정에서 제가 이 일을 떠맡아 조정하고 처리했다.

그 후 송나라에 가서 숙종의 즉위를 알리고 이를 공식화시키는 일을 했다. 나는 결국 국제관계 속에서 숙종 즉위를 공식화하는 문제를 수행한 셈인데 이를 통해 숙종과 정치적 행보를 같이 하게 됐다.

이번 정벌로 여진족을 완전히 굴복시킨 것은 아닌데 향후 여진과의 관계가 어떻게 전개될 것 같은가.

지금도 정부 내에는 동북지역을 평정하는 데 많은 비용과 희생이 따르는 만큼 적당한 선에서 여진과 타협하자는 의견이 비등하고 있다.

특히 인주 이씨 등의 문벌귀족들의 경우가 그런데 앞으로가 중요하다. 사실 이번의 여진정벌도 우리가 일시에 17만 대군을 동원하여 아직 부족단위로 존재하는 여진을 공격했기 때문에 가능했던 면이 있다.

앞으로도 여진을 제압할 수 있으려면 국력을 효율적으로 조직해야 한다.

일부 귀족·사원에 토지 집중 현상 심각

거대 농장 형성 …
토지 경계 나타내는 장생표 곳곳에 설치

토지가 소수계층에 독점적으로 집중되는 현상이 일반화되고 있다. 원래 전시과체제에서는 토지세습이 불가능했으나 예외적으로 세습이 인정되던 공음전이 비정상적으로 확대되면서 농장이 형성되고 있고, 사원의 대토지 소유도 이러한 농장의 형성과 함께 가속화되고 있다. 즉 왕을 비롯한 귀족들이 사원에 토지를 시납(施納)함으로써 사원의 토지는 날이 갈수록 늘어나고 있다.

귀족들의 토지 시납은 종교적인 동기도 있지만, 백성에 대한 정신적 지도력을 갖고 있는 사원을 통한 현실적인 세력 확장 및 유지책의 일환이라는 것이 관계자들의 지적이다. 이외에도 투탁(投托)이라 하여 일반 백성들이 지방 귀족 및 관료들로부터의 수탈을 피해 사원에 토지를 기증하고 그 토지를 소작하는 경우도 늘어나고 있다.

일부 지식인들은 대토지를 소유하게 된 사원들이 이제 능동적으로 토지를 매입하거나 심지어 타인의 토지를 탈점하기에 혈안이 되어 있다고 비판하고 있다. 그리고 토지가 너무 방대한 규모로 커지자 사원들은 그 경계를 나타내는 장생표를 사방 곳곳에 세우고 있다. 이번 통도사 이외에도 영암 도갑사, 밀양, 울산 등에 장생표를 세웠거나 세울 예정이라고 한다.

1085년(선종 2년) 양산 통도사에 세워진 국장생표. 왕명에 따라 통도사의 토지 규모를 표시하기 위해 세운 것으로 일반적인 장생(장승)과는 격이 다르다. 이번에 세운 12곳의 국장생표로 통도사의 소유 토지는 총 4만 7천보(步)가 되어 양산지방의 거의 절반을 차지하게 됐다.

전국에 유민 발생

서해도, 보령, 제주 등 점점 확산
농정 불만, 지방관 비리가 주 원인
국왕, 대책마련 지시

1105년 서해도의 유주, 안악, 장연지역의 백성들이 농정에 불만을 품고 대거농토를 떠나 유민화하였다. 이같은 유민 발생은 파령, 사천, 삭녕, 안주, 영강, 청송, 제주, 보령, 당진 등 전국으로 확대돼 큰 사회문제가 되고 있으며 이에 따라 국왕은 즉시 해당지역에 감무관을 파견, 백성들을 안정시키도록 지시했다.

이 가운데 유민 발생이 집중되었던 지역은 개경 주변으로 지방관이 파견되지 않은 곳이었다. 따라서 이들 지역은 늘 중앙권력기관이나 토호들의 수탈을 받아왔다.

한편 국왕은 각 지방에 대해 지방관들의 청렴결백과 법집행의 공정성을 촉구하는 내용의 조서를 발표했으며 전국에 수령들을 감사할 안무사 파견을 고려하고 있다고 밝혔다.

해동통보·은병 일반에 선보여

조정, 점포 설치 통해 화폐 유통 활발히 유도

1102년 12월 숙종 7년 1만5천 관의 해동통보가 주조돼 일반에 공개됐고 올해는 은병이라는 새 화폐가 또 제조돼 일반에 선보였다.

해동통보는 문무관리들과 군인들에게 나누어줬으며, 이미 오래 전부터 주전관(鑄錢官)과 주전도감(鑄錢都鑑)을 설치, 화폐주조를 준비해온 조정은 유통 권장을 위해 개성에 좌·우주무(左右酒務)를 두고 화폐유통과 더불어 술 등의 매매를 감독하고 있다. 또한 거리의 양편에 신분의 고하를 막론하고 점포(상점)를 설치해 화폐유통을 원활히 하기 위한 활성화 분위기를 조성하고 있다.

이러한 화폐제조와 유통에 대해 일반인들은 기대와 불안의 상반된 모습을 보여주고 있다. 이미 성종 때부터 사용되어온 화폐는 아직 백성들에게 생소한 대상이라 사용이 부진하며, 국왕도 시중 한언공의 '화폐유통 불안론'을 적극 수용, 매매에 토산물의 이용을 허가해왔다. 그리고 은병의 경우 원래 은 한 근으로 주조되지만 시중에는 구리를 섞어 위조된 것이 유통되고 있는 실정이다. 그 값도 쌀 10~15가마 정도에 해당돼 일반 백성들은 사용에 부담을 느끼고 있다.

곡식과 화폐의 출납업무를 담당하고 있는 삼사의 한 관리는 "일반 백성들의 세금납부는 부역을 제외하고는 여전히 토지세와 특산물세 모두 현물로 내고 있는 실정"이라고 밝혔다.

부처의 자비로움이 고려에 …

초조대장경에 이어 속장경 간행

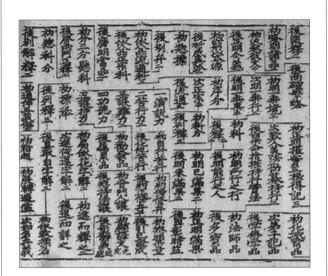

1087년 흥왕사에서 초조대장경이 완성돼 고려의 불교 발전에 커다란 계기가 됐었는데, 1096년 7월 다시 흥왕사에서 속장경이 완성돼 세상의 빛을 보게 됨에 따라 현재 불교계에서는 축제의 분위기에 젖어 있다. 이번 대장경은 대각국사 의천이 직접 여러 나라를 순방하여 모은 불서들을 연구 정리해 조판했으며, 특히 초조대장경에 누락된 것이 정비됨에 따라 불경을 정리 및 집대성하였다는 평가를 받고 있다. 속장경의 간행을 위해 의천은 이미 1086년에 흥왕사에 '교장도감'을 설치했으며, 이곳에서 그동안 불교서적 간행은 물론 불경 정리와 연구를 해왔다. 지난 1090년 8월에는 '신편제종교장총록(新編諸宗敎藏總錄)'을 편수한 바 있다. 　참조기사 4호 4면

조정, 음양서 「해동비록」편찬

최근 세간에 각종 유언비어와 음양도참설이 만연하여 사회불안이 가중됨에 따라 조정에서는 이에 대한 대책으로 1106년(예종 1년) 음양지리에 관한 여러 저술을 종합하여 음양서 「해동비록」을 편찬, 반포했다.

최근 들어 한여름에 우박과 서리가 내리는 등 자연재해가 빈발하는가 하면, 어떤 승려가 음양설을 퍼뜨려 백성들을 현혹시키다가 처벌됐으며, 승려와 일부 관리들이 음양설에 관한 책을 거짓으로 만들다가 발각되어 처벌되기도 했다. 또 백성들 사이에 미신을 믿는 풍조가 크게 유행하고 있어 조정에서 그 대책을 논의한 적도 있다.

이처럼 갖가지 음양도참의 망설이 횡행하자, 예종은 즉위 후 바로 사회혼란을 막고 이념적으로 사회를 통제해나가기 위해 김인존, 최선, 박승중 등에게 명하여 음양지리에 관한 여러 저술을 가려서 「해동비록」을 편찬토록 하고 이를 간행한 것이다.

해외 소식

십자군 전쟁 발발 … '약탈 전쟁' 비난 여론

1095년 11월 28일 로마교황 우르반 2세의 주장으로 결성된 십자군은 1096년 콘스탄티노플에 도착해 성지 예루살렘으로 향했다. 기병 4천5백 명, 보병 3만 명 규모인 이들의 출전 목표는 투르크인이 현재 지배하고 있는 지역인 '성지 예루살렘의 회복'이다.

현지 소식에 의하면 십자군은 '대학살을 자행' 하고 있는데 그들은 솔로몬 신전까지 쫓아가 사라센인을 죽였으며, 금과 은은 물론 당나귀까지 약탈하는 등 도시를 황폐화시키고 있다고 한다. 이로 인해 대략 7만여명의 이슬람교도가 죽었으며 많은 유대교인들도 적으로 간주돼 살해당한 것으로 전해져 십자군에 대한 비난의 여론이 높다.

이번 전쟁에 대해 투르크 관계자는 "우리 투르크는 성지순례를 막지 않았다"고 거듭 밝히고 "그들(십자군)의 성지회복이란 성지파과"라고 비난했다.

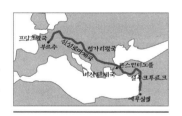

송, 손목 「계림유사」저술

1104년 송의 손목이 고려에 왔다가 돌아간 후 「계림유사」라는 책을 썼다. 숙종 때 고려에 서장관으로 와서 여러 문물을 사찰한 것을 중심으로 저술했다. 일종의 백과사전으로 고려의 여러 가지 문물들이 수록되어 있어 송나라 사람들의 고려에 대한 인식의 폭과 범위는 물론 깊이까지도 알려주는 자료로서의 가치가 높다. 이 책에는 특히 고려인들이 사용하던 언어 중 3백53개를 추려서 설명해두고 있어 이채롭다.

의천, 교종과 선종의 일치 역설

해동천태종 중심으로 불교계 통합 움직임 활발

교종과 선종으로 분열돼 신라 하대에는 5교와 9선종으로 분립, 성장해온 불교계가 의천의 해동천태종을 중심으로 활발한 통합작업을 벌이고 있다. 송나라 유성법사에게 화엄과 천태종을 배운 의천은 흥왕사와 국청사의 주지를 맡아, 대장경 조판에 적극 나서며 교종과 선종의 일치를 역설하고 있다. 그는 화엄사상을 회삼귀일의 천태사상으로 포섭해내고 여기에 다시 선종을 융합시키고자 노력하고 있는 것이다.

불교계 통합 움직임은 광종 때도 진행되었다. 광종은 과거제도에 승과제를 두어 승려를 선발했으며, 귀법사 등의 사찰 창건, 국사·왕사제도 마련 등 불교발전에 주력했는데 광종은 당시 저명했던 균여를 불러 불교의 통합을 위해 노력해줄 것을 당부한 바 있다.

또 체관에 의하여 중국의 천태종이 소개되면서 또 한차례 불교통합 움직임이 있었다. 실제로 불교계의 종파분쟁 종식을 원하는 많은 사람들은 천태종에 대한 기대를 했으며, 이후 천태종에 대한 연구가 지속적으로 전개되어 왔었다.

……………………

현재 불교계의 핵심 종파로는 법상종과 화엄종을 들 수 있다. 이들 종파는 교종의 중심 세력으로 귀족들의 관심과 숭배 대상이다. 문종 연간을 거치면서 불교는 신앙적인 측면보다는 일부 귀족들의 비호 하에 귀족불교로 정착해왔다. 그리하여 문벌 귀족들은 사원을 장악하고 사원을 자신들의 번영과 극락왕생을 빌어주는 곳으로 만들었다.

개경 중심의 불교는 여전히 문벌귀족들의 전유물이었다. 예를 들어 현화사는 최고의 문벌인 인주 이씨의 사찰임에 틀림없다. 이자연의 아들인 덕소가 바로 이 현화사의 주지이다. 문벌귀족들은 사원에 토지를 기탁하여 사원을 거대 사찰로 만들었으며, 사원은 때로 술을 제조하여 판매하거나 고리대를 통하여 폭리를 취해 인근 주민들의 원성을 사기도 했다.

이러한 점에서 의천의 해동천태종 창시는 의미있다 하겠다. 의천은 문벌귀족의 불교 세력을 능가할 새로운 종파를 창시하여 불교계를 장악하려 하고 있다.

이는 또한 불교계를 해동천태종을 중심으로 통합하여 숙종의 왕권강화정책을 사상적으로 뒷받침하겠다는 의지의 표명이라고 해석된다. 이전의 광종이 시도했던 불교 통합 역시 왕권강화책이었음과 맥이 닿고 있다.

인터뷰 대각국사 의천

"불교를 통해 호국에 일조하는 것이 나의 임무"

이번에 속장경을 완간한 의천을 만나보고자 개풍 덕적산 남쪽 기슭의 흥왕사를 찾았다. 10년 넘는 공사 끝에 2천8백 칸의 규모로 완공된 흥왕사는 듣던 바대로 웅장했다. 대웅전 앞의 탑이 때마침 석양에 금빛 은빛으로 찬란하게 빛을 발해 감히 그 앞에서 눈을 뜰 수조차 없었다. 이 탑에는 금 144근, 은 427근이 들어갔다고 하니 그 값은 차마 헤아리기조차 힘들다. 절에는 속장경을 간행한 교장도감이 설치되어 있던 터라, 수많은 승려와 일꾼들이 바삐 움직이고 있었다. 대웅전 옆 3층짜리 자씨전 집무실에서 의천을 만나보았다.

총 1천 부 4천7백40권에 이르는 속장경의 간행 취지는

오늘날 불교계가 각기 파를 형성, 대립하고 있는 것은 경전에 대한 해석이 서로 다르기 때문이다. 모든 경전과 주석서를 한데 모아놓고 보면 해석상의 차이도 쉽게 극복될 수 있을 것이다. 이러한 취지에서 이미 현종 때 초조대장경이 간행된 바 있지만 그것은 송의 대장경만을 원본으로 삼은 불충분한 것이다. 그래서 이번에 송은 물론 거란과 일본의 불경까지 두루 종합한 본격적인 대장경을 조판한 것이다. 속장경에 수록된 불경 총목록은 「신편제종교장총록」으로 별도로 간행했다.

불경과 주석서를 모으는 데에는 상당한 어려움이 있었을 것 같다.

지난 1085년에 송에 가서 3천여 권의 장서를 수집한 바 있다. 그곳에서 정원법사에게 많은 가르침을 받았고 수많은 고승들, 심지어 인도에서 온 승려와도 깊은 학문적 토론을 나누었다. 또 위험을 무릅쓰고 거란쪽에 사신을 보내 그쪽의 불교서적도 다수 구해왔다. 특히 거란의 불교에는 호국불교를 내세우는 우리로서는 배울 점이 많았다.

거란의 대장경이 포함됐다는 점이 속장경의 특색으로 봐도 되겠는가

그렇다. 거란의 불경뿐만 아니라 그쪽의 주석서까지도 모두 수록했다. 거란 불교는 송 불교와는 계통이 다른 북지불교의 일파로서 주술과 신비를 강조하는 밀교계통의 색깔이 짙다. 또 호국적인 성격은 오히려 그쪽이 강하다.

속장경에는 經·律·論보다는 주석서인 章疏의 분량이 많은 것도 특징이라고 할 수 있는데 이유는

원전의 해석은 시대와 상황에 따라 달라지게 마련이다. 원전 해석의 옳고 그름을 따지는 것도 중요하지만 각 시대, 각 지역에서 진행되어온 해석서를 살펴봄으로써 원전의 뜻에 다가가는 것도 불경연구의 바람직한 방법이 될 수 있다. 이런 의미에서 될 수 있는 한 많은 주석서를 모두 수록하려고 했다.

대각국사께서는 화엄종에 속하신 걸로 아는데 최근에는 천태교학에 대해 말하고 있다. 현행 각 종파의 분립과 천태종간에는 어떤 관계가 있는가

송 유학 시절 계성사의 유성법사와 천태교학에 대해 깊은 토론을 한 바 있다. 본래 천태학은 법화경을 기본 경전으로 하는 것으로 삼국시대 때부터 있어왔으나 빛을 발하지 못했을 뿐이다.

법화경의 기본사상은 회삼귀일(會三歸一) 사상이다. 즉 소승·대승 각 파가 결국 '法華' 하나로 귀결된다는 것이다. 오늘날의 교·선 양파의 대립을 바로 이 법화경 사상으로 통합시킬 수 있다는 게 나의 생각이다.

대각국사의 형님이 바로 숙종이라 여러 말이 많다. 숙종께 어떤 조언을 하고 있나

내가 송에 갔을 당시는 철종이 즉위하면서 왕안석의 '신법파'는 쇠퇴하고 수구세력인 '구법파'가 득세하고 있었다. 그러나 왕안석의 개혁이 가져다준 성과는 여전히 대단한 위력을 발휘하고 있었다.

그중에 인상 깊은 것이 금속화폐의 발행이다. 지금 우리와 같은 미포(米布)를 이용한 상거래는 우선 사용이 불편할 뿐만 아니라 온갖 부정부패의 수단이 되기도 한다. 쌀 부대 밑바닥에 흙을 섞어 넣는 등의 비리는 이제 아예 일반화되어 있는 실정이다. 나는 국왕에게 하루바삐 금속화폐를 유통해야 한다고 간언한 바 있다.

그러나 나는 승려다. 불교를 통해 호국에 일조하는 것이 나의 임무라고 생각하고 있다.

역사신문

동북아 정세, 급변

신흥 강국 금(金), 요와 송 잇달아 무너뜨려

우리 정부는 일단 금과의 충돌 자제할 듯

1115년 지난 11세기 초 거란과의 전쟁 이래 요·송·고려 사이에 비교적 안정적인 관계가 유지되어왔던 동북아 정세가 흔들리고 있다. 여진 완안부의 수장 아골타가 1115년 금을 건국하고 황제를 자처하며 나옴에 따라 국제정세는 심각한 동요를 보이고 있는 것이다.

요·송·고려 간의 안정적 삼각관계는 3국 중 가장 국력이 강했던 요가 금과의 전쟁에서 패함으로써 더욱 빠르게 붕괴되고 있는 실정이다. 요는 금과의 전쟁에서 계속 패하고 1125년에는 요동지방을 점령당해 사실상 멸망했다. 요는 수차례에 걸쳐 우리측에 원병을 요청해왔으나 우리측은 척준경, 한충, 김부식 등의 반대에 따라 이를 거부한 바 있다. 금이 등장하고 1116년 동북 발해인들이 대원국을 건국하는 등 동북아 정세가 심상치 않게 돌아가자, 원군 파병에 대해서는 신중론으로 대처한 것이다.

금은 요를 물리친 여세를 몰아 이제 송에게 압박을 가하고 있는데 애초에 송은 금의 득세를 이용해 거란에게 빼앗겼던 연운 16주를 회복하려는 의도를 가지고 금과 동맹을 맺어 요 정벌에 합류했다. 그러나 요를 정벌한 금은 이제 기수를 송으로 돌려 1127년 수도 변경을 함락시키고 휘종과 흠종을 볼모로 잡아 데

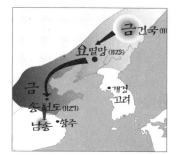

려갔다. 이에 1126년 송 역시 우리 측에게 금을 치자고 연합 제의를 요청해왔으나 이자겸은 금에게 사대의 예를 표하기로 결정하고 이를 거절했다. 이제 금의 주도권은 더욱 강력해질 것이라는 전망이 우세한 가운데 우리 정부는 금과의 충돌을 자제하는 쪽으로 외교노선의 가닥을 잡아가고 있는 것으로 알려지고 있다.

관련기사 3면

송의 원군 요청 거절

1126년 송의 황제는 합문지후 후장과 귀중부를 고려에 보내 금 공격을 위한 군사적 지원을 요청했으나 우리 정부는 이를 거절했다.

1128년에도 송은 납치된 두 황제를 구하기 위해 고려를 통하여 금을 칠 수 있도록 길을 빌려줄 것을 요청하였으나 고려는 이 역시 거절하였다.

이자겸 실권 장악

인주 이씨 · 권력 핵심에 다시 등장 … 인종 양위의 뜻 밝히기도

1126년 2월 이자겸이 정변을 일으키고 실권을 잡음에 따라 인주 이씨 가문이 다시 권력의 핵심으로 등장하게 됐다. 관련기사 2면

상장군 최탁과 오탁 등이 궁중에서 이자겸의 측근을 살해하는 사건이 발생하자 이자겸은 그의 측근인 척준경을 동원, 궁궐을 습격했다. 이자겸측은 최탁과 오탁이 김찬, 안보린 등의 사주를 받았다고 발표하며 이들의 집에 불을 지르는 한편 처자와 노복 등을 체포했다.

이자겸은 자신의 집에 조정 대신들을 모아 대책을 협의했고, 척준경은 군사를 이끌고 궁궐의 주작문으로 진격했다. 이지보 등도 무장한

군사를 거느리고 여기에 가세했고, 이자겸의 아들인 의장도 현화사의 중 3백여 명을 거느리고 와서 궁궐을 포위했다. 당황한 인종은 직접 신봉문에 나가 궁중에는 도적이 없으며 국왕도 무사하다고 밝히고 무장해제는 물론 해산할 것을 종용했으나 척준경은 이를 거부하고 도리어 국왕에게 화살을 쏘았다.

척준경은 결국 이자겸의 허락을 얻지 않은 상태에서 재목을 가져와서 동화문 행랑에 쌓고 불을 질렀다. 불은 삽시간에 궁궐 전체로 번졌고 인종은 근신 임경청 등 10여 명을 거느리고 산호정으로 대피했다. 이때 인종이 해를 당할까 두려

워 이자겸에게 양위할 뜻을 비친 조서를 내렸으나 이자겸이 이를 받아들이지는 않았다.

이자겸과 척준경은 반대세력인 지녹연, 안보린, 오탁, 최탁 등을 죽이고 김찬 등은 먼 지방으로 귀양보냈다. 이밖에도 이번의 사건과 관련된 관리들을 모조리 제거하여 궁궐에는 이자겸과 척준경의 세력만 남게 됐다. 나아가 이자겸은 관련자들의 가족뿐만 아니라 재산도 몰수하여 자신들의 재산으로 귀속시켰다. 또한 궁궐은 모조리 불타고 산호정·상춘정·상화정 등 정자와 내제석원의 행랑만이 남아, 왕실의 실추된 권위를 보여주고 있다.

농업기술 발달로 생산력 증대 속, 부익부 빈익빈 현상 가속화

농민층 분해, 전국에 많은 유민 발생 … 사회 불안 심리 고조

최근 수리시설의 확대와 새로운 벼 품종의 도입 그리고 시비법의 발달 등으로 농업생산량이 급증하고 있으나, 문벌귀족 등 대토지 소유자들은 더욱 많은 수확을 거두게 되는 반면, 땅 없는 농민들은 점점 더 가난해지는 부익부 빈익빈의 계층분화 현상이 확대되고 있어 사회 불안을 야기시키고 있다.

또 귀족들이 막대한 부를 축적하면서 부와 권세를 이용하여 가뭄이 들거나 빚에 쪼들린 농민의 땅을 빼앗는 경우가 많아져 농민들의 생

활은 점점 불안정해지고 있다. 최근 들어 전국적으로 각지에서 많은 유민이 발생하는 것도 이런 현상의 한 단면을 보여준다고 할 수 있다. 이처럼 계층간의 불평등이 심화되면서 농민들의 불만이 높아지고 있으며 이로 인해 고려사회 전체의 정치적 불안도 커지고 있어 이에 대한 철저한 대책이 요구되고 있다.

농업 외적인 상황은 농민들에게 대단히 좋지 않지만 농업기술의 발전은 한층 가속화되고 있는 추세

다. 최근 들어 농경지가 점차 연해 안지역으로 확대되는 추세에 따라 주로 이를 위한 하구공사나 방조제 공사가 활발히 전개되고 있다. 최근의 이런 수리공사는 이전처럼 국가적인 차원에서 대규모로 이루어지는 것이 아니라, 주로 각 고을 단위로 소규모로 이루어지고 있는 것이 특징이다. 이처럼 연해안지역으로 농경지가 확대되는 현상은 우리나라뿐만 아니라 중국의 화중지방, 일본의 중남부지역, 태국의 메남강 유역에서도 볼 수 있는 전반

적인 추세다.

한편 중국과의 교류가 활발해지면서 중국 강남 농업발달에 큰 역할을 했던 점성도(占城稻)가 도입돼 벼농사가 한결 수월해지고 재배면적도 늘어나고 있다. 이 품종은 한발과 저습에 대한 적응력이 강해서 특히 저습지대, 산간지대의 냉수지역, 수리시설이 부족한 지역 등에서 재배하기에 적합하다. 농업전문가들은 이 품종의 도입으로 최근 들어 계속되고 있는 한냉기후와 한발을 그나마 견디고 있다고 말한

다. 또 점성도의 도입으로 기후 조건상 이른 벼가 필요한 북부지역까지 벼농사지역이 확대되고 있다.

그리고 논밭에 거름주는 방법이 새로워지면서 농촌마을마다 거름 만드는 작업이 활발하게 이루어지고 있다.

918
고려 건국

982
유교정치 확립

1170
문벌귀족 발호

1170-80
무신정권

농민봉기

1392
조선 건국

45

역사신문

문벌귀족의 발호를 규탄한다

국왕의 권위확립, 무엇보다 절실

이자겸과 척준경이 군사를 동원하여 자신의 정적들을 제거하고 궁궐을 불태워버린 사건으로 지금 정국은 살얼음을 걷는 듯한 분위기이다. 고려의 왕실은 앙상하게 뼈대만 남아 있는 궁궐의 잔해가 보여주듯, 외척 문벌세력의 발호로 그 체통을 찾아볼 수 없다.

두루 알다시피 고려사회는 지난 100여 년 동안 문벌귀족들이 고위관직을 독차지하여 막강한 세력을 형성하게 되면서 막대한 토지를 겸병하고 대상인들과 결탁하여 부를 축적함으로써, 자기 땅을 잃게 된 백성들이나 중소상인들로부터 원성이 자자하다. 특히 그 가운데서도 몇몇 문벌들은 외척관계를 이용하여 권력의 핵심에 접근하고 이를 바탕으로 부를 독점하여 그 권세가 하늘을 찌를 듯하다. 그 대표적인 가문이 바로 이자겸의 인주 이씨라는 것은 세상이 다 아는 일로, 이번 이자겸의 정변은 그 권세가 마침내 왕실을 넘보게 된 것을 적나라하게 드러낸 사건이다.

우리는 이번 이자겸의 정변을 보면서 문벌귀족 발호의 심각성을 몇 가지 지적하지 않을 수 없다. 우선 문벌귀족들의 발호는 전에도 지적했듯이 부의 독점현상을 초래하여 대토지겸병이 확대됨으로써 땅을 잃은 백성들이 늘어나면서 점차 사회불안을 확산시키고 있다. 과거 숙종이 왕권강화 조치를 통하여 문벌귀족들의 세력을 억제하고자 하였으나, 예종대를 지나오면서 결국 그 기세를 꺾지 못하고 이들이 더욱 더 발호하는 지경에 이른 것이다.

둘째로 정치적인 측면에서 보면 문벌귀족들이 주요 관직을 독점함으로써 정치 전반에 걸쳐 국가의 공적인 관심과 이해는 뒷전으로 밀리고, 사사로운 몇몇 가문의 이익이 앞서 국가기강이 극도로 해이해지고 있다는 점이다.

이처럼 문벌귀족들의 발호는 나라의 근본을 위협하는 작태라 하지 않을 수 없는 것으로, 이를 제어하기 위해서는 무엇보다 먼저 국왕의 권위를 확립해야 할 것이다. 우리 고려는 국초 이래로 국왕은 천명을 받아 성군이 되도록 스스로를 닦고 대소 신료들의 보필을 받아 백성들이 생업에 힘쓰도록 올바로 교화하는 것을 정치적 이상으로 삼아왔다. 국왕을 정치의 중심으로 높이고 그가 성군이 되도록 하는 것을 바른 정치의 핵심으로 생각한 것이다. 또 그런만큼 국왕은 막중한 권력과 힘을 갖는 것이다. 대소신료들은 이것이 바로 고려 정치의 이상이라는 점을 유념하여 하루라도 빨리 정치질서를 그 본래의 모습으로 되돌리는 데 총력을 기울일 것을 촉구하는 바이다.

그림마당
이은홍

신진관료 세력에 대한 문벌귀족의 한판승
숙종·예종의 왕권강화 노력 수포로 돌아가

이번 이자겸의 난은 이자겸을 필두로 한 문벌귀족과 한안인을 중심으로 한 신진관료 세력 사이에 심화되어오던 갈등이 드디어 폭발, 문벌귀족측의 일방적 승리로 귀결된 것이다.

주지하다시피 이자겸 일파는 예종 사후 그의 아들인 인종을 추대하려고 하였다. 인종은 이자겸의 외손자이자 사위인데다가 나이도 어려 인종의 즉위는 곧 이자겸의 실권장악을 뜻하는 것이었기 때문이다.

반면 숙·예종대를 거치면서 성장해온 신진관료 세력인 한안인, 이중약, 문공미, 정극영, 이영 등은 예종의 동생인 대방공 보의 국왕 추대를 통해 자기 세력을 보위하려고 해왔다. 특히 이번에 숙청당한 한안인은 예종의 동궁시절부터 보필해온 신진 세력으로서 숙종의 왕권강화정책을 계승한 예종의 심복이었다.

태조의 유훈에 따르면 전왕의 아들이나 동생이나 모두 국왕 즉위 권한이 있으므로 어느 한쪽에 일방적으로 법적 정당성을 부여할 수는 없다. 결국 왕권을 둘러싼 권력투쟁인 것이고, 그 투쟁의 결과 신진관료 세력이 아직 문벌귀족 세력을 제어하기에는 역부족이라는 것이 증명된 것이다.

이번 사건으로 이자겸은 반대세력을 완전히 소탕하고 최고실권자가 됐다고 볼 수 있다. 그러나 이자겸은 나이 어린 인종을 무시하고 안하무인의 권력을 휘둘러 그의 권력은 사실 위태롭다는 말이 나돌고 있다. 정가의 유력한 소식통에 따르면 척준경 등이 이미 이자겸 일파로부터 떨어져나갈 조짐을 보이고 있다고 한다.

가장 중요한 사실은 이러한 일련의 사태를 통해, 왕권이 점점 더 허약해지고 있다는 것이다. 지난 숙종 당시에는 왕권강화를 위해 인주 이씨 일파를 강하게 견제한 바 있으나 예종, 인종대에 와서는 다시금 인주 이씨로부터 왕비를 맞아들이는 등 외척세력을 제대로 제어하지 못한 것이다.

왕권약화가 정국에 어떤 결과를 가져다줄지 지켜볼 일이다.

"예종은 윤관 세력을 견제하기 위해 나와 손잡았다"

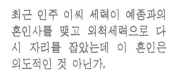

최근 인주 이씨 세력이 예종과의 혼인사를 맺고 외척세력으로 다시 자리를 잡았는데 이 혼인은 의도적인 것 아닌가.

당시 예종은 숙종 사후 모든 것을 윤관에 의지했다. 때문에 권력 내부에서는 윤관에 대한 상당한 견제가 필요했고, 따라서 예종으로서도 관료들의 윤관에 대한 비판을 수용해야 했다. 예를 들면 9성 반환 문제 같은 사안이다.

예종은 윤관 세력에 대항하는 또 하나의 믿음직한 견제세력이 필요했기 때문에 당신을 비롯한 외척세력들과 손 잡았다는 말인가.

그렇다.

예종말기 당신은 정치적 실세로 등장했다. 견제세력은 없었나.

윤관이 배제된 후에도 여전히 신진관료들이 권력의 핵심에 있었다. 대표적으로는 한안인 같은 인물이다. 이들은 당연히 인종이 왕위를 계승해야 하는데도 대방공 보를 왕위에 올리려는 음모를 꾸몄다. 이것은 '모반'이다.

그러나 세간에서는 그들이 당신과 같은 외척세력의 정치 간여를 강도높게 비판해왔기에 제거한 것으로 해석하고 있다.

어림없는 말이다. 사실 말이 나왔으니까 얘긴데 예종대에 한안인은

얼마나 많은 왕의 총애를 받았는가? 그의 일가 친척들이 죄다 정계에 진출했다. 형, 아우 심지어는 아내의 아우와 사위까지 말이다. 문공인도 그렇다. 이것은 족벌정치다.

인종 즉위 공로로 양절익명 공신이 됐고, 부를 설치해 요속을 둔 것으로 알고 있다. 인종을 사위로 맞으면서는 생일을 인수절(당시 국왕의 생일이라야 절이라고 불렀다)이라 부르고, 매관매직을 했다는데 지나치게 권력을 남용하고 있는 것은 아닌가.

그저 재능있는 사람을 추천했고, 그 사람이 내게 약간의 성의를 표시한 것뿐이다.

경원부를 중심으로 거대한 토지를 소유하고 있는 것으로 알고 있다. 토지소유과정을 말해달라.

전시과로 지급받고, 공음전으로 받고, 또한 선물로 증여받고, 매입하고 그리고 개간한 것도 있다. 일부에서는 혹시 부정한 방법으로 소유한 것이 아니냐고 의심하는데 그것은 결코 아니다.

국정회의에서 금나라와의 관계를 화해로 끌어나가려는 강력한 의지를 보였다고 들었다. 이에 대해 설명해 달라.

이제 금나라는 예전의 여진족과는 분명히 다르다. 부족과 세력을 규합하여 뭉친 강력한 나라이다. 더욱이 송나라가 문치주의로 국방이 약한 상황인데 비해 금나라는 상승하는 매와 같다. 거란도 얼마 전에 금나라에 무너지지 않았는가. 이 점을 생각하면 금에 대한 강경책이 타당하지 않다는 것을 쉽게 알 수 있다.

이자겸 집안과 왕실 간 혼인 관계

인주 이씨의 현존 최고의 권력자인 이자겸의 가계는 실로 대단하다. 인주 이씨는 지난 문종 임금대부터 현재 인종대까지 무려 7대 80여 년간을 왕실과 외척을 맺어온 집안. 15대 임금인 숙종만이 인주 이씨와 혼인관계를 맺지 않았지만 숙종의 아들 예종(16대)과 손자 인종(17대)은 이자연의 손자인 이자겸의 장녀와 3, 4녀 들을 각각 왕비로 맞아들였다. 이들 인종비들과 예종비 사이는 친누이이면서 동시에 시어머니·며느리 관계가 됐다. 이렇게 된 것은 이자겸 일파가 다른 가문으로부터의 왕비 유입을 극구 막으려 한 데서 기인한 것이다. 이자겸은 예종 및 그의 아들 인종과 동시에 사돈을 맺고 엄청난 위세를 자랑하고 있다.

동북 9성 여진에게 돌려준다

9성 축조 1년 만에 고심 끝 결정 … 여진의 애원 수용

1109년 7월 왕은 선정전 남문에서 여진의 사신 료불을 접견하고 동북 9성을 돌려준다고 발표했다. 이로써 동북 9성을 쌓은 지 불과 1년 만에 여진에게 돌려주게 됐다. 이에 대해 이미 사민정책을 실시하는 중에 성 반환을 결정한 것은 옳지 못하다는 비판 여론도 일부에서 제기되고 있다.

그간 여진은 이 지역이 삶의 터전이라고 하며 돌려줄 것을 간청해왔으며 이번의 사신 료불의 목적도 바로 9성 반환이었다. 지금까지 여진은 때로 변방에 침입하여 사람을 죽이고 약탈하는 등 불만을 표현해왔었다.

지난 6월 정부에서는 이 문제를 놓고 재상과 대간, 그리고 6부 관리들이 모여 긴급회의를 소집한 바 있다. 이 자리에서 평장사 최홍사 등 28명은 '돌려주자'고 했으나, 예부랑중 박승중과 호부랑중 한상은 '반환불가론'을 제기하였다.

6월의 긴급회의 후 왕은 반환 여부에 대해 공식적 표명을 하지 않다가, 이번 료불의 내조를 계기로 고민 끝에 반환을 결정한 것으로 알려졌다.

이때 왕은 문무 3품관 이상의 관리를 선정전에 소집, 9성의 문제를 토의하였으며, 이 회의에서는 전원이 '돌려주자'고 의견을 모았던 것으로 알려지고 있다.

한편 반환결정의 요인으로는 동북 변이라서 '관리, 감독하기가 어렵다'는 점과 '여진의 애원'이라는 점을 들고 있으나, 한편에서는 정계에 깔린 보수주의적 경향을 지적하는 사람들도 있다.

9성 반환에 대하여 불만을 제기할 것으로 알려진 윤관과는 이미 사전에 왕이 은밀히 불러서 의견을 조율했으며, 이 과정에서 윤관이 왕의 입장을 수긍한 것으로 알려졌다.

9성 반환에 대해 9성 지역의 현지 주민들은 환영의 뜻을 나타내고 있는 것으로 전해지고 있다.

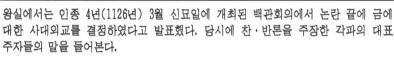

북진정책 공방전

왕실에서는 인종 4년(1126년) 3월 신묘일에 개최된 백관회의에서 논란 끝에 금에 대한 사대외교를 결정하였다고 발표했다. 당시에 찬·반론을 주장한 각파의 대표 주자들의 말을 들어본다.

"국제관계는 이상이 아닌 현실"

척준경　이자겸의 사돈

국제관계는 이상이 아니라 현실이다. 금은 이미 과거의 여진부족이 아니며 강국 요와 송을 멸할 정도로 국력이 강성해지고 있다. 전쟁만은 피해야 된다는 것이 나의 일관된 견해이다. 금과의 관계에서 우리는 형식은 양보하고 실리를 취해야 한다. 앞으로 동북아의 국제정세는 금을 중심으로 재편될 것이다. 송은 생각보다 허약하다. 휘종, 흠종이 금에 볼모로 잡혀있고 내부적으로도 정쟁이 심해 전혀 힘을 못 쓸 것이다. 이러한 형세에서 금과 갈등관계를 조성하기보다는, 양국에 평화를 정착하고 그 대가로 압록강변의 내원성, 보주성 등의 영유권문제를 원만히 해결하는 것이 바람직하다. 작은 나라가 큰 나라를 섬기는 것은 예부터 정치 관례였다. 한나라가 흉노에 대해 그랬고, 당나라가 돌궐에 대해 그랬다. 우리도 요에 대해 그랬다. 요와 평화관계를 맺은 결과 동북아의 무역이 급격히 발전해 백성들의 삶의 질 향상에 많은 보탬이 된 것이 사실이다.

"사대는 있을 수 없는 일"

윤언이　윤관의 아들

여진의 시조는 원래 우리 고려인이 아닌가. 그리고 불과 얼마 전 9성을 돌려받으면서 자손 대대로 부모지국으로 섬기겠다고 한 저들 서약서의 먹물이 아직 마르지도 않았다. 국경지방에는 우리에게 귀화해온 여진인들이 우리 호적을 가지고 살고 있다. 그런데 이제 와서 그들을 군주로, 우리를 신하로 칭한다는 게 말이나 되는 일인가. 이자겸 일파와 김부식 일파가 실리외교를 주장하지만 사실 그들의 속셈은 대금강경책이 필연적으로 가져올 왕권강화 정국을 막아보자는 것이다. 나는 국왕께서 내심으로는 금에 대한 칭신사대(稱臣事大)를 원치 않고 있다고 확신한다. 최근 서경의 정지상, 묘청, 백수한 등이 칭제건원, 금국정벌을 주장하고 있는데 내가 보기에 그들은 좀 위험하지만 칭제건원은 신라 때나 우리의 광종께서도 시행한 바 있고 그때 국제적으로 아무 문제도 없었다. 오히려 나는 단지 우국충정의 마음으로 건원(建元)을 건의하고자 한다.

◆고려 만화경 4
왕과 나 (문벌귀족)
이 바구

예종, 청연각, 보문각 설치

경서 강론장과 도서관 마련

1116년 예종은 궁중 경연(經筵)을 위해 청연각을 설치하고 문신 가운데 학사, 직학사, 직각 등을 뽑아 아침 저녁으로 왕은 물론 왕세자에게 경서를 강론하게 하고 있다.

또 예종은 청연각에서 강론할 학자들을 위한 도서관인 보문각을 설치했다. 보문각에는 많은 책을 비치하여 출입하는 학자들이 학문연구에 어려움이 없도록 했다.

이는 왕실의 입장에서 학문을 진흥시킴은 물론 국왕의 '좋은 정치' 실현의 의지로 보여진다.

"장학 재단 양현고 만든다"

관학 진흥 목적으로

1119년 예종은 사학의 융성으로 위축되어 있는 국학(국자감)을 부흥하기 위해 국학의 장학재단으로 양현고를 설치했다. 이는 예종이 그동안 실시해온 학문진흥, 특히 관학진흥 조치의 일부이다. 현재 국자감에는 유학을 공부하는 학생 60여 명 등 77명이 학문을 익히고 있는데 이들 모두는 양현고의 설치를 환영하고 있다.

양현고의 자금은 우선 국고에서 특별히 지원되었으며, 이후 부족한 자금은 왕실에서 제공할 것이라고 예종은 밝힌 바 있다. 그리고 양현고의 관리와 운영을 위하여 현재 판관 2명을 임명했다.

혜민국 설치 백성들에게 약 공급

1112년 빈민 치료기관인 혜민국이 설치됨에 따라 의학의 대중화시대가 도래하게 됐다. 이전까지 약재의 수입은 주로 귀족층의 치료를 위한 것이었는데, 빈민 치료를 위하여 혜민국을 설치한 것은 최근 우리 백성 특히 빈민들의 몸이 상당히 허약해져 국가에서 제도적으로 관리해야 할 필요가 제기되고 있기 때문이다. 그동안 농업생산력은 증대가 되었으나 지배층의 과중한 수탈로 인하여 농민들의 생활은 현재 대단히 어려운 형편이다. 게다가 전쟁에 자주 동원된데다, 불사(佛事) 등의 공사에도 동원됨으로써 생활고는 가중되고 있다. 이번 조치는 백성들의 생활고와 이에 따른 질병으로 불만이 고조되고 있는 백성들에 대한 무마조치로 받아들여지고 있다.

전국에 전염병 주의보

"감염지역 접근 금지, 음식물 섭취 유의" 시체는 땅 속 깊이 매장할 것

농촌 지역 중심으로 급속히 퍼져 … 원인 불명

1110년 전국에 전염병이 발생, 많은 사람들의 목숨을 앗아가고 있다. 이 전염병의 정확한 원인과 그 병명은 아직 정확히 밝혀지지 않았으나, 사람들이 많이 모이는 지역과 주로 농촌지역에서 발생했으며 악성인 것으로 알려지고 있다.

각지역 지방관의 보고에 의하면 현재 농촌지역을 중심으로 "해골과 시체들이 널려 있다"고 하며, 그 전염병의 위험 탓에 감히 접근하는 사람이 없는 관계로 해당지역의 냄새가 천지를 진동한다고 한다. 목격자들은 "차마 눈 뜨고 볼 수 없을 정도로 끔찍하다"고 말하고 있다. 이에 따라 국왕은 해당관리들에게 신속한 원인규명과 처리방안을 강구하라고 지시했으며, 각 지방관들에게도 시체와 해골을 깊숙이 매장하도록 지시했다. 또한 백성들에게 전염병 유포지역에 접근하지 말고, 항상 음식물 섭취에 각별히 유의할 것을 당부했다.

지방교육의 활성화

학교 설립 추진 … "지방에서도 국가 관리 양성한다"

이미 통일신라 말기부터 존재해 왔던 지방학교가 최근 활성화돼가고 있다.

성종대에 이미 지방의 12목에 의학, 경학박사를 파견하여 지방호족의 자제를 교육시켰으며, 예종 6년(1003)에는 3경과 10도의 박사(博士), 사장(師長)들로 하여금 생도들의 학습을 장려했었다. 이러한 정책의 제도화로 이제 향교가 지방교육의 중심지로 돼가고 있다.

건국 초기 여러 왕들은 새 정치이념인 유교를 새 사회의 근간으로 하여 정치권력구조를 조직하려 하였다. 이런 추세 가운데, 왕경이나 왕실의 정치구조뿐만 아니라 기층 지방사회에까지 유교이념을 침투시킬 필요성이 제기되었고, 이에 따라 지방 곳곳에 학교설립이 추진되고 있으며 신라말 고려초에 등장한 지방호족들의 정치·사회활동에 대해 일정한 명분을 주고 있다.

따라서 그들은 스스로 학원을 세워 유교를 교육하기도 한다.

아직 지방행정 체제인 군현제가 정착한 단계가 아니어서 지방 학교 운영의 실태는 미비한 상태이지만 앞으로 명실상부한 유학 교육기관으로 자리잡을 것으로 보인다.

참조기사 4호 3면

격구, 젊은층에서 크게 유행

서역의 '폴로' 경기가 근원
당나라 거쳐 국내 유입

근래 '격구'라는 경기가 젊은층에서 크게 인기를 끌며 유행하고 있다. 격구는 주로 젊은 무관들과 부유한 상류층의 젊은 자제들이 무예를 익히는 방법의 한 가지로 행하고 있으며, 일부 아녀자들까지도 이 경기에 참여하고 있다.

격구는 '타구(打毬)' 또는 '장치기'라고도 하며 여러 사람이 같은 수로 편을 나누어 공을 막대기로 쳐서 상대편 문 안에 넣는 경기이다. 격구는 멀리 서역 페르시아의 '폴로'라는 경기에서 발원하여 당나라 태종 때에 중국에 전래되어 '격구'라는 이름으로 불리워지면서 고려에 들어와 오늘에 이르고 있다.

격구의 종류에는 넓은 마당의 이곳저곳에 구멍을 파놓고 걸어다니며 이 구멍에 공을 넣는 보행격구가 있고, 기마격구는 넓은 직사각형의 공간 가운데 구문을 만들어 그 위에 창(窓)을 만들어놓고 그 창에 공을 넣는 것으로 승부를 가리는 경기이다. 이 격구는 역동적이며 과격하다는 면에서 젊은층에서 큰 인기를 끌고 있는 것으로 분석된다.

송나라 사신 서긍,

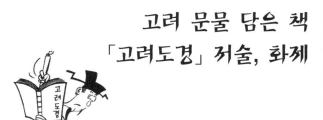

고려 문물 담은 책 「고려도경」 저술, 화제

송나라 조정에 따르면 지난번에 송나라에서 사신으로 왔던 서긍 씨가 「고려도경」이라는 책을 지어 송나라 휘종에게 바친 것으로 알려져 화제다. 서긍 씨는 고려에서의 용무를 마치고 송나라에 귀국하면서 고려에서 보고 들은 것들을 글과 그림으로 엮어서 휘종에게 바쳤다.

서긍 일행이 탄 배의 항로는 송에서 출발한 뒤 서해 남부를 경유, 6월 3일 흑산도에 이르고 여기에서 서해안을 북상하여 영종도를 지나서 염하를 빠져나와 예성강으로 들어왔는데, 벽란정에 도착한 것이 12일이다. 이로부터 1개월간 개성에서 머물렀다 한다. 이 책의 내용을 국내에서는 자세하게 알 수 없지만 고려에 대한 여러 가지 풍속이나 사정 등을 객관적으로 제대로 전했으면 하는 바람이다.

이 책은 40권, 29류로 구성되어 있으며 원래 제목은 '선화봉사고려도경'인데 29류의 제목 밑에는 그 내용을 해설하는 서문형식의 글이 있고, 각 제목 밑에는 부제를 제시하고 설명을 달았다. 29류에는 건국, 세차, 성읍, 관부, 관복 등이 있다. 또한 서긍 씨는 고려의 서부에서 남부쪽으로 해안지방을 돌며 지방의 풍습, 해도, 서민생활 등에 대해서도 기록한 것으로 알려졌다.

그가 고려의 생활풍속에 대해 적어놓은 글 일부를 보면, 백성들의 주거형태에 대해 "지세가 평평치 못하고 자갈 언덕이 많기 때문에 백성의 집이 벌집과 개미구멍같이 보였고, 지붕은 풀로 이었으며 서까래 양쪽을 잇대어 놓은 정도의 크기였고, 열에 한두 집은 기와를 덮은 곳도 있었다 … 부잣집에서는 큰자리를 깔았고 침상 앞에는 낮은 평상이 놓여 있고 난간이 둘러 있으며 비단보료가 깔려 있다"고 서술했다.

서긍이 여름철에도 맛있는 밤이 있는 것을 기이하게 여겨 고려의 접견원에게 그 비법을 물었더니 "밤을 도자기에 넣어 흙 속에 묻어두면 해를 넘겨도 손상이 없고 여름에도 먹을 수 있다"고 했다는 귀절도 보인다.

예종, 「도이장가」 발표

개국공신 추도시

1120년 예종은 팔관회 행사에서 도이장가를 지어 발표하였다. 이는 신라시대의 이두식 향가형태를 띠고 있다. 왕은 이날 서경에 행차하여 팔관회에 참석하였는데, 이 자리에서 개국공신인 김락과 신숭겸을 추도하여 읊은 글이다. 이 글을 읊조리면서 왕은 매우 장중한 마음을 감추지 못했다고 동행한 한 관리가 밝혔으며, 아마도 고려 개국 당시의 어려움과 힘들었음을 왕이 충분히 느끼는 듯했다고 덧붙였다. 글의 내용은 다음과 같다.

"님을 온전히 하랴 / 마음이 하늘에 미치니 / 넋은 가셨어도 / 지내신 벼슬만큼은 또 하시는구나 / 보면 알리라 / 그들 두 공신이여 / 그대 곧은 / 자취가 나타나는구나."

이두식 향가는 신라의 전형적인 노래로 지금까지 이어오고 있으며, 후신라 진성여왕대에는 「삼대가목」이라는 향가집을 발간하기도 하였으며, 고려에 들어와서는 균여대사가 읊은 〈보현십원가〉가 유명하다.

이령,

송나라 황제 휘종에게
예성강도 그려 바쳐

실물산수화 형식으로

근래에 추밀사 이자덕을 따라 수행화원으로 송나라에 갔던 이령(李寧)이 송나라 휘종에게 '예성강도(禮成江圖)'를 그려 바친 것으로 알려졌다.

이령은 서화에 뛰어나다고 알려진 송나라 휘종의 요청에 따라 예성강의 풍경을 실제 존재하는 대상을 그리는 화풍인 실물산수화 형식으로 그렸는데, 원체화풍(院體畵風)의 수집과 진흥에 남달리 관심을 가지고 있는 휘종의 취향과 연관지어 볼 때, 사실적인 청록산수화풍(靑綠山水畵風)으로 그려진 이령의 그림은 휘종의 찬사를 받았을 것으로 추측된다.

이령의 예성강도는 실제 존재하지 않는 이상적인 풍경을 그리는 관념적인 화풍이 만연해 있는 국내의 화단에 자극제가 되고 있으며, 실제 존재하는 사실적인 풍경을 그리는 실경산수화의 화풍이 발전하는 한 계기가 될 수 있을 것으로 보인다.

금, 요나라를 멸하다

아골타, 여진세력 규합, 요에서 자립… 근거지에 금이 많이 나 국호를 금(金)으로

1125년 금나라는 결국 거란족이 세운 요나라를 멸하고 그 지역을 장악하여 대제국을 건설했다. 금나라는 1115년에 아골타가 완옌부를 중심으로 그 부족인 여진족의 세력을 끌어모아 요에서 자립하여 세운 국가이다. 본래 여진은 요와 고려를 섬기던 뒤떨어진 나라였으나, 아골타에 이르러 세력이 급상승하였다. 이들은 상경회령부에 도읍을 정하였으며, 국호를 金이라 한 것은 그들의 근거지에 金이 많이 산출되기 때문이라고 한다.

아골타(태조)는 1120년 송과 동맹을 맺고 요를 협공하여 만주지역에서 요를 축출하였으며, 결국 1125년에 요를 멸한 것이다. 이들의 독특한 행정 군사조직은 맹안모극제라고 하는데 아골타가 완성시킨 것이라 한다. 즉 3백 호를 1모극으로 하여 1천 명의 병사를 내고, 10모극을 1맹안으로 하여 그 우두머리를 세습시켜 부민을 통치하는 독특한 군사·행정제도이다.

이미 금은 송과 고려에 압력을 가하고 있다. 송은 왕안석 이후 사마광이 정권을 잡으면서 강병책이 취소되어 약한 군사력으로 고민하고 있으며, 고려도 보수적 경향을 보이는 이자겸 일파가 집권하면서 금나라의 압력에 굴복하는 모습을 보여주고 있어서 당분간 금나라는 전성기를 맞이할 것으로 보인다. 한편 외교관계의 한 전문가는 금의 강성의 원인을 내적으로는 '강한 군사력, 맹안·모극제도'를, 외적으로는 '주변 민족의 약한 국방력'을 지적했다. 그리고 그는 앞으로 송, 고려는 물론 서하가 "금에 복속하지 않으면 즉각적인 금의 군사적 공격을 받을 것이며 그것은 곧 멸망을 자초하는 것"이라고 덧붙였다.

보름스 협약 … 성직자 서임권 실마리 잡혀

계속되던 성직자의 서임권 다툼이 해결의 실마리가 잡혔다. 1122년 9월 신성 로마제국의 자유시인 보름스에서 황제 하인리히 5세와 로마교황 칼릭스투스 2세 사이에 협약이 체결되었다. 이 내용은 다분히 타협적인 것으로 알려졌다. 사실상 황제의 서임권은 형식상 많은 제한을 받았으나, 그 권한이 많이 유보되었다.

또한 부르군트와 이탈리아에서는 신성 로마제국과는 다른 방식이 인정되었기 때문에, 이 협약은 교황과 황제의 쌍방을 만족시키지는 못했고 따라서 궁극적인 해결에는 이르지 못했다는 지적이다. 그러나 이 협약에 따라 황제의 신성정치적인 성격이 상실되어 그 권력이 약화되었다는 평가가 나오고 있다.

역사신문

묘청, 서경에서 반란 일으켜

칭제건원 서경 천도, 금국정벌 등 주장 … 김부식 진압 성공

1135년 1월 서경 천도를 끊임없이 주장해오던 묘청이 끝내 유감·조광 등과 함께 서경에서 반란을 일으켰으나 김부식에 의해 진압당했다. 묘청은 서경에 있던 관리들과 관내의 모든 개경인들을 체포하고 자비령 이북의 길을 차단, 서북면 내에 있는 군대를 서경에 집결시킨 뒤 국호를 대위국, 연호를 천개, 군대를 천견충의군(하늘에서 보낸 충성스럽고 용맹스러운 군대)라고 칭하며 개경정부와 대치했었다.

김부식은 이번 '정변'에 서경 출신의 정지상, 김안, 백수한 등이 공모한 것으로 보고 이들을 궁문 밖 길거리에서 목을 베는 한편, 음중인, 이순무, 오원수, 최봉심 등은 귀양 조치했다. 반란 주모자 묘청은 진압군에 항복한 반란 공모자 조광에 의해 살해됐다.

묘청의 '천도론' 한때 성사 일보직전까지 가

이자겸의 난으로 개경이 불타고, 강성해진 여진족이 계속하여 국경을 압박해오는 등 사회 전체가 혼란과 불안에 휩싸여 있을 때 묘청은 "이 모든 것이 개경의 기가 쇠한 탓"이라며 서경천도론을 강하게 주장, 국왕을 비롯한 일부 정치인들의 지지를 받았었다. 묘청은 정부 일각의 강한 반대에도 불구하고 서경천도론과 칭제건원(稱帝建元), 금국정벌 등을 주장, 한때는 인종을 오랜 기간 서경에 머무르게 하고 서경의 임원역에 대화궁을 건설하는 등 자신의 정치적 영향력을 크게 과시하기도 했다. 그러나 대화궁을 지으면 많은 문제가 해결될 것이라는 묘청의 주장과는 달리 오히려 대화궁 근처 30여 군데에 벼락이 떨어지고, 인종의 서경 행차 도중 갑작스런 폭풍우로 수많은 피해와 불상사가 잇달아 발생하자, 조정 내의 반발 여론이 크게 고조돼갔다. 결국 서경천도계획이 완전 무산되는 시점에 이르자, 묘청은 서경에서 반란을 주동, 조정과 대치하기에 이른 것이다. **관련기사 2면, 3면**

서경
묘 청
청 지
백 문
수 공
한 인
상

개경
김 김 임 김
부 부 원 부
일 식 애 윤

묘청의 난 관련 일지

1128.09 묘청, 백수한과 더불어 새궁터를 정함
1129.02 서경의 대화궁 완성
　　　　 인종, 서경의 대화궁에서 축하를 받음
1132.03 인종, 대화궁에 행차
1134.12 황주첨, 칭제건원 요청
1135.01 묘청, 유감, 조광 등 서경에서 정변
　　　　 조정, 진압군 원수로 김부식 임명
　　　　 김안, 정지상, 백수한 등 처형
　　　　 서경의 장군 일맹, 서경에서 탈출
　　　　 조광, 묘청과 유감을 죽이고 윤첨을 보내어 항복을 청함

척준경 등 귀양 … 이자겸의 난 일단락

서경에서 또 반란 기도, 금에 침공 협조 서한

1147년 서경 사람 이숙과 유혁 등이 모반을 기도, 처형됐다. 조정관계자에 따르면 이들은 평소에 정부에 불만을 품어왔던 자들로 지난 '묘청의 난'에 동조했던 인물이라고 한다. 이들은 미리 반란을 모의, 금나라에서 왔던 제전사가 돌아갈 때에 "금국에서 서경으로 쳐들어온다면 협조하겠다"는 내용의 밀서를 전달한 것으로 알려졌다.

이번 사건에 대해 정치권 일각에서는 서경 사람들에 대한 푸대접에서 발생한 것으로 분석하고 서경에 보다 많은 관심을 기울여줄 것을 조정측에 요구하기도 했다.

한편 조정에서는 다른 나라의 군사를 빌려 국가를 멸하려는 의도는 어떠한 이유로도 용납할 수 없다는 공식 입장을 표명하면서도 혹시 이번 사건을 계기로 감정적인 지역 대립상이 나타나지 않을까 우려하고 있다.

정지상 상소 계기로 … 관련자 전원 처벌돼

1127년 3월 인종은 척준경을 암타도로, 최식을 초도로 귀양보낼 것을 지시하는 한편, 상주목 부사 이후진, 귀주사 소억, 낭장 정유황 등도 귀양보낼 것을 지시함에 따라 비로소 이자겸의 난 관련자들 전원이 정치적으로 제거됐다.

이들은 원래 1126년 이자겸의 난에 참여했던 자들이었으나 왕의 밀지를 받은 최사전의 설득으로 이자겸을 체포하는 데 일조, 그 공을 인정받아 공신으로 추대되었다. 그러나 이들은 계속하여 권세를 함부로 부리다가 정지상의 탄핵을 받아 이번에 귀양길에 오르게 된 것이다. 이로써 이자겸의 난이 사실상 완전히 일단락된 셈이다.

한편 이자겸은 1126년 12월 귀양지에서 사망했다.

이번에 척준경 등이 귀양길에 오르게 된 것은 정지상의 상소가 그 시발점이 됐는데, 정지상은 상소문에서 "이자겸을 제거한 일은 일시의 공이나 궁궐을 침범하고 불사른 일은 만세의 죄다. 왕의 명령을 듣지 않고 군사를 궁궐에 진입시켜 왕을 위협하는 화살을 쏘았으며, 액문으로 진입하여 궁궐을 방화하여 왕을 불안케 하였다. 그리고 인종의 좌우 시종을 죽이는 일을 저지르는 등 천하의 대악인이다"라며 이들의 치죄를 주장했다.

참조기사 10호 1, 2면

역사신문

개경파 승리로 왕권 더욱 위축

문벌세력 못 꺾으면 변란의 화 부를 터

묘청과 정지상, 백수한 등 서경 출신 신진관료들이 지리도참설에 입각하여 추진했던 서경 천도운동은 결국 김부식 등 개경세력의 진압으로 1년여 만에 막을 내리고 말았다.

그러나 서경 천도운동은 정치사회의 모순이 여러 모로 중첩되어 있는 일대 사건이 아닐 수 없다.

첫째로 이 사건은 국왕을 둘러싸고 개경의 문벌귀족세력과 서경의 신진관료들이 권력을 장악하기 위해 정치적으로 대립한 사건이었다는 점이다. 여기에서 우리는 두 가지 양상을 볼 수 있겠는데, 하나는 개경파와 서경파가 서로 권력게임을 전개하면서도 국왕을 떠받들고 있다는 것이다. 그 점에서 이 운동은 이자겸의 난과는 그 성격이 다른 것으로, 서로가 국왕의 신임을 자신들의 정치적 입지로 삼고 있는 것이다. 묘청 일파가 서경에 대위국을 세웠으면서도 따로 국왕을 옹립하지 않은 점이 그것을 뚜렷하게 보여준다. 또 하나는 인종이 자신의 권력을 확보하기 위해 두 세력을 조정해왔다는 것이다. 인종은 이자겸의 난 이후 왕권이 취약한 가운데 개경의 문벌귀족들을 견제하기 위해 서경 출신의 신진관료들을 적극적으로 등용시켜왔다. 그러다 서경세력의 움직임이 과도하게 나아가자, 자신의 권력이 침해될 것을 우려하여 김부식으로 하여금 이들을 진압토록 한 것이다.

둘째로 이 사건은 개혁노선 · 자주외교노선과 보수노선 · 타협외교노선이 충돌하는 양상을 띠고 있다는 점을 지적할 수 있겠다. 서경의 신진관료들은 칭제건원하여 왕권을 강화하고 사회변화에 부응하여 법과 제도를 개혁하고자 하는 반면, 개경의 문벌세력들은 재상 중심의 관료정치를 주장하면서 유교윤리의 확립을 통해 사회문제를 해결하고자 하였다. 또 서경세력들은 줄곧 북방에 대해 자주적인 자세를 갖출 것을 촉구하고 금을 정벌할 것을 주장한 반면 개경의 문벌귀족들은 금의 요구를 받아들여 사대의 예를 표할 것을 주장했던 것이다.

이런 특징을 갖는 서경 천도운동은 일단 개경세력의 승리로 결말지어졌다. 여기서 한 가지 짚고넘어갈 것은 개경세력의 승리는 결국 국왕, 즉 인종의 입지 약화를 초래하였으며, 이는 곧 향후 고려정치에서 문벌귀족의 득세를 예고한다는 점이다. 만일 이런 문벌귀족들의 전횡이 제어되지 않는다면 이에 대해 불만이 고조되고 있는 무인들이나 일반 백성들의 변란이 필연적으로 뒤따를 것임을 경고하며 이를 미연에 방지할 수 있도록 체제를 근본적으로 개혁할 것을 촉구하는 바이다.

그림마당
이은홍

해설 '묘청의 난' 발생 원인

개경의 문벌귀족과 서경의 신진관료 간의 대충돌

서경파, 국왕 의중 잘못 읽어 … 향후 왕권 약화될 전망

관군의 진압으로 종결된 묘청일파의 난은 사실상 개경의 중앙문벌귀족과 서경의 신진관료세력 사이의 대립, 갈등이 그 근본 원인이라는 것이 정세분석가들의 일치된 견해이다.

이자겸 일파가 제거된 뒤, 개경의 정가에서는 숙 · 예종대의 왕권강화책에 힘입어 성장한 김부식 등 경주 김씨 일파가 급부상해왔다. 그러나 그들 역시 개경에 기반을 두고 있는 문벌귀족으로서 정국의 혼란을 수습하기에는 역부족일 것으로 평가돼왔다. 더구나 이들은 북방 금과의 외교문제에 있어 일찌감치 사대의 예를 표하자고 주장하는 등 지나치게 저자세로 나가고 있어 뜻있는 이들의 우려를 자아내온 것이 사실이다.

이러한 상황에서 인종이 정지상, 김안, 문공인 등 서경파 신진관료들의 주장에 동조하여 서경에 대화궁을 신축하고 그들과 칭제건원과 금국정벌을 논한 것은 어찌보면 당연한 일이었다.

일찍이 국초에 태조가 서경을 중시하고 연중 일정 기간은 서경에서 머물 것을 유훈으로 남긴 취지는, 다름아닌 개경의 토착 귀족들에 대한 견제수단으로 서경세력을 친왕세력으로 키우라는 뜻이었음을 인종도 잘 알고 있었던 것이다. 이는 정종이 서경의 왕식렴을 동원, 개경의 왕규일파를 친 것이나 목종이 서경의 강조를 이용, 개경의 김치양 일파를 제거한 것과 맥을 같이하는 것이다.

그러나 이 과정에서 서경파의 뜻대로 일이 진행되지 않자 묘청 등이 주동이 돼 반란을 일으켰다. 그들은 인종의 왕권강화책의 진의를 잘못 파악한 것이다. 국왕은 어디까지나 개경파와 서경파의 상호견제를 통한 정국안정을 도모한 것이지 서경파의 일방적 독주를 용인한 것은 아니었기 때문이다.

묘청의 난은 진압됐지만 개경 문벌귀족과 서경 신진관료세력 사이의 대립과 갈등은 계속 되리라는 것이 정가의 전망이다. 문제는 이 와중에서 왕실의 권위가 급격히 추락하고 있다는 사실이다.

그렇지 않아도 관료들 중 특히 무관층, 그중에서도 하층무관들의 불만이 고조되고 있다는 지적이 있고, 일반 백성들도 지방관들의 지나친 수탈로 민심이 심상치 않은 터이다. 이러한 상황에서 왕권마저 약해져 나라가 총체적 위기에 빠지지 않을까 우려하는 이들이 많다.

개경파와 서경파

김부일, 김부식, 김부유 3김씨와 정지상, 묘청, 백수한, 김안, 문공인 등의 권력 다툼

이자겸의 난 이후 경주 김씨 세력이 급성장해왔다. 그 중심인물은 김부일, 김부식, 김부유 형제. 이들은 개경 중심의 중앙귀족을 대표하는 위치에 이르렀다. 여기에 임원애라는 문벌이 가세했다. 이자겸의 난 이후 인종은 이자겸의 두 딸을 왕비에서 몰아내고 새로이 정안 임씨 임원애의 딸을 왕비로 맞아들였기 때문이다.

한편 이자겸의 난으로 개경의 궁궐이 불타고 왕권이 위협당하자 서경 출신의 관료들은 '서경 천도론'을 주장했다. 이들은 풍수도참설에 의거, 이미 개경은 쇠약했으며, 지덕이 강한 서경에 궁궐을 신축하고 고려를 중흥시켜야 한다고 주장했다.

중심인물로는 서경 출신인 정지상, 묘청, 백수한 등이다. 이들 모두는 서경으로 천도하여 칭제건원 즉, 국왕이 스스로 황제를 자칭하고 외국의 연호가 아닌 독자적인 연호를 사용할 것을 주장했다. 이들의 속셈은 바로 개경의 문벌귀족세력을 억압하고 새로이 권력을 장악하려는 것으로 풀이된다.

기자 방담 개경파와 서경파 간의 대립을 중심으로 본 묘청의 난

개경 · 서경파 간의 대립을 사회 현실에 기초, 분석해봐야

남기자 이번 반란은 묘청일파가 모험을 한 것이라는 지적이 많다.

신기자 물론 '칭제건원'이나 '서경 천도'에 대한 중앙귀족들의 반발 강도를 가늠하지 못한 것이 판단 미숙이랄 수는 있지만, 현상황이 그만큼 혁신적인 조치를 필요로 하는 시점이라고 생각할 수도 있다. 대토지를 소유한 문벌귀족들은 음서를 통해 쉽게 관직에 진출, 기득권을 더욱 확장하고 있는데 비해, 과거를 통해 관직에 진출한 지방 출신의 신진관료들은 이들의 상대가 되지 않는다. 한정된 관직과 토지를 놓고 지배집단 내에서도 대립과 재편성이 필요해진 것이 아닐까?

최기자 이들의 대립이 송의 구법당과 신법당을 연상시킨다. 의천, 윤언이 등이 왕안석의 신법에 공감했던 반면 김부식은 신법 추진에 반대한 사마광의 입장을 옹호했다.

남기자 외조부 이자겸의 그늘 아래 왕위에 오른 현국왕은 외척과 대귀족들의 횡포를 피부로 느껴온 사람이다. 국학과 경연의 활성화, 관료제 정비와 같은 국왕의 노력은 왕권신장과도 밀접한 관계를 가진다. 정지상, 김안이 왕자 시절부터 국왕을 모시던 신하라는 점. 처음에는 4년씩이나 서경에 머무른 적이 있다는 것을 고려해보면 묘청에게 먼저 손을 내민 것은 국왕쪽일 가능성도 크다.

최기자 '개경파'와 '서경파'의 대립에는 농민층의 분해와 유망이라는 사회적 동요에 대한 대처방식의 차이라는 깊은 골이 존재한 것 또한 놓쳐서는 안된다.

신기자 개간이 활발해지면서 농민들 사이에 빈부 차가 생겨 부유한 농민들이 미리 역가를 선납하면서 남아 있는 농민들의 역부담이 늘어났다. 대귀족들의 토지집적과 관리들의 수탈 속에서 농민들이 유망 끝에 도적이 되는 일은 비일비재하다. 서남 해안에는 해적이 출몰하고 경성에는 곡물이 귀해 아사자가 속출하는 가운데, 권력자들은 해외에서 들여온 사치품으로 풍족한 소비생활을 영위하는 형편이다. 서경 백성들의 경우 사신들이 왕래하는 사행로이기 때문에 겪어야 하는 고충이 많았을 것이다. '칭제건원' 등 묘청의 외교노선이 서경 백성들에게 호소력을 가지게 될 것이 이해가 간다.

남기자 서경 천도운동 초기에 서경에서 발표된 국왕의 교서 15개조는 서경세력의 현실인식이 담겨있는 일종의 개혁방안이었다. 적절한 수취와 규율의 강조는 지방관에 대한 감찰강화 등을 통해 실현되어야 할 것이다.

최기자 한때 서경파에 기울었던 국왕은 이제 개혁의 측면에서 법과 제도를 바꾸기보다는 유교적 윤리의 확립을 통해서 사회문제를 해결하는 쪽 내지는 기존질서를 재확인하는 방향에서 정책을 이끌어나갈 것으로 보인다.

풍수지리설과 고려사회

태조 이래 큰 영향끼쳐

풍수지리설이란 산세나 지형이 인간은 물론 국가왕실의 길흉화복을 결정한다는 사상이다. 이는 신라 말 도선에 의해 소개돼 고려사회에 들어와 민간에까지 널리 유행되는 사상이다. 특히 집터라든가 묘자리 그리고 왕실의 경우는 궁궐의 건설에도 반영돼왔다.

이미 개경은 풍수에 의하여 길지로 인정받았다. 도선이 펴낸 「도선비기」에 의하면 "동경(경주)은 지덕이 약해 신라의 운명은 다했으며, 송악이 강할 것"이라고 적혀 있다. 이를 통해 보면 고려의 건국은 이미 풍수지리설과 함께 하고 있다. 또 태조 왕건은 「훈요십조」에서 풍수지리설에 의거, 서경을 중시할 것을 강조했으며, 서경에 궁궐을 세우고 후대의 왕으로 하여금 '순행'할 것을 강조하고 있다.

이밖에 왕실에서 풍수지리설이 적용된 예를 들면 다음과 같다. 문종 10년 도선의 「송악명당기」에 의거, 국가의 기업연장을 위해 서강 병악의 남쪽에 장원정을 지어야 한다는 주장이 제기된 바 있다. 이어 문종 21년에는 기업 연장을 위해 남경을 건설을 해야 한다는 주장이 제기돼 결국 숙종 연간에 완성된 바 있다. 문종 35년 서경에 좌·우 궁궐을 짓고 순행하여 머무르는 장소로 삼았다. 예종 원년, 국가 창업 200년 후에는 기업 연장을 위해서는 서경에 용언궁을 창건하고 왕이 옮겨 가서 신하들의 하례를 받아야 한다는 주장이 제기되었다.

"서경으로 천도하면, 천하를 합병할 수 있다"

묘청, 이상징후 보이려 조작 … 탄로 나기도

묘청은 승려로서 풍수사상에 정통한 인물이다. 그는 인종을 측근에서 보좌하면서 풍수사상에 입각해 인종으로 하여금 서경에 궁을 짓게 했으며(대화궁), 밖으로부터 새로이 압력을 가해오는 금나라에 대해 자주적인 대응을 요구하기도 했다.

서경은 좋은 땅이고, 강한 땅이라서 서경에 궁궐을 세우고 수도를 옮긴다면, "가히 천하를 합병하고, 금국이 폐백을 가지고와 스스로 항복할 것이며, 인접 36국이 모두 신하가 될 것"이라고 했다. 그의 이런 말은 서경 천도를 위한 전술로 보이며, 때로 그는 인종을 서경으로 행차하게 하여 서경 천도의 징후들을 직접 보여주기도 하였다.

1129년 7월 대화궁 완공식 때 천둥이 치자 인종에게 '공중에서 선악(仙樂)의 소리가 들렸으니 이는 상서로운 징조'라고 했으며, 1130년 서경의 중흥사탑이 화재를 당하자

묘청은 '임금이 만약 개경에 계셨다면 더 큰 재변을 당했을 것이다'하고 둘러대기도 했다.

1132년에는 인종이 묘청 등의 칭제건원과 서경 천도 주장을 무시하자 정지상은 대동강에는 서기가 있다고 말했다. 이때 묘청과 백수한은 비밀리에 떡을 크게 빚어 속을 비게 하고 구멍을 뚫었다. 그리고는 익힌 기름을 채워서 대동강에 가라앉혔다. 그 기름이 점차 새어나와 물에 떠오르니 5색으로 보였다. 묘청은 즉시 '신룡이 침을 토해서 5색 구름을 만들었으니 이는 대단한 상서로움이다' 하여 백관들로 하여금 표문을 올리도록 했다.

이에 문공인이 파견됐는데, 말의 편자에 기름칠하는 사람이 '익힌 기름이 물에 뜨면 이상한 빛을 낸다'고 제보, 헤엄을 잘 치는 사람으로 하여금 주변을 수색, 떡을 찾아낸 일도 있었다.

묘청　　　　김부식

묘청

승려. 정심(淨心)이라고도 함. 서경 출신. 검교소감 백수한과 어울림. 1127년 왕실 고문으로 추대되자 거듭 왕의 서경 행차를 주청하여 실현. 당시 혼란한 정세를 이용, 개경 출신의 구신들을 축출하기 위해 서경 천도를 주장. 1129년 대화궁을 낙성, 칭제건원과 금나라 공략을 건의했으나, 김부식 등의 반대로 좌절. 1134년 삼중대통지 누각원사에 올라 왕에게 계속 천도를 주청, 불가능해지자 1135년 국호를 대위(大爲), 연호를 천개(天開), 군대를 천견충의군(天遣忠義軍)이라 칭하고 정변을 일으킴.

김부식

문신, 학자. 자는 입지, 호는 뇌천(雷川). 본관은 경주. 숙종 때에 문과에 급제. 그의 동생인 부필, 부일, 부의 모두 예부시에 급제. 부친도 국자감시 시관을 역임한 막강 문벌귀족. 정계 진출 후 안 거친 자리가 없을 정도로 두루 요직을 역임. 1122년 보문각대제 때 이자겸이 군신의 예에 어긋나는 행동을 하자 시정케 함. 「예종실록」 수찬. 1134년 서경 천도 반대하여 중지시킴. 1135년 묘청의 난 진압. 그 공으로 수충정난정국공신의 호를 받음. 1126년 송의 금 협공 요구에 반대. 1145년 「삼국사기」 편찬.

묘청의 난을 서경파의 정변으로 보는 이유

묘청은 서경 출신의 승려로 역시 같은 서경 출신인 백수한의 천거에 의해 중앙정계에 알려졌다. 당시 백수한은 서경의 분사를 책임지고 있었는데, 묘청을 스승이라 불렀다. 이들은 모두 풍수가들로서 개경의 지리가 쇠했으며 서경이 길지라고 주장했다. 묘청은 서경길지설을 토대로 하여 서경 천도론을 주장해왔다.

묘청의 주장에 대해 일각에서는 '위기설에 의한 난국 타개책'으로 해석한다. 그러나 묘청을 비롯 백수한이나 정지상 등 이번 사건 관련자 전원이 서경 출신자들이다. 정지상이 김안에게 "임금을 모시고 가서 서경을 수도로 만든다면 마땅히 중흥공신이 될 것이다. 이는 … 자손을 위해 무궁한 복으로 될 것이다"고 했다는 점에서 드러나듯이 서경파들의 권력 장악의도는 쉽게 확인된다. 한편 칭제건원과 금국정벌론의 경우 현재 우리 사회에 팽배한 문벌귀족의 보수화에 대한 제동으로 해석되고 있어 몇몇 인사들에 의해 다각도로 주목받고 있다.

금, 강대국 부상 … 주변국 위협

요 멸망시키고 송 공격 … 고려, 화의 맺을 듯

1115년 아골타에 의해 건국된 금나라는 부족통합에 성공, 최근 그 세력을 인근지역에 미치고 있어 우리 고려의 입장에서는 상당히 두려운 존재로 부각되고 있다. 금은 1125년 요나라를 멸망시키고 곧 송에도 진출하여 송나라를 공격할 조짐을 보이고 있는 상황이다. 송은 요나라에 대한 공격작전에 금과 함께 참여했다가 화북지방만 상실하고 말았다. 송은 군사력을 재충전, 금에 대한 반격을 감행할 방침이며, 이미 고려에 군사적 지원을 요청했다.

현재 우리 고려는 이자겸의 집권 이래 금에게 굴복을 인정하여 표를 올려 '신(臣)'이라 해오고 있으며, 이자겸 이후 대다수의 군신들은 금나라가 요나라는 물론 송을 위협하는 강국임을 내세워 강경한 대응은 피하고 있는 실정이다.

본래 여진족의 금나라는 유목민으로 초기에는 우리에게 조공을 바치며 식량을 구걸하던 나라였으며, 자주 국경을 침입하여 국경지방의 백성들에게 피해를 입혔었다.

그러나 이제는 흩어진 부족을 통합한 상태여서 당분간 북방의 강국으로 자리잡을 전망이며, 우리는 그러한 금에 대하여 강경한 입장을 보인 '서경파'가 거세된 상황이어서 요나라 대신에 금에 대한 군신의 예의를 별부담없이 시행할 것이라는 게 정가의 중론이다. 이는 금의 침략적 위협을 화의를 통해 해결하려는 노력의 일환으로 풀이된다.

송나라는 금의 위협에 맞서 대응하다 휘종과 흠종이 볼모로 잡혀 있는 상태여서 송과 금의 한판 큰 전쟁이 예상되고 있으며, 우리 고려는 이들 간의 싸움을 예의 주시하고 있는 처지이다.

숙종 때부터 지금까지 기상이변 급증

민심 동요 계속돼 … 뾰쪽한 대책없어 답답, 기상전문가 "일본 화산 폭발 탓"

기상관계 당국의 집계에 따르면 최근 들어 서리, 우박, 가뭄 등의 현상이 급증하고 있다.

1095년 숙종의 즉위를 전후한 시기부터 최근까지 봄, 여름에 우박이나 서리가 내리는가 하면, 땅이 흔들리는 등 이상기상현상이 자주 일어나 민심이 크게 동요했다. 이와 함께 심한 가뭄이 자주 들어 농사에도 막대한 지장을 초래하고 있으며 곡가가 크게 오르고 굶주리는 백성이 늘어나는 등 서민들의 생계에 막대한 타격을 주고 있다.

1090년 8월 한여름에 우박이 내리고 12월에 지진이 있었는가 하면, 1096년에는 봄 4월에 우박과 서리가

내렸고 1098년 5월에 우박이 내리더니 이듬해 6월에는 주먹만한 우박이 내렸다. 또 1103년에는 개경에 지진이 일어나 사람들이 대피하는 등 일대 소란이 일어나 민심이 흉흉했다. 1093년 동북지방에 심한 기근이 들었고, 1094년에는 정주지방에 흉년이 들어 굶주리는 백성들이 늘어났으며, 1102년에는 경주 인근 여러 고을의 백성들이 흉년으로 굶주리게 되었다. 1132년에는 자연재해로 곡가가 폭등하면서 개경 사람들도 굶는 경우가 많아졌고 1134년과 1151년에도 큰 기근이 발생했다.

이로 인해 민심이 크게 동요하고 있으며 각종 유언비어와 도참설이

난무하고 있어 고려정부에서도 이에 대한 대책 마련에 부심하고 있다.

한편 사천대 당국자들은 요즈음 발생하는 기상이변의 원인을 전반적인 기후의 한냉화에 있다고 지적하고 이러한 현상은 비단 우리나라뿐만 아니라 동북아시아 전지역에 걸쳐 나타나고 있다고 발표했다.

또 이런 한냉화 현상은 이웃 일본의 대대적인 화산폭발 때문이라는 주장이 제기되고 있다. 기상관계 소식통에 의하면 일본에서는 1108년을 전후한 시기에 해발 2542의 천간산에서 대대적인 화산폭발이 있어 화산재와 연기가 몇 달에 걸쳐 하늘을 덮어 해를 가렸다고 한다.

김부식의 「삼국사기」, 각계에서 주목

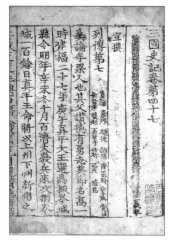

서평

"신화적 세계관 배격하고 유교의 도덕적 합리주의에 두 발 디뎌"

1

역사서술은 과거를 기억의 망각 속에 방치하지 않고 보존, 반추하며 앞날의 지침으로 삼으려는 노력의 하나일 수 있다. 따라서 국가가 간행하는 역사서에는 집권체제의 현실 인식과 이후 과제가 드러난다. 그렇다면 묘청을 대표로 하는 서경파 지식인의 반란과 대륙의 새로운 강자로 부상한 금나라의 압력 속에서 탄생한 관찬사서 「삼국사기」가 떠맡은 몫은 무엇일까?

2

1145년 삼국시대의 역사를 총망라한 「삼국사기」가 편찬돼 각계의 비상한 관심을 모으고 있다. 「삼국사기」는 인종의 명에 따라 김부식의 주도하에 11인의 편사관이 편찬한 것이다. 이 책은 중국의 정사체인 기전체를 본받아 본기(本紀) 28권, 지(志) 9권, 표(表) 3권, 열전(列傳) 10권 등 모두 50권으로 되어 있다. 김부식은 식자층도 우리 역사를 모르는 경우가 많고, 중국문헌이나 옛사료가 내용이 너무 빈약하여 국내의 자료를 총망라 이를 체계적으로 정리할 필요가 있었다고 밝히고, 왕, 신하, 백성들의 잘못들을 가리고 행동규범을 드러내어 후세에 교훈을 삼도록 한다고 말했다.

건국 초 편찬된 「삼국사(三國史)」가 북진정책이라는 국가적 이상과 관련하여 고구려에 중심을 두고 삼국의 역사를 정리한 것에 비해, 「삼국사기」는 신라의 통일위업과 유연한 대당외교를 높이 평가하고, 인물전 서술에서 신라인을 과도하게 등장시킴으로써 일각에서는 신라 중심의 서술이라는 비판을 받고 있다.

또한 「삼국사」에서는 볼 수 있었던 〈단군본기〉나 〈동명왕본기〉가 사라진 것에 대해서도 역사의 매몰 내지는 왜곡이라는 강도 높은 비난도 심심치 않게 들린다. 이에 대해 편찬 책임자인 김부식은 괴력난신(怪力亂神)은 말하지 않는다는 유학의 정신과, 근거없는 것은 믿지 않는다는 증거주의 정신에 충실했던 것뿐이라며 비판을 일축했다. 또한 신라 중심의 서술이라는 지적에 대해서도 고구려와 백제 관련사료의 부족으로 인한 자연스러운 결과일 뿐 의도적인 것은 아니었다는 설명을 덧붙였다.

사실 김부식의 주도하에 11명의 편찬자들은 국내문헌인 「고기(古記)」, 「구삼국사(舊三國史)」, 「고승전(高僧傳)」, 「제왕연대력(帝王年代曆)」 등과 중국문헌인 「삼국지(三國志)」, 「후한서(後漢書)」 등에 이르기까지 관련사료를 폭넓게 섭렵하는 성실함을 보여주었고 '술이부작(述而不作)'이라는 객관적 서술자세를 견지, 사서의 한 모범을 이루었다고 할 수 있다.

3

그렇다면 기존 사료들의 재배열이라고도 할 수 있는 「삼국사기」에서 편자들의 입장이 비교적 잘 드러나는 부분은 어디인가? 사료의 선정이나 칭호, 표현방식의 결정을 통해 암암리에 '판단'이 내려지기도 하지만 가시적 사관이 드러나는 부분은 역시 '논(論)'이다. 〈본기〉와 〈열전〉에 붙어 있는 31측의 '논'에는 예법준칙, 유교적 덕치주의, 군신의 행동, 사대적 예절 등이 대부분을 차지, 유교적 윤리관이 중심축을 이루고 있다.

특히 견훤·궁예의 멸망을 분열에 대한 응징으로 보는 등 갈등과 분열을 국가멸망 원인으로 부각시키는 서술에는 묘청의 난 이후 분열된 민심을 재수습하고 집권체제를 강화하려는 의도가 들어 있으며, '힘의 논리'로 일관했던 고구려보다 신라의 유연한 대당외교를 높이 평가한 것은 단순한 '사대주의'라기보다는 금과의 관계에서 평화적 외교술로 안정을 찾으려는 이후 정국구상을 반영한다.

4

신화적 세계관을 배격하고 유교의 도덕적 합리주의에 두 발을 디딘 「삼국사기」는 바로 진전된 우리 유학 수준의 반영이자, 통일신라 이후의 각종 열전·지리지의 활발한 출간을 통해 축적된 문화역량의 소산이다. 그렇다면 이와 같은 자기정리 이후 발길은 어디로 향해야 할 것인가?

「맹자」를 탐독한다는 김부식은 신라의 불(佛)·법(法)·승(僧) 3보(寶)사상을 비판하면서 우리가 필요로 하는 것은 비현실적인 보물이 아니라 현실적인 선정(善政), 그 자체라는 암시를 살짝 던져놓았다. "인심을 보배로 알면 온 세상이 윤택해진다."

목조 건축 예술의 백미

부석사 무량수전

최근 부석사에 만들어진 무량수전이 목조 건축물 중의 백미로 아낌없는 찬사를 받고 있다. 기둥 높이와 굵기, 사뿐히 고개를 든 지붕 추녀의 곡선과 그 기둥이 주는 조화, 간결하면서도 역학적이며 기능에 충실한 주심포의 아름다움, 문창살 하나 문지방 하나에도 나타나 있는 비례의 상쾌함은 대단히 뛰어나다.

경북 영주군 부석면 봉황산 기슭에 자리한 부석사는 676년에 건설된 사찰인데 신라 때의 석등, 3층석탑, 당간지주 등이 있다. 무량수전은 전면 5칸, 측면 3칸의 단층 합각식건물로 불단은 중심 북쪽에 놓이지 않고 서쪽 중심에 있다. 이것은 부처를 서역의 상징물로 간주하면서 불공하는 사람들이 불교의 발생지를 향해 앉도록 하기 위한 것이었다 한다. 이는 실내공간 폭을 크게 하여 실용면적을 넓히는 기능도 해주고 있다.

기자 수첩

送人

김부식이 묘청의 대위국을 완전 진압했다는 보도를 접한 많은 지식인들은 가장 먼저 관련사망자 명단을 살펴봤다. 그리고는 모두 긴 한숨을 내쉬었다. "예견된 일"이라고 짤막하게 내뱉는 한 젊은 문학도의 말에서 알 수 있듯이 대다수 지식인들은 묘청의 난을 김부식이 진압하러 간다는 소식에 한 인물의 생사를 염려했었다. 모두가 걱정했던 인물, 그는 바로 정지상이다. 사람들이 정지상의 죽음에 관심을 갖고 안타까워하는 것은 그의 탁월한 문재(文才) 때문이다. 누가 뭐라 해도 그는 당대 최고의 시인이며, 많은 사람들은 그의 시 앞에서 감동했었다. 우리 문학사상 가장 탁월한 시인 한 사람을 잃어버리고 만 것이다.

항간에서는 "김부식이 묘청이 아니라 정지상을 죽이러 떠났다"는 말까지 나돌았을 만큼, 김부식과 정지상의 라이벌 관계, 아니 더 정확히 표현한다면 김부식의 정지상 콤플렉스는 세간에 유명한 일화이다. 김부식은 평소 정지상의 문명(文名)을 몹시 시샘하고 있었는데, 정지상의 '절에는 염불 소리 그치고 하늘은 유리처럼 맑다(琳宮梵語罷 天色淨琉璃)'라는 시 한 구절을 몹시 탐내 자신에게 이를 줄 것을 부탁했

지만 거절당하자, 개인적 원한을 품게 됐다고 알려져 있다. 김부식 또한 누구나가 인정하는 만만찮은 문장력의 소유자이지만, 정지상이 존재하는 한 그는 2인자일 수밖에 없었다. 이러한 김부식의 사적인 원한이 정지상을 죽음에까지 이르게 했다는 의심은 최근 전해진 소식 때문에 더욱 증폭되고 있다. 김부식은 이미 서경으로 출발하기 전 정지상을 반란 관련 혐의로 살해한 후에 이 사실을 국왕께 알렸다는 것이다.

이 암울한 뒷소식에 많은 이들은 절망했다. 김부식을 비난하기 이전에 정지상의 죽음이 더욱 큰 아쉬움으로 다가왔기 때문이리라. 이제 우리는 '가을바람 산들산들 지는 해를 부르고 秋風微凉吹落日 산의 달이 차츰 훤해지는데 맑은 잔나비 울음 들린다 山月漸白啼淸猿'와 같은 무서울 정도의 귀기(鬼氣)어린 시구나, '무정한 물건이 유정한 물건을 끌거니 無情物引有情物'와 같은 정지상의 절창을 다시 들을 수 없다. 이제 그가 떠난 먼 황천길에 그가 남긴 시나 한 수 따라 보낼 수밖에. '비 개인 긴 둑 길에 풀빛이 진한데 남포에서 임 보내니 마음엔 슬픈 노래 대동강 물은 언제나 마르랴 해마다 이별 눈물만 푸른 물결 더하네 (雨歇長堤草色多 送君南浦動悲歌 大同江水何時盡 別淚年年添綠波).' 그 유명한 '대동강 송인(送人)'이다.

해외 소식

남송 건국 … 금의 침입에 따라 남쪽으로

금의 침입을 피하여 남쪽으로 내려온 송 고종은 임안(臨安)을 중심지로 하여 남송을 건국했다.

요를 멸망시켰던 금은 계속 송을 위협, 1126년 송의 수도 개봉을 점령하고 휘종과 흠종 황제를 잡아갔다. 이에 따라 송은 왕통이 중지되는 참변을 겪게 됐는데, 다행히 남으로 도망쳤던 흠종의 동생, 즉 고종이 이번에 남송을 재건하게 된 것이다. 남송의 건국에 대해 고려정부는 일절 언급을 회피하고 있으나 그동안의 송과 고려간의 관계를 감안할 때, 남송에서는 고려를 통하여 금에 접근하려는 계획을 가지고 있는 것으로 보인다.

아라곤 왕국 "지중해시대 열겠다"

서프랑크왕국의 아래에 위치한 아라곤왕국이 1137~1138년에 카탈루냐지역을 병합하여 지중해로 진출함에 따라, 지중해를 통한 상업의 활성화가 기대되고 있다. 이미 아라곤왕국에서는 수도인 사라고사와 카탈루냐의 바르셀로나를 연결, 지중해 지역의 무역진흥책을 세우고 있다고 공식적으로 밝혔다.

이에 따라 현재 지중해 무역을 독점하고 있는 이탈리아 상인들이 상당히 긴장하고 있는 모습이다. 원래 이들 지역은 모두 로마령 히스파니아 타라코넨시스의 일부였으나, 8세기에 접어들면서 이슬람의 지배를 받기도 했다.

역사신문

무신정변, 문신 대학살

의종 연회장 습격, 무차별 살해 …

1170년 8월 정중부, 이의방, 이고 등 무신들이 집단반란을 일으켜 많은 문신을 살해하고, 의종을 폐위시키는 엄청난 사건이 발생했다. 평소 무신차별에 강한 불만을 품고 있던 이들 무신들은 대소관리는 물론, 환관에 이르기까지 거의 모든 문신들을 살해했다. 의종의 후임에는 의종의 동생이며 인종의 셋째아들인 지단이 명종으로 즉위했고, 현재 정중부가 무신들의 대표자로서 국정을 장악하고 있다.

사건발생 당일 의종은 다른 날과 마찬가지로 연희를 즐기기 위해 많은 문신들과 더불어 보현원으로 이동했다. 보현원 도착 직전 의종은 오문(五門)에서 시종하는 문신들과 더불어 술을 곁과, 상당히 술에 취해 있던 상태에서 무신들에게 수박희(手搏戱)를 할 것을 명령했다. 이때 이고와 이방이 먼저 보현원에 도착, 순검군을 집결시킨 다음 의종 일행이 보현원문에 들어서려는 순간, 왕을 수행하던 대소관리는 물론 환관들도 모조리 순식간에 살해했다. 또한 이고는 개경에 남아 있던 50여 명의 문신들도 살해할 것을 지시했다.

사건발생 직후 정중부 등은 이를 자제토록 하는 한편, 즉각 왕과 태자 등을 위협, 군기감으로 옮기고 결국 의종은 거제현으로, 태자는 진도현으로 추방했다.

정중부, 이고 등은 이번 사건의 원인이 그동안의 심한 무신차별과 의종의 향락생활에 있다고 밝히고, 명종과 함께 즉시 인사개편을 단행하여 발표했다. 앞으로 무신들의 집권이 계속 이어질 것이라는 전망과 더불어 정권을 상실한 문신들의 대응에 귀추가 주목되고 있다.
관련기사 2면

거사에 나선 우리들의 입장

태조의 건국 이래 이 나라를 이끌어온 것은 누구인가. 왕실을 중심으로 문·무반이 일심단결하여 안으로는 나라의 기틀을 세우고, 밖으로는 거란, 여진 등 외적의 침입을 물리쳐온 결과 오늘의 우리가 있게 된 것이다. 그런데 작금에 벌어지고 있는 문신들의 우리 무신에 대한 천대와 조롱은 그 도가 지나쳐 도저히 참을 수 없는 지경에 이르렀다. 한낱 문반 5품 기거주(起居注)가 국왕 이하 백관이 보는 앞에서 무반 3품 대장군의 뺨을 때리는 것과 같은 만행은 이러한 무관 천시의 풍조에서가 아니면 상상도 할 수 없는 일인 것이다.

이에 우리는 이러한 잘못된 풍조와 관행을 바로잡아 문무가 동등한 지위와 자격으로 국정에 참여하게 하기 위해 우국충정의 한마음으로 궐기한 것이다. 우선 우리는 대대적인 인사조치를 단행할 것이다. 국왕의 곁에서 아부나 하고 타락을 부추기던 문관들은 과감히 숙청할 것이며, 그동안 음지에서 고생해온 능력있는 무관들을 대폭 중용할 것이다. 그러나 무관 천시에 가담한 문관들은 사실 일부에 불과하다. 국정운영에 열심인 대부분의 문관들에게는 추호의 불이익도 가지 않을 것이므로 일체 동요가 없기를 바라는 바이다.

아울러 우리는 최근 들어 왕실의 사치와 향락이 극에 달해 있음을 지적하지 않을 수 없다. 이는 태조의 유훈에도 맞지 않는 일로서 마땅히 바로잡아져야 한다. 따라서 이러한 왕실 부패의 책임을 물어 의종을 폐위하여 거제도로 유배하고 의종의 아우이신 익양공을 명종으로 즉위케 하였으니, 문무백관들과 백성들은 이번 사안의 의미를 헤아려 부디 경거망동하지 말고 자중하여주기를 간곡히 경고하는 바이다.

1170년(의종 24년) 9월 2일 대장군 정중부

의종 폐위 … 정중부, 이의방, 이고 주요관직 진출

전격적으로 정권을 장악한 정중부 등 무신들은 중서시랑 평장사에 임극충, 참지정사에 정중부, 노영순, 양숙, 추밀원사에 한취, 복야에 김성미, 추밀원 부사에 김천, 좌승선 급사중에 이준의, 우승선 어사중승에 문극겸, 좌산기 상시(常侍)에 이소응, 대장군 위위경에 이고, 대장군 전중감에 이의방을 각각 임명했다.

그리고 이고와 이의방은 집주를 겸임하게 됐으며, 기탁성을 어사대부로 채원을 장군으로 임명했다.

이번 인사조치에는 정중부, 이의방, 이고 그리고 이준의가 간여한 것으로 알려졌는데 무신들이 거의 모든 정치 요직을 차지했으며, 기타 많은 무신들의 작위도 한등급씩 올려주었다.

인사개편 후 명종의 즉위식이 대관전에서 거행됐으며, 새로 즉위한 명종은 즉시 대사령을 발표했다. 그리고 명종은 정중부, 이고, 이의방을 벽상공신으로 추대, 화상을 그려 전각에 붙이게 했으며, 양숙과 채원 등은 차등으로 대우하게 했다.

또한 의종 재위 때 의종을 모함하여 귀양갔던 김이영, 이작승 그리고 정서 등 관련자 모두를 불러 적전을 돌려주었으며, 공부랑중 유응규를 금나라에 파견, 자신의 즉위 사실을 알렸다.
관련기사 2면

918
고려 건국

1018 지방제도 정비
1126 이자겸의 난
무신정변
1170-80 농민봉기
1196 최씨정권

1392 조선 건국

53

역사신문

무신정변, 귀족사회에 일대타격

과감한 사회개혁으로 난국 수습해야

정중부, 이의방, 이고 등이 주동이 되어 일으킨 무신들의 이번 정변은 분열과 대립을 거듭하던 문신귀족정치의 난맥상으로 인해 이미 오래 전부터 예견되어오던 일이다. 또 무신정변은 문벌귀족사회에 대해 회생할 수 없는 일대 타격을 가했다는 점에서도 고려정치사에 중요한 전환점을 이룬 사건이라고 할 수 있다.

우리나라는 국초 이래로 국왕이 통치의 정점을 이루는 집권체제를 지향해왔으나, 11세기에 접어들면서 사회의 지배층을 이루었던 문벌귀족들이 권력과 부를 독점하여 전횡함으로써 국가의 정상적이고 공적인 정치운영은 파탄의 지경에 이르렀다.

그런 가운데 국왕의 권위는 약화될 대로 약화되고 권력을 장악한 문신귀족들의 횡포는 날로 심해져, 이들의 안하무인한 태도와 횡포는 일반 백성들뿐만 아니라 하급관리들이나 무신들에게도 분노의 대상이 되었다. 그런 와중에서 국왕은 국왕대로 허물어져가는 자신의 권위를 유지하기 위해 무도한 인사들을 측근 세력으로 기르는가 하면, 지나친 사치와 향락을 일삼아 백성들에게 무거운 부담을 강요하게 되었다. 이 사회 지배층 전체가 총체적인 난맥상을 드러낸 것이다.

무신정변은 무신들에 대한 문신들의 차별대우가 직접적인 원인이었지만, 바로 이런 상황에 대한 상하 백성 모두의 불만을 집약하고 있는 것이다. 문신귀족들을 닥치는 대로 주살하였던 무신정변의 행동대원들이 일반 백성들과 같은 처지에 있는 하급군인들이었다는 점이 그런 사실을 증거하고 있다.

뿐만 아니라 무신정변은 고려사회에 가득차 있는 불만들이 이제 속속들이 분출할 수 있는 분화구를 열어놓았다는 점을 유념해야 할 것이다. 지금까지 억눌려왔던 농민들도 이제는 기존체제의 모순을 행동으로 거부할 수 있는 사회적 분위기가 조성된 것이다.

그런데 안타까운 일은 이번 정변을 주도한 무신들이 이런 전환기적 난국을 타개할 수 있는 비전을 가지고 있지 못하다는 점이다. 우리가 이들에게서 찾아볼 수 있는 것은 개인적인 복수심과 사리사욕뿐이다. 이들은 중방을 중심으로 자신들이 권력을 장악하고 사병을 기르는 등 사적인 정치운영 행태를 보이고 있으며, 이를 감당하기 위해 농장을 확대하는 등 또다른 수탈을 자행하고 있다.

전후 사정이 이러하다면 고려지배체제가 머지않은 장래에 백성들의 전면적인 저항에 부딪칠 것은 불을 보듯 뻔한 일이다. 집권무신들은 과감한 사회개혁을 통해 이 난국을 슬기롭게 수습할 것을 충고한다.

그림마당
이은홍

다시는 이 땅에 나와 같이 불행한 군인이 없기를……

정중부를 중심으로 본 무신정변 당일의 모습

"문관의 관을 쓴 놈은 서리라도 모두 죽여 씨를 남기지 말라"

정중부가 하급 무관직으로 있을 때 저녁에 잡기를 즐기는 도중 김부식의 아들인 김돈중에게 촛불로 그의 수염을 태우는 일을 당했다. 이 일뿐만이 아니라 평소 그는 왕의 연회에 호위를 서며 문신들이 왕과 함께 방탕하게 노는 모습을 보고 강한 불만을 품어왔다.

1170년 8월 병자일 의종은 연복정에서 흥왕사로 갔다. 정중부는 이의방과 이고에게 "지금이 거사할 때다. 연복정에서 궁으로 가면 거사를 그만두고, 보현원으로 가면 이 기회를 잃지 말자"고 말했다. 다음날 왕이 보현원으로 가는 길에 오문에 이르러 사신을 모아놓고 술자리를 벌였다. 술자리가 한창 무르익을 때 무인들에게 수박희를 시켰다.

이때 대장군 이소응이 수박희에 져서 달아나다가 젊은 문신 한뢰에게 뺨을 맞고 섬돌 아래로 떨어졌다. 모든 신하들이 이 광경을 보고 손뼉을 치며 서 웃었으며, 문신 임종식과 이복기는 이소응에게 욕을 했다. 이소응은 나이가 많았고 무인이지만 얼굴이 수척하고 힘이 약했다. 정중부는 "이소응은 무관이나 벼슬이 3품인데 어찌 이처럼 심한 모욕을 하는가" 하며 한뢰를 힐난했다. 당시 왕은 급히 정중부를 달랬다.

일행이 보현원에 접근해갈 때 이의방과 이고는 먼저 도착, 왕의 명령이라 속이고 군사를 모아두었다. 왕과 신하들이 문으로 들어오자마자 이고 등은 행동을 개시, 이복기와 임종식을 문에서 죽였다. 한뢰는 내시의 도움으로 어상(임금의 자리) 아래로 숨었다.

정중부는 "화근인 한뢰가 임금 곁에 있으니 죽이라"고 했다. 한뢰가 왕의 옷에 매달려 나오지 않자 이가가 칼을 뽑아들고 그 즉시로 죽였다. 무인들은 여세를 몰아 이세통, 이당주, 김기신, 유익겸, 김자기, 허자단 등 호위하는 문

관과 대소 신료 및 내시들을 모두 살해했으며 시체들이 여기저기 즐비했다.

한편 정중부와 이의방 등은 김돈중이 혹시 빠져나가 태자를 옹립하고 정중부와 이의방 등을 반란자로 규정, 체포하려 한다면 일을 그르칠까 염려, 김돈중의 집에 사람을 보내 정탐을 시켰으나, 아직 집에 돌아오지 않은 것으로 밝혀졌다.

정중부와 이의방 등은 군사를 거느리고 먼저 개경으로 와 김수장, 양순정 등 궁궐에 있던 내직원(문관) 6명을 죽였으며, 태자궁으로 가서 10여 명을 죽였다. 그리고 "문관의 관을 쓴 놈은 비록 서리라도 모조리 죽이고 씨를 남겨두지 말라"고 명령했다. 이에 사졸들이 출동, 최포칭, 허홍재 등 50여 명을 찾아내 죽였다. 이후 의종은 거제현으로 태자는 진도현으로 추방하고 왕의 어린 손자는 죽였다.

왜 정중부가 내세워졌는가

고위층 무관인사로서 평판 좋아 대표로 적임
실제 주동자는 하급장교 이의방과 이고

무신정변의 사실상 주동인물은 이의방과 이고 등인 것으로 알려진다. 그럼에도 정중부가 전면에 나서게 된 것은 그 나름의 이유가 있다.

정변 당시 이의방과 이고의 직책은 견룡행수(牽龍行首)였다. 주지하다시피 이 직은 무반 정8품 산원(散員) 직으로서 사실상 하급장교에 불과한 것이다. 따라서 이들은 정변을 합리화시키고 더 많은 동조자를 끌어모을 절실한 필요가 있었고 그를 위해 적합한 인물이 바로 정중부였다는 것이다. 이는 이들이 정중부에 앞서 대장군 우학유를 찾아가 정변을 지도해줄 것을 부탁

했다가 거절당했다는 사실이 밝혀짐으로써 신빙성을 더해주고 있다.

정중부는 대장군이라는 고위 직책을 가지고 있을 뿐만 아니라 무신들 사이에 평판이 좋아 정변의 대표자로 적임자였다는 것이다.

그러나 정중부는 문신들의 무신 천대에 반감을 품어오기는 했으나 자신이 쌓아온 지위를 일시에 잃을 위험부담이 따르는 급격한 변화는 바라지 않을 것이라는 분석이다. 아울러 무반 고위층에서는 정중부와 비슷한 처지의 인물들로 온건파가 형성되고 있다는 관측이 유력하다.

의종의 정치 행태와 향락생활

의종은 즉위과정에서 그의 동생인 대녕후와 경쟁해야만 했다. 따라서 의종은 측근 세력을 육성하는 데 힘을 쏟았다. 그러나 김부식 등은 유교정치 이념과 예제(禮制)에 입각, 측근 관료에 의한 독주를 견제했으며 중추원과 중서문하성의 고관들도 간쟁을 통해 측근 정치의 독주를 견제했다.

의종집권 초반에 연이어 터진 사건은 의종을 더욱 불안하게 했으며 그의 위상을 약화시켰다. 서경사람 이숙의 모반, 이심, 지지용 등의 고려지도 유출사건 등이 연이어 터졌다. 이런 분위기에 편승, 김존중과 환관 정함이 측근 세력으로 성장했다. 한편 의종은 격구와 말달리기를 즐기면서 무인들을 비호했고 정중부는 출입이 금지된 궁문으로 무단출입할 수 있었다.

이에 대해 재추관리들의 복합상소가 잇달았으나 의종은 금위군을 계속 강화해나갔다. 측근 세력의 독주는 강화되어갔으며, 역으로 관료들의 분열은 심화됐다.

의종 11년부터는 연기(延基)와 기복(祈福)을 위해 이궁(離宮)의 건설과 종교행사를 자주 열어 이에 따른 노동력의 징발과 경비의 지출이 많아졌다. 지방관들의 인사고과에 취렴 성과를 반영, 사회혼란을 부채질했다. 놀이행차도 잦아졌는데, 이는 왕 스스로가 정치적 위기를 느끼면서 그것을 현실도피적으로 꿈의 계시나 종교에 의지하여 해소하려는 움직임으로 보인다.

"머리에 꽃 꽂고 수레에 실려갔다"

믿을 만한 측근 세력을 키우지 못한 의종은 그로 인한 정치적 위기감을 해소하기 위해 여느 왕보다 화려한 향락생활을 영위하였다.

의종은 도처에 정자를 지어놓고 문신들과 함께 연일 주연을 베풀며 향락생활을 일삼았다. 중미정, 만춘정, 팔경정, 황락정, 연복정 그리고 이번 사건의 발생지인 보현원 등이 그것이다. 연복정은 수심이 낮아 배를 띄울 수 없다며 제방을 쌓아 호수를 만들었다. 이 땅이 모래땅이라 비가 많으면 자주 무너졌다. 이 연복정의 둑은 몇 차례 크게 무너졌으며, 왕은 "군졸의 힘이 모자라 제방을 막지 못하고 있으니 각 부락에서 장정을 뽑아 둑을 쌓고 꽃과 나무를 더 심으라"고 지시했다.

연복정에서의 주연은 대단했다. 보통 내시 전중감 김천(金闡)에게 연회준비를 지시하고는 재추, 승선, 대간들과 함께 배를 타고 밤 늦도록 놀면서 참가한 모든 신하들이 크게 취했다. "모든 신하들이 취하여 머리에 꽃을 잔뜩 꽂은 채로 수레에 실려 집에 갔다"고 목격자들은 증언한다.

이천 등에서 대규모 민란

가뭄으로 굶어 죽어가는데도
세금징수 철저 …
전염병까지 겹쳐

1162년 5월 이천, 동주, 선주에서 대규모 민란이 발생했다. 이들 지역은 가뭄으로 곡식생산이 거의 없고 전염병까지 돌아 극심한 생활고에 시달리고 있는데도 관리들의 세금징수는 철저했던 것으로 밝혀지고 있다. 이번 난에 참가한 한 농민은 "우리 고을에 작년부터 비가 오지 않아 농작물이 자라지 않았는데도 세금은 꼬박꼬박 걷어갔다"며 궁핍을 이기지 못한 많은 농민들이 죽어 '길가에 사체가 널려 있는 상태'라고 말했다.

이심과 지지용, 역모

"고려 급습할 것" 편지와 지도 송에 전달
송에서 제보 … 전원 체포

1148년 10월 이심과 지지용의 역모사건이 발각돼 정가를 들끓게 하고 있다. 이는 송나라 사람 임대유가 고발함으로써 어사대에서 수사에 착수, 밝혀진 것이다. 어사대의 발표에 따르면 이들은 송나라 사람 장철과 공모, 고려를 급습하라는 편지와 고려의 지도를 전달했다.

임대유는 지난 8월에 고려에 왔던 송나라 도강(都綱)으로 이번에 편지와 지도를 가지고 와서 이번 사건을 고발했다. 현재 관련자가 더 있을 것으로 보고 조사를 계속하고 있으나 그들은 왜 이런 일을 저질렀는지에 대해서 여전히 함구하고 있어 수사의 진전에 어려움을 겪고 있다고 어사대의 한 관계자는 밝혔다.

의종, 중흥궐 창건 지시 … 명당 여부 논란

1158년 9월 의종은 백주(白州)에 별궁인 중흥궐을 창건하도록 지시하였다. 이 작업은 지난 8월 태사감후 유원도의 건의에 따른 것으로, 유원도는 백주의 토산이 고려 융성의 터전임을 강조, 여기에 궁궐을 지으면 7년 안에 북쪽의 오랑캐를 정복하게 될 것이라고 주장했다. 현재 작업시일을 단축시키기 위해 밤낮으로 작업을 강행, 백성들의 원성을 사고 있는데 일부 음양가들은 "이곳은 도선의 가르침에 따르면 북방의 돌 호랑이가 머리를 추켜들고와서 덮치는 형세인데, 여기에 궁궐을 창건했으니 앞으로 필시 나라에 위급한 환난이 생길 것"이라고 주장하고 있다.

금, 고려 변방 급습

1165년 3월 금나라 사람 70여 명이 인주와 영주 두 고을에 침입하여 정주를 지키고 있던 별장 원상침등 16명을 납치해갔다. 이에 대하여 금나라에 대한 비난의 목소리가 높다. 이번 사건에 대해 정부에서는 아직 별다른 논평을 하지는 않았으나, 곧 특사를 파견, 항의의 뜻을 전할 것으로 알려졌다.

최근 관리들의 부정과 만행이 잇달아 관리들의 기강확립의 문제를 지적하는 목소리가 높다. 서경의 한 유학자는 "궁궐의 사람들이 먼저 모범을 보이지 않으면 안 된다"고 말하며 궁궐에서 자행되는 사치와 계속된 연회로 인한 '타락의 현실'을 지적했다. 어쨌든 관직자들이 솔선하여 모범을 보여야 한다는 자성이 있어야 하며, 기강확립을 위한 대책이 있어야 한다.

1151년 4월 소부소감 한령신이 재직시에 자신의 질 낮은 베(布)를 관포(官布) 30필과 바꾸어놓았던 사실이 폭로됐다. 이에 대하여 어사대에서는 한령신의 토지를 몰수하고 그를 시골로 추방하는 조치를 취했다.

1149년에는 검교 소부 소감 고원인(高元仁)이 자기가 관리하던 관의 비단 1백8필을 훔쳐냈으며, 1147년에는 감찰어사 이현부가 운흥창에서 쌀 17석을 가져다가 자기의 자식 등에게 주었던 일이 발생했다. 1148년에는 양온령, 동정, 송언승이 자기의 처를 죽였는가 하면, 검교 소부 소감 양수영은 친동생을 살해, 세상을 놀라게 했다.

"울릉도, 사람 못 산다", 이주계획 백지화

의종은 김유립을 시켜 울릉도를 답사토록 지시했다. 울릉도는 예전에 주·현을 두었던 곳으로 지역이 넓고 땅이 비옥한 것으로 알려졌기에 왕이 시찰케 한 것이다. 그러나 김유립의 보고에 의하면 돌과 암석들이 많아 백성들이 살 수 없는 것으로 알려졌다. 따라서 그동안 진행돼온 울릉도에 대한 백성들의 이주 논의는 사그러들게 되었다.

한편 울릉도는 신라 지증왕 때 이사부에 의해 신라의 영토에 편입되어 오늘에 이르고 있다.

기자 방담 농장 경영 실태와 문제점

"권세가들 지방관 앞세워 주·군 단위의 대규모 탈점 일삼아"

- 신기자 농장이 형성되는 경로는 대체로 두 가지다. 하나는 소유권 획득을 통해 실 소유지를 늘리는 것이고, 또 하나는 수조권을 확보해 토지에 대한 지배권을 행사하는 것이다. 소유권 획득은 매입을 통해서도 가능하지만, 주로 고리대를 통해 채무 농민으로부터 강탈하는 경우가 많다. 수조권 획득은 주로 권력을 이용해 압력을 가하거나 협박하는 방법을 쓴다.

- 이기자 보통은 이 두 가지가 혼재돼 있는 경우가 많고 자신이 소유한 땅을 근거로 하여 그 일대의 전토를 집적하는 경우가 일반적이다. 이처럼 넓은 땅을 집적해 그 중심부에 장사(莊舍)를 두고 거기에 장주, 간사 등이 거주하면서 농장일을 관리, 감독해나간다. 이런 농장을 전장, 전원이라고도 부른다.

- 오기자 지금 사회적으로 심각하게 문제가 되고 있는 것은 권세가들이 자의적으로 수조지를 탈점, 이를 토대로 농장을 형성하는 경우다. 권세가들의 탈점행위는 주와 군 단위로 하는 대규모인데, 이는 지방의 수령이나 향리 등 국가권력기관을 배경으로 하기 때문에 가능한 것이다.

그런데 역설적이게도 이처럼 국가권력을 배경으로 한 탈점행위가 오히려 국가의 토지분급제도인 전시과제도를 붕괴시키고 있다.

농민들은 한 떼기의 땅에서 이사람 저사람으로부터 여러 차례 조세를 수탈당해 고통을 겪고 급기야 유망하거나 저항하는 경우가 늘어나 사회불안이 조성되고 있다.

- 신기자 무신정변 이후 이런 경향은 한층 심화되고 있다. 무신정권이 들어선 이후 집권무신들은 자신들의 사병을 육성하고 있는데 이를 유지할 재원을 마련하기 위해 전혀 자격이 없는 자들을 수령으로 파견, 가렴주구를 일삼았을 뿐만 아니라 이들을 이용하여 대대적으로 농장을 확대하고 있는 실정이다.

- 오기자 요즘은 시정에서 짐승 잡고 술 팔던 무리나 활을 당기던 군사 중에서 부당하게 지방의 수령이 된 사람이 많다. 이들이 하루아침에 고을의 수령이 됐으니 재물을 탐내고 이익을 취하는 것은 당연하다.

- 신기자 문신들로부터 천대를 받던 무신들이 집권한 만큼 백성들의 입장에서 뭔가 개혁적인 조치가 있으리라 기대했는데, 오히려 무신집권 이후 토지겸병이 확대되고 있다.

- 이기자 지금과 같은 상황이 계속된다면 어떤 형태로든 전국적으로 민의 저항이 일어나리란 건 불을 보듯 자명하다. 특히 무신정변 이후 권력변동을 눈으로 보아온 백성들의 의식 고양을 감안한다면 정권차원에서 민생안정을 위한 대폭적인 개혁조치가 시급하다고 생각한다.

국왕 측근 모함한 자화 등 수장형(水葬刑)
출신 지역은 통째로 부곡으로 강등조치

1161년 10월 왕의 측근을 모함한 죄로 자화와 의장를 수장형에 처하는 한편, 감음현을 부곡으로 강등시키라고 의종이 지시했다. 이들은 정서의 처인 임씨와 현리인 인량이 임금과 대신들을 저주했다고 신고했었고, 의종은 즉시 합문지후 임문분을 파견, 진상조사에 나섰다.

그러나 조사결과 자화가 인량과 사이가 나빠 거짓으로 신고한 것임이 드러났다. 또 정서의 처인 임씨 역시 무죄임이 드러났다. 모함을 당한 정서 등은 국왕의 측근으로 이번 사건은 국왕 측근의 인물들과 지방 유력자들 사이에 세력 갈등이 있음을 보여주고 있다.

한편 사건의 책임을 물어 감음현을 부곡(部曲)으로 강등시킨 조치는 현지 주민들의 큰 반발을 사고 있다. 이는 전체 촌민의 신분을 양인에서 천민으로 만든 조치이다. 앞으로 이 지방에 지방관의 파견은 금지되고 이웃 주·현의 지방관이 이 지역을 관리하게 된다.

부곡이란?

특수 천민집단 부락이다. 기원은 신라 때부터인데, 신라는 전쟁 중에 신라에 순수히 통합되지 않는 촌락을 '부곡'이라는 특수행정체제로 편입시켰다. 이와 비슷한 행정 조직으로는 향과 소가 있다. 여기에는 지방관이 파견되지 않는다. 이들은 모두 천민으로 간주해 관리되고, 국가에 세금을 납부해야 한다.

고려에 와서도 이러한 행정구역이 유지됐다. 이러한 특수행정 구역은 전국적으로 분포돼 있으며, '소'는 주로 수공업에 종사하는 천민들로 구성되고, 향과 부곡은 주업이 농업으로 알려지고 있다.

청자에 깃든 고려인의 마음

명상적인 조요한 빛깔과 은은하고도 지체 있는 청자의 질감이
우리나라 상형청자의 아름다움에 고요와 신비의 생명감을 불어넣어 주고 있다.
대개 공예조각이란 예술의 경지에까지 미치기 어려운 경우가 많고,
따라서 지나친 잔재주와 아첨이 깃들인 속물이 되기 쉬운 법이다.
그러나 고려의 상형청자 작품들을 보면 크면 큰 대로, 작으면 작은 대로
모두 늣늣하게 때를 벗었다는 느낌을 깊이 받게 된다.
더구나 다루기 어려운 청자 연적이나 문진 같은 작은 문방구들의 경우만 보더라도
조형이 자칫 복잡해질 듯싶으면서도 도리어 간명하고 순진하며
물체가 지닌 습성과 아름다움의 기미를 너무나 잘 살렸음을 알 수 있다.

청자상감술잔

청자상감포도동자문 표형수주. 높이 38.5cm.
주전자와 승반 전면에 포도덩쿨을 상감하고,
이를 잡고 희롱하는 귀여운 동자를 그렸다.
아마도 다산과 풍요를 뜻하는 듯하다.

우리나라 도자기의 역사

우리나라는 삼국시대에 이미 고화도로 환원번조한 토기를 만들었다. 삼국토기 중에서도 신라, 가야토기는 질적으로 가장 우수한 것이어서 1200도 이상이나 올라가는 고화도환원번조로, 표면색은 회청흑색이고 무쇠같이 단단한 것이었다. 삼국시대의 토기를 거쳐 통일신라시대에 이르러 토기에서 자기로 이행되는 기반이 확립되었다. 통일신라시대 토기는 부장용보다는 주로 실생활용으로 안정된 것이었다. 이때는 삼국시대부터 시작된 토기표면에 유약을 입힌 연유계의 녹유토기와 갈유토기가 발달하여 세련되어졌고, 8세기 경부터는 회유토기가 발달하여 토기에서 자기로 이행되는 기반이 확립되었다. 삼국시대부터 중국의 육조청자의 유입이 상당량에 달하였고 8세기부터 당나라의 도자기가 들어왔으며 9세기부터는 청자제조 기술이 해로를 통하여 활발하게 우리나라의 서해안과 일부 남해안에 유입되었다. 여기에서 우리나라 청자의 최초 형태인 일운문굽계청자(햇무리굽청자)가 만들어졌다.

청자의 발생

청자는 원래 토기에서 발전하여 새롭게 만들어진 형태이다. 토기가 발전하여 고화도환원번조의 석기단계에 이르면, 가마에서 자연히 생겨나는 재티가 고온의 토기표면에 내려앉아 태토 내에 들어 있는 규사질과 합하여져 녹아 자연유가 되는데, 이런 경우 재티를 많이 날게 하여 인위적으로 자연유를 입히기도 한다. 이러한 자연유의 성분을 인공적으로 만들어낸 것을 잿물 또는 회유라 한다. 이 잿물을 토기표면에 바르고 고온으로 구워내면 회유토기가 되고 이 회유토기가 청자발생의 시초형태이다.

중국에서는 이 회유토기의 시원은 은대이며, 춘추전국시대부터 연유가 발달하였지만 동양에서 유약의 기본은 회유였다. 이 회유는 한대에 들어오면서 전시대보다 유약표면이 매끄럽게 되는데, 이러한 단계를 초기청자라고 할 수 있다.

육조시대에는 태토도 점차 양질이 되고 유약도 장석유에 가깝게 발전해 질적으로 청자에 한발 다가서게 되고, 당대에 이르러 청자가 세련되기 시작하여 오대에는 질적으로 완벽한 청자가 되었다.

청자상감운학무늬 매병. 높이 42.1cm
푸른 창공 위를 나는 학의 유유한 비상과 그 정적의 세계가
유려한 매병의 선과 어우러져 미의 극치를 보여준다.

청자죽순형 주전자. 죽순 모양의 몸체에 두 개의 대나무
구부려 만든 형상의 손잡이와 대마디형의 귓대부리가 특이

모란운학문 베게

실제로 사용하는 문방구란
우선 서재의 변두리나
서상(書床) 위에 놓아서
안정감이 있어야 하고
또 주위의 분위기에
잡음이 발산할 만큼 조형이
번잡스러워서는 안 된다.
우리나라의 청자는
그 조형미와 색감, 질감이
화려하지 않으면서도 정제되고
순화된 미를 발산하고 있다.

청자진사연화문표형주전자. 높이 32.7cm.
크고 탐스러운 연봉이 몸체가 되고 그위에 작은 연봉이 솟아나서
윗 몸체가 되어 조롱박 형태가 되었다.
주전자 입은 연잎을 말아붙인 형태이고 작은 개구리가 손잡이 위에 앉아 있다.

청자의 발전 어디까지 왔는가?

우리나라 청자의 발전단계는 대강 다음과 같이 나눠볼 수 있다.

초기　강진의 햇무리굽 청자가마는 점차 확산되었으나, 다른 지방의 햇무리굽 청자가마는 점차 없어지거나 지방의 조질청자가마가 되고 녹청자가마도 생겨나게 된다. 청자의 질과 형태와 문양이 안정되고, 중국의 제반 양식과 번조수법이 독자적으로 변모해나가 예종연간까지는 그 질과 양식에서 중국적인 것을 거의 청산한 단계에 이른다.

한편, 강진의 가마는 점차 대구지역으로까지 확대되고, 전라북도 부안일대에도 청자가마가 생긴다. 또한 관에서 운영하는 형태의 대규모의 청자요지도지도 생기게 된다.

인종대 이후　인종 때에는 더욱 발전해 독창적 기형과 독특한 비색 청자를 완성하고 의종 때에는 상감기법과 문양구성이 가장 뛰어난 형태로 발전하게 된다. 청자, 청자상감, 철채, 동화, 동채 등 다종다양한 청자가 만들어졌고 청자기와도 만들어졌다.

청자의 색에 있어서도 비색 유약이 완성되는 단계에 이르게 되고, 청자의 형태나 문양, 번조수법 등에 남아 있던 중국의 영향이 거의 사라지고 자연에서 소재를 얻은 독창적인 형태와 문양이 독특한 세련미를 보이게 된다. 문양에 있어서는 음각, 양각, 투각문양 등이 발전을 거듭하는 가운데 새롭게 상감기법이 등장하게 된다.

최근에는 비색, 기형, 문양뿐 아니라 그릇의 굽다리를 어떻게 깎느냐, 또 구울 때 굽다리에 어떻게 눈 자국이 작게 남게 하느냐 하는 문제에 이르기까지 세심한 주의를 기울이고 있다.

이제 우리나라의 청자는 중국의 사신들의 입에 오르내릴 정도로 그 색감이나 조형에 있어 세계적인 수준에 올라 있다. 이러한 문화수준을 유지해가기 위해서는 문화계뿐만 아니라 정책적인 차원의 지원이 절실하다. 그러나 최근 들어선 무인정권이 우리의 도자기 문화를 더욱 발전시켜나갈 만한 정치력을 발휘할 수 있을지 미술계의 관심이 주목되고 있다.

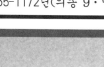

청자소문과형병　높이 22.8cm

청자칠보투각 향로. 높이 15.3cm.
위의 동그란 것이 손잡이인데
이 부분을 잡으면 밑에 도장처럼 뚜껑이 딸려나오고
그 안에 향을 넣을 만한 공간이 있는 향로 밑이 드러난다.
토끼 세 마리가 받치고 있는 화반에 향로가 놓여 있으며 몸체 부분이 국화잎으로 둘러싸여 있다.

"한판
놀아보세 ~"

하회탈 이야기

신명나는 가락에 맞춰 짚신을 신고 빙 둘러앉은 사람들에게 무어라 지껄이며 껑충대는 초랭이의 얼굴을 본 적이 있는가? 시큼털털한 막걸리 내음이 물씬 풍기는 선량함과, 그 입에서 걸쭉하게 쏟아져 나오는 입담이 마을 사람들의 벌어진 입을 시종 다 물지 못하게 한다.

최근 경상북도 안동군 하회리와 병산리에는 마을굿에 쓰이는 다양한 탈이 만들어져 사용되고 있다고 한다. 이 탈의 모양을 보면 마치 우리네 사람들의 오랜 소망과 시름 그리고 울분과 익살이 함께 담겨 있는 듯하여 저절로 웃음이 나온다. 그 종류를 보면 주지, 각시, 중, 선비, 초랭이, 백정, 할미 등이 있다. 얼굴 형태는 대체로운데 코가 크고 푹 팬 눈두덩이를 한 것이 있는가 하면, 좌우 얼굴표정이 서로 맞지 않거나 어중간한 표정을 가지는 것들이 있기도 하다. 예를 들어 각시, 중, 양반탈 등은 실눈을 반쯤 뜨고 있으며, 중, 선비, 백정탈 등은 턱을 따로 달아 움직일 수 있어 표정의 변화가 가능하고 얼굴을 숙이면 어둡고 뒤로 젖히면 밝은 표정의 효과를 더하는 이중 표정을 볼 수 있다고 한다. 특히 관리나 선비의 머슴역인 초랭이와 이매탈은 좌우 안면근육의 방향, 입술의 좌우 높이, 주름살의 방향들이 달라 움직임에 따라서 그 표정이 변화하고, 살아 움직이며 희학적인 효과를 더한다. 착하기만 한 마을사람들도 한번 탈을 얼굴에 덮어쓰게 되면 그 누구에게도, 아무리 지체가 높은 자라 할지라도 못할 말이 없을 듯하다.

탈의 재료는 대개 오리나무인데, 그 위에 옻칠을 두 겹 세 겹으로 해 정교한 색을 내고 있다. 이 탈들을 직접 만든 자는 확실치는 않지만 안동의 허도령이라는 자일 것이라고 마을 사람들은 말하고 있다. 청자에서는 맛볼 수 없는 또 다른 풍자의 아름다움을 이 능숙한 조각에서 마음껏 느낄 수 있다.

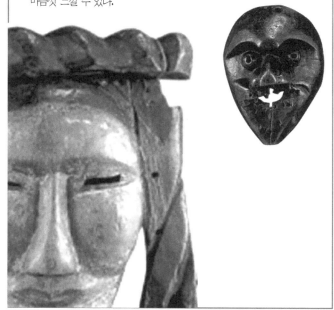

문화시평

마음을 씻어주는 청자의 멋

은은한 비색이 감도는 아담한 청자 찻잔에 푸른 빛이 흐르는 따뜻한 차 한 잔을 마시는 여유는 어떨까? 차의 은은한 색과 향을 살리기 위해서는 요란하거나 화려하지 않은 자연의 미를 간직한 청자가 제격일 것이다.

청자는 원래 신라 말기 선종의 도입과 밀접한 관계가 있다. 선종은 수도의 방법으로 참선을 중시했는데, 승려들은 졸음을 쫓고 맑은 정신으로 참선을 하기 위해 차를 즐겨 마셨다. 참선을 위해 마시는 차그릇으로는 토기나 목기보다는 청자가 안성마춤이다. 이렇게 선종의 도입과 더불어 차를 마시는 풍속은 신라 말기부터 유행했는데, 이것이 일반 민간에까지 널리 퍼진 것은 최근에 와서이다. 중국에 유학했던 승려들은 귀국하면서 청자 찻잔을 가져왔는데, 이후 선종이 호족세력에 전파되면서 청자 역시 호족의 생활에서 가장 중요한 부분이 되었다. 초기에는 중국의 것을 수입하다가, 10세기 후반부터 우리나라에서 제작하기 시작해 지금의 독특하고 세련된 단계에까지 이르게 된 것이다.

이전의 신라 토기에서 청자로 발전한 것은 가히 혁명적인 일이었다. 이전의 토기와 청자의 차이는 우선 태토가 범토에서 고령토로 바뀌었다는 것이지만, 좀더 근본적인 것은 유약을 사용한다는 점이다. 청자의 생명은 바로 이 유약이라고 할 수 있다. 여기에다가 12세기 들어서 상감기법이 등장하게 되자 청자는 그 어느 나라의 도자기와도 비교할 수 없는 멋을 간직하게 된다.

상감기법이 등장하게 된 사회적 배경은 새로운 문화를 모색하고, 중국의 영향에서 벗어나 자주적 문화를 창조하려는 시대적 분위기에서 가능했다. 그리고 그 기술적 배경이 되는 것은 나전기법의 이용이다. 나전기법은 나무로 만든 그릇 표면에 무늬를 음각하고, 그 자리에다 자개를 박아 옻칠을 하는 것이라고 한다. 이 기법이 여러 가지 공예품에 이용되었고 그것이 청자의 문양에까지 발전해온 것이다.

상감청자의 문양으로 자주 등장하는 것은 포류수금무늬, 운학무늬이다. 언덕에 수양버들이 늘어지고 밑에는 잔잔한 물이 있으며, 물 위에는 오리가 한가로이 떠 있고, 하늘엔 기러기가 날고 구름이 있다. 이런 광경이야말로 우리 시대에 동경하는 풍경이 아닐까?

인터뷰 청자 도요지를 찾아서, 도예가 김씨

"지방호족들의 근거지인 서남해안에서 발달"

- 청자 도요지의 분포를 보면 강진과 부안 등 서남 해안이 중심인데, 어떤 이유가 있는가.

통일신라 말기 수도인 경주의 왕권은 약화되고 지방호족들의 세력이 확장됐는데, 이들을 중심으로 중국의 청자문화가 유입된 것이다. 즉, 무역을 통한 부의 축적으로 이 지방의 사회, 문화, 경제적 여건이 타지역보다 앞섰기 때문에 새로운 도자기문화에 대한 이해와 수용태세가 갖추어질 수 있었던 것이다.

- 북송에서 사신으로 왔던 서긍은 「고려도경」에서 "근년 이래 제작이 공교하며 색이 더욱 아름답다"고 할 만큼, 청자의 비색(翡色)은 찬사를 받고 있는데, 비색이 만들어지는 과정을 말해달라.

청자는 철분이 조금 섞인 백토(白土)로 만든 토기 위에, 철분이 함유된 유약을 입혀 1천2백50도에서 1천3백 도 사이에서 구워낸다. 이때 유약의 색은 초록이 섞인 푸른색으로 비취색과 흡사하고 투명에 가까우며, 이것을 흔히 비색이라고 한다.

청자의 푸른빛은 청자의 태토 속에 들어 있는 철분을 환원기법으로 구워내면서 생기는 것이다. 또한 불의 온도를 잘 조절하는 것이 중요한데, 불길이 잘못되면 황색이나 갈색을 머금기도 하고, 같은 그릇인데도 어느 부위는 비취색이고 다른 부위는 갈색을 머금을 때도 있다. 비색의 청자를 잘 굽기 위해서는 유약과 태토, 온도의 조절이 절묘하게 맞추어져야 한다.

- 그런 어려움 때문에 도요지에서 청자를 만들어온 장인이 그 기술을 비밀로 하여 죽을 때에는 그 자손들에게만 전하고 간다는 말이 나오는가 보다. 그런데 흔히들 청자는 귀족들의 사치품이라고 알고 있다. 일반 백성들이 사용하는 청자는 원래 생산하지 않는 것인가.

아니다. 청자 도입 초기에는 일반백성들이 사용했던 일명 '녹청자(綠靑磁)'가 만들어졌다. 녹청자는 태토에 모래 등 잡물이 섞여 구운 뒤에도 기공이 많은 등 치밀하지 못하고, 유약도 그 색이 녹갈색을 머금고 있으며 유면도 고르지 않다.

반면 햇무리굽청자는 양질이기 때문에 생산비가 높아서 주로 지방호족 등 상류계층이 사용했다.

- 외국에서 도입된 청자가 오히려 우리나라에서 더욱 세련돼졌다는 평이다. 발전과정을 설명해달라.

예종연간에 들어와 중국의 양식과 굽는 방식이 고려 특유의 것으로 변모하기 시작해 독창적인 형태와 독특한 비색청자를 완성하게 된다. 이후 더욱 발전해 최근에는 상감기법과 문양구성이 어느 나라와도 비교할 수 없을 만큼 훌륭해졌다.

- 상감기법이란 어떤 것인가.

태토의 표면에 문양을 음각해 그 파진 자리에 백토나 흑토, 진사, 은 등을 채워 넣고 그 위에 청자유를 발라서 구워낸 것이다. 중국의 청자에서는 볼 수 없는 양식이라 다른 나라의 사신들이 와서 보곤 크게 감탄하고 돌아간다.

- 중국의 청자와 비교해 우리나라의 청자가 우수한 점은 무엇인가.

중국의 청자가 색이 진하고 유약이 불투명하며 예리하면서 장중한데 비해, 우리의 청자는 은은하면서 맑고 투명한 비색을 가지고 있으며 유려한 선의 흐름 속에서도 탄력과 생동감을 동시에 느끼게 해준다.

값비싼 비단이 있다 해도, 제아무리 호사스러운 비단무늬가 있다 해도, 그 느낌 하나도 이 청자상감무늬의 지체 높은 호사스러움에 당해낼 것이 없다. 번잡스러운 듯싶으면서도 단순하고, 단순한 듯싶으면서도 고요한 아름다움과 호사스러움이 있다.

김부식, 숙환으로 별세

1151년 2월 향년 76세(?). 「삼국사기」 편찬으로 유명한 그는 경주 김씨로서 대각국사 의천의 비명을 수정하는 등 문필가로서 명성도 높다. 이자겸이 한창 세도를 떨칠 때 여러 신하들이 "이 자겸을 왕과 동위로 모시자"고 주장하자, "하늘에는 해가 둘이 없고 천하에는 제왕이 둘이 없다"며 반대했던 일은 유명하다. 그의 아들인 김돈중과 김돈시 그리고 김돈중의 아들인 김군수 역시 문학적 재능이 높다.

해외 소식

유럽, 아서왕 이야기 유행

켈트민족에 속하는 전설적인 인물인 아서왕을 소재로 기사들의 무용담과 우정 그리고 사랑의 내용을 적은 「아서왕 이야기」가 유럽사회에서 크게 인기를 끌고 있다. 다음은 그 내용.

아서왕은 마법사 멀린의 도움으로 왕위에 즉위, 주변 지역을 평정한다. 점차 세력을 키우던 그는 공주 귀네와 결혼하고, 원탁의 기사단을 인계 받는다. 용사 랜슬롯 등은 이 기사단에 참여하여 활약하고 랜슬롯은 에레인을 사랑하여 결혼한다. 이들의 사랑과 모험이 전개되면서 내용은 흥미를 더해간다. 하지만 아서왕은 조카의 반란을 진압하는 과정에서 치명상을 입고 그의 보검 엑스캘리버를 기사를 시켜 물 속에 던지고 그는 死者의 섬, 애벌론을 향해 떠난다.

역사신문

동북병마사 김보당, 의종 복위 목적으로 봉기

이의민, 의종 살해 … 많은 문신들 참변 겪어

1173년 8월 동북면 병마사 김보당 일당이 동계에서 난을 일으켰다. 이에 이의방과 정중부 등은 긴급 중방 회의를 열고 안북도호부로 하여금 이를 진압하게 했다. 이들의 반란 목표는 의종의 복위에 있었던 것으로 알려졌다. 이를 위해 먼저 의종을 폐위시킨 정중부와 이의방을 제거할 계획이었다는 것이다.

안북도호부에서는 9월에 한언국을 잡아죽인 후에 김보당 등을 잡아 서울로 압송하여 왔는데, 이의방은 이들을 길거리에서 죽였으며, 이 난에 관련된 모든 문신을 죽임으로써 많은 문신들이 목숨을 잃는 참변을 당했다.

한편 의종은 10월 초하룻날 곤원사의 북쪽 연못가에서 이의민의 손에 의하여 죽임을 당하였다. 이런 변란에 대하여 이의방의 한 측근 인물은 "아직 정돈되지 않은 정치구도 때문"이라고 말하고 "무인 내에서 상당한 권력다툼이 전개될 수도 있다"고 예측했다. **관련기사 2면**

조위총, 서경에서 봉기

재령 이북 40여 개 성 가세 … 금에 원군 요청하기도

1174년 9월 서경유수 조위총이 군사를 일으켰으나 결국 서경은 무너지고 1176년 6월 윤인첨과 두경승이 조위총을 사로잡아 죽였다. 조위총은 정중부와 이의방 토벌을 내걸고 동북 양계의 여러 성에 격문을 보내어 말하기를, "소문을 듣건대 개경의 중방에서 '근래 북계의 여러 성은 사람들이 대부분이 억세고 거칠어서 마땅히 토벌해야 한다'하며 군사를 이미 크게 일으켰다는데, 어찌 가만히 앉아서 스스로 죽음을 당하겠는가?"하면서 병기를 들고서 서경으로 오라고 하니 재령 이북의 40여 성이 모두 응해 서북지방의 위세가 대단하였다.

1174년 11월 윤인첨을 필두로 서경진압작전이 전개됐는데, 이 과정에서 이의방이 정중부의 아들인 정균에 의하여 죽임을 당하면서 지휘부 내에 다소의 혼란이 있어 서경 진압작전은 주춤했다. 이후 수습하는 중에 정중부는 이의방의 죽음을 근거로 서경측에 화의를 제의했으나, 서경측의 거부로 다시 정중부는 윤인첨과 두경승으로 하여금 서경을 진압토록 지시했다.

윤인첨과 후군의 총관사 두경승은 서경함락의 전진기지로 연주(평북 개천)를 설정하여 연주 공격을 감행하여 처절한 전투를 전개, 연주를 함락시키고 이어 서경에 진입한 조위총 군대와의 전투 끝에 1천5백여 명을 죽이고 2백20여 명을 포로로 잡았다. 윤인첨과 두경승은 서경으로 진격하면서 조위총과 결탁한 서북지방 백성들의 항복을 접수하며, 서경을 포위·고립시키는 작전을 전개했다.

한편 고립된 조위총은 서언 등을 금나라에 보내 "의종이 본래 왕위를 물려준 것이 아니라 대장군 정중부, 상장군 이의방 등이 왕을 죽였으니, 청컨대 신 위총은 철령 서쪽에서 압록강에 이르는 40여 개의 성을 바치고 신하가 되겠사오니 군사를 보내어 구원하여 주시기 바란다"고 청하기도 했다. **관련기사 2면**

각도에 찰방사(察訪使) 파견

감사 결과 지방관 8백여 명 탄핵조치

1176년과 1177년 서북지방과 충청도지방의 큰 민란을 겪은 명종은 각 지방에 찰방사를 파견, 이들 지역에서 백성들을 위로함은 물론 관리들의 행정능력을 평가하여 왕에게 보고토록 지시했다.

지방관들의 지난 10여 년간의 성적을 평가하여 상벌을 실시한 결과, 탄핵을 받은 자가 8백여 명에 이른 것으로 알려지고 있어 지방관의 비행이 대단히 극심하였음을 보여주고 있다.

건국적 농민항쟁… 대혼란

전국 각지에서 농민항쟁이 들불처럼 일어나 번지고 있다. 중앙 조정은 날이 새면 새로 터져나오는 항쟁에 땜질 식으로 대응하기만 할뿐이다. 조정 관리들 스스로가 "지방에 대한 통제력이 사실상 마비된 상태"라고 말할 지경이다.

큰 봉기만 하더라도 충청도지역에서의 망이·망소이의 봉기, 전라도 전주에서의 농민 봉기, 경상도지역에서 김사미, 효심의 봉기 등 전국에 걸쳐 있다. 더구나 이들 봉기에는 대개 낙향 문관 및 지방 향리가 가담하고 있어 문제는 더욱 심각한 실정이다. 정권이 수시로 교체되는 바람에 지방관에 대한 장악력마저 떨어지고 있는 것이다. 충청도 청주에서 농민군에 가담한 한 현령은 "무신 정권이 교체될 때마다 지방관은 목이 날아가고 낙하산 인사가 이루어진다. 심지어 부정부패 경력이 있는 자까지 서류를 위조하여 재임명하고 있다"며 울분을 토했다.

이들 봉기는 한번 일어나면 좀처럼 쉽게 진압되지 않고 있다. 조위총의 봉기는 무려 2년 동안이나 지속되다가 겨우 진압됐고, 지난 1182년 전주 봉기에서는 농민들이 40일 동안이나 무장항쟁을 지속했다. 관군이 출동해도 농민들이 산속으로 피신해 유격전 형태로 저항을 계속하기 때문이다. 지난번 가주 지방으로 도망해 유격전을 펼치던 농민군

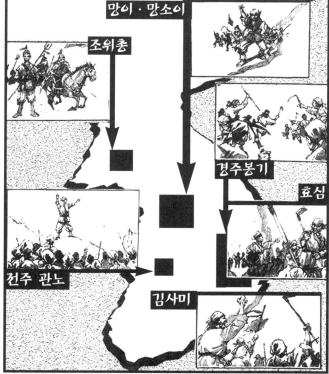

들은 지난 1179년 토벌군에 속아 관아에 갇히게 되자, 100여명이 자신들이 갇혀 있던 창고에 스스로 불을 질러 모두 자살하는 일이 일어났다. 김사미·효심의 연합농민군은 7천여 명의 농민들이 살상당하고 나서야 진압이 됐다. 그만큼 농민들의 저항 의지는 살벌한 상태다.

최근에는 농민항쟁으로 어수선한 틈을 타 중앙에서마저 혼란의 조짐이 일어나고 있다. 길거리에 집권층을 비난하는 방이 나붙는가 하면 집권자 이의민이 농민군 지도부와 결탁하고 있다는 유언비어도 널리 퍼지고 있다. 글자 그대로 대혼란과 난국이 조성되고 있고 해결의 실마리는 보이지 않고 있다. **관련기사 2면**

지난 20년간, 어지러운 정권 교체

정중부 - 경대승 - 이의민 등으로 숨가쁘게 이어져와

지난 20여 년 동안 정권이 어지럽게 교체돼 정국은 하루 앞을 점치기가 어렵다.

처음 무신정변을 일으킨 실력자인 이의방만 해도 1174년 조위총 반란 토벌전이 전개되는 도중 살해당했다. 범인은 그와 같이 무신정변을 일으킨 정중부의 아들 정균으로 밝혀졌는데 당시만 해도 그가 제거되었다고 해서 정가에 별다른 혼란은 없었으며 정중부에 의해 정국은 유지돼나갔다.

그러나 정중부 정권도 1179년 약관 26세의 경대승에 의해 무너졌다. 경대승은 견룡군 장교 일부와 병사들 그리고 사병 결사대 30여 명을 동원하여 야간에 요소요소를 장악하고 정중부의 측근들을 살해한 뒤 금군을 출동시켜 정중부를 체포하도록 하였다. 사병을 동원해 상대를 일단 무력화시켜 놓고 다음에 정식 군대로 하여금 뒷처리를 하도록 강요하는 고도의 술책을 쓴 것이다.

경대승은 집권시 정적들로부터의 역쿠데타에 매우 민감했다. 그래서 자신의 사병 조직인 도방을 키웠고 도방에 잠자리를 항시 준비해 놓게 해 가끔 그곳에서 말단 숙직병들과 함께 밤을 지내곤 했다 한다. 자신이 살해당할 것을 두려워 했기 때문이다. 그래서인지 그는 명을 다 채우지 못하고 30세가 된 어느 날, 정중부가 칼을 잡고 큰 소리로 꾸짖는 꿈을 꾸고난 뒤 시름시름 앓다가 죽어버렸다.

다음에 정권을 이어받은 이가 바로 현 집권자 이의민이다. 그가 천민 출신이었음에도 경대승 사후 최고 실권자가 될 수 있었던 것은 국왕 명종의 배려 때문이다. 명종은 경대승이 죽자, 당시 경주에 내려가 있던 이의민을 불러 대권을 맡긴 것이다. 이의민은 워낙 무식해서 조정에서도 이런저런 말이 많이 나돌고 있다. 그는 문인 고유직으로서 문인 중에도 문장이 뛰어난 자만 등용되는 동수국사 자리에 일자무식인 무신 최세보를 임명하겠다고 우겨, 명종은 재가하면서 한심해서 '史' 자를 '事'자로 고쳐 썼는데도 이의민은 몰랐다는 것이다.

정가에서는 요즘 이의민 정권도 위태롭다는 말이 나돌고 있다. **관련기사 2면**

918
고려 건국

1115
전국유민발생

1135
묘청의 난

1170
무신정변

농민봉기확산

1198
만적봉기

1392
조선 건국

59

역사신문

민중봉기로 총체적 위기 국면

민의 요구 수용하여 사회개혁 서둘러야

무신집권 이후 전국 각지에서 연달아 터져나오고 있는 반란과 백성들의 항쟁은 사상 유례가 없는 것으로 고려사회의 총체적 위기 국면을 여실하게 보여주고 있다. 더구나 서북지방의 김보당이나 조위총의 난은 무신정권 자체를 겨냥한 것이어서 현정권은 정변 이래 최대의 위기에 봉착해 있다.

따지고 보면 오늘의 난국은 하루 아침에 조성된 것이 아니고 그 원인 또한 간단하지 않다는 데 문제의 심각성이 있다. 앞서 지적했듯이 고려사회는 12세기에 접어들어 농업생산력이 점차 발달하기 시작하였는데, 그 수확의 대부분을 문벌귀족들이 차지하면서 대토지겸병을 초래하여 사회적으로 지배층과 피지배층간에 이 잉여의 분배를 둘러싸고 대립하는 국면이 구조적으로 자리잡게 되었다. 문벌귀족의 권력독점도 이런 구조를 항구화하기 위한 정치적 장치에 다름아닌 것이었던 바, 그런 장치 위에서 이들의 갖은 전횡과 수탈이 자행되었던 것이다.

이런 시각에서 본다면 무신들의 정변이란 같은 지배층으로서 이 분배과정에서 상대적으로 소외되었던 자신들의 몫을 확대하기 위해 문신들의 권력독점체제를 비상한 수단을 동원하여 뒤엎은 것이었다. 그러나 이들은 자신들의 몫을 확대하는 데에만 혈안이 되었지 국초 이래의 국왕 중심의 정치체제를 복원하려는 것도, 경제적 모순구조를 개혁하려는 것도 아니어서 사회적 위기가 고조되는 것은 당연한 일이다. 최근 일어난 서북지역의 반란과 전국적 농민항쟁은 여기서 이미 그 개연성을 잉태하고 있었다.

이와 함께 우리가 주목해야 할 것은 무신정변을 계기로 백성들의 의식이 놀라울 정도로 향상되었다는 점이다. 농업생산력의 발달로 이미 농민들의 자립성과 자립의식이 높아진데다, 무신정변이 기존의 지배체제를 뒤흔들자 무신들의 의도와는 달리 이 지배질서를 이완시키는 결과를 가져옴으로써 백성들의 권리의식이 놀라울 정도로 향상되었던 것이다. 농민들의 항쟁이 천민들의 신분해방운동의 성격을 띠게 되는 것도 이런 사정과 무관하지 않은 것이다. 백성들이 전국적으로 궐기하게 되는 충분조건이 마련된 셈이었다.

이제 고려사회는 전환의 기로에 서있다고 할 수 있다. 앞서 지적한 구조적인 모순을 근본적으로 개혁하여 사회안정을 이룩할 것인가, 아니면 모순구조를 방치한 채 지방관리 몇 사람만을 처벌하여 민심을 어루만지겠다는 미봉책으로 사회불안을 지속시킬 것인가. 무신정권의 조속한 결단을 촉구하는 바이다.

그림마당
이은홍

부호들의 토지 탈점과 지방관 부정부패가 백성들의 정치적 저항 불러일으켜

이중 삼중 수탈구조에 놓인 속현과 부곡의 농민들이 항쟁 주도

근래 들어 전국적으로 들불처럼 번져가는 농민항쟁의 직접적인 원인은 각 지방 부호들의 토지 탈점과 지방관들의 부정부패인 것으로 일단 밝혀지고 있다.

부호들의 토지 탈점은 공·사전을 가리지 않고 있으며, 주·군 단위로까지 확대되고 있어 이미 이를 우려하는 목소리가 높았는데도 조정에서 그대로 방치한 결과인 것이다.

특히 소유지 탈점보다는 수조지 탈점이 더욱 문제인 것으로 지적되고 있다. 수조지 탈점의 결과로 경작 농민들은 한 토지에 대해 두세 번씩이나 중복되게 조세를 납부해야 하기 때문에 이들은 최후의 저항수단에 호소할 수밖에 없게 되는 것이다. 상서호부 관리의 말에 의하면 이러한 토지 탈점의 주범은 사실상 중앙의 문벌귀족들이며, 그들의 자금원은 고려대 및 송과의 무역 등이고 권력을 이용한 온갖 불법도 자행하고 있음이 밝혀졌다고 한다.

한편 민란이 단순한 경제적 요구에 그치지 않고 옛 신라 부흥을 내세우는 등 정치적 색채까지 띠게 된 것은 지방관들의 부정부패가 극에 달했기 때문이라는 것이 지방민들의 일치된 여론이다.

상서형부의 한 관리는 "이는 우리 군현제도의 구조적 문제점에서 기인하는 것"이라고 지적했다. 중앙에서 전국의 현과 부곡을 직접 통치하지 못하고 주현, 속현, 부곡의 순으로 계층적 간접통치를 함으로써 그 맨하층에 있는 속현과 부곡의 농민들은 이중 삼중으로 수탈당하고 있다는 것이다.

주로 속현의 양인들과 부곡민들이 항쟁을 주도하고 있는 것이 이를 증명한다고 할 것이다.

국왕 명종까지도 "백성들의 원망과 분노가 하늘을 찌를 듯하니 걱정"이라고 할 정도로 문제는 심각한 상태다. 혹시 이런 때에 외적의 침입이라도 닥친다면 나라 전체가 극심한 혼란에 빠질 것이라는 게 뜻있는 이들의 한결 같은 지적이다.

무신정권 잦은 교체, 권력의 사유화가 원인

지난 20년 동안 비정상적인 정권교체가 반복돼오고 있다. 이런 상황의 근본적 원인은 정치가 정상적이고 합리적인 절차를 거치지 않고 전개되는 데 있다.

이의방을 제거하고 등장한 정중부 정권의 경우 무신 기구인 중방이라는 조직을 통해 정치를 했다. 그는 고위 무신 가문 출신으로서 위계를 중시하는 동류 고위 무신층의 보수적 요구를 수용해야 하는 한편, 무신정권으로 기대치가 엄청나게 상승한 하급 무신들의 요구도 수용해야 했다. 이것은 사실상 그를 진퇴양난의 궁지로 몰게 했고 그는 이에 적극적으로 대처하지 못한 채 중방이라는 측근 조직에만 의존하려고 한 것이다.

이어 집권한 경대승의 경우 무신난에 연루된 적이 없고 그 이전부터 기반을 확고하게 자리잡은 무반 출신이란 점에서 정중부 보다도 더 보수적일 수밖에 없었다. 그는 평소부터 무신들의 경거망동, 특히 의종 살해에 대해 분개해왔다. 그러나 그 역시 집권한 방법은 쿠데타였고 기세등등한 무신들 틈바구니에서 자신 또한 언제 당할지 모른다는 불안감에 시달려야 했다. 그래서 그는 중방보다 더한 사병조직인 도방을 조직하고 전적으로 이에 의존해서 정치를 하려고 한 것이다.

다음 집권자인 이의민은 순전히 명종의 후원 아래 실권을 장악할 수 있었다. 평소 정적들의 보복을 피해 경주에 내려가 있던 그를 명종이 불러들인 이유는 명종의 심약한 보호 본능 때문이라고 볼 수 있다. 사실 명종은 무신정변을 통해 왕위에 오를 수 있었다. 따라서 경대승류의 복고주의는 어쩌면 자신의 즉위 자체를 무효로 하는 것일 수 있었던 것이다. 그래서 오히려 철저한 무신란 옹호자인 이의민을 앞세우고 싶어했을 것이다.

그러나 전임자들에 비해 비교적 오래 집권하고 있는 이의민 정권도 그를 뒷받침해주던 무신정변 1세대들이 점차 무대에서 사라지면서 수명을 다하고 있다는 분석이 조심스럽게 제기되고 있다.

김보당·조위총의 난

무력한 무신정권 정치력에 큰 타격

최근 무신들에 의한 정변으로 안개정국이 조성된 가운데 김보당과 조위총의 난이 무신 이의방 정권에 회복불능의 타격을 가해 정국은 더욱 한 치 앞을 내다보기 힘들게 되었다.

우선 동계의 김보당 일파는 이의방 정권이 의종을 폐위 조치하고 무신사회의 위계질서가 무시되는 등 자신들이 기대한 이상으로 정변이 확대되자, 이의방에게 반기를 든 것으로 보인다. 사실 김보당 자신도 의종대의 부패한 정치에 환멸을 느끼던 무신의 입장에서 무신난 초기에는 그에 동조적이었던게 사실이다. 그런 그가 이의방, 정중부의 제거와 의종의 복위를 내세우고 군사를 일으킨 것은 그가 국왕 주변의 일부 환관 및 문신들의 제거 이상의 변화를 바라지 않았다는 것을 짐작케 한다. 이는 그의 주변세력이 주로 문신들이었던 점을 보면 이해할 수 있다.

그러나 연이어 거병한 조위총 일파는 주지하다시피 김보당 일파와는 달리 북계의 하급 지휘관인 도령(都領)들이 주축이다. 이들이 들고 일어난 이유는 낮은 처우와 경제적 궁핍에 대한 불만도 있었지만, 무엇보다도 중앙 무신들의 정변을 보고 자신들도 나설 수 있다고 고무받았기 때문인 것으로 보인다. 말하자면 하극상 심리의 전국적 보편화현상이 보이기 시작한 것이다.

이러한 사태들은 중앙정치권에서 여론을 수렴하는 정책대안 없이 우왕좌왕하는 사이에 관료층의 균열이 급속히 확산돼가고 있다는 것 또한 반영하는 것이다. 들리는 말로는 무신정권 내부에서도 이에 대한 문제 제기가 있다고 한다. 따라서 정가에서는, 온건파인 정중부가 하급 무신을 대표하는 이의방을 제거하고 나선 데 대해 조정 내부에서 이렇다 할 저항이 없었던 것도 이러한 문제의식이 공유돼 있기 때문이라는 해석이 설득력 있게 제시되고 있다.

망이·망소이 봉기, 중부지역 휩쓸다

과도한 수취체계에 항거 … 명학소 천민이 주동

1176년 정월 공주 명학소의 망이·망소이가 세력을 모아 산행병마사라 칭하고 공주를 공격하여 함락시켰다. 명종은 긴급히 회의를 소집하고 이들을 진압토록 지시했다.

그러나 조정은 이들을 토벌하는 것이 어렵자 회유책으로 명학소를 '충순현'으로 승격시켰다. 이에 망이와 망소이는 1177년 정월 항복했으나 관군이 자신들을 토벌하려 하자 다시 봉기했다. 망이는, "싸우다 죽을지언정 결코 항복하여 포로가 되지는 않겠다. 반드시 서울 가서 분풀이를 하고야 말겠다"고 하며 여러 절과 인근 마을을 공격했다. 이들이 사원을 공격한 것은 승려들이 토지 탈점이나 고리대 등으로 농민생활을 궁핍하게 했기 때문이다.

공주 인근의 여러 군현 공격에 나선 농민군은 청주목 내 약 60여 개의 군현을 장악하는 위세를 보였다. 이에 정부에서는 관군을 독려하기 위해 충순현을 다시 강등하여 명학소로 하고 농민군을 총공격했다. 이 때 농민군은 식량과 병기가 부족하였고 농번기를 당하여 돌아가는 농민의 숫자가 증가함에 따라 전세가 불리해져 1177년 6월 화의를 청했고 7월에는 진압을 담당한 병마사 정세유가 망이·망소이 등을 체포, 청주 옥에 가두었다. 망이가 화의를 제기한 까닭은 정부측에서 거짓으로 망이와 타협을 시도하자, 여기에 망이가 속아서 합의한 것으로 알려졌다. 이를 끝으로 망이·망소이의 봉기는 완전히 진압됐다.

김사미, 효심의 봉기… 경상도 휩쓸다

1년 이상 전투 지속 … 지역 농민들 극심한 생활고

1193년경 경상도 운문의 김사미와 초전(청도)의 효심이 무리를 규합하여 봉기했다. 이들의 중심세력은 유랑민으로 알려지고 있으며, 명종은 즉각적으로 중대회의를 소집하고 대장군 전존걸을 중심으로 장군 이지저, 이공정, 김척후, 김경부, 노식 등으로 하여금 토벌케 했다.

이들은 현재 운문과 초전을 중심으로 활약하고 있으며, 주민들을 선동하여 세력을 규합하고 주·현을 공격하는 등 많은 피해를 입히고 있다. 게다가 무신집권자 이의민과 내통하고 있다는 소문까지 들려와 명종을 곤혹스럽게 하고 있다. 진압군으로 파견된 전존걸은 승리하지 못함을 분하게 여겨 자결했으며, 이공정과 김경부는 적을 치다가 전사했다. 이에 조정에서는 진압군을 다시 파견, 1194년 2월 남도봉기의 우두머리인 김사미가 행영(行營:장수가 출정하였다가 임시로 머무는 곳)에 나와 항복을 청하자 그를 죽였다. 김사미를 살려두면 세력이 다시 커질까 우려하여 병마사가 지시하여 죽인 것으로 알려지고 있다. 여세를 몰아 진압군은 사방에서 총진격을 감행하고 있다. 4월의 싸움은 격렬하였는데 3일간 계속된 전투 결과, 진압군이 승리하고 농민군은 패하여 농민들은 모두 뿔뿔이 흩어져 달아났다.

크게 세력이 약화된 농민들은 1194년 12월에 우두머리인 효심이 생포되면서 힘을 완전히 잃어버렸다. 이에 앞서 10월에 농민들의 처자 350여 명을 붙잡아 그들의 얼굴에 죄명을 새겨 서해도의 섬으로 보내 노비로 삼게 하였다.

이번 진압으로 경상도에서 치열하게 전개된 농민항쟁은 평정되었으나, 여전히 농촌사회에 남아 있는 불만은 치유되지 못한 채 근심거리로 남아 있다. 이는 명종은 물론 측근에서 명종을 보필하며 실권을 장악하고 있는 이의민 정권의 성격을 그대로 드러낸 것이라는 지적이다. 그러나 1년 이상 전투가 전개되면서 경상도 일대의 농촌이 황폐화되었으며, 전투에 가담했던 살아남은 사람들이나 참가하지 않은 사람들이나 모두 한결같이 식량 걱정으로 하루하루를 보내고 있다.

전주 관노들도 봉기…

지방관 쫓아내고 곳곳에 방화

1182년 3월 전주 지방의 말단관리인 죽동 등 6명은 관노와 지방관의 행정에 불만을 품은 사람들을 모아 봉기했다. 이들은 지방행정실무를 담당하던 관리 진대유를 산속의 절간으로 쫓아버렸으며 이택민 등 10여 명의 집에 불을 질렀다.

조정에서는 배공숙과 낭장 유영을 파견하여 죽동이 반역한 이유를 알아보게 했으며, 도내 관군을 동원하여 진압토록 했다. 죽동의 반란 원인은 진대유의 형벌이 가혹했으며, 국가에서 군대를 풀어 배를 만들게 했는데 진대유와 이택민의 가혹한 감독에 불만을 품고 봉기했다고 한다.

죽동 등은 판관 고효승을 위협하여 아전들을 바꾸도록 했다. 안찰사 박유보가 고을로 들어오자 반란군들은 대오를 갖추어 맞이했으며, 진대유의 죄상을 열거하자 안찰사는 부득이 진대유를 형틀에 묶어 서울로 압송하지 않을 수 없었다.

그러나 반란군이 안찰사의 회유를 듣지 않자, 토벌작전이 전개되고 반란군들은 성문을 닫고 장기전에 돌입했다.

안찰사의 군대가 40여 일간 성을 공격했으나 함락시키지 못했는데, 결국 일품군(지방군으로 노동력을 제공하는 노동부대) 대정이 중들과 모의, 죽동 등을 죽임으로써 반란은 평정됐다. 며칠 뒤 관군이 도착하여 남은 무리 30여 명을 죽이고 성벽과 참호 등을 허물었다. 이로써 전주지방의 반란은 완전히 진압됐다.

이곳은 농민이 살 수 없는 땅 …

곳곳에서 농민들 관군과 충돌

중앙 조정의 무신정변 이후 우리의 농촌은 어떻게 달라지고 있는가? 기자가 전국을 돌아다니는 동안에도 여기저기서 굶주리는 사람들이 많았으며, 남부 전라도지역의 한 농촌에서는 농민들이 관가를 습격하는 사건이 벌어졌다. 경상도의 어느 지역에서는 불만을 품은 농민들이 관가로 접근하는 과정에서 관군과 충돌하여 많은 사람들이 다치는 상황도 벌어졌다.

1193년 정월 개경을 출발, 1193년 1월 말에 수주(수원)지방을 지나 아주(아산)지방에 도착했다. 이곳은 망이·망소이 농민군의 점령지이자 가담지역이다. 한 때는 관군과 싸웠으며, 결국 그 당시에 남편을 잃었다는 한 여인은 이렇게 말했다. "쬐끄만 거라도 지 땅이니께 열심히 갈고 농사를 지었지유. 그런디 관가에서는 세금을 두 번씩이나 뺏어가구유, 지방관들은 마을을 순찰하문서 온갖 횡포를 부리는구만유." 그녀는 관리라면 몸서리가 쳐진다고 말했으며, 더러운 꼴이 보기 싫어서 논을 친척집에 싸게 팔고 읍내로 나와서 주막을 차렸다 한다.

"관리라면 몸서리가 쳐진다"

아주를 나와서 공주를 들렀다. 망이·망소이 봉기의 여파가 있는 탓인지 어수선한 분위기다. 공주 사람들 이야기로는, 망이·망소이의 봉기에는 천민만이 아닌 대다수의 농민이 참여했다고 한다. 그들은 신분차별 문제도 중요하지만 생활고의 문제가 바로 농민들을 싸우게 만든다는 사실을 강조했다. 무인정권을 어떻게 생각하냐는 질문에는 "생각하기도 싫어유, 오히려 지금은 더 심하게 쥐어 짠데니께유"라고 말했다.

농민들은 정치적 변화에 초연하다. 그들의 관심은 무엇일까? 농민들은 정중부고 경대승이고 이의민이고 별관심이 없다. 다만 그들의 관심은 생존이고 따라서 편안히 살게 해주는 사람을 좋아하게 마련이다. 나주를 거쳐 진주로 가는 과정에서 길가에 버려진 시체들을 목격했다. 일가족인 듯 했다. 아직은 다소 추운 날씨 탓인지 많이 부패하지는 않았다. 그런데 외상이 거의 없고 깡마른 것으로 보아 굶주려 죽은 것으로 보였다. 우리는 짐승이 시체를 먹을까 염려되어 덤불과 나뭇가지로 덮어주었다.

과연 궁중의 왕이나 무인집권자 그리고 지방관은 지방 농촌의 이 비참한 현실을 알고나 있을까? 3월 말이 되어서야 진주에 도착했다. 진주에서는 관가에 들어가서 도움을 요청하고 관리와의 면담을 요청했다. 관가의 입장을 듣기 위해서였다. 처음에는 "인터뷰에는 절대 응할 수 없다. 숙식 등 편의는 충분히 제공해주겠다"며 완강히 버텼다. 결국 그는 철저한 익명을 전제로 인터뷰에 응했다. "지금의 무인 정권은 정말로 문제가 있다. 칼로 정권을 잡는 사태가 빈번하게 일어나다 보니 법보다 힘이 가깝다고 여기는 풍조가 퍼지고 있고, 이런 풍조가 다시 농민이나 천민들까지도 덩달아 조정에 반기를 들게 하고 있다는 게 내 생각이다"고 하면서 그는 이의민은 천민 출신 아니냐며 이 때문에 주변에서 이의민의 집권에 거부감을 가지고 있는 관리들을 흔히 볼 수 있다고 덧붙였다.

무인집권 후에도 달라진 상황은 하나도 없고 오히려 악화

정중부가 정권을 잡은 지 3년 후인 1173년에 지방관을 대폭 교체하면서 다수의 무인들이 지방관으로 나왔으나 이들에 의하여 많은 부정과 부패가 저질러지고 있다. 세금만이 아니라 토지수탈이나 의창을 통한 횡포 등이 그것이다. 때로는 곡식을 갚지 못하는 농민에게서 딸을 빼앗아가는 경우도 있다고 한다. 이 진주지역은 지난 1186년 지방관의 탐학에 분노하여 농민들이 반란을 일으켰던 고장이기도 하다.

진주를 나오면서 우리는 짐을 싸들고 어디론가 황급히 도망치는 듯한 사람들을 만났다. 어디로 가느냐는 질문에 그들은 "산으로 들어간다. 거기에서는 굶어 죽지는 않을 것이다. 또 수탈하는 자들도 없을 것이다"고 말했다. 또 다른 한 일행은 인근 절의 땅을 붙여먹는데, 3년 전에 꾸었던 곡식의 이자가 엄청나서 도저히 갚을 수 없어 도망친다고 했다.

국가나 귀족들의 과잉수탈은 농민을 도적으로 만든다. 천민출신 이의민이 정권을 잡은 것은 농민들의 입장에서는 상당히 고무적인 일이었으며, 농민들도 실력이 있으면 권력을 잡을 수 있다는 분위기가 은연중에 퍼지기도 했다. 그러나 오늘의 현실은 너무나도 비참하다.

1178년 11월 명종은 편전에서 동서양계 여러 성의 상장과 도령들을 접견하고 상장에게는 피륙을, 도령에게는 금의, 금대와 말 한 필씩을, 그 아랫사람들에게는 포 열필씩을 주었는데, 이는 조위총의 서경반란이 진압된 후에도 수차에 걸쳐 반란 기도가 빈발하자 이들이 다시 동요할까 하여 지급한 것이라는 이야기.

1177년 6월에 금나라 횡선사 대부감 도단이 고려에 왔다. 이번 사신의 행차 도중에 서경지방에서 변란이 있을까 조정은 촉각을 곤두세웠다는 후문. 서경으로의 길을 피하고 빙 돌아오면서 그 이유를 '전염병'이라고 핑계를 대는가 하면, 전례 없이 호부랑중 박소를 시켜 관군과 신기군 80명을 거느리고 만일의 사고에 대비케 하였다고…. 그러나 안심은 금물. 결국 일행이 통덕역에 이르렀을 때 습격을 받아 관군 약 80%가 살해됐고 박소도 피살되었다 한다.

이의민은 김사미·효심의 난에 관련되어 있다는 구설수에 오르고 있는데…. 이의민은 김사미와 효심이 봉기하자, 그들을 이용하고자 그의 아들 이지순을 보내 밀통하여 진압군의 동정을 알려주어 진압군이 초기에 패한 이유가 되었다는 이야기다.

이러한 구설수에 이의민은 함구하고 있으며, 다만 아들인 이지순의 집안에 재물이 급작스레 쌓인 것으로 보아 김사미 등의 반란세력과 어떤 방식으로든 결탁했을 가능성이 있는 것으로 보인다.

1186년경 관공서에는 이름을 밝히지 않은 투서가 많이 날아들어 관리들을 혼란케 하였으며, 나아가 많은 사람들이 죄를 인정받아 형벌을 집행당함으로써 공포와 두려움의 분위기가 계속되었다. 중방에서는 즉시 금군을 풀어 밤낮으로 동태를 파악하고 수상한 자를 체포하게 하였다. 결국 1186년 10월에 투서를 문짝에 붙이는 사람을 현장에서 체포하여 심문한 끝에 그가 박돈부임을 밝혔다. 조사과정에서 그는 "중앙정치가 어수선하고 지방에 반란이 많아 이런 혼란한 틈에 관리들을 골려주고 싶었다"며 선처를 호소했다.

이규보, 「동명왕편」완성 발표

고구려 건국의 영웅 주몽 다룬 대서사시

1193년 문학사에 있어 획을 그어도 좋을 작품이 세인들에게 소개되었다. 1190년(명종 20년)에 문과에 급제한 이규보가 그 장본인. 고구려 건국의 영웅인 동명왕 주몽의 역사를 다루고 있는 내용. 작품의 구성이나 규모부터가 영웅서사시에 적합하게 되어 있다. 길이는 오언시 282구이다. 전체적인 구성은 해모수를 등장시켜 동명왕 탄생 이전에 있었던 일을 노래하고, 다음으로 동명왕의 출생과 시련 그리고 싸움과 승리의 과정을 다루고, 끝으로 유리를 등장시킴으로써 삼대의 행적을 두루 보여주고 있다.

이 가운데 특히 감동을 주는 대목은 주몽이 동부여의 금와왕에게 양육되면서 겪는 갖가지 수모이다. 주몽은 하늘에서 내려온 해모수의 아들이며 하백의 외손자이지만, 아버지는 없고 어머니가 금와왕에게 의지해야 하는 가여운 처지에 있었다. 이런 과정에서 굴하지 않고 자기의 포부를 키워가는 대목이 실감나게 전개된다.

나이가 차츰 들어가며
재능을 날로 갖추니
부여왕의 태자는
시기하는 마음이 생겼다.
말하기를, 주몽이란 자는
범상한 녀석이 아니니,

일찍 도모하지 않는다면
후환이 끝이 없으리라.
왕은 말을 먹이러 가라 하고,
그 뜻을 시험해보려 했다.
천제의 손자가
마구간 치다꺼리나 하니 부끄러워라

가슴 만지며 언제나 몰래 일렀나니,
내 삶은 죽음만도 못하구나.
뜻은 뜻은 장차 남쪽으로 내려가
나라 세우고 성시를 세우는 데 있건만.

이번에 발표된 이규보의 「동명왕편」은 김부식의 「삼국사기」에 나오는 〈동명왕편〉과는 아주 대조적인 모습을 보여주고 있어 유학자들의 반론이 예상되고 있다. 이 작품의 창작의도에 대해서는 '그동안 요나라와 금나라에 전개했던 굴욕적인 사대외교에 대한 반론', '고구려 정통론의 주장' 등의 견해가 조심스럽게 제기되고 있으나, "정중부의 난 이후 무너진 귀족 문화를 인식하고 이 기회에 민족적 전통에 대한 새로운 평가를 하기 위함"이라고 작자는 말하고 있다. 사실 계속 구전되어온 동명왕의 건국역사는 '신통하고 이상스러운 일들'로 세간에 인식되어왔으며, 김부식은 공자 중심의 유학적 질서 하에서 '그런 것은 황당하고 기괴하기에 배격해야 마땅하다'고 했다.

그러나 이규보는 1193년 그의 나이 25세 때 「구삼국사」를 세 번 읽고 깨달은 바가 있다고 말했다. 그는 서문에서 "지난 계축년(1193) 4월에 「구삼국사」를 얻어 동명왕 본기를 보니 그 신기한 사적이 세상에서 이야기하는 것보다 더했다. 그래서 처음에는 믿을 수 없어서 鬼이고 幻이라 생각했었는데, 세 번 거푸 탐독하고 음미하니 점차 그 근원에 이르게 되어, 환이 아니고 聖이며, 귀가 아니고 神이었다"고 고백하고 있다. 바로 이 점에 문학사상의 획기적 전환이 집약되어 있는 것으로 보이며, 이는 기존의 유학적 질서의 테두리 안에서만 만든 문학과는 전혀 다르다. 중화중심주의로 위축된 의식을 떨치고 '우리가 본래 성인의 고장이라는 사실을 알리고자 시를 짓는다'고 작자는 서문에서 명시하고 있다.

참조기사 15호 6면

사람고기를 먹는 백성

1173년 정월부터 비가 내리지 않아 냇물과 우물이 고갈됐다. 농사는커녕 식수도 부족하여 농민들의 불만이 가득하다. 농작물의 싹은 말라비틀어지고 민가에는 역질까지 유행하여 백성들의 생명을 위협하고 있다. 거리에는 하나 둘 굶어죽는 사람이 나타나고 있으며, 배고픔을 견디지 못하여 심지어는 사람고기를 팔고 사는 모습까지 나타났다. 이에 대하여 왕실에서는 전혀 근거 없는 낭설이라고 일축했지만 이미 백성들은 모두 알고 있는 사실이다.

윤인첨의 보고에 의하면, 1176년 6월 조위총을 진압하고 서경에 진입해보니 식량이 바닥난 서경인들이 배고픔을 이기지 못하여 사람고기를 먹고 있었다는 것이다.

의종의 죽음을 예측한 금나라 사신

의종이 재위시에 금나라 사신을 위하여 연회를 베풀었다. 사신이 좌승선 김돈중을 보더니 그의 인물됨을 맞췄다. 이 말을 들은 의종이 사람을 시켜서 사신에게 "얼마나 살겠느냐"고 물었다. 금의 사신은, "지금 조정의 늙고 젊은 신하들이 다 죽은 뒤에 왕께서는 냇가에서 환란이 있을 것입니다"고 대답했다. 의종은 내심 틀림없이 장수할 것으로 믿고 냇가의 환란을 묻지 않았는데 1170년과 1173년에 노소의 문관이 죽임을 당하였고, 의종도 연못가에서 죽임을 당했으니 금나라 사신의 예측이 정확했던 셈이다.

제3차 십자군 파견

예루살렘 해방 실패, 성지순례 안전보장 받아

1189년 5월 신성 로마제국 황제 프리드리히 1세와 프랑스왕 필립 2세, 그리고 영국의 리처드 1세는 십자군 편성을 합의, 각자 이슬람지역으로 출발했다. 이에 앞서 이집트의 술탄 살라딘이 예루살렘을 점령했기 때문이다. 참조기사 9호 4면

신성 로마제국의 프리드리히 1세는 진군 도중 소아시아의 키리키아 강에 빠져죽었고 남은 군사만이 시리아를 향해 출발했다. 프랑스의 필립왕은 1년 8개월이나 늦게 전투에 참가했다. 이미 아콘에서 전투가 진행되는 중이었다. 게다가 그는 아콘 공략 후 곧바로 귀국해버렸다.

영국의 리처드왕은 사이프러스섬 정복 때문에 필립보다 2개월 늦게 도착했다. 그후 리처드는 살라딘과 교전, 몇 개의 도시를 탈환하지만 예루살렘 해방은 끝내 이루지 못한 채 크리스트교도의 성지순례를 보장받는 선에서 전쟁을 종결했다.

일본, 가마쿠라 막부시대

서구의 봉건제와 비슷한 정치 상황

1185년 미나모토노 요리모토가 사가미 지방 가마쿠라에 막부를 열었다. 이러한 막부는 일본의 역사에서 처음 있는 일로 일본 정치사에 커다란 획을 긋는 사건으로 풀이된다.

막부는 과거의 왕정과는 많은 차이점을 보여주는데, 일부에서는 일본의 막부를 프랑크왕국에서의 봉건제와 흡사한 것으로 분석하고 있다. 특히 프랑크왕국의 경우 국왕과 제후, 그리고 제후와 기사와의 관계가 쌍무적인 것이어서 어느 한쪽이 이를 지키지 못하면 계약은 파기된다. 계약이 파기되면 제후나 기사가 받은 봉토는 반납해야 한다. 바로 이와 비슷한 것이 일본의 가마쿠라 막부에서 보여진다. 일본의 경우는 기사격에 해당하는 어가인이 있으며, 봉토에 해당하는 영지가 있다. 이러한 측면에서 일본의 막부는 프랑크왕국의 봉건제와 유사한 것으로 해석된다.

유럽, 대학 건립 한창

최근 유럽 전역에 대학 건립이 한창이다. 대학의 시초는 슈투디움 게네랄레라는 학교에서 시작됐으며 이 학교는 다른 학교와는 달리 외국에서 온 학자를 초빙, 유럽의 모든 학생들에게 학교를 개방했다.

초기 대학들은 본질 또는 보편법칙을 연구하는 기관으로서 학생과 교사로 이루어진 법인이었으며 교황과 황제로부터 허가를 받았다.

11세기말, 볼로냐에 최초의 대학이 설립됐으며 최근 이곳에는 '대학'이 4개로 늘어났다. 이들 대학은 처음에는 구성원 개개인의 이해관계로 모인 사적 단체에 불과했다고 한다.

그러나 점차 이들 대학은 시민이나 교회 당국이 인정하는 교사·학자 공동체를 지향하게 될 것으로 보인다. 초기 대학들은 일정한 건물이나 법인재산도 거의 갖고 있지 않았고 만족을 느끼지 못하는 학생들이 떠나기 일쑤였다고 한다. 그러나 그들은 다른 도시로 이주해서 새로운 대학을 물색하기도 하는데 그 대표적인 것이 케임브리지 대학이다.

역사신문

최충헌, 국정 장악

이의민 살해, 반대파 대대적 숙청

"명종 폐위시킬 것" 소문 나도는 가운데
봉사 10조 통해 국정운영 방안 밝혀

1196년 4월 섭장군 최충헌이 이의민을 살해하고 조정의 핵심 권력을 장악하는 데 성공했다. 최충헌은 명종이 보제사에 간 틈을 타서 홀로 미타산 별장에서 휴식을 취하고 있던 이의민을 살해한 것으로 알려졌다. 거사 후 최충헌은 "국왕 의종을 살해한 역적 이의민 일파를 제거하는 것은 신하로서의 의무"라고 주장했다. **관련기사 2면**

이번 사건에는 장군 백존유와 대장군 최문청과 이경유, 최충헌의 동생 최충수, 조카 박진재 등 최충헌의 측근 세력들과 친인척 다수가 참여한 것으로 알려지고 있다. 이들은 인은관에서 이의민 제거 모의를 하던 중 평장사 손석 그리고 상장군 길인이 자신들을 진압하기 위해 거병한다는 첩보에 따라 손의 아들 손홍윤, 이경유를 죽이는 등 이번 거사에 반대하는 무인들 모두를 '역적'으로 규정, 전부 체포하여 처형했다. 또 이의민의 고향 경주에도 병사를 보내 이의민의 친인척 모두를 살해했다.

한편 현재 정가에서는 최충헌이 혁신정치 구현을 위해 명종을 폐위시킬지도 모른다는 추측이 나돌고 있다.

최충헌은 국정을 장악한 후, 명종에게 올린 '봉사 10조'를 통해 관직 축소, 부당한 토지겸병 시정, 바른 조세행정 확립, 관리부패 추방, 간언 기능 확대 등을 골자로 한 국정 개혁의 전망을 밝혔다. 최충헌은 명종을 앞세워 새로 내각을 구성, 과감한 국정개혁에 착수하기 시작했다. 최충헌 정권의 이같은 움직임에 대해 정가에서는 이의민의 실정을 부각시켜 정변의 정당성을 확보하기 위한 것이라는 반응도 있다. 최충헌은 개혁안의 서두에서 '맹수처럼 사나운 사람'인 이의민 때문에 '백성의 살 길이 아득해졌다'며 '태조의 전법을 준수하여 중흥해야 한다'고 밝힌 바 있다. 개혁안의 주요 내용은 다음과 같다.

봉사 10조

◆ 국왕께서는 미신을 버리고 이미 신축돼 있는 새 궁궐로 옮길 것

◆ 관직을 과다하게 제수하여 관직이 모자라니 관리의 수를 줄일 것

◆ 권세가가 탈점한 토지를 토지대장에 의거, 원주인에게 돌려줄 것

◆ 유능한 관리를 파견하여 징세를 공정하게 할 것

◆ 5도 양계의 도사(道使)들에게 공물진상을 금하고 본업에 충실토록 할 것

◆ 사원 및 승려의 고리대금업을 금할 것

◆ 탐관오리를 징벌할 것

◆ 관리의 사치를 금할 것

◆ 함부로 사찰을 건립하는 것을 금할 것

◆ 간언 담당 부서에 인재등용하여 직언에 충실토록 할 것

여·몽 충돌, 초읽기

사신 저고여 피살 … 몽고, "도발행위로 간주"
최우, "공물 요구 수용 불가, 국운 걸고 대처"

1225년 정월 본국으로 귀환하던 사신 저고여가 압록강가에서 피살된 사건이 발생, 이를 몽고가 고려의 의도적인 도발행위로 간주함에 따라 양국은 일촉즉발의 대립상태로 치닫고 있다.

현재 최우는 북방지역에 성 축조를 지시하는 등 대책 마련에 부심하고 있지만 과연 몽고 기병의 공격력을 막을 수 있을지는 의문이다. 일각에서는 몽고와 국교재개를 서둘러야 한다는 주장도 강하게 제기되고 있다.

몽고는 남송은 물론 이슬람지역에 대한 정복전쟁을 벌이고 있어 많은 전쟁물자가 필요한 상태다. 몽고와 고려 사이에서 그동안 완충역할을 해온 금과 거란도 모두 몽고에 제압당했고, 그 과정에서 몽고와 고려는 1219년에 '강동성 연합작전'으로 첫 공식접촉을 했다. 몽고에 밀린 거란족 일부가 고려의 강동성에 침입, 이를 토벌하기 위해 여·몽 연합작전이 진행됐던 것이다.

현재 최우는 안으로 정치개혁을 단행, 정방과 서방을 설치하는 한편 문신 고문체제를 확립하고, 밖으로는 개경의 나성을 보수하고 국경지역에 성을 축조하여 국란에 대비하고 있다. 사실 몽고가 요구하는 엄청난 양의 공물을 우리는 충당할 처지도 못 되기 때문에 지금 조정은 국운을 걸고 몽고와 대립하고 있는 상황이다. **관련기사 4면**

고려군, 거란 격퇴

몽고·금에 밀린 거란 1217년부터 계속 침입

1217년 7월 최원세와 김취려가 지휘하는 고려군은 국내에 침입한 거란군을 충주와 원주 사이로 유인, 크게 물리쳤다. 1217년 초부터 거란족은 고려에 침입, 민가를 불태우고 약탈과 살인을 일삼는 등 커다란 피해를 입혀왔다.

금에 정복되어 있던 거란족의 일부는 야사부를 중심으로 대요수국을 건설, 활동하다가 몽고와 금에 밀려 1126년에 고려로 쳐들어왔다.

최충헌 사노비 만적, 봉기 기도

최고 집권자 사노비의 봉기란 점에서 사회에 큰 파문 던져
봉기 모의 가담자 100여 명 수장형(水葬刑)에 처해

최충헌 사망에 따라 아들 최우 권력 승계

최우 집권 후 對몽고 현안 해결 방향에 관심 집중

1219년 9월 최충헌이 지병으로 사망함에 따라 아들 최우가 권력을 승계한다고 조정 대변인이 발표했다. 최우는 부친의 업적을 높이 평가하여 부친의 정치방향에서 크게 어긋나지 않는 정책을 시행해나갈 것이라고 말한 것으로 알려졌다.

거란과 금 및 몽고가 고려를 압박, 대외적으로 위기를 맞고 있는 시점에서 최고권력자 최충헌의 사망 소식을 접한 정가는 불안한 기색을 감추지 못하고 있는 가운데 향후 최우의 정치구도에 관심을 집중시키고 있다. 지금 최우는 무려 11명이나 되는 사절을 개경에 파견하여 많은 공물을 요구하고 있는 몽고에 어떻게 대응하느냐 하는 현안이 가로놓여 있다. **관련기사 3면**

1198년 5월 최충헌의 사노비 만적이 반란을 모의, 사회에 큰 파문을 일으켰다. 만적은 최고권력자 최충헌의 사노비라는 점에서 정계는 물론 고려사회 전체를 발칵 뒤집어 놓았다. 조정관계자는 만적 등 이 사건의 관련자 중 적극 가담자 약 100여 명을 손발을 묶어 강에 빠뜨려 죽였으며, 가담 정도가 미약하고 죄를 뉘우친 자들의 죄는 불문에 붙인다고 발표했다. **관련기사 3면**

만적의 반란모의 사건은 사건 발생 직전 율학박사 한충유 집 노비인 순정이 주인에게 제보, 이를 한충유가 최충헌에게 알림에 따라 만적이 즉시 체포됨으로써 세상에 알려졌다. 최충헌은 한충유에게 합문지후의 벼슬을 내렸으며, 순정에게는 공로를 인정, 백금 80냥을 주고 천인을 면케 했다.

이번 사건으로 더욱 집안 단속을 강화하겠다는 최충헌의 발표가 있었으며, 힘이 센 양인들과 하급 무인들을 중심으로 호위군을 만들겠다고 아울러 밝혔다. 또한 앞으로 노비들의 반란은 특히 엄중히 다스릴 것이라고 말했다.

사건 소식을 접한 대다수 인사들은 "1170년의 난 이후 하급 무인들이 대거 승진했으며, 그중 이의민은 천민이었다"면서 "이런 사회 분위기 속에서 일반 천민들이 '날뛰는 것'이라는 반응들을 나타내고 있다.

918
고려 건국

1170
무신정변

1170-80
농민봉기

최씨정권 수립

1230-50
대몽항쟁

1258
최씨정권 붕괴

1392
조선 건국

63

역사신문

정권 안정,무자비한 탄압의 결과

국가권력 사유화가 끊임없는 불안요소

지난 1196년 최충헌의 집권으로 무신정권은 새로운 단계에 접어든 것으로 보인다. 최씨 정권은 무신정변 이후 지금까지 계속되어왔던 내부 권력투쟁과 혼란을 종식시키고 외견상 안정된 통치체제를 구축했다.

최충헌은 무신정권의 이전 실권자들처럼 하급무신 출신이 아니라, 대대로 상장군을 배출했던 고위무신가문 출신으로 튼튼한 정치적 기반을 갖췄다고 할 수 있다. 그는 또 문신들에 대해서도 정권에 협력하는 한 요직에 기용하고 있으며 젊은 문인들이나 지방향리 출신들을 과거를 통해 적극적으로 발탁하고 있다. 자신이 권력의 핵심을 장악하되 문신들을 포섭하여 지배층의 폭을 넓힘으로써 체제의 안정을 기하자는 방침인 것이다. 게다가 그는 집권하자 바로 '봉사 10조'를 통해 사회개혁을 표방하고 있다.

그러나 우리는 다음 몇 가지 이유 때문에 최씨 정권이 과연 사회를 안정시킬 수 있을 것인가에 대해 심각하게 의문을 제기하지 않을 수 없다.

첫째 최씨 정권의 안정책은 반대세력과 백성들의 저항에 대한 무자비한 탄압과 공포정치로 얻어졌다는 것이다. 그들은 정권에 저항하는 인사들을 가차없이 처단하고 있으며 백성들의 동태를 감시하여 일체의 움직임을 사전에 봉쇄하고 있다. 그러나 이에도 한계가 있으리라는 것이다.

둘째 최씨 정권은 자의로 국왕을 교체시키고 교정도감이라는 별도의 권력기구를 만들어 최씨 가문에서 권력을 독점하고 이를 세습하려 하고있다. 이런 비정상적인 정치행태는 결국 국가권력을 사물화·사유화하는 것으로 이 또한 새로운 사회불안 요소로 등장하고 있다.

셋째 최충헌이 제기한 봉사 10조 개혁안이 과연 그대로 실현될 것으로 믿기 어렵다는 것이다. 현재의 상황은 최씨 정권 자체가 오히려 그들이 지적한 사회모순의 온상인 바, 최씨 정권이 과연 제 살을 도려낼 수 있을 것인가 의문을 갖지 않을 수 없다.

이런 사실에 비추어 볼 때 최씨 정권의 안정은 무자비한 탄압에 의한 일시적인 미봉책일 뿐이다. 최충헌 집안의 노비조차 "왕후장상의 씨가 따로 있느냐"고 할 만큼 백성들의 의식은 성장하고 있다. 국왕을 정점으로 하는 정상적 정치질서를 복원하고 광범한 사회개혁을 실행하지 않고는 격화되는 모순과 날로 깨어나는 민심을 언제까지 억누를 수 없다는 것이 우리의 생각이다.

그림마당
이은홍

최씨 정권 수립과 고려 정국의 변화

"개혁인가? 수구인가?"

엇갈린 평가 속 몽고문제 얽혀, 향후 전망 불투명

문신 우대정책 실시로 정국안정 기대 뒷받침 … 신진관료들, 새로운 주도세력으로 부상할 듯

1170년 이의방, 정중부 등이 정변을 일으킨 이래 26년 동안 지속된 정치 혼란이 이제 안정을 되찾게 될 것으로 기대되고 있다.

우선 최씨 정권은 지난 시기와는 달리 정국 기조의 급격한 변화를 바라지 않을 것으로 보이기 때문이다. 최충헌 자신이 대대로 상장군을 배출한 고위 무신가문 출신인데다가 혼인을 통해 경주 김씨, 횡천 조씨, 안정 임씨, 철원 최씨 등과 문벌을 형성, 튼튼한 기득권 토대를 이룩하고 있다는 것이 이러한 분석의 근거가 되고 있다. 따라서 이전과 같은 하급 무신들의 전횡에 대해서는 더 이상 좌시하지 않을 것이라는 게 정가의 관측이다. 교정도감의 한 관리가 이미 기존 무신들의 권력핵인 중방의 고사작전에 돌입했다고 말한 것도 이와 맥락을 같이 하는 것이다.

이전과 달라진 또 하나의 현상은 문신들에 대해서도 최씨 정권에 협력하는 한 그들을 우대하여 요직에 기용할 것이라는 전망이다. 이미 중서문하성과 추밀원의 고위관리들에는 문벌귀족 가문의 인사들이 등용되고 있다. 아울러 과거를 통해 그동안 소외돼왔던 문필 기예가들과 지방 향리들을 적극적으로 중앙정치에 포섭할 계획이라고 한다. 이규보 같은 인물이 대표적인 사례. 최씨 정권은 이렇게 함으로써만 장기집권의 토대를 마련할 수 있다고 생각하는 듯하다.

그러나 최씨 정권의 정책방향이 개혁적일 것이냐 보수적일 것이냐에 대해서는 의견이 분분한 상태다. 특히 최충헌이 제시한 '봉사 10조'를 두고 그것이 사회개혁의 청사진이 될 것이라는 전망과, 단지 자신의 정권장악을 위한 합리화 수단에 불과하다는 주장이 대립하고 있는 상태이다.

또 과거를 통해 중앙정치에 진출한 이른바 '능문능리(能文能吏)'에 대한 평가도 극단적으로 갈리고 있어 주목을 끌고 있다. 한편에서는 그들을 출세를 위해 학자적 지조를 판 어용 문장가로 평가절하하고 있는 반면, 다른 한편에서는 그들이야말로 문벌귀족의 썩은 정치에 물들지 않은 새 세대로서 앞으로 사회개혁의 중추세력이 될 것으로 내다보고 있다. 일부에서는 그들을 '사대부'라는 새 명칭으로 지칭해야 한다고 주장하고 있다.

최씨 정권 성립 후의 정계가 어떤 변화를 겪어나갈지 아직은 속단하기 어렵다. 하지만, 예전과 같은 극단적인 혼란상은 어느 정도 수습될 것이라는 정가의 일반적인 관측 속에, 몽고문제의 진행방향 등 많은 정치적 변수들을 최씨 정권이 어떻게 처리해나갈지 향후 고려정국의 귀추가 주목되고 있다.

최씨 무인정권의 시조 **최충헌**

권력 독점 위해 동생까지 제거

집권 기간 중 6명의 국왕 갈아치워

최충헌은 그동안 교정도감이라는 새로운 기구를 만들어 정치를 주도해왔으며, 이의민 제거 후 동생인 최충수마저 제거, 권력을 독점했다. 그리고 그는 '봉사 10조'라는 정치·경제개혁안을 제시했다.

최충헌은 상장군 최원호의 자식으로 우봉 출신. 음서직 문관으로 처음 정계에 진출했으나 1170년의 무신정변 발생 후 무반직으로 바꾸어 조위총의 반란을 진압, 지안동부사로 임명됐다. 이의민의 집권기에는 별로 빛을 보지 못해 그가 이의민을 죽였을 당시의 지위는 고작 섭장군이었다.

최충헌 그가 이의민 제거와 권력장악의 정당성으로 내세운 '봉사 10조'의 시행 여부에 대해서는 대체로 부정적인 시각이 지배적이다. 그는 명종과 희종을 폐위시켰으며, 신종·희종·강종·고종을 즉위시켰고 각 왕의 즉위 후에는 상당한 대우를 받았다. 예를 들어 신종을 옹립한 공으로는 정국공신·삼한대광·대중대부·상장군·주국의 공신호를 받았으며, 폐위시켰다가 다시 즉위시킨 희종 때에는 진강후에 책봉됐다.

그러나 집권 초부터 많은 사람을 죽이고 축출해 그를 제거하려는 음모도 많았다. 특히 그는 동생인 최충수를 죽여 '동생을 죽인 패륜아'라는 비난을 받기도 했다. 최충헌 권력의 중심은 집정부와 도방 그리고 교정도감이다. 집정부에서는 진주지역 식읍을 관장했고 핵심적인 정치행위는 교정도감에서 처리했다.

최충헌 권력의 핵 교정도감과 도방

교정도감은 희종 5년인 1209년에 세워졌다. 청교역리가 여러 사찰의 승려들과 모의, 최충헌 암살 음모를 꾸미다가 귀법사의 한 승려가 최충헌에게 밀고했던 사건을 계기로 설치됐다. 처음에는 반대파를 색출하여 제거하고자 설치한 기구였으나 1206년에 문·무관직 인사, 각 지방 조세징수문제 등 중요 업무를 여기서 처리했다. 교정도감의 최고 지위는 교정별감으로 최충헌이 담당했다.

또 하나 최충헌 권력의 핵심은 도방. 도방은 이미 경대승 집권기에 사병집단으로 설치된 것인데 이의민 집권 후 폐지됐고 관련자는 모두 귀양길에 올라야 했다. 그후 도방제도는 1200년에 부활했다. 1198년 만적의 반란 계획, 신종 2년 황주목리 김준거의 최충헌 시해 기도 사건을 계기로 신변의 호위와 집권체제 강화를 위하여 최충헌이 도방을 부활시킨 것. 현재 도방의 주요 구성원은 최충헌 일가와 문객들이며, 이의민 제거 직전에 최충헌이 모집한 장사 약 3천 명이 소속되어 있다.

만적 봉기계획 사건의 이모저모

"왕후장상의 씨는 따로 있지 않다"

비표 마련하는 등 치밀한 계획
신분해방의 메시지 … 큰 반향 일으킬 듯

만적은 동료 노비 6인과 더불어 개경 북산에서 나무를 하던 도중 봉기음모를 꾸민 것으로 알려졌다. 만적은 "무신정변과 김보당의 난 이래 귀족 고관들이 천한 노비들 가운데서 나왔다. 장수들과 재상들의 씨가 따로 있는 것은 아니다. 때가 오면 누구나 할 수 있는 일이다. 우리라고 해서 어찌 힘드는 일에 시달리고 채찍질 아래서 고생만 하고 지내야 하겠는가"라고 발언, 노비들을 선동했다.

이들은 노란 종이 수천 매를 오려 '丁'자를 새겨 서로의 표시로 삼았고, 흥국사 보랑에서 구정 사이에 숨어 있다가 일시에 봉기하면 궁내의 환관들도 응해줄 것으로 확신했다. 궁중 노비들은 궁안에서 숙청 대상들을 숙청하고 성 밖의 사람은 먼저 최충헌을 죽인 뒤, 각각의 상전을 죽이고 천적을 불살라 삼한에서 천인을 없애기로 결의했다. 원래 거사하기로 약속한 날 모인 사람이 수백 명에 불과하자, 완벽한 성공을 위해 총궐기는 뒤로 연기됐다.

만적의 봉기계획 사건은 고려에서 발생한 노비봉기 중에서 최대의 규모이며, 계획이 치밀하다. 표시를 삼기로 한 수천 장의 노란 종이, 그리고 공 · 사 노비가 모두 망라된 점이 주목된다. 이들은 주인을 죽이고 노비문서를 불살라 노비생활을 청산하고 지배층이 되려 했다. 예전에 없던 이러한 신분해방의 메시지는 현 고려사회를 위협하기에 충분한 요소이다. 거사 후 새로운 정부를 수립하려 했는지는 정확히 알려지지 않았다.

공주 명학소의 망이 · 망소이 봉기 이래 여러 봉기에 노비들이 참여해 왔다. 이번 사건을 계기로 그동안 수취체계에서 불평등을 강요받았던 '향', '소', '부곡' 등의 부곡제 지역이 일반 군현으로 승격되거나 군현에 흡수되어 해체될 것이라는 전망도 조심스럽게 제기되고 있다.

개경 노비 동요 … 정부 긴장

만적의 봉기계획이 실패로 끝난 후 개경의 노비들이 동요하고 있어 정부를 긴장시키고 있다. 현 권력자들의 노비들이 나무꾼으로 가장, 개경 동쪽 교외의 산에 모여 조직을 짜고 전투훈련을 전개했다는 소식도 들린다. 이 사실은 최충헌의 사병들에 의해 발각, 현장에서 50여 명이 체포됐으며 상당수는 도망했다고 최충헌의 측근이 발표했다.

이 사건은 만적의 사건이 5년이 지난 시점에서 전개돼서 더욱 집권자 최충헌을 놀라게 하고 있는데, 최충헌은 곧 '신변안전과 첩보수집'을 담당할 특별기구를 마련할 것이라고 밝혔다.

경주지역민 봉기, 신라 부흥 주장

운문, 울진, 초전의 농민들도 연합 가세

1202년 동경(경주)의 이비가 운문산, 울진, 그리고 초전의 도적들과 연합, 3군을 편성하고 봉기를 일으켜 인근의 주군을 장악했다. 이로 인해 경상도 지방의 봉기가 크게 확대되고 있다.

이비는 전 장군 석성에게 '고려 왕업이 다해 신라가 반드시 부흥한다'는 밀서를 보내 새로운 우두머리로 삼으려고도 해 정부를 긴장시켰다. 정부는 즉각 대장군 김척후, 최광의, 강순의로 삼군을 편성, 초기 진압에 나섰으나 성과가 없자 최충헌은 책임자를 정언진으로 교체했다.

결국 계속적인 공세에 밀려 세력에 기양현(예천)과 기계현(영일)에서 패하면서 계략에 빠져 주모자인 이비가 체포되고 패좌가 목베어졌

으며, 태백산 지역의 우두머리인 아지(阿之)도 서울로 압송됐다.

평정 후 최충헌은 동경을 경주로 강등시키고 대신 안동도호를 대도호부로 승격시켰다. 또한 경상도를 상진안동도(尙晉安東道)로 개칭했다. 이는 동경(경주)지역에 대한 보복 조치로 보인다.

진주 아전 정방의, 진주 일대 장악

지방관의 탐학에 불만 … 6천여 명 사상자 발생

1200년 진주 아전 정방의가 지방관의 행정에 불만을 품고 봉기를 일으켰다. 현재 진주 일대를 장악하고 있는 정방의 세력에는 부랑자들과 일정한 직업이 없는 양인들을 중심으로 상당수의 농민, 수공업자, 노비들이 가세한 것으로 알려지고 있다.

최충헌은 즉각 중방회의를 소집, 대책을 강구하는 한편, 진주지방 안찰 부사 손공례에게 진상 파악과 난을 진정시킬 것을 지시했다.

이번 사태로 모두 6천4백여 명의 사상자가 발생했다. 또 사건 초기에 진주 부근 합주에서 광명과 계발이 항쟁을 일으키기도 했다. 이들 세력과 정방의 틈이 벌어져 일부가 규합, 정방의를 공격하는 일도 벌어졌는데 정방의는 노올 부곡에서 이를 진압, 세를 과시하기도 했다.

정방의의 봉기는 이전에 공 · 사 노비들이 봉기를 일으켜 아전들의 집 50여 호를 방화한 사건을 지방관이 조사하는 과정에서 정방의가 혐의를 받아 고문당했던 일이 발단이 됐다. 정방의는 이 일에 불만을 품고 봉기를 일으켰다.

지역주민들은 정방의가 "민란이 일어난 어수선한 틈을 이용하여 평소에 원한 있던 사람들을 마구 죽인 나쁜 놈"이며 다른 아전들과 똑같이 횡포를 일삼은 인물이라고 말하며 사태의 조속한 진정을 바라고 있다.

서북면의 한순, 다지 북계의 여러 성 장악

1219년 10월 서북면의 의주별장 한순과 다지가 반란을 일으켰다. 이들은 의주를 수비하던 장수 등을 죽이고 난을 일으켰는데, 원인에 대해서는 자세히 알려지지 않았으나, 고위 관리들의 탐학에 대한 불만이라고 한다. 현재 북계의 여러 성들이 이들의 세력 하에 들어갔는데 안북도호부와 귀주, 연주, 성주 등지는 아직 함락되지 않았다. 계속된 진압군의 공격을 견디지 못한 한순 · 다지는 결국 1220년 2월, 금나라의 원수인 우가하에게 투항했는데 우가하는 이들을 꾀어 목을 베고 이를 함에 담아 고려에 보내왔다.

최우, 정방과 서방 설치 마별초 강화

1219년 권력을 승계한 최우는 정방과 서방을 설치하고 마별초를 강화하는 조치를 단행했다.

최우는 정방을 자신의 집안에 설치하여 문 · 무관의 인사행정을 처리하고 있으며 서방에서는 유능한 문인들을 불러모아 학문 연구는 물론 정책 자문역을 담당토록 했다. 최우는 서예와 문학에 상당히 능하다는 평을 받고 있으며, 집권 이전부터 많은 문인들과 교제해왔다. 많은 문인들이 그의 집에 드나들었는데, 이규보나 이인로 등이 그런 인물. 도방과 더불어 막강한 호위집단으로 기마군대 마별초가 있다. 이는 몽고병의 날램과 신속함에 자극받아 창설한 것이다. 최우는 말 위에서의 활과 창을 다루는 기량을 강조하고 있다.

 기자 방담 　일련의 천민반란들 어떻게 봐야 하나

"무신란 이후 신분제 와해 분위기가 원인 … 억압 일변도 노비정책, 이젠 안먹혀"

- 최기자 먼저 만적의 난을 위시하여 천민들의 난이 발생하게 된 배경이 무엇인가를 신분제도와 관련하여 생각해보도록 하자. 최근 천민들이 신분해방을 위해 적극적으로 나서고 있는 원인은 무엇보다도 무신란 이후의 전반적인 신분제도 해이현상에 크게 고무되었다는 점을 들 수 있겠다. 무신정권이 들어선 이후, 하급군인들이 대거 출세하게 되었다는 것은 다 아는 사실이다.

사회모순이 노비봉기 낳아

- 조기자 그렇다. 원래 문반은 문벌귀족 가문이 아닌 경우 고위직에 나서기 어렵지만, 무반들의 경우 천민들 가운데서도 용력이 뛰어나면 발탁되는 경우가 많았다. 잘 알다시피 이의민 자신이 천민 출신인데다 무신정권이 들어서면서 정변에 참여했던 천민 출신의 군인들이 너도나도 한 자리씩 하게 됐는데, 이런 현상을 목도했던 노비들이 자연스럽게 '왕후장상의 씨가 따로 있느냐' 하는 생각을 갖게 된 것 같다. 이런 생각은 바로 신분제도를 근본적으로 부정하는 의식이라고 할 수 있는데, 노비들의 사회의식이 그만큼 성장한 것을 말해준다. 그런데다 최충헌이 집권한 이후 사회모순을 적극적으로 개혁하려 하기보다는 기존 신분질서를 고수하려 하자, 세상물정에 밝은 권세가들의 노비들일수록 먼저 반기를 들게 된 게 아닌가 싶다.

- 손기자 노비 가운데는 농사를 잘 지어 부를 축적하고 그 부력으로 신분이 높아진 경우도 있다. 평장사 김영관의 노비였던 평량이 그 대표적인 경우인데 그는 돈으로 노비를 면하고 벼슬까지 샀으며 심지어 자신의 아들과 처남을 관리의 딸과 결혼시키기까지 해서 주위 노비들의 부러움을 샀다.

- 최기자 원래 노비란 국가의 백성이 아닌 노비주의 예속물로서 주인이 사고 팔며 자식에게 물려주기도 한다. 이들은 양민과 혼인도 못하게 되어 있고 호적에 반드시 노비라고 기록하게 되어 있다. 흔히 주인집에 살면서 집안일을 하거나 농사를 짓는 등 온갖 힘든 일을 도맡아 하게 된다. 이들을 내거노비라고 하는데, 이보다는 처지가 나은 외거노비의 경우는 주인집에서 따로 나가살면서 스스로 땅이나 재산을 소유하기도 하고, 주인이 자의적으로 형살하지 못하게 국가의 보호를 받기도 했으며, 주인이 모반을 하는 경우 신고토록 하는 등 한정적인 법의 보호를 받고 있다.

조기자가 언급한 평량이 그런 경우이다. 따지고 보면 이런 노비들의 피나는 고생이 있기 때문에 손끝에 물 한 방울 묻히지 않고 평생을 살아가는 문벌귀족들의 생활이 가능한 것이다. 그래서 국초부터 노비를 계속 충원하기 위해 부모 가운데 어느 한쪽이 노비면 자식은 무조건 노비로 삼는 엄격한 제도를 둔 것 같다.

제도개혁만이 문제 해결

- 최기자 그러나 이제 세상이 바뀌어서 이전처럼 무작정 억누르기만 해서는 노비제도 자체를 유지하기가 어렵다. 노비제도를 일거에 없앨 수야 없겠지만 조정이 노비들이 져야 할 부담을 줄여나가고 경제적으로 일정 수준 이상의 노비는 양인이 될 수 있는 제도적 장치를 마련해야 한다. 이제 조정 차원에서 이런 방향으로 대대적인 개혁책을 내놔야 하리라고 본다.

조계종 선사, 지눌을 만나다

현재 우리의 불교계는 크게 교종과 선종으로 나뉘어져 있다. 교종은 계율종, 법성종, 법상종, 열반종, 원융종 등이 있으며, 선종으로는 천태종과 조계종을 들 수 있다. 천태종은 의천에 의하여 마련된 종파로 널리 전파되어 있다. 지눌은 현재 새로이 조계종을 창시하여 교단 통합에 나서고 있다. 인터뷰는 송광사에서 이루어졌다.

주위에 의해 더럽혀지거나 물들여지는 것이 아니라 '항상 자유롭고 자재한다.' 심성의 본바탕은 본래대로 있다.

승계에 입문한 이유는.

내가 어려서는 허약하고 병치레를 자주 했는데 부친께서 불전에 기도를 드린 후 완치됐다. 그후 부모님은 나를 사굴산파에 속한 종휘스님에게 맡겼다.

스님께서는 종파를 가리지 않고 수도한 것으로 알고 있는데.

부처님의 말씀은 하나라고 생각한다. 분열된 종파는 극복되어 통합되어야 한다. 일부 사찰은 토지점탈이라든가 승려들의 타락으로 많은 비난을 사고 있다. 구도자의 자세로 복귀해야 한다.

정혜결사 운동을 말하는 것인가.

그렇다. 정혜결사란 이익을 멀리하고 습정균혜(習定均慧)의 수행을 목적으로 하는 결사이다. 보제사에서 담선법회가 있었는데, 여기에 모인 승려들끼리 결성했다.

청량사에 있을 때 육조혜능을 스승으로 섬기며 불도에의 정진을 계속하여 깨달음을 얻었다고 들었다.

그때 큰 가르침을 받았다. 「육조단경」이란 책에서 진여자성(眞如自性)을 크게 느꼈다. 진실한 본성은

진실한 본성은 항상 자유롭게 스스로 존재한다

신론」을 열심히 읽었고 여기서 커다란 깨달음을 얻었다.

부처의 말씀이 교(敎)요, 조사께서 말씀으로 전하신 것이 선(禪)이어서, 부처나 조사의 말씀과 마음이 어긋나지 않으니 결국 근원은 같은 것 아닌가.

결국 교종과 선종은 일치한다는 말인가.

그렇다. 선교일원(禪敎一源)이다.

스님께서 한때 지리산 상무주암으로 거처를 옮긴 이유는.

교종의 세력이 강해지면서 현재의 불교가 타락했다. 나는 무력함을 느끼고 지리산 상무주암으로 거처를 옮기고 홀로 선정을 닦았다. 그곳에서 나는 「대혜어록」을 읽었고 '선이란 특별한 곳에 있지 않으며, 장소를 가리지 않고 꾸준히 궁구해야 함'을 알았다. 이후 진실한 안락을 깨닫게 되었다.

인터뷰를 마치고 차를 마시는 중에 지눌은 송광사를 품고 있는 산이 송광산이라며 스님의 스승인 육조혜능의 '조계…' 어구에서 조계를 따서 조계산으로 고쳤다고 말했다.

스님께서는 정혜쌍수, 즉 선교일치를 주장하고 있는데 좀 자세히 설명해달라.

1185년에 나는 예천의 보문사로 옮겨 '마음이 곧 부처'라는 선종의 종지에 의해 수행을 계속했다. 당시 교종은 경전법문만을 강조하여 선(禪)은 중국에서 성립된 종파로 보고 정통불교로 인정하지 않았으며, 선종은 교리 밖의 심법(心法)을 주장했었다. 나는 「화엄경」과 이통현의 「화엄

…

이인로 「파한집」 집필

우리 시 사라지는 것 막으려

이인로가 시화(詩話)와 문담(文談), 수필의 형식으로 우리나라의 시 그리고 경주와 서경, 개경의 여러 풍물 등을 서술한 「파한집(破閑集)」 집필을 완료했다는 소식이다. 모두 3권 1책 분량의 이책에 「파한」이라는 제목을 단 이유는 "세상사에 마음을 두지않고 산림에 은둔하며 온전한 한가로움을 얻는 일은 장기, 바둑두는 일보다 낫기 때문"이라고 한다. 이인로는 우리나라 명유(名儒)들의 시 작품이 기록되지 않고 사라져가는 것을 막아야 한다는 사명감에서 이 책의 집필에 나섰다고 말하는데, 그는 "시에 있어서는 출신의 귀천이 없다"는 시론(詩論)을 갖고 있다.

각훈, 「해동고승전」 편찬

우리나라 승려 열전 정리

승려 각훈이 「해동고승전」이라는 역사책을 편찬하여 화제다. 각훈은 불교가 수용된 이래 우리나라 승려들을 총망라 5권 분량으로 서술했다. 고승전이란 일반 역사책과는 다르게 열전에 해당하는 내용만을 담고 있다. 무엇보다도 이 책의 가치는 「삼국사기」에서 도외시된 승려들에 대한 열전을 정리해냈다는 점과 본문의 아래에 시(詩) 형태의 찬(讚)을 엮어 읽는 사람을 더욱 감명받게 했다는 점이다. 이에 대해 이인로는 "그의 문학적 재능이 뛰어나다"고 말했으며, 임춘은 "찬이 유학의 경전을 인용하거나 유학의 교훈을 지적하고 있어 종합교양서로서 가치가 높다"고 말했다.

임춘의 「국순전」, 「공방전」

"진보문학, 잡문" 상반된 평가

문인 임춘은 1197년에 「국순전」, 「공방전」 두 작품을 발표, 세인의 관심을 집중시키고 있다. 현재 임춘의 작품은 이규보가 성취한 문학적 성과와 걸맞는 걸작이라는 평가와 잡문에 불과하다는 비판을 동시에 받고 있다.

글 말미에 "사신 왈 운운 …"하는 것은 사서의 열전과 흡사해서 '전은 전이되 전을 흉내낸 것(假傳)'이라고 말해진다. 그래서 어떤 문인은 '가전체'라고 명명하기도 했는데 가전체문학의 특징은 술이나 돈 등 사물을 대상으로 하고 있다는 점이다. 사물을 의인화하여 다루면서 사물과 사람이 별개일 수 없음을 말해주고 있다. 즉, 사물 자체의 속성과 잡다한 고사를 동원하여 잘못된 세상을 비판하고 있다.

「국순전」의 경우 술을 등장시켜 국순이라는 사람이 도량이 큰 사람이었으나, 요행히 얻은 벼슬로 왕을 혼미하게 하고 돈을 걷는 데 몰두하다 결국 죽는다는 내용을 담고 있다. 또한 「공방전」은 엽전을 비유하고 있다. 둥글지만 모난 사람의 비행을 지적하고 있으며, 결국에는 자신의 잘못을 뉘우치지 못하여 자손마저 욕을 먹고 죄를 지어 처형된다는 것으로 귀결되고 있다.

해외 소식

몽고제국 대륙제패

칭기즈칸, 서역원정 성공

고려, 송, 금, 유럽 등 차례로 침공할 듯

몽고인들은 유목민으로서 주요 거주지는 만주의 서북부 하이랄과 헤이룽강 상류인 오논·케루렌 부근의 부르칸산으로 알려졌다. 이들 부족은 점차 통합을 꾀하여 오다가 1206년 쿠릴타이라는 부족회의에서 예수카이의 아들인 테무친을 칭기즈칸으로 선출했다. 칭기즈칸은 전몽고부족을 통합하고 주변으로 세력을 확장시켜갔다.

먼저 이들은 서하를 굴복시키고 그들을 괴롭히던 거란과 금에 대한 공격을 감행했다. 1211년 거란과 금에 대한 공격을 감행한 칭기즈칸은 화북지역을 장악하고 여세를 몰아

거란의 잔병을 격퇴하고 금에 대한 압력을 가하였다(이런 와중에 1219년 초에 몽고·금·고려의 연합군이 강동성에 포위된 거란족을 제압한 바 있다).

1218년에는 수십 만의 대군으로 서역 원정에 나서 부하라와 사마르칸드를 정복하였다. 이들 이슬람교 지역을 효과적으로 통치하기 위해서 현지인들을 대거 등용하고, 그들의 무역을 막지 않아 이슬람인들은 반대급부로 이익의 일부와 중요한 정보를 제공하고 있다.

이러한 몽고의 세력확대는 우리 고려는 물론 금나라와 남송에도 커다란 회오리를 일으킬 것으로 전망된다. 더구나 우리는 1225년 초에 몽고 사신 저고여가 피살당하는 사건이 발생함으로써 몽고와의 국교가 단절되었고, 이에 따라 몽고의 침입은 시간 문제라는 것이다.

군사전문가들은, 현재 칭기즈칸의 서역정벌로 안정을 되찾은 몽고는 세력을 정비하고 다시 동부의 고려, 금, 송에 대한 침략을 개시하고 일부는 신성 로마제국이나 모스크바공국 및 프랑스지역에 대한 정복전쟁도 수행할 가능성도 있다고 말하고 있다.

잔인과 관용, '두 얼굴의 사나이' 칭기즈칸

칭기즈칸은 살아 생전에 그 잔인함으로 세계를 공포에 떨게 했다. 그는 늘 "사나이의 가장 큰 기쁨은 적에게 패배를 안겨주고 그들을 쫓아내, 그들에게 소중한 사람들의 얼굴이 눈물로 젖는 것을 보고, 그들의 말에 올라타 그들의 딸과 아내들을 껴안는 것이다"라고 말하곤 했다. 페르시아의 도시 니샤푸르를 공격해 처음 그들이 항복했을 때는 너그러이 받아주었지만, 그들이 재차 저항하자 도시 인구 10만 명을 불과 50여 명만 남기고 모두 죽여버렸다. 뿐만 아니라 포로들에 대해서는 그들이 보석을 입으로 삼켜 감추려고 한다면서 그들의 창자를 모두 드러내 갈라보았으며, 사로잡은 왕자는 은을 녹여 귀와 눈에 붓는 방식으로 처형했다.

그러한 그도 포로 중에 글을 읽고 쓸 줄 아는 자와 기술자는 죽이지 않고 특별히 보호해주었다. 또 그는 엄한 법률을 만들어 지휘관 천막의 문지방을 밟는 것, 허락 없이 포로를 편안하게 해주는 것, 간통, 심지어 과음과 과식까지도 모두 사형에 처해질 죄악으로 취급했다.

반면에 누구나 굶주린 사람이 있으면 음식을 나누어주도록 법으로 정해놓았으며 개인의 권리도 법으로 보호하도록 성문화해놓았다. 나아가 정복지에서 접한 이슬람교나 불교와 같은 종교에 대해서도 탄압하지 않고 관대하게 허용했다는 것은 널리 알려진 일이다.

이처럼 배반자에게 엄격하고 항복자에게 관대한 그의 카리스마적 통치술은 광대한 대륙 통치를 위해 불가피하게 만들어낸 정책이라는 분석이 많다.

역사신문

大戰亂 몽고, 전국토 유린

정부, 강화 천도 단행하며 "결사항전" 독려 … 일부선 "무의미한 버티기 곤란" 화의론 주장
현재 제6차 여·몽전쟁 중 … 몽고, "출륙 환도, 국왕 친조, 대규모 공물" 계속 요구

지옥 같은 전란 30년

"아직도 끝이 안 보인다"

30여년에 걸친 몽고군의 침략전쟁으로 전국토가 폐허가 되었고 백성들은 전쟁의 참화에 망연자실하고 있다. 이 전에도 거란, 여진 등 북방 유목민족의 침입을 받은 적이 있지만 이번 대몽전쟁은 그와 질적으로 달랐다. 우리 역사상 처음으로 전국토가 전쟁터가 되었고 수도까지 옮기며 장기간에 걸쳐 전쟁의 참화를 입었다.

전쟁의 와중에서 몽고군의 초토화 전술로 농토는 철저하게 황폐화되었으며 백성은 그 와중에서 식량마저 몽고군에게 빼앗겨 고생이 이루 말할 수 없는 정도다. 현재까지 전사자 수는 통계를 낼 엄두도 낼 수 없을 정도이며 포로는 20만이 넘을 것으로 추정되고 있다. 더구나 우리 측의 대몽 장기항전 전략하에 이른바 청야(淸野)작전에 따라 몽고군의 식량원을 없애기 위해 백성들에게 농지를 버리고 성 안으로 도피하도록 하여 백성들의 고생은 더욱 가중되고 있는 상태다.

또한 개경 인근의 흥왕사, 대구 부인사의 초조대장경, 경주의 황룡사 등이 불타 없어지는 등 국가재산의 손실 또한 막대하다.

그동안 침입해온 몽고군은 유목계인 이른바 본지파(本地派) 소속으로서 최근에 중국에 정착한 농경계 한지파(漢地派)와는 달리 이민족 정벌에 있어 철저한 약탈과 파괴를 일삼는 것으로 알려져 있다. 더구나 1234년 금이 몽고에게 정복당함으로써 완충지가 없어지고 몽고와 직접적으로 접하게 돼 전세는 더욱 불리해졌다.

그러나 백성들과 합심, 적군의 진격을 최대한 저지하고 끝까지 성을 지키려고 한 우리측 장수들의 분투는 눈물겨운 것이었다. 몽고군 원수 살리타이를 사살한 처인성 전투의 승장 김윤후, 죽주성 전투의 송문주, 곳곳에서 전공을 세운 야별초 등은 전사에 길이 남을 승전보를 기록했다. 특히 귀주와 광주에서는 민병대가 관군과 함께 싸워 승리를 거두었으며, 용인, 충주, 상주, 진천 등에서는 순수한 농민군만으로 몽고군을 물리쳤다.

현재 몽고와 화의교섭이 진행 중인데 군사전문가에 의하면 몽고는 내부적으로 쿠빌라이가 이끄는 농경 한지파가 득세하여 더 이상의 전쟁은 없을 것으로 전망하고 있다. 우리 조정에서도 국왕의 친조(親朝) 대신 태자의 친조를 조건으로 하여 화의를 추진하고 있다.

관련기사 4면

최우, 반대 여론 무시하고 강화천도 단행

"몽고군 水戰에 약하다" 정부 설명에 "정권 유지 술책" 반대 여론

1232년 최우가 강화 천도를 단행, 몽고의 침입에 결사항전의 각오를 분명히 하자, 몽고는 이에 초토화 작전으로 전국토를 유린하고 있다. 정부는 수전에 약한 몽고의 약점을 최대한으로 이용하기 위해 강화 천도를 단행한다고 발표하고 개경의 거주인들은 모두 짐을 꾸려 강화로 이주할 것을 지시했다.

강화 천도는 이미 1231년부터 검토되어왔는데, 제1차 몽고침입이 끝난 뒤 최우는 1232년 2월에 재추회의에 천도 문제를 토론에 붙이고 공론화했다. 대다수 신료들의 완강한 반대에도 불구하고 몽고의 공물 요구와 개경의 몽고 감시관인 도단의 소행이 날로 난폭해지자, 결국 최우는 6월에 자신의 집에서 재추회의를 주재하고 천도를 확정했다.

최우는 "몽고군은 수전에 약하다. 천도는 피난이나 도피가 아니라 몽고에의 항전을 위한 것"이라고 설명했으며 천도에 반대하는 김세충을 즉시 제거할 것과 강화도로 천도할 것을 지시하고 국왕도 함께 강화로 옮기도록 했다.

천도가 확정된 후 최우는 각지에 방을 붙여 5부 사람들이 각기 정해진 날짜 안에 강화로 옮기지 않을 경우 군법으로 다스리겠다고 했으며, 여타 각 지방 백성들은 산성이나 섬으로 피난하여 생명을 유지토록 지시했다.

강화 천도에 대해 일각에서는 '정부의 가열찬 항전의지의 표명'이라는 평가와 더불어 다루가치들의 내정간섭이 심해지면서 정치적 위협을 느낀 최우의 정권유지 술책이라는 비판이 함께 대두되고 있다. 한편 몽고측은 정부의 강화천도 결정을 비난하며 빨리 출륙 환도해 항복하라고 촉구했다. 몽고는 우세한 화력을 이용해 전국토를 초토화시켜 고려정부가 항복토록 하겠다는 전략인 것으로 알려지고 있다.

관련기사 2면

918 고려 건국
1170 무신정변
1196 최씨정권수립
1270 대몽항쟁 출륙환도
1356 반원개혁운동
1392 조선 건국

역사신문

아! 고려는 어디로 가고 있는가

조정은 이 위난 극복에 앞장서라

아, 고려는 어디로 가고 있는가. 몽고족의 말발굽 아래 국토가 유린되고 백성들은 도륙을 당하는 이 처참한 참화 속에 고려 조정은 어디에 있단 말인가. 무자비한 살인과 방화 속에 산지사방으로 뿔뿔이 흩어져 어찌할 바를 모르는 저 생령들을 어찌한단 말인가.

고려는 지금 몽고의 침략으로 누란의 위기에 처해 있다. 국초 이래 여러 차례 외적의 침입을 받았지만 이번처럼 철저하게 국토가 유린당한 것은 처음 있는 일이다. 몽고족은 호전적이고 사납기 이를 데 없다고 하니 그 피해가 얼마나 클지 짐작되지 않는 바가 아니다. 그러나 지금 우리 백성들이 당하는 이 참상은 결코 불가항력적인 것만은 아니라는 데 문제가 있다.

우선 최씨정권은 사전에 충분한 대응책을 마련하지 못하고 있었다. 고려 군대는 이미 사병화되어 국가적인 방어전은 기대하기도 어려운 상태였다. 반면에 몽고군의 위력과 그 잔학성은 익히 알려지고 있었다. 사정이 그러하다면 사태를 정확히 파악하여 화전 양면전술을 구사함으로써 군사적인 정면충돌을 피하는 슬기를 발휘했어야 했다. 그러나 최씨정권은 오히려 결사항전을 천명하면서 강화 천도를 단행하였다.

백보를 양보하여 결사항전만이 유일한 선택이라고 치자. 만일 몽고에 대해 끝까지 싸우고자 한다면 마땅히 거국적인 임전태세를 갖추는 것이 긴요한 일일 것이다. 그러나 최씨정권의 작태는 이와는 너무나 동떨어진 것이었다.

우선 모든 백성들을 항전체제로 묶어세우기 위해서는 전쟁기간 동안만이라도 무거운 조세부담을 덜어주는 정책적 배려가 절실히 필요하다고 본다. 그러나 최씨정권은 전쟁이 장기화되면서 사치와 향락에 빠져 백성들에 대한 수탈을 더하고 있다고 하니 그래가지고서야 어찌 항전이 가능하며 백성들의 몽고투항을 비난만 할 수 있겠는가. 또 항몽의 사기를 진작시키기 위해서는 전공이 큰 자는 신분과 지위의 고하에 관계없이 이를 높이 포상하는 것이 마땅한 일이다. 그럼에도 불구하고 충주를 비롯한 여러지역 전투에서 보여지듯이 혁혁한 전공을 세운 백성들이 오히려 천대를 받고 있으니 그 누가 나가 싸우려고 하겠는가. 이러고서야 어찌 저 흉폭한 몽고군을 이길 수 있으며 강토와 백성을 지킬 수 있겠는가. 최씨정권이 정말로 몽고와 결사항전할 용의가 있다면 강화도에서 궁궐을 짓는 것이 중요한 것이 아니라 스스로 군사를 이끌고 전장터에 나가 백성들과 고락을 같이 하는 자세를 보여야 할 것이다. 정권담당자 스스로가 백척간두에 서서 이 위난을 극복하는 데 앞장설 것을 촉구하는 바이다.

그림마당
이은홍

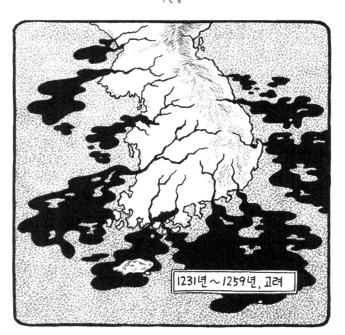

1231년 ~ 1259년, 고려

지배층의 대응은 무력 … 기층민의 항쟁은 처절해

왕권회복 움직임이 향후 국내 정국 상황의 주요 변수

- 사회 그동안 외세의 침략을 많이 받아왔지만 이번처럼 그 규모가 크고 피해가 심각한 때도 없었다. 몽고 침입의 원인은 무엇인가.

- 최기자 몽고의 침입은 근원적으로 그들의 팽창정책과 맞물려 있다. 또 몽고는 많은 공물을 우리측에 요구했지만 우리의 경제력을 감안할 때 수용할 수 없는 것이었다.

- 사회 최우의 강화 천도는 무모한 것이었다는 비난이 많다. 몽고에 항쟁한다는 것은 애초에 불가능했으며, 차라리 일찍 항복했더라면 피해는 줄일 수 있었다는 지적도 있는데.

- 김기자 사실 이슬람제국, 프랑크왕국의 북부에 위치한 헝가리와 폴란드지역 그리고 러시아공국 등 전세계가 몽고 앞에 무릎을 꿇었다. 몽고는 유목민이기에 수전에 약한 반면, 기동성이 뛰어나 기병의 궁술과 창술은 놀랍도록 빠르고 정확하다.

몽고의 침입에 고려는 두 가지 실수를 저질렀다. 몽고를 거란이나 여진 정도의 부족으로 파악, 장기간의 침입은 없다고 오판했다. 또 정부는 일관되게 정권유지 차원의 대책만을 세웠다. 이것이 바로 최우가 강화로 천도하는 요인이다. 최우는 많은 재물을 싣고 강화로 갔으며, 자신의 신변안전만을 위하여 삼별초와 도방을 이용했다.

- 이기자 대몽고전쟁의 과정에서 보인 지배층의 비협조적이며 도피주의적 투항주의적 행위는 비난받아야 한다. 반면 지난 1232년 충주에서의 전투는 놀라운 것이었다. 지배층이 모두 도피한 상태에서 노비 등 천민들이 몽고와의 항전에 전면적으로 나섰던 것이다.

- 사회 그렇다. 당시 천민층들은 몽고군이 물러난 다음에 오히려 도둑으로 몰리기도 했는데, 정말로 이해가 되지 않았다.

- 김기자 최우는 항전을 위해 그다지 한 일이 없다. 다만 대장경을 조판, 불력을 이용하고자 했을 뿐이다. 본토에서는 많은 백성들이 몽고의 무력 앞에서 신음하고 죽어가는 상황에서 강화도의 양반들은 태평했으며, 여전히 강화도로 많은 세금이 실려갔다.

몽고와의 항전을 위해 최우는 백성들에게 섬으로 피난하라고 지시했으며, 투쟁을 적극적으로 전개하라고 독려했지만 최우가 거느리고 있는 삼별초나 도방은 전투에 거의 참가하지 않았다.

- 사회 앞으로의 국내의 정세는 어떻게 될까.

- 최기자 강화도에 천도해 있는 최씨 정권이 지금의 상태를 유지해갈 만한 역량이 없다는 점이 앞으로의 정국변화를 예측하는 중요한 잣대가 된다. 현재의 최씨 정권은 세력기반이 취약하다. 이 틈을 이용해 그동안 미약해졌던 왕권을 회복해보려는 움직임이 서서히 활발해지고 있다. 문제는 왕권회복을 꾀하는 인사들이 새로운 측근세력을 키우거나 또는 몽고의 힘을 빌리려고 하는 것이 아닌가 하는 점이다.

만약 몽고의 후광을 등에 업고 왕권을 회복한다고 했을 때 그것이 지금의 정치 현실보다 더 나은 상황으로 이끌어질지는 미지수이다. 만약 이런 식으로 왕권을 회복한다면 결국 당분간 외세의 입김을 피할 수는 없을 것이다.

갑작스런 강화 천도, 국론 분열 촉발

조정의 갑작스런 강화 천도 발표에 대해 말이 많은 실정이다. 각계 각층의 강화 천도에 대한 견해를 들어본다.

몽고군 수전(水戰)에 약해 살 길은 장기항전뿐

최이 최충헌의 아들

우리의 살 길은 장기항전뿐이다. 작년 몽고군의 침공 이래 우리는 화의를 추구해왔지만 그것은 어디까지나 양국간 동등한 지위보장을 전제로 하는 것이었다. 그런데 몽고측은 다루가치를 파견, 내정을 간섭하는 횡포와 굴욕을 강요하고 있다. 우리 재신들 일부마저도 평화를 내세워 사실상의 대몽 굴복을 주장하고 있는 것은 유감이 아닐 수 없다.

몽고족은 내륙민족이라 수전에 약하다. 우리가 몽고군을 단숨에 물리칠 수는 없지만 바다 건너 강화에 성을 구축하여 왕실을 보위하면서 전국 각지에서 유격전을 벌인다면 승산은 우리에게 있음을 확신한다.

우리의 대몽항전은 민족과 왕실의 자주성을 지키기 위한 성전(聖戰)이다. 다소의 피해가 있을지라도 이를 참고 정부의 지도 아래 끝까지 싸워주기를 간곡히 바란다.

정권유지 논리로 승산 없는 전쟁 계속

유승단 중서문하성 참지정사

이번 천도가 왕실의 뜻이 아니라 최씨 정권의 '정권유지' 논리에 따라 결정되었다는 의구심을 저버릴 수 없다.

우선 우리는 전쟁준비가 전혀 돼 있지 않다. 지난 수십 년 동안 무신들이 정권을 잡아오면서 사병(私兵) 위주로 군을 운영해 지방의 정규군체제는 거의 붕괴된 실정이다. 게다가 강화에 새 수도를 건설하려면 엄청난 세금이 필요할 것이고 그것은 국방력을 저하시킴은 물론 백성들의 불만을 유발할 우려가 있다.

또 예로부터 작은 나라가 큰 나라에 대해 사대의 예를 표하는 것은 당연한 일이다. 준비도 없는 상태에서 중국을 넘어 유럽에까지 진출하고 있는 강력한 몽고군을 상대로 전쟁을 하겠다는 것은 아무래도 최씨 정권의 정치적 술수라고밖에 볼 수 없다.

몽고의 초토화전술에 백성들만 큰 피해

한인연 북계 귀주의 농민

도대체 중앙의 정치인들은 우리의 처지를 알기나 하는지 모르겠다. 이번 강화 천도는 사실상 몽고에 대한 선전포고와 다름 없는 것이다. 이렇게 되면 전국, 특히 우리 양계지방의 백성들은 또 얼마나 몽고군의 약탈과 살륙에 시달려야 한단 말인가. 작년 몽고 침입 때 봤듯이 그들은 완전히 초토화전술로 나오고 있다.

사실 우리 백성들은 우리 정부의 부정부패와 수탈에도 진력이 나 있다. 거기다 강화에 새 성을 쌓는다고 백성들을 쥐어짜고 있으니 이래 가지고야 어떻게 몽고군에 대항해 싸우겠는가. 오히려 정부에 대항해 싸워야겠다는 소리까지 나오고 있는 실정이다.

물론 우리는 몽고에 맞서 싸울 수 있는 데까지 싸울 것이다. 그러나 중앙정부가 우리를 이렇게 계속 방치한다면 백성들 중 상당수가 정부에 반기를 들지도 모른다는 점을 경고해둔다.

재로 변한 대장경 …
전란 중 황룡사 탑도 불타버려

보존 위해 노력했으나 끝내 무위로 … 정신문화계 큰 손실

1232년 팔공산 부인사에 보관되어온 대장경이 몽고의 침입으로 불타버렸으며 뒤이어 황룡사도 전소되는 비운을 맞았다.

대장경의 경우 승병들이 몽고의 남침을 예감하고 주요로 대장경 수호에 나섰으나, 몽고군의 많은 수효를 당해내지 못했다. 이 과정에서 많은 승려들과 신도들이 목숨을 잃은 것으로 알려지고 있다.

이에 대해 불가와 왕실에서는 유감을 표하면서 몽고의 침략성을 규탄하고, 즉각적으로 몽고군의 퇴각을 요구했다.

소실된 대장경은 현종과 문종대 30여 년에 걸쳐 완성된 5천48권짜리이다. 한편 불가에서는 소실된 대장경의 재판을 계획, 머지않아 다시 조판될 것으로 보인다. 참조기사 6호 4면

황룡사는 1238년 윤 4월 대구와 안동

을 거쳐 경주에 침입한 몽고군에 의해 불살라졌다. 이 절을 몽고군이 전소시킨 이유는 황룡사의 호국정신을 제거하기 위한 것으로 보이며, 불교에 대한 고려인들의 인식을 감안한 몽고인들의 침탈로 파악되고 있다.

황룡사는 553년 신라의 진흥왕이 왕궁을 지었을 때 그 자리에 황룡이 나타나자 왕명으로 건립했다는 일화가 있는 사찰로 고려 사찰 가운데 가장 거대한 사찰 중의 하나였다. 또 이 사찰에 있던 9층 목탑도 이번에 불타버려 많은 사람들을 안타깝게 하고 있다. 역시 선덕여왕대에 만들어진 이 탑은 아름다움의 극치를 보여주는 탑으로 널리 알려져 있다. 참조기사 1권 15호 4면

초적 이연년 반란

백제 부흥 표방 전라도 일대 장악

1237년 전라도의 초적 이연년이 난을 일으켜 일대 세력을 장악하고 크게 세력을 확장시키고 있다.

이에 조정에서는 김경손을 전라도 지휘사로 파견, 토벌토록 했다. 이들 반란세력은 원률과 담양을 중심으로 백제의 부흥을 표방하고 있어 주목된다. 소식통에 의하면 이연년은 '백제도원수'를 자칭하고 있으며, 이에 대해 많은 백성들이 호응하고 있는 것으로 알려지고 있다.

그가 '백제의 부흥'을 표방하는 것은 지역민을 그의 휘하로 포섭하려는 의도로 풀이된다.

홍복원, 서경 일대 장악

몽고에 협조, 다루가치 대신 북계지역 지배하던 인물
정부 기병 3천 급파, 강경진압에 나서

서경인 홍복원과 필현보 등이 선유사인 대장군 정의와 박록전를 죽이고 서경을 근거로 난을 일으켰다.

멀리 떨어진 강화도의 조정으로서는 진압군의 파견이 어려운 상태인데 최우는 가병의 출동을 전격 결정했다.

최우는 본래 홍복원이 고려를 배반한 역적이며, 몽고의 앞잡이라고 단정하고 강경하게 진압하겠다고 밝혔다. 이에 따라 최우는 가병 3천을 즉시 파견하고 북계병마사인 민희로 하여금 진압토록 했다.

홍복원은 살례탑의 1차 침입 당시

몽고에 항복하여 생명을 유지함은 물론 앞잡이 노릇을 해왔다. 이후 홍복원은 서경지역을 근거지로 세력을 확장시켜왔으며, 이 지역 다루가치와도 긴밀한 관계를 유지하고 있었다.

지난 1232년 살례탑이 전사하고 돌아가면서 북계지역에 설치된 다루가치도 철수하였는데, 홍복원은 이 다루가치 대신 이 지역을 지배해왔다.

한편 조정에서는 관리를 파견하여 이들 지역을 위무토록 했는데 홍복원 부자와 필현보 등이 이 관리를 죽이고 난을 일으킨 것이다.

기자 수첩

순문사 파견 유감

1243년 2월 조정에서 몽고 침입으로 큰 피해를 입은 백성들을 위무키 위해 각 도에 순문사를 파견했다. 이에 따라 전라도에는 손습경, 충청도에는 송국첨, 경상도에는 민희 등이 파견됐다.

하지만 공식 발표와는 달리 이들의 주된 임무는 그동안 조세가 수취되지 못하는 것을 조사하고 조세를 독촉하는 것이다. 실제 이들은 해당 지역을 순회하고 농정을 살피면서

보다 원활한 조세수취의 방안을 검토하고 있으며, 농가에서 비축하고 있는 곡식의 내용과 양을 측정하고 있다. 또한 이들은 각지의 지방관들에게 조세교육을 하고 있는 것으로 알려졌다. 이미 지난해 9월에 조세수취가 원활하지 못하자 조사단을 각지에 보내야 한다는 의견이 조정 내에 제시된 바 있었다.

이들의 활동에 대하여 백성은 불만스러운 표정이며, 각지의 지방관들은 '아마도 몽고로 보낼 공물납부에 시달리고 있는 조정이 백성들에 대하여 조세독촉을 가하기 위한 조치'라고 반응하고 있다. 결국 백성들은 몽고군에 시달리고 고려 조정에 시달리는 이중의 생활을 하고 있는 실정이며, 이에 따라 고려 조정에

대한 반대 여론은 점점 커지고 있다. 아주 한 백성은 어차피 몽고군의 침략을 고려 조정이 막지 못한다면 '차라리 몽고에 항복'하여 전쟁으로 인한 피해나마 없었으면 좋겠다고 말하며 현 정권을 비난했다.

이런 와중에 용산별감 박익유는 백성들로부터 조세와 몽고로 보낼 공납을 핑계로 많은 양의 재물을 탈취한 것으로 밝혀져 백성들의 거센 항의를 받고 있다. 물론 지방관들의 재물 약탈행위는 어제 오늘의 일이 아니었지만, 특히 몽고의 침입으로 정부의 통치력이 이완되면서 더욱 기승을 부리고 있다는 것이다. 일부 지역에서는 지방관리들의 횡포 때문에 오히려 몽고군이 당도하면 좋겠다는 여론도 있다.

"대장경 다시 만든다"

공식 발표 … 대장도감 설치, 진주 · 남해에 분사도

1236년 고종 23년 고종은 최우의 의견을 수용, 이미 불타버린 대장경의 복원과 국난극복을 염원하는 뜻에서 대장경을 다시 간행하도록 지시했다. 이에 따라 최우는 궁궐이 있는 강화도에 대장경 간행을 위한 담당 관청인 대장도감을 설치하고, 분사는 진주(晉州) · 남해(南海)에 두고 대장경 간행에 관한 업무를 담당하도록 했다.

이에 따라 각지에서 목수와 서예가 그리고 불교인을 모집하여 본격적인 대장경 간행작업이 진행되고 있다. 현재 사용하는 목재는 지리산의 울창한 나무를 이용하기로 하고 바닷길로 운송하기로 하는 등 사업이 순조롭게 진행되고 있는 것으로 알려지고 있다.

대장경 복각계획에 의하면 총사업 기간은 약 18년으로 잡고 있으며 6천5백29권(8만6천6백86장)의 규모가 될 것이라 한다. 한 개 판의 규격은 세로 8치, 가로 2자, 두께 1치 2~3푼, 양쪽 끝에는 뒤틀리지 않게 각목을 붙이고 네 귀는 구리로 장식하는 것으로 정했으며 1면에 23행, 1행은 14자로 양면에 새길 예정이다. 모두 1천5백11부에 6천8백2권으로 8만1천1백37판이다. 관련기사 6면

강화도가 새로운 도읍지로 선정된 이유는 몽고가 수전에 약하다는 전술적 고려 외에 개경과 그리 멀지않으며 섬의 면적이 그리 작지 않고 곡식이 적당히 잘 생산된다는 이점 때문. 밀물과 썰물의 차가 커 외부 침입이 쉽지 않으며, 지방과의 연결이나 조세의 운송에 매우 편리한 이점도 가지고 있다. 또한 각 지방의 백성들을 산성이나 섬으로 옮기게 한 조치는 일종의 '청야전술'로 풀이된다. 이러한 전술은 이전에 이미 수차례에 걸친 외적의 침입 때 사용되었으며, 특히 현종대에 거란군이 침입했을 때 개경을 수호하기 위하여 이 전술을 사용하여 성과를 보기도 했다.

도단의 횡포가 극심하기 짝이 없다. 도단은 본래 거란인으로 1219년 강동성의 거란 공격시에도 몽고 장군 합진(哈眞)을 따라 공을 세우기도 했던 인물. 몽고의 1차 침입 후 요동으로 물러간 살례탑은 도단에게 고려의 국사 도동의 임무를 부여하여 개경에 파견했다. 일종의 개경 다루가치 자격이다. 이에 따라 고려의 조정은 도단의 간섭을 받게 되었는데 도단은 사신을 접대하는 영송관인 민회적이 자신을 잘 대하지 않는다는 핑계로 민회적

을 때려죽였다. 또한 사신 숙소가 심심하다며 민가로 옮긴다고 투정을 부려, 조정에서는 그의 비위를 맞추려고 금주전자 한 벌과 저포 80필을 주기도 했다. 또 도단은 고려의 조정에 '수달피 1천 장, 고려 국왕 이하 왕족 · 공주 · 대관 등의 동남(童男) · 동녀(童女) 500명 및 여러 방면의 기술자의 차출'을 요구했다. 이에 조정에서는 겨우 모은 수달피 977장을 보냈으며, 나머지 사항은 유보해줄 것을 호소했다.

강화도 천도 직후 개경에 남아 있던 천인들과 백성들의 일부는 천도에 강한 거부감을 표시하고 봉기할 것을 모의했다. 이들은 개경 주위의 백성 및 승려들과 연합, 이통을 지도자로 내세웠다. 이들은 '강화 천도 반대'를 외치며 거리를 활보했으며, 도읍을 강화로 옮긴 것은 최우 등의 지배층이 자신들만 잘 먹고 잘 살겠다는 것이라며, 지배층을 강하게 비난했다. 또한 이들은 몽고가 침입한다 하여도 개경을 끝까지 지킬 것을 다짐했다. 이에 최우는 사태의 심각성을 느끼고 자신들의 가병(家兵)을 즉시 출동시켜 진압에 나섰다.

당시 무인 최고의 실권자였던 최우의 재산을 옮기는 것은 엄청난 일이었다. 그는 녹전차(개경의 세금을 운반하는 차량) 1백여 양을 차출, 그의 가산을 실어 옮기도록 했다. 한편 1232년 7월 왕이 승천부를 거쳐 강화도의 객관에 들어설 때는 장마비가 내려 짐을 옮겨가는 백성들의 고달픔이 더했다. 장마철이라 비가 10일 이상 계속됐는데, 진흙길에 말과 사람의 발이 빠져서 지쳐 쓰러져 죽는 사람도 있었다. 고관이나 양가의 부녀자들도 아이를 업거나 물건을 이고 갔으며, 가족끼리 서로 헤어지거나 다치고 죽어서 이산가족이 속출했고 빗길에 울며 통곡하는 사람도 많았다.

제1차에서 6차까지 여·몽전쟁 상황 지상 중계

1 몽고군 파죽지세로 개경 근처까지 진격, 막대한 공물 요구

1231년 8월 몽고의 살례탑, 압록강을 건너 고려 침입. 이들은 파죽지세로 함신진과 철주, 안북부를 점령. 현재 고려군은 끈질긴 저항을 계속하고 있는데 특히 귀주성의 박서와 자의성의 최춘명의 분투는 귀감이 되고 있다. 귀주성 전투에서는 몽고군이 행랑 2백여 칸을 파괴했으며, 신서문 주위 28곳에 포를 걸어놓고 공격하여 피해를 입히기도 했지만 고려 군사들은 이에 굴하지 않고 다시 성을 수축, 계속하여 몽고군에 맞섰다.

몽고군이 남하를 계속하여 개경을 위협하자, 정부는 전시체제에 돌입했다. 최우는 대책회의를 주재하고 즉시 3군을 편성, 출동시키는 한편 여러 도

에서 군사를 징집했다. 몽고군은 개경을 포위하고 경주와 충주·청주를 공격, 많은 피해를 입혔다. 조정에서는 분대어사 민희로 하여금 몽고군을 회유케 하고, 왕족인 회안공 정을 보내어 교섭, 결국 화의가 성립돼 몽고는 철병하고 고려 북계 40여 성에 몽고 감독관 다루가치가 파견됐다.

조정에서는 북계의 분대어사인 민희를 파견, 화평교섭에 나섰다. 몽고의 살례탑은 "굳게 지키려거든 지키고, 투항하려거든 투항하고, 싸우려거든 속히 결단내자"고 말했으며, 민희의 직책을 묻는 실랑, "고관이 와서 속히 항복하라"했다 한다. 이에 조정에서는 회안공 정을 다시 파견했다.

몽고군이 개경 근처까지 도달했다는 소식이 전해지자 개경에서는 소요가 일어나 많은 백성들이 개경을 빠져나가느라 일대 소란이 빚어졌다. 이에 정부는 계엄령을 선포했고 관리들의 피난을 금지시키는 등 민심을 안정시키기 위해 분주히 움직였다.

몽고군의 공물 요구는 액수와 양에서 그리고 내용면에서 엄청난 규모 몽고와 화해를 꾀하고 있는 조정에서는 이미 수차례의 사신 접대로 금주전자, 은병, 수달피 의복 그리고 저포 등을 준 바 있다. 현재까지 파악된 몽고가 요구하는 공물의 내용은 다음과 같다.

금과 의복을 많으면 말 2만 필, 적으면 말 1만필에 실어보낼 것. 이 외에

비단 1만 필, 수달피 2만 매, 큰 말 1만 필과 작은 말 1만 필, 몽고황제에게 보낼 공주·왕의 친척등 외 1천 명, 대관집 부녀와 아들 딸 각각 1천 명.

2 개경환도 촉구

1232년 6월 수도를 강화도로 옮긴 가운데 살례탑을 주장으로 한 몽고군의 2차 침입이 9월 재개. 살례탑은 즉시 江島(강화도)에 특사를 보내 '개경환도'를 촉구. 살례탑은 개경환도의 전략으로 수전을 치러야 하는 강화도 공격을 피해 본토 초토화작전에 나섰다. 이 과정에서 그동안 부인사에 보관되어 오던 '초조대장경'이 불탔다. 한편 살례탑이 속한 몽고 주력군은 광주 공격에 실패하고 처인성(지금의 용인)을 공격했다. 이때 승려 김윤후는 활로 적장 살례탑을 죽이는 전공을 올렸다. 적장을 잃은 몽고는 결국 부장 데구의 지휘로 물러났다. 김윤후는 몽고의 침입을 피해 처인성 내로 피해있던 중이었다.

몽고군이 후퇴하자 최우는 북계 지역을 장악하고 있던 역적 홍복원을 제거하기 위하여 북계지역에 대한 공격을 감행했다.

3 대장경, 황룡사 탑 화재로 소실 …

1235년 7월 몽고 장군 당고(唐古)가 역적 홍복원을 앞세워 고려 침입을 개시. 몽고군은 지난번과 같이 화의교섭을 시도하지 않고 전국토를 유린. 강도 조정은 각지의 백성들로 하여금 성과 섬으로 피신토록 지시함은 물론 각 산성에 방호별감(防護別監)을 파견, 산성을 견고히 수축하고 지키도록 했다. 아울러 한강연안에 대한 방비를 강화하고 광주(廣州)와 남경의 백성들은 모두 강화로 들어오도록 조치했다.

1236년 몽고는 의주강을 건너 가주, 박주를 초토화시킨 뒤 자주성을 함락시켰다.

8월 말경 몽고군은 남경, 평택, 아주(아산), 하양창에 진을 치고 공격했는데 아전 현려가 성을 굳게 지키다가 기습공격, 몽고군 2명의 목을 베고 2백명을 사살했으며 많은 병기를 노획하는 전과를 거두었다. 죽주 전투에서도 방호별감 송문주 등이 승전을 올렸다.

10월에 몽고군은 전주와 고부지역에 침입했다.

1237년 몽고의 침입이 길어지는 가운데 강화의 방비를 강화하기 위해 10월 강화에 외성을 쌓았다. 1238년 몽고군은 동경(경주)에 침입, 황룡사탑을 불태웠다. 몽고의 약탈이 계속되는 가운데 정부는 1238년 12월 장군 김언기와 어사 송언기를 몽고에 파견, '몽고군 철병과 공물량의 축소'를 요구했다. 이듬해 4월 국왕은 친조의사를 전했고 몽고군은 철군하였다.

정부는 몽고사신의 국왕 친조 요구에 왕족인 신안공 전(佺)을 왕의 동생이라 해 몽고에 보냈다. 이듬해 9월에 신안공은 몽고 황제의 조서를 고종에게 전달했다. 조서에는 ① 섬의 백성들은 모두 육지로 나올 것 ② 그 민호의 수를 점검하여 보고할 것 ③ 독로화(禿魯花 도루가: 인질)를 보낼 것 ④ 반몽행위가 있었던 고려의 관원을 체

포하여 압송할 것 등의 요구가 제시됐다. 이에 고종의 먼 조카인 영녕공순을 고종의 아들이라 하여 양반집 자제 10여 명과 함께 몽고로 보냈다.

한편 대장경이 불타 없어지자 불력으로 국난을 극복해보고자 최우는 다시 대장경 조판을 지시, 책임자로 수기 대사를 임명하고 강화도에서 조판작업을 시작했다.

4 몽고, 황제 정종 죽음으로 철군

1247년 7월 몽고의 장수 아모간이 군사를 거느리고 염주에 와서 주둔하면서 4차 침입이 시작됐다. 이에 앞서 지난해 말 몽고인 4백여 명이 북변의 수안현에 침입, 수달을 잡는다는 구실로 각지를 염탐했으며, 백성들을 납치·약탈했었다.

몽고군은 강도조정의 출륙환도와 국왕의 친조이행을 강력히 요구했다. 조정은 북계지역의 백성들을 섬으로 이주토록 지시하였으며, 방비태세를 강화했다. 몽고군은 10월에 청천강을 넘어 서해도에 침입했다.

그러나 몽고군은 황제 정종이 죽었다는 소식에 1249년 초 모두 철군했다. 4차 침입에서는 북계와 서해도의 지역만이 약탈당하는 비교적 적은 피해를 입었다.

5 최항, 출륙 거부 … 대부분 지역 몽고군에 항복

1253년 4월 정부가 계속 몽고 황제의 출륙환도와 국왕 친조 요구를 거부하고 있는 가운데 몽고는 이를 구실로 아모간과 야굴, 홍복원을 파견, 고려를 침입했다.

금교와 흥의 경계지역에서 교위 대금취가 몽고군을 격파하는 전과를 세웠으나, 몽고군 3천여 명은 고주와 화주 지경까지 진격했으며, 척후병 3백여 명은 광주(廣州)에 침입, 가옥을 불질렀다. 8월 말에는 전주성의 남쪽인 반석역까지 침입했다.

몽고측이 강력하게 왕의 출륙환도와 항복을 요구해 조정은 긍정적인 반응을 보였으나 최항은 출륙을 강력히 거부했다.

한편 충주성에서는 김윤후가 백성들을 모아 몽고군에 저항했다. 김윤후는 노비들에게 신분해방을 약속하고 모두가 일심단결하여 결국 몽고군을 격퇴시키는 데 성공했다. 충주 부근에서는 최수가 복병술로 몽고군을 격파하고 납치당한 2백여 명을 구출했다. 그러나 춘주성·금양성·전룡산성·양주 등 대부분의 지역에서는 방호별

감들이 몽고군에 항복하거나 패퇴했다.

전황이 어려워지자 고종은 긴급 확대회의를 열고 토론한 결과, 태자가 나가 항복하는 안이 제시됐다. 고종은 처음에는 이에 불만을 표시했으나 결국 태자 항복안을 수용했다.

11월 왕이 강화를 나와 승천부에서 몽고 사신을 영접함으로써 몽고군은 다루가치를 설치하고 약속대로 철군했다. 그러나 수달피와 저포 등의 몽고의 공물 요구는 미해결 상태다.

6 출륙환도, 태자입조 요구 수락 … 종전

1254년 7월 몽고는 국왕이 출륙했으나 최항 등 다수의 관리가 아직 출륙하지 않았음과 우리 조정에서 몽고에 항복한 관리들을 처벌한 것을 구실로 다시 침입했다. 이후 몽고는 모두 4차례에 걸쳐 국토를 유린했다. 몽고의 요구는 확실한 출륙환도와 국왕의 친조실현이었다.

몽고군 장수 차라대의 군사가 충주와 상주를 침공하는 가운데 조정은 참지정사 최린을 보내어 철병을 요구했다. 그러나 몽고군의 파괴는 계속됐고 이에 따라 피해는 극심했다. 1254년 한 해에 무려 26만 6천8백여 명의 남녀가 잡혀갔다. 지금까지 몽고의 침입 중에서 가장 큰 피해를 입었다.

1255년 우리 조정이 섬과 산성에 입보한 사람들을 육지로 나오게 했는데,

공산성의 경우 그 광경이 끔찍하다. 굶어죽은 자가 매우 많았으며, 노약자들은 구렁텅이에 쓰러져 있거나 매몰되었으며, 심지어 어린 아이들을 나무에 매어놓고 가는 사람들도 많았다.

1255년 다시 침입한 몽고군은 서해안의 해도를 약탈했고, 1257년 침입한 몽고군은 국왕의 친조 요구에서 일보 양보, 태자의 친조를 요구했고 재추회의에서 이를 받아들이기로 결정했다. 그러나 이번에는 고종이 반대, 동생인 안경공 창을 보냈다.

1258년 동북면의 조휘와 탁청이 병마사인 신집평을 죽이고 철령 이북의 땅과 함께 몽고에 귀부하는 사건이 발생했다. 몽고는 철령 이북지역에 쌍성총관부를 설치했다. 이에 조정은 1258년 12월 박희실을 파견, 출륙환도와 태자

입조 요구를 받아들인다고 통보했다.

1259년 3월 몽고 사신이 고려에 와서 태자 입조절차를 논의하고 몽고군은 완전 철수했다. 이에 따라 1231년부터 시작된 몽고와의 항쟁은 일단락됐다.

몽고, 인류 역사에 유래 없는 대제국 건설

기병 앞세워 유라시아 대륙 평정

호라즘의 토벌서 시작된 몽고의 서방원정은 칭기즈칸의 원정(1219~25)으로 막을 내렸다(이후 그는 서하를 토벌하다가 1227년 진중에서 사망했다). 칭기즈칸은 서방원정에서 승전하여 개선한 후 넓은 영토를 효과적으로 통치하기 위하여 아들들에게 분할하여 나누어주었다.

칭기즈칸은 왕위계승을 위하여 그가 죽기 전에 제 3자인 오고타이에게 왕위를 계승토록 했으며, 그가 죽자 오고타이는 태종으로 즉위하였다(1229). 이후 태종은 금나라와 대규모의 전쟁을 전개하고는 결국 금을 멸망시킨다(1234).

한편 서방에서의 원정은 주치(칭기즈칸의 제1자)의 둘째아들인 바투에 의해서 전개되었다. 그는 1235년부터 1242년까지 계속된 전투에서 서방을 제압하고 귀국하는 길에 킵차크 한국을 건설했다.

오고타이(태종)는 오르혼강 상류지역에 수도인 카라코룸성을 구축하고, 이곳을 기점으로 오고타이 한국을 건설함은 물론 거대한 몽고제국의 효과적인 통치와 연락을 위하여 도로와 역전제를 정비했다. 대체로 말을 타고 하루를 갈 수 있는 거리마다 역을 설치하고 역사(驛舍)가 있으며, 이 역사에는 식량, 말, 수레 등을 준비하여 항시 그 곳을 통과하는 사절, 군대, 관리의 왕래와 공납물의 운송이 원활하도록 했다. 또한 그는 거란인인 야율초재를 중용하여 행정기구의 정비도 갖추는 등 몽고의 성장에 기여한 것으로 알려진다.

오고타이의 사후 권력은 바투의 지원을 받은 몽케에게 이어졌다. 몽케는 동생인 쿠빌라이에게 송나라의 북부지방에 대한 토벌군을 출동시키고, 셋째 동생인 훌라구로 하여금 이슬람교 국가의 정복을 위하여 서방에 출동시켰다. 훌라구는 1253년 서방의 원정길에 올라 바그다드를 공략하여 1258년에는 이곳을 중심으로 일한국을 건설했다. 이로써 몽고의 제국은 본 영지를(몽고 고원과 송의 북부지역) 제외하고 4개의 한국을 건설하여 명실상부한 대제국이 건설되었다.

이는 과거 알렉산더대국과 로마제국을 능가하는 역사상의 초유의 대제국으로 기록될 것이다.

현재 고려가 몽고에 굴복한 상태여서, 남송의 몰락도 머지않은 것으로 보이며, 결국 몽고의 침략로는 남송과 바다 건너 일본이 될 전망이다. 이에 따라 일본과 남송에서는 군사력 증강을 서두르고 있으나, 쓰러져 가는 남송은 회복이 어려운 상태이다.

몽고군의 전술

저항과 배신의 대가는 공포의 살육전

몽고군의 전력은 막강하기로 이미 소문이 나 있지만 사실 그 전략·전술은 의외로 단순하다는 것이 밝혀져 관심을 끌고 있다.

몽고군의 기본전술은 우선 적의 기선을 제압하는 것이다. 그러기 위해서 압도적인 수적 우위를 과시한다. 심지어 속을 가득 채운 부대자루를 빈 말들의 안장에 묶어 행군을 해 멀리서 보면 마치 대군이 이동하는 것처럼 보이게도 한다. 또 야생마 떼를 적진에 몰아넣어 일시에 적진을 교란하는 것도 흔히 쓰는 전술이다.

그러나 뛰어난 기동성은 타의 추종을 불허한다. 이를 위해 장비는 가능한 한 가볍게 하며 하루에 150킬로미터를 이동할 수 있다고 한다. 때문에 양동작전을 펴 적을 아군 매복지로 끌어들인 뒤 몰살시키는 전술을 자유자재로 구사할 수 있다.

가장 중요한 것은 초토화와 공포전술이다. 이는 워낙 넓은 지역을 점령해 나가다 보니 이미 점령하고 지나온 배후로부터의 재반격이 항시 우려돼 사전에 그러한 여지를 없애기 위한 것이라고 한다.

몽고족의 세계지배는 어떻게 가능했는가

유리한 국제정세 막강한 군사력의 조화

우리나라 전국토가 몽고의 침입으로 황폐화되었지만 이는 비단 우리만의 일은 아니다. 이웃 금과 남송은 물론 유라시아 대륙 건너 유럽과 남방의 인도와 아라비아에 이르기까지 몽고에 점령당하지 않은 곳이 거의 없는 실정이다. 실로 세계 역사상 없었던 대제국이 형성된 것이다.

칭기즈칸 등장 이전에는 문자조차 없었던 미개한 유목민족이 어떻게 이런 놀라운 제국을 형성할 수 있게 되었는가에 대해 의견이 분분하다. 우선 널리 인정받고 있는 견해는 '국제정세론'이다. 칭기즈칸이 몽고의 제부족을 통합할 당시 때마침 주변의 이민족들은 한결같이 허약한 상태에 있었다는 것이다. 우리만 봐도 60여 년에 걸친 무신들의 집권으로 국가체제가 심하게 동요돼 있는 상태였고, 이웃 중국에는 금과 남송이 서로 대립하고 있어 둘 다 쉽게 몽고에 굴복하고 말았다. 이같은 상황은 서역의 호라즘 왕조, 유럽의 키예프, 도이치, 폴란드 그리고 러시아 등도 대동소이했다는 것이 외교 소식통들의 일치된 견해다. 이들에 의하면 몽고군은 대개 한 번 공격에 15만 정도의 군사를 동원하는데 비해 그 어느 곳에도 2만 이상의 병력을 일시에 동원할 수 있는 나라가 없었다는 것이다.

한편 몽고족의 우월한 군사력을 지적하는 이들도 많다. 몽고족은 정착 농경민족과는 달리 항상 이동하며 제부족들과 갈등을 겪어온 유목민이기 때문에 일찍부터 전쟁에 능숙해져왔다는 것이다. 더구나 말타는 솜씨가 뛰어나 군대가 하루에 1백50킬로미터나 이동할 수 있다고 한다.

몽고, 비단길 다시 열다

몽고족의 세계전쟁은 동서양의 문화교류를 가능케 했다

몽고족의 세계정복전쟁은 인류역사상 최대의 참화로 일컬어지고 있다. 이는 그들이 잔인할 뿐만 아니라 가는 곳마다 모든 것을 파괴해버리는 초토화 전술을 썼기 때문이다. 그러나 이제 정복전쟁이 완료돼 태평양에서 대서양에 이르는 광활한 대륙이 몽고라는 한 민족의 지배에 들어간 이상 앞으로는 평화시기가 도래하지 않겠나 하는 분석이 나오고 있다. 특히 동양과 서양 사이의 물품 및 문화교류가 활발해질 것이라는 조심스런 전망이 나오고 있다.

이런 가운데 몽고가 수세기 동안 막혀 있던 비단길을 다시 열어줘 그러한 전망을 더욱 밝게 해주고 있다. 이 길을 통해 유럽의 금, 은 품목과 아시아의 자기 품목이 주로 교역될 것이며 규모는 상상을 초월할 정도로 대규모일 수도 있다는 게 경제계의 일반적 전망이다. 학계도 서역의 다양한 문화를 접할 호기가 왔다고 기대하는 눈치다.

몽고인들은 인류에게 참화를 안겨다 준 대가로 이런 보답을 해주는 것일까?

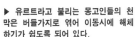

▶ 유르트라고 불리는 몽고인들의 천막은 버들가지로 엮어 이동시에 해체하기가 쉽도록 되어 있다.

◀ 몽고인들의 잔학성을 잘 보여주는 해골탑. 몽고인들은 적군의 머리를 베어서 탑을 쌓아 승리를 기념하거나 항복하지 않는 사람들에게 공포심을 심어주는 수단으로 삼았다.

팔만의 번뇌를 팔만의 경판에

팔만대장경, 18년에 걸친 대장정 끝에 완성

몽고의 침입으로 부인사 대장경이 소실된 후 착수된 '제2의 고려대장경' 조성작업이 18년에 걸친 대장정 끝에 완료됐다. 이번 대장경 사업이 시작될 당시 이규보는 "몽고의 잔인함과 야만이 극에 달한 지금, 새로운 대장경을 새기려고 하니 부디 신통력을 발휘하여 몽고군의 침입을 물리치고 나라를 평안하게 해달라"며 불력(佛力)에 호소하는 글을 남겼었다.

대장경 조성작업에는 무신정권의 집권자 최우의 의지가 강하게 작용한 것으로 알려져 있다. 최우는 특별히 자신의 재산을 털어 판각 비용의 거의 절반을 부담했으며 기존의 행정조직을 그대로 대장경판 조성조직으로 전환시키

는 조치를 취하기도 했다. 각도의 계수관을 중심으로 분사도감이 설치됐고 안찰사는 분사도감의 최고직을 겸임, 목재와 식량의 운반, 경판을 새기는 각수(刻手)의 동원, 조각도의 제조 등이 원활히 이루어질 수 있도록 관내 수령들을 동원했다.

안으로는 농민·천민의 봉기, 밖으로는 몽고 침입에 직면한 최씨 정권으로서는 기존 불교문화의 기반에 기대어 대장경을 조성하는 것이 정부쪽으로 민심을 돌리는 최고의 정책적 사업이었다고 보는 견해가 대다수지만, 팔만대장경이 우리민족의 문화적 역량이 유감없이 발휘된 걸작품이라는 데 대해선 누구나 생각을 같이하고 있다.

대장경은 실로 엄청난 규모. 목록에 나와 있는 불경만 해도 무려 1천4백97종 6천5백58권에 달하며 목록 외의 것으로도 4종 1백50권이 더 있다.

인터뷰 수록 불경 선정과 교정작업 지휘를 맡은 개태사(開泰寺) 승통(僧統) 수기(守其)

대장경의 의미와 8만여개의 경판을 만든 이유는.

대장경(大藏經)이란 경(經)·율(律)·논(論) 삼장(三藏) 즉 모든 불교경전을 말하며, 편집 당시 수집이 가능한 모든 불교경전의 총서를 뜻한다고 보면 된다. 그리고 특별히 의도한 것은 아니었지만 8만4천번뇌에 대응해서 8만4천개의 법문(法文)이 수록됐다.

교정자들이 역점을 둔 사항은.

북송 관판(官版)과 거란본 및 초조대장경 등의 내용을 비교·검토, 보완했다. 그외 여러 참고자료를 총동원, 각 문헌에서 일치되지 않는 점은 일단 그대로 밝혀 놓고 보다 신빙성 있는 것을 기준으로 삼았다.

그리고 대장경 조판은 교·선 구분을 떠나, 경전의 중요성을 절감한 불교계 전체가 힘을 합쳐 작업했다.

경판 제작 과정을 간단히 설명해달라.

제주도·울릉도·완도·거제도 등지에서 운반돼온 목재를 바닷물에 담가 결을 삭힌 다음 밀폐된 곳에 넣고 쪄서 살충과 동시에 진을 뺐다. 그다음 충분히 건조시킨 목판을 대패질하고 표면에 아교풀이나 밥풀을 발라 글씨를 새기기 쉽도록 준비해 놓는다. 다음에 필사자가 얇고 투명한 종이에 쓴 것을, 목각수가 목판의 풀이 아직 젖어 있을 때 판목에 뒤집어 붙여 종이의 뒷면에 글씨가 비치도록 해놓고, 칼로 먹이 묻어

있지 않은 판목의 부분을 깎아 내면 문자가 양각된다. 새기는 과정에서 실수가 생기면 작은 나무조각을 끼워 넣어 교정하거나 잘못 새긴 판을 평평하게 깎아내고 다시 새겼다.

보관상의 어려움은 없을까.

원형의 보존을 위해 판면에 옻칠을 하고 양끝에는 마구리를 대어 판목의 뒤틀림을 방지했다. 또 판면이 손상되지 않고 공기 소통이 잘 되도록 서고 설계에 주의했다. 또 마구리에는 경전 이름과 천자문 순서에 따른 함 명칭, 권과 장의 순서를 표시, 쉽게 인출하고 정리하도록 했다.

참여자들
소감 한마디

천태산 출신 요원(了源)

나는 경판 39장을 바쳤고, 4년간 판각 작업에 종사했다. 이번 불사로 나 자신은 윤회의 깊음에서 영원히 벗어나며, 돌아가신 부모님들은 극락에서 편안히 살게 되리라 믿는다.

진사(進士) 임대절(林大節)

나는 국자감시에 합격한 진사로 7년간 1백77장의 경전을 새겼다. 필사나 판하본 작성, 글자를 새기는 과정에 학식 있는 사람들이 많이 참여했다. 이 사업은 최씨 정권이 민심 수습을 위해 취한 정책적 수단인 것도 사실이지만 사재와 경판을 바치는 물질적 보시나 조각 작업에 참여하는 몸(身) 보시의 열기가 높았던 것은 승려와 신자, 신진사인 등이 국난 극복의 일념으로 적극 참여했기 때문인 것도 분명하다.

비구 효겸(孝兼)

승려들은 국가의 역이 면제돼 있지만 이번 일 만큼은 바로 우리 일이라고 생각하고 열심히 했다. 자부심을 가지고 일했고 경판 끝에 당당하게 "조각 ㅇㅇ, ㅇㅇ 각수, ㅇㅇ 각"이라고 새겨 놓았다. 명각(明覺) 같은 사람은 자신의 이름 밑에 "심작(心作)·수단심공(手段心工)" 같은 글자를 새겨서 "조각에 전심전력을 다했다"는 것을 강조해서 모두가 웃은 적이 있다.

세계 최초 금속활자 인쇄

「상정고금예문」 금속활자로 인쇄 간행

우리 인쇄활자술의 우수성을 세계에 입증

1234년 고종 21년 「상정고금예문」이 금속활자로 인쇄돼 우리 인쇄문화의 신기원을 이룩하게 되었다. 금속활자의 인쇄는 아직까지 다른 나라에는 없고, 우리가 세계에서 가장 먼저 시행한 것이어서 그 가치가 더욱 높으며, 우리의 인쇄활자술을 세계에 알리는 계기가 될 것이라는 평이다.

우리의 활자술은 이미 널리 알려져 있으며, 통일신라시대에는 다라니경을 그리고 고려 왕조에서는 두 차례에 걸친 대대적인 대장경 간행으로 그 우수성이 입증된 바 있다.

「상정고금예문」은 의종 때 문하시랑 평장사를 지낸 최윤의가 왕명을 받아 고금의 예문을 모아 편찬한 책이다.

기자 수첩   匠人

처음에 책은 필요한 사람들 스스로가 베껴서 만들었다. 비단에 적기도 했고 때론 필요에 따라 나무판에 새기기도 했다.

그런데 유교 경전의 가르침이 널리 퍼지면서 국가적으로 개인적으로 대규모로 인쇄하는 풍조가 생겨나 본격적인 목판 인쇄의 시대가 열렸다. 장서가들은 서적의 필체를 중시, 각각의 목판은 아름다운 글자체가 예술 정신을 가진 장인에 의해 완벽하게 재현된 일종의 예술 작품 취급을 받았다. 우리 대장경에 각수의 이름을 새긴 것, 그리고 8만개의 경판의 글자체가 일정하도록 신경을

쓴 것도 다 이런 이유 때문일게다.

그러나 목판 인쇄는 많은 단점을 가지고 있다. 비용과 노력, 시간이 많이 들고, 하나의 목각판은 오직 하나의 문헌만 찍어낼 수밖에 없다. 또한 목판은 수량이 많고 부피가 크고 무거우며 잘못 간수하면 썩고 빠개져서 못쓰게 되는 보관상의 애로점이 크다.

그런데 이제 바야흐로 활자 인쇄, 그것도 금속활자 인쇄의 시대가 열린다고 하니 참으로 반가운 일이 아닐 수 없다. 오랜 전란으로 온 국토가 황폐했던 상황에서 팔만대장경을 완성시켜 고려의 신기(神技)에 온 세상이 놀랐었는데, 금속활자라는 인쇄술의 신기원을 또 우리 손으로 열었다니 자랑스러운 일이 아닐 수 없다.

백운거사 이규보 사망

마지막 순간까지 최씨 정부에 감사의 눈물 …

「동명왕편」의 저자 백운거사 이규보가 향년 74세로 사망했다. 그가 죽기 전 집권자 최이는 그의 일생을 정리하는 「동국이상국집」을 간행하도록 조정 차원에서 지원해주었고, 이규보는 마지막 순간까지 최이에 대한 감사의 마음으로 눈물을 흘렸다고 한다.

그가 발표한 「동명왕편」의 문학적 우수성과 거기에 담긴 민족자존 정신은 이미 세간에 자자했다. 그의 애제자 최자에 의하면 그는 9세 때 이미 중국의 고전들을 섭렵했고, 14세 때에는 선배 문사들로부터 기재(奇才) 소리를 들었다고 한다.

그러나 재야 문단 일각에서는 그를 자신의 문필기예를 팔아 관직과 명예를 사려고 애를 쓴 어용 문필가로 평가절하하고 있다. 그는 30세가 되기까지 관운이 없자 당시 집권자인 최충헌에게 관직을 구하는 글을 올렸고 최충헌을 찬양하는 시를 바친 바 있다. 이후 관직에서 멀어질 때마다 문인적 양심을 하나하나 버렸고 말년에 와서는 완전히 최이의 어용 문인으로 전락했다는 것이다. **참조기사 13호 4면**

한편 그의 문우인 김창, 이인식, 박훤 등은 이규보를 단칼로 매도하기보다는 당시의 상황 속에서 그를 평가해야 한다고 말한다. 일찍이 정중부의 정변 이래 이전까지 우대받던 문인들의 위상은 일시에 밥 굶는 처지로 전락했고 이는 국가적으로도 크나 큰 손실이었다는 것이다. 그러던 것이 최충헌이 집권하면서부터 다시 이인로, 이규보, 최자 등의 문인들을 우대, 어쨌든 국가의 기틀을 유지하는 데 그들이 일조를 했다는 것이다.

그러나 예종대까지의 문풍이 소재와 주제에 제한이 없는 자유분방함을 지니고 있었다면 최씨 정권 이후로는 정권 찬양 일변도로 변했고 이는 최씨 정권의 문인들에 대한 우대와 함수관계를 가지고 있다는 것은 부인할 수 없는 사실이다.

최자, 「보한집」 간행

「파한집」 보충해 만든 시화집

1254년에 최자가 「보한집」을 간행했다. 이는 이인로의 「파한집」을 보충, 시화집으로 꾸민 것이다. 모두 3권 1책으로 구성됐으며, 각 권마다 모두 1백45편의 글이 실려 있다.

이 책에는 아름다운 시와 시평 그리고 길거리의 이야기, 흥미있는 역사적 사실, 부도(浮屠)와 부녀자들의 이야기가 재미있게 수록되어 있다. 많은 문인들은 이 책을 비평문화의 걸작이라고 높이 평가했으며, 저자인 최자도 매우 만족스러운 모습. **참조기사 14호 4면**

대장도감, 「향약 구급방」 출간

팔만대장경을 만들던 강화도의 대장도감에서 약재들을 조사해 책으로 출간, 화제가 되고 있다. 이 책은 종래에 사용하던 외래 약재대신 우리 향약을 사용하는 취지에서 제작된 것. 책은 전체 상·중·하 3권으로 복약방법, 복약의 금기와 제약법, 중량들이 적혀 있어서 급한 병에 편리하게 사용할 수 있도록 되어 있다. 부록으로는 향약 1백80정에 대한 속명, 약의 맛, 약의 독, 채취방법들이 알기 쉽게 설명되어 있다.

역사신문

최씨 정권 붕괴

김준, 유경 등 정변 일으켜
4대 60여년에 걸친 장기집권 결국 끝나

1258년 3월 고종 45년 대사성 유경과 별장 김준은 삼별초군을 동원, 최의 일당을 처단하고 정권을 장악했다. 이로써 최씨 정권의 4대 60여 년간의 장기집권은 결국 막을 내리게 됐다.

향후 왕정이 완전복구될 것이라는 견해와 무신인 김준 중심의 무인정권이 당분간 계속될 것이라는 정가의 전망이 서로 엇갈리고 있는 가운데 정부의 대몽고정책이 어떻게 변화할지가 현재 초미의 관심사로 대두되고 있는 상황이다.

최충헌-최우-최항-최의로 이어지면서 권력과 실력을 행사해온 최씨 정권은 무인정권기의 정점이었다. 이의민을 제거하면서 시작된 최씨 정권은 교정도감 설치, 도방 강화 등의 조치로 자신의 권력기반을 공고히 했으며, 이후 최우는 정방과 서방 그리고 삼별초를 유지하면서 최고의 지위에 올라 군림하며 몽고 침입으로 자신의 정치적 지위가 저하될 것을 고려하여 강화 천도를 단행하기도 했다.

그러나 이후 최씨 정권은 실정을 거듭, 민심을 잃게 되었으며 몽고의 계속적인 침입에 대해 확실한 대응을 하는 데 실패했다. 최씨 정권의 몰락 이후 과연 무인정권이 종식될 것인가 혹은 다시 연장될 것인가 하는 문제는 몽고와의 화해, 개경 환도 문제, 그리고 김준 등 현 집권무인들의 정치적 야심 등과 맞물려 복잡한 양상을 띠고 전개돼나갈 것으로 보인다. **관련기사 2면**

원종, 국왕 즉위

몽고에 군사 철수 요구

1260년 4월 몽고에서 귀국한 태자 전(倎)이 원종으로 즉위하였다. 원종은 즉위 후 몽고에 보내는 조서에, 육지에 나와 농사와 잠업을 장려하여 백성들을 편히 살게 하는 것이 급선무라고 말하고, 몽고군의 철군과 몽고에 잡혀간 고려인의 빠른 귀환 그리고 고려에서 재물을 약탈한 몽고인 처벌 등을 요구했다.

임연, 권력 장악
김준 일당 제거하고

원종 9년 1268년 12월 무인 임연이 김준 일당을 제거하고 김준정권을 붕괴시켰다. 이번 사태는 김준의 위상이 왕권을 능가하려는 것을 경계한 원종의 묵인 아래 진행된 것으로 알려지고 있다.

김준은 집권 당시 왕정복고 의사를 내비치기도 했으나, 이후 점차 세력을 확장, 최씨 정권 때에 비견되는 권력을 전횡하는 등 최고의 실권을 누려왔다.

몽고, 서경에 동녕부 설치

자비령 이북 직접 통치 … 고려, 반환 요구

1270년 2월 몽고는 서경에 동녕부를 설치, 자비령 이북의 땅을 직할령으로서 직접 통치한다고 발표했다. 이에 대해 조정에서는 상당한 거부감을 드러내고 있지만 뚜렷한 대응책은 마련하지 못한 실정이다.

임연이 원종을 폐하고 안경공 창을 즉위시키자, 사북면병마사 최탄 등이 임연을 처단한다는 구호 하에 용강, 함종, 심화현의 사람들을 모아 봉기했다. 이들은 서경 등 5개 주의 세력을 장악하고 몽고에 투항한다고 발표했다.

다시 원종이 왕위를 회복한 이듬해인 1270년 2월, 최탄 등은 3천 명의 몽고군을 불러 서경에 진주시켰고, 몽고황제는 최탄 등에게 금패를 주고 조서를 내려 서경을 동녕부라 개칭하고 자비령을 고려와의 국경으로 삼는다고 발표했다. 이에 대해 정부는 즉각 몽고의 황제에게 글을 내어 '최탄 등은 본래 고려에 원한을 가지지 않았다'며 이 지역을 반환하여 줄 것을 간곡히 요구했지만 몽고에서는 쌍성총관부의 설치 때처럼 반응을 보이지 않고 있다.

39년 강화시대 막내리다

원종, 개경 환도 결정 … 삼별초, 환도거부

1270년 5월 원종은 무인정권이 무력화되자 재상회의를 소집, 즉시 개경 환도를 결정했다. 이로써 지난 1232년 7월 강화 천도 후 39년 만에, 몽고와 화의 성립 후 11년 만에 개경 환도가 이루어지게 됐다.

환도 조치와 함께 정부는 임연 이후 권력을 행사하던 임유무를 제거하고 그 일당을 귀양 조치했다. 그리고 그동안 무인정권의 호위 기반이었던 서방 3번과 조성색을 없애버렸다.

환도 발표 후 백성들은 오랜 전쟁이 끝나 대체로 반가워하는 분위기다. 한편 삼별초는 개경 환도를 거부하며 몽고와의 항전을 계속한다고 밝혔다. 원종은 정자여를 강화에 보내 삼별초를 위무하도록 지시했다.

그러나 배중손과 노영희 등은 삼별초군을 인솔, 반역을 일으키고 '환도 거부', '몽고와의 항전'을 결의하고 승화후 온을 왕으로 삼았다. 이들은 유존혁과 이신손을 좌우승선으로 임명하는 등 체제를 정비하고 있다. 사태의 심각성을 깨달은 조정은 김방경을 보내 이들을 진압토록 했다. 현재 배중손 등은 장기전에 대비 진도로 근거지를 옮겨갔다. **관련기사 2면**
참조기사 15호 1·2면

삼별초, 끈질긴 저항 … 탐라에서 완전 진압

진도, 탐라로 본거지 옮기며 수년간 버텨 … 몽고, 탐라총관부 설치

1273년 지난 수년간 진도, 탐라 등으로 근거지를 옮기며 여·몽연합군에 끈질기게 저항하던 삼별초군이 결국 완전 진압됐다.

진도로 옮겨간 삼별초는 경상도와 전라도의 해안가를 중심으로 조운선을 약탈하거나 부수고, 혹은 육지의 여러 관청을 습격, 관가에 피해를 입혔다. 한편 삼별초에 호응해 1271년에는 밀성군과 개경 등에서 난이 일어났으며, 남양의 대부도에서도 반란이 일어나는 등 일반 백성들의 몽고에 대한 항쟁도 끊이지 않았다.

삼별초군은 장흥, 합포, 동래, 남해, 창선 그리고 밀성 등지와 30여 개의 섬을 장악하고 게릴라전을 전개했다. 조정에서는 삼별초 활동 지역의 민심안정을 위해 중앙관리를 해당 지역에 파견했으며 1271년 5월 수천의 여몽연합군을 3군으로 나누어 진도를 공격했다. 진압군은 진도에 상륙, 저항하는 삼별초군을 격퇴하고 삼별초의 근거지인 용장산성을 점령했다. 이 과정에서 진압군은 승화후 온을 죽였으며, 배중손이 사망했다. 이에 삼별초군은 김통정을 중심으로 세력을 규합, 탐라로 근거지를 옮겼다.

여·몽연합군은 진도지역의 백성들을 모조리 체포, 삼별초에 협조했을 경우 이들을 몽고로 압송키로 했다. 그러나 일반 백성 중에는 삼별초군이 진도로 옮겨오면서 강제로 끌려 온 백성들도 다수가 포함돼 있어 조정에서는 이들의 선처를 몽고 측에 간곡히 요구했다.

한편, 탐라에 도착한 삼별초군은 대항하는 관군을 제거하고 백성을 동원, 토성을 쌓는 등 진압군의 공격에 대비했다. 1272년 내내 해안지방에 대한 삼별초군의 급습이 이어져 백성들이 고통을 호소하는 가운데 조정과 몽고에서는 고려의 김방경과 몽고의 흔도로 하여금 탐라정벌에 나서도록 했다.

이들은 병선 1백60척과 육해병사 1만여 명을 거느리고 탐라로 진격, 김원윤 등 6명을 죽이고 1천3백 명을 체포하는 등 삼별초군을 완전 진압했다. 이 과정에서 김통정은 전사했고, 김혁정, 이기 등 70여 명이 체포돼 홍다구에 의해 처형됐다. 몽고는 1273년 6월 탐라에 다루가치를 배치하는 한편, 탐라총관부를 설치해 동녕부나 쌍성총관부처럼 직접 지배한다고 밝혔다. **관련기사 2면**

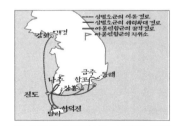

918 고려 건국
1170 무신정변
1196 최씨정권수립
1230-50 대몽항쟁
무신정권 몰락
1347 정치도감 개혁
1392 조선 건국

73

역사신문

출륙환도와 국왕의 책무

대등한 대원관계 정립이 향후 과제

1270년 정부의 출륙환도 결정으로 40여년 동안 계속되었던 몽고와의 전쟁상태가 공식적으로 일단락되었다. 그동안의 처참했던 전쟁이 끝나고 다시 평화를 맛보게 됨을 백성들과 더불어 기뻐하지 않을 수 없다.

또 이번 출륙환도는 단순히 대몽전쟁의 종결이라는 점뿐만 아니라 고려 정치질서의 변화라는 점에서도 중요한 의미를 갖는다. 무신정변 이래 국왕이 허세화되고 무신들이 정권을 장악하여 국정을 농단해왔던 비정상적인 정치행태가 막을 내리고 국왕이 나라의 명실상부한 최고책임자로 복귀하였기 때문이다. 이번 출륙환도도 국왕 원종이 앞장서 결행하였던 점이 이를 잘 보여주고 있다.

그러나 고려정부 앞에는 해결해야 할 과제가 산적해 있다. 전쟁은 끝났지만 국토와 민심은 갈갈이 찢겨져 있는 상태이다. 전란으로 인한 국토의 황폐도 그렇지만 무엇보다도 심각한 것은 민심의 이반현상이다. 전란의 와중에서 백성들이 겪어야 했던 고통은 이루 형언할 수 없는 것이었고 전쟁이 끝났다하더라도 이들에게 남은 것은 파괴된 전토뿐이다. 설상가상으로 벌써부터 지도층 인사 가운데는 일신의 안일과 영달을 위해 나라를 버리고 원나라에 빌붙는 자들이 속출하고 있는 것이 고려의 현실이다. 이렇게 민심이 사분오열 되어가지고서야 어찌 나라가 온전히 유지될 수 있겠는가. 정부에서는 하루빨리 민생을 안정시키고 갈라진 백성들의 마음을 수습하는 데 진력해야 할 것이다.

또 한 가지 고려정부가 해결해야 할 시급한 과제는 대원관계의 정립이다. 원나라와 평화관계가 구축되었다고는 하지만, 양국간의 힘의 우열은 분명한 것이고, 그런 속에서 우리 고려가 대등한 관계를 확립하는 문제는 결코 쉬운 일이 아닐 것이다. 벌써부터 고려왕실에 대한 원나라의 정치공세는 집요하여 태자가 몽고복장을 한다거나 몽고의 공주와 결혼하는 등 고려의 자주성이 심각하게 위협당하고 있으며, 받아들이기 어려운 여러 가지 공물요구가 속출하고 있다. 이런 요구들을 일방적으로 물리칠 수만은 없겠지만 고려의 국익과 자주성을 지키기 위해 어떻게 대처해야 할 것인지 지혜를 모아야 할 때이다.

결국 이처럼 막중한 대내외적 과제를 해결해야 할 궁극적인 책임은 국왕에게 있다. 국왕은 왕실의 권위와 나라의 힘은 백성의 안정에서부터 나온다는 점을 상기할 필요가 있을 것이다. 이를 바탕으로 대등한 대원관계 정립에 진력할 것을 촉구하는 바이다.

그림마당
이은홍

해설　무신정권 몰락과 출륙환도의 의미

원의 후원, 왕권강화, 무신 제압의 함수관계 읽어야

출륙환도 이후 원의 직접적인 영향력은 절대적일 듯

1백년 전 정중부의 난으로부터 시작된 무인통치는 이제 개경 환도를 끝으로 그 막을 내리게 됐다. 이번 출륙환도는 국왕 및 문신관료들의 정치력이 무인집권층의 정치력을 제압했다는 의미를 갖는다.

사실 지난 1258년(고종 45년) 최의 정권을 마지막으로 최씨 정권이 몰락하면서 무인들의 집권력은 급전직하로 내리막길을 걸었다고 볼 수 있다. 이후 집권한 김준, 임연, 임유무 등은 우선 출신부터가 천민들로서 국정을 이끌 경륜과 배경이 극히 취약했고, 그에 반비례해서 국왕 및 문신관료들의 발언권이 점차 강화돼 온 것이다. 김준, 임연, 임유무의 제거에 모두 국왕이 깊이 개입한 것이나, 강화 천도를 칭송했던 문관 최자가 태도를 바꾸어 원과의 화의와 출륙환도를 주장한 것이 그 단적인 예이다.

그러나 왕권의 강화는 국왕 혼자 힘으로 된 것이 아니라, 원의 직접적 후원에 힘입어 이루어졌다는 사실을 간과할 수 없다. 혹자는 이를 국왕의 능란한 외교력으로 봐야 한다고 주장하지만, 원종이 원으로 가서 원의 군대를 이끌고 들어와 출륙환도를 성사시킨 만큼 앞으로 원의 영향력은 절대적일 것이라는 게 정가의 대체적인 전망이다.

또 이번 출륙환도를 가능케 한 또 하나의 요인으로 민심의 동향을 빼놓을 수 없다. 40여 년에 걸친 대몽항쟁으로 백성들은 지칠 대로 지쳐 있고, 특히 최근에는 원의 공세가 강화되면서 각지에서 백성들이 지방관을 죽이고 몽고군에 투항하는 사례가 속출하고 있는 실정이었다. 이러한 상황이 국왕측이 추진하는 강화론의 명분을 지원해주었다고 할 수 있다.

인터뷰　삼별초 지도자 배중손

"몽고와의 강화는 굴욕적인 항복이다"

반몽고의 기치뿐만 아니라 반정부적인 태도까지 분명히 한 것으로 알고 있다. 이유는 무엇인가.

현 정부는 자주성을 상실한 채 몽고와의 야합을 통해 권력유지를 꾀하고 있다. 현 국왕은 세자 시절 원에 입조(入朝)까지 한 인물이다. 지금 이루어진 강화는 대등한 협상의 결과가 아니라 몽고측의 '출륙환도(出陸還都)'라는 조건을 그대로 수용한 굴욕적인 항복과 마찬가지다.

그러나 초적과 지방민들의 갈수록 드세어지는 반정부활동으로부터 최씨정권을 지키는 역할을 했던 것은 부정할 수 없을 텐데.

인정한다. 그러나 강화 천도는 몽고의 대규모 침략 와중에서 우리가 독립왕국의 지위를 유지하기 위한 불가피한 조치였다.

사실 천도 이후, 강화도의 방비에만 급급했지 본토 백성 수십만이 포로로 끌려가고 몽고의 공납에 시달리는 상황은 수수방관하지 않았는가. 최씨 무인정권의 위압적이고 폐쇄적인 정치운영은 보다 현실적인 화평론을 완전히 무시했기 때문에 대전란에 장기적인 안목의 대응을 하지 못했다는 지적이 만만치 않다.

방금 경직된 항전론 때문에 고통당하는 백성 이야기를 했는데, 사실 이후 몽고 지배가 본격화되면 가장 큰 피해를 입을 사람들은 역시 일반 백성들이다. 우리가 봉기를 선언했을 때 수많은 유망농민들이 까마귀떼같이 강화도로 몰려오는 모습을 보지 못했는가.

사실 삼별초는 백성을 들먹일 자격이 없는 것 같은데….

미안한 얘기지만 삼별초의 전신인 야별초는 농민들의 무력항쟁의 증가에 따른 최씨 정권의 자구책으로 편성되어 농민군의 반정부투쟁을 무자비하게 진압한 사병(私兵)의 역할을 한 것으로 안다.

그리고 강화시절 삼별초는 최씨 정권의 정적 제거나 이후 잇달은 쿠데타의 무력 기반으로 이용되어 권신들의 사병처럼 행동한 것 외에 달리 무슨 일을 했는가? 대단한 특혜는 받지 못했다 해도 전쟁상태가 계속돼야 현재의 무력적 기반 유지가 가능하니까 항전의 노선에 동참한 것이 아닌지.

그렇게 보는 사람도 있다고 들었지만 우리는 '별초'의 원 뜻에 부끄럽지 않도록 최선을 다해 반몽 투쟁에 진력한다면, 결과적으로는 개경정부의 자주성도 어느 정도 유지되지 않을까 생각한다.

다루가치란 ?

관직명 아닌 일반명사로 '장(長)'을 뜻하는 말

원종이 몽고에서 귀국할 때 속리대와 강화상이 다루가치로 함께 와 세인의 주목을 받고 있다. 사실 다루가치는 우리의 기억 속에 결코 반가운 존재가 아니다. 지난 1232년 몽고와 강화를 맺으면서 처음 배치된 이들 다루가치들은 각지에서 민, 관과 충돌해 나중에는 외교문제로까지 비화된 적이 있기 때문이다.

일반인들은 다루가치를 마치 관직명인 것처럼 보는 이가 많은데 이는 사실과 다르다. 중앙이나 지방 각 관청에서 사무를 처리하는 장을 통칭해서 부르는 말로 우리 말로는 '감독자'의 뜻에 가깝다.

이번에 우리나라에 온 다루가치들도 각 지방의 호구조사 등에 임할 것이라고 한다. 이들은 원황제의 직접 지시를 받으며 우리 조정은 간섭하지 못한다. 오히려 지난 선례를 볼 때 이들이 국정 전반에 걸쳐 사사건건 간섭하려 할 것이며 결국은 왕권과의 충돌도 일으키지 않을까 우려하는 이들이 많다.

세자 심, 몽고황족의 사위되다

"부마국으로 전락" 우려

1274년 5월 세자 심은 고려와 몽고의 많은 관리들과 친척들이 참여한 가운데 몽고황제의 딸 홀도로계리미실공주와 결혼식을 올렸다. 원종은 그동안 세자의 몽고황족과의 결혼을 꾸준히 추진해왔으며, 이번에 몽고황제의 수락을 받아 식을 올리게 된 것이다. 이는 앞으로 양국의 관계진전에 도움이 되리라는 전망과 아울러 세자 심이 왕으로 즉위할 경우 고려가 몽고의 사위국으로 전락한다는 점에서 몽고의 간섭이 심해질 우려가 있다는 분석이다.

경기 일원에 녹과전 설치, 녹봉 지급키로

국고 고갈로 관리들 녹봉 지급 힘들어짐에 따라 … 일부 권신들 반대

1271년 정월 조정에서는 녹과전을 설치, 최근 녹봉이 크게 줄어 사기가 떨어진 문무관료들에게 경기의 땅을 나누어 주되, 개경에서 가까운 땅은 교위와 대정에게 주도록 했다.

녹과전에 대한 논의는 고종 44년에 이를 위한 관청인 급전도감이 설치되면서 그동안 줄곧 있어 왔었다. 특히 원종 원년에는 녹과전 문제가 구체적으로 제기됐다가 권세가들의 반발로 무산됐다. 이번 조치로 관리들의 생활고가 어느 정도 해소될 전망이다.

원종 12년 2월 도병마사에서는 전쟁 등으로 국고가 고갈, 관리들의 녹봉이 부족해 군인들을 고무할 수 없다며 경기 8현의 토지를 품계에 따라 녹과전으로 주자고 건의했다. 당시 왕족들과 왕의 측근 관료들은 녹과전 시행에 대해 강하게 반발, 원종이 결정을 미루었는데, 우승선 허공 등이 수차례에 걸쳐 녹과전을 두자고 건의하여 이번의 시행 결정에 이르른 것으로 알려지고 있다.

한편 교위와 대정이 개경에서 근접한 지역의 토지를 받은 이유는 "그들이 힘든 업무를 담당하고 있기 때문"이라고 급전도감은 밝혔다.

권신들의 불법 점유 토지, "원주인에게 돌려준다"

전민변정도감 설치 … 오랜 시일 지난 경우 많아 '조사, 쉽지 않을듯'

1269년 전민변정도감이 설치돼 권신들이 강제로 빼앗은 토지에 대한 일제점검이 시작됐다. 이는 군량 보충을 위한 토지가 절대적으로 부족한 가운데 시행되는 것이어서, 앞으로 권신들이 불법적으로 차지한 토지를 둘러싸고 권신과 변정도감간의 첨예한 대립이 예상되고 있다.

국왕도 변정도감의 활동을 지지하고 있는 것으로 알려지고 있으며, 더욱이 병량의 증액을 요구하는 몽고가 이번 조치를 지원하고 있어 권신들의 토지는 상당 부분 본래의 소속지에 돌려질 것으로 보인다.

고려의 토지인 전시과는 본래 명목상 군인과 양반, 그리고 한인들에 의해 경작되었으며, 궁궐과 사원에 소속된 토지도 있다. 그러나 다수의 군인전과 한인전이 권신들에 의해 점유되고 국가에서 징세하는 전시과도 상당수가 권신들에 의해 농장의 형태로 장악된 실정이다. 이에 따라 국가의 재정은 더욱 궁핍해지고 조세를 부담하는 백성들의 조세부담은 가중된 상황이다.

이번에 몽고에서 병량의 마련을 강요하면서 국가재정이 어려워지자 권신이 차지한 토지에 대한 점검의 목소리가 높아졌고 이에 따라 이번 조치가 시행되었다. 그러나 오랫동안 전쟁을 겪었으며 토지에 관련된 사람들도 변화가 많아 소유관계를 제대로 규명하기가 쉽지 않을 것이라는 우려의 목소리가 높다. 이 문제를 두고 많은 소송이 발생할 전망이다.

몽고, 고려를 병참기지화

일본 침공 앞두고 우리 정부에 대규모 전쟁준비 지시

몽고의 일본 공격이 임박한 가운데 몽고는 고려에 병선과 병사 그리고 군량을 저축하라고 지시했다. 몽고는 지난 1268년 6월 오도지를 고려에 파견, 병선의 수효와 병사의 수효를 점검하도록 지시했으며, 고려에서는 1만 명의 병사와 1천 척의 병선을 제공할 뜻을 밝혔다.

한편 고려의 백성들은 몽고의 요구에 상당한 불만을 가지고 있는데, 지금 농민들은 1231년 이래의 전쟁으로 기아에 시달리는 처지이며 농토가 황폐해져서 생산력이 낮아졌고 전쟁으로 많은 사람이 죽어 농사도 제대로 지을 수 없는 비참한 상황에 놓여 있다. 또한 바닷가의 백성들에게 부여된 병선건조의 임무는 그들의 생계와는 거리가 먼 부역노동으로 생계의 어려움을 겪고 있는 이들에게는 엄청난 고통으로 받아들여지고 있다.

고려조정은 이러한 사실을 몽고에 전달하였으나 몽고의 반응은 전혀 없다. 황해도의 해안에서 선박을 제작하고 있는 한 노인은 "전쟁 때문에 우리가 이 지경이 되었다. 정말 살기 어렵다"고 말하고, 먹을 것을 구하기도 어려운 상황에서 "우리들에게 병선을 만들라는 것은 차라리 죽으라는 것"이라며 전쟁으로 혼자가 된 상황에서 전쟁준비를 위한 물품제작의 아이러니함을 토로했다.

어쨌거나 몽고의 전쟁준비는 고려에 일임되었으며, 이는 우리 고려 백성의 희생을 강요하는 모습으로 나타나고 있다.

전함병량도감 설치

몽고는 송과 일본국 정벌에 필요한 군량과 병사 그리고 군함 등의 병기 마련을 위하여 전함병량도감을 고려에 설치, 준비에 차질이 없도록 했다. 이와 관련, 농기구와 농경을 위한 소의 제공 등 농민들의 피해가 속출하고 있으며, 해안지역에서는 전함건조를 지시받고 백성들이 어려운 조건에서 전함의 건조에 열을 올리고 있다.

전함조성도감 설치

또한 몽고 황후의 요청으로 고려에 전함조성도감이 설치됐다. 이는 황후가 대장경을 넣어둘 함 조성을 위한 재원마련을 위한 기구이다.

결혼도감 설치

원에 바칠 공녀 징발 백성들의 원성 높아

원의 요청에 의해 행정관청의 하나로 결혼도감이 설치돼 몽고에 보낼 처녀를 징발하게 된다. 이에 따라서 백성들은 벌써부터 긴장하고 있다.

알려진 바에 의하면 몽고에서 고려의 공녀를 요구하는 이유는 만자군(蠻子軍: 원나라에 협조하는 송나라 병사)의 결혼을 위한 것이라고 한다. 현재 고려 조정에서는 민간의 대 몽고 적개심이 높다고 자체 분석하고 공녀문제에 대한 대민설득작업에 착수했으며, 몽고에 보내는 공녀를 우선 천인들 중에서 선발하는 것을 신중히 검토하고 있는 것으로 전해지고 있다. 앞으로 몽고에 보낼 공녀문제로 고려조정은 큰 곤란을 겪을 것임은 분명하고, 백성들 내에서도 상당한 반발이 예상된다.

한편, 1274년 3월 원나라는 만자매빙사인 초욱을 파견, 남편없는 부녀자 1백40명을 요구하고 있어, 정부는 결혼도감을 통해 각지에서 홀어미, 역적의 딸, 중의 딸 등을 모아 수를 채웠다.

일본에 특사 파견, 왜구 해적 행위 금지 요청

1263년 봄 2월 왜구가 금주(김해) 관내인 웅신현 물도에 침입, 여러 고을들의 공납물 수송선을 약탈하여 가는 등 해적행위를 일삼자, 왕실은 사신을 파견하기로 결정하고 4월에 홍저와 곽왕부 등을 특사로 파견했다. 원종은 특사를 통해 1263년 2월 22일 웅신현 물도에 왜구가 침입, 공납수송선을 약탈했으며 쌀 1백20석과 명주 43필을 약탈해갔으며, 또한 연도에 침입, 백성들의 의복과 식량 등의 생활필수품을 훔쳐갔다고 밝히고, 이러한 사실을 엄중히 항의했다.

지금까지의 고려와 일본국의 관계적인 무역은 1년 1회, 배는 2척으로 한정돼, 만일 그 외의 배가 다른 일을 빙자해 고려의 연해에 침입하여 소란을 피우거나 피해를 입히면 엄격히 처벌키로 약정한 바 있다.

일본에 특사로 파견됐던 홍저의 귀국 보고 내용

일본 정부와 함께 해적을 색출, 추궁한 결과 해적의 거주지는 일본국과 고려 사이에 있는 대마도로 밝혀졌다. 이들 왜구는 이전에 후신라시대에도 신라의 남쪽 해안지방에 침입하여 피해를 입혔으며, 양민을 붙잡아 노비로 다른 나라에 파는 등 끔찍한 짓을 저질러왔다. 일본국에서도 이들을 제대로 제압하고 있지 못하며, 이들 대마도의 왜구들은 식량문제로 상당한 어려움을 겪는 등 생활고를 치르고 있다. 귀국길에 대마도에 들러 이번 2월 사건의 책임을 추궁하고 쌀 20석과 귀밀 30석 그리고 소가죽 70장을 징발해왔다.

개경에 큰 기근 … 어사대, 관리들 개경탈출(?) 금지

1259년 개경에 큰 기근이 들어 백성들은 물론 관리들도 굶어죽는 지경에 이르렀다. 계속되는 몽고 침입으로 인해 생활이 어려운 상황에서 기근까지 겹치자, 현재 개경 거리는 목숨을 연명하기 위하여 남쪽으로 내려가는 사람들로 가득하다. 백성들의 소요를 우려한 어사대와 중방에서는 '관리들의 개경 밖 탈출(?)'을 금지했다. 그러나 일반 백성들의 개경 밖으로의 탈출(?)은 막지 않고 있다.

개경에서 연등회 도중 대화재 발생

개경에서 연등회 도중 대화재가 발생, 최소한 1백여 가옥이 불타면서 많은 재산 피해를 냈다. 사고의 원인은 정확히 알려지지 않았으나, 연등의 불이 지붕에 옮겨붙어 발생한 것으로 보인다. 이러한 화재는 이미 1271년 2월 연등회 때에도 발생, 저시교 근방의 민가 3백여 채를 태우는 막대한 손해가 있었다. 정부 관계자는 고려 가옥의 특징이 지푸라기를 지붕으로 이었고, 더구나 잇대어 있기 때문에 한번 화재가 발생하면 커다란 피해를 입는다고 분석했다. 정부에서는 피해 가옥에 대한 긴급지원에 나서는 한편 연등회날 연등사용에 각별한 주의를 당부했다.

어사대, 고위층 간통사범 잇달아 체포 …

1263년 4월 어사대는 낭장 정자경의 처 손씨를 간통혐으로 체포했다. 조사 결과 손씨는 집안의 종인 양수, 서균 등과 간통한 것으로 드러났는데 손씨는 재상인 손정렬의 딸이다. 또 장군 주선의 간통사실이 알려졌는데 더욱이 그는 숙부의 처와 관계했다는 점에서 많은 사람들에게 큰 충격을 주고 있다. 주선은 형법에 따라 참형에 처해질 것이라고 어사대는 밝혔다. 형법에 의한 간통죄 처벌규정은 다음과 같다. 종이 상전과 간통했을 경우 화간의 경우 교형, 강간 참형. 일반 백성들이 아버지나 할아버지의 첩, 백모, 숙모, 고모, 자매의 며느리나 손자며느리, 그리고 형제의 딸과 간통하였을 경우 교형. 일반인들이 여승과 간통하였을 경우 화간은 징역 1년 6개월, 강간은 도형 2년, 여승은 화간의 경우 징역 2년 6개월.

일본에 사신 파견, 몽고황제의 친서전달

1267년 8월 원종은 일본에 사신을 파견, 몽고황제의 친서와 고려의 국서를 일본국 왕에게 전달했다. 몽고황제의 친서에는 일본이 몽고와 교류를 시작하고 몽고에 대해 복종하라는 등의 요구사항과, 이것이 지켜지지 않을 경우 '군대를 출동시키겠다'는 내용이 들어 있다. 우리는 국서를 통해 우선 몽고의 황제를 인군으로 평하고, '풍파의 험악을 핑계하지 말고 몽고와 교류할 것'을 간곡히 요구한 것으로 알려졌다.

한편 일본국은 일단 답변을 회피하고 있는데, 일본국 내에는 강경론이 우세, 몽고에 굴복하지 않을 것이라는 전망이 조심스레 나오고 있다.

범잡이 시의와 점장이 태학박사

고종 사후 태손 심이 권한을 대행하면서 1260년 조순을 참지정사로, 최온을 추밀원사로, 김전과 박성자를 추밀원부사로 임명했는데 이러한 관리등용을 둘러싸고 말이 많다. 본래 조순은 왕실과 혼인한 상태여서 성대(省臺; 고려행정의 중추부인 중서문하성과 어사대: 왕실의 간쟁을 담당함)의 관직을 규정상 하지 못한다.

이와 같이 관리임명의 원칙이 무너져내리자, 천문을 아는 자가 태학박사가 되고, 주먹으로 호랑이를 잡은 자가 왕의 시의가 되기도 하였다. 이렇듯 인재의 선발과 배치가 뒤죽박죽이 되자 백성들은 이러한 모습을 비꼬아 '점장이 태학박사', '범잡이 시의'라며 수군거렸다.

貢物(진상물품)? 恐物(겁나는 물품)? 恭物(공손한 물품)?

1267년 9월 몽고의 사신은 고려에 희한한 공물을 요구했다. 몽고는 임패로, 미실, 해아 등 9인을 특사로 파견했는데 이들은 고려에 있는 아길아합몽합(阿吉兒合蒙合; 소와 같은 물고기)을 요구했다. 이는 황제가 직접 필요해서 급속히 보내라는 내용의 조서와 함께 고려에 전달됐는데, '있으면 즉시 바칠 것이요, 만일 없거든 즉시 잡아서 보내라'고 적혀 있었다. 의술전문가에 따르면 '다리에 종기를 앓고 있는 사람이 그 물고기의 가죽으로 신을 지어 신으면 당장 낫는다'는데 '아마 몽고의 황제가 이 병을 앓고 있을 것'이란다. 이에 따라 전국에 '아길아합몽합' 포획 작전이 전개됐으며, 결국 아길아합몽합의 가죽 17장을 임패로 등에게 주어 황제에게 전달하도록 했다. 이 사실이 일반에 알려지면서 일부 백성들은 예전에는 수달피와 비단, 모시, 종이 등을 공물(貢物)로 몽고에 바쳐야 했는데 이제는 구하기도 어려운 물품까지 몽고황제의 치료를 위해 바치기 위해 노력해야 한다며 이제 공물(恐物)이 되었다고 푸념이다.

가련한 소군(小君)

이름이 밝혀지지 않은 소군이 법을 어겼으므로 어사대에서는 그를 즉시 꾸짖고 가구옥에 가두었다. 본래 그는 어느 궁녀와 원종 사이에서 태어난 아들로 고려법상 머리를 깎고 중이 되어야 하는데(이를 小君이라 부른다), 그는 이를 어기고 궁녀의 보호 하에 궁궐에서 몰래 길러졌던 것이다. 어사대는 이 사실을 밝혀내고 사건의 전모를 원종에게 알렸다. 원종은 짐짓 태연한 표정을 지었으나 상당히 가슴 아파했다는 후문이다.

굶는 원종

몽고의 대규모 병참 요구에 정신이 없던 상황에서 원종이 저녁식사 한끼를 굶는 일이 발생하였다. 이는 그동안 잦은 연회와 행사로 왕실 재정이 고갈됐기 때문에 발생한 '사건'이다. 1273년 2월 원종은 내장택으로부터 저녁 지을 쌀이 없다는 보고를 받았으며, 이에 왕은 자신의 신세를 한숨으로 한탄하고는 즉각 "그만 두라'고 했다 한다. 대체 나라의 왕이 식욕이 없어 굶는다면 당연하겠지만 쌀이 없어 굶는다니 과연 역사이래 이런 일이 있었던가?

개를 가지고 호랑이를 잡는다고?

1273년 12월 원나라에서는 우리 고려의 호랑이를 잡으려고 개를 이끌고 고려에 왔다. 여기에는 9명의 사람들도 동행했는데, 당연하게도 호랑이는 잡지 못했으며 오히려 개들만 죽어갔다. 결국 호랑이 잡는 것을 포기한 몽고인들은 많은 개를 잃은 끝에 "고려의 호랑이는 개를 가지고는 잡을 수 없다"고 툴툴거리며 돌아갔다.

개경 복원 사업, 공신당·미륵사 재건한다
공신당, 태조 이래의 공신들을 벽에 그려놓고 명복을 비는 곳

1262년 10월 미륵사와 공신당이 다시 건설된다. 이는 몽고 침입으로 수도가 강화도로 천도된 지 30년 만에 개경의 옛자리에 건립되어 공신들에 대한 추모와 추앙을 위한 중요한 사당으로 자리잡을 전망이다.

공신당 재건사업은 원종의 명령에 의한 개경복원작업의 일환으로 진행되는 사업이다. 본래 공신당은 태조 이래의 공신들을 벽에 그려놓고 매년 10월에 절에서 재를 올려 그들의 명복을 빌어왔다. 그런데 강화천도 후 이 행사가 중지됐다.

이 공신당에는 임진년 천도공신 최이, 무오년 위사공신인 추밀원사 김인준, 상장군 박희실, 이인환, 김승준, 박송비, 추밀원사 유경 장군, 김대재, 김용재, 김석재, 차송우, 상장군 임연, 장군 이공주, 대장군 김홍취 등의 초상화가 보관될 예정이다.

몽고 역서 국내 수입 "역법 발전에 큰 기대"
「중통5년 역서」, 몽고 사신으로 간 한취가 서양비단과 함께 받아와

몽고의 역서(曆書)가 고려에 전해짐에 따라 우리 고려의 역법 발전에 커다란 전기가 될 전망이다. 우리의 역법은 그동안 중국 송의 영향을 받아 나름대로 발전시켜왔으나 많은 문제점이 지적돼왔다.

이번에 들어온 몽고 역서는 「중통 5년 역서」로 몽고에 사신으로 간 한취가 몽고 황제로부터 서금(서양비단)과 함께 받아온 것이다.

서역의 여러 지역을 정복하고 그들 지역의 발달된 역법을 수용한 몽고의 역법 수준은 상당히 진보된 수준으로 알려져 있어 이번 몽고 역서 수입은 고려의 역법 발전에 매우 고무적인 일로 풀이된다. 이 분야의 관계자들은 정치적인 문제야 어쨌든 과학 기술적인 면에서는 좋은 일이라며 흡족한 표정들이다.

몽고에서 전해진 역서가 본격적으로 연구되어 백성들에게 절기에 따른 농사의 시기가 보다 정확하게 알려진다면 농업생산력에 있어 좋은 결과를 가져올 것으로 보인다.

'시몽 드 몽포르' 영국 하원의회 시작

영국의 국왕인 헨리 3세가 대헌장을 여러 번에 걸쳐 확인했으면서도 이를 지키지 않고, 교황에 굴종하고 외국인을 중용하는 등 실정을 거듭함에 따라 몽포르를 중심으로 한 귀족들은 대헌장의 확인, 의회의 용인, 도시의 보호를 왕에게 요구했다. 이를 문제로 대립한 국왕과 귀족은 결국 '옥스퍼드 조례'를 인정시켰다. 그러나 헨리 3세가 이를 제대로 지키지 않자, 다시금 귀족들이 세력을 과시하면서 국왕에게 압력을 행사, 결국 몽포르는 귀족들의 힘을 기반으로 국정을 담당하게 됐다.

그는 제후와 성직자 이외에 각 주에서 2명의 기사와 각 도시에서 2명의 시민 대표를 회의에 참석시키는 의회를 열어 국정을 논의했는데, 이것이 바로 하원의회의 시작이다.

그러나 몽포르의 야심이 거대해지자, 결국 제후의 반감을 사게 되고 1265년에는 황태자인 에드워드에게 패하는 수모를 당했다.

마르코 폴로
원 황제 세조 알현

1274년 마르코 폴로가 원나라의 상도(세조 쿠빌라이의 여름 궁전이 있는 곳)에 도착하여 세조를 알현했다. 그는 21세의 나이로 1271년 아버지인 니콜로 폴로와 숙부인 마테오 폴로를 따라 동방여행을 떠났다가, 이번에 원나라에 온 것으로 알려진다. 아버지의 직업이 이탈리아의 베네치아 상인인 점을 감안한다면 그 역시 아버지의 상술을 이어 거상으로 상장하려는 야망을 가지고 있는 것으로 보인다.

이들의 행로는 본래 이라크에서 해로를 이용하여 원나라에 도달하려고 하였으나(바그다드에서 바스라로 갔었음), 기상의 어려움 때문에 그들은 육로를 이용하여 원나라에 도달하였다고 한다. 한편 이들의 여행에는 잘 닦여진 원의 육로(역참제)가 한몫 했다고 전한다.

몽고의 대제국 통치는 어떻게 가능한가?

역참제 공물 수송과 공문 전달 통로

몽고의 대제국 통치를 가능케 하는 가장 중요한 요소 중의 하나로 역참제를 들 수 있다. 이미 칭기즈 칸의 정복시기부터 그들은 이르는 지역마다 역참을 설치했는데, '역전(驛傳)' 혹은 잠치(참치)라고 불린다. 역은 기마를, 그리고 전은 마차의 왕래장소를 의미한다.

몽고는 10리 간격으로 역참을 설치했는데, 주변에 거주하는 1백 호의 농민을 참호로 임명하고 이들이 여행하는 사람들의 인마, 식량, 숙사를 제공하도록 했다. 관용여행자는 증명서 격으로 패자를 휴대했다. 역참은 대도(쿠빌라이 칸대의 수도인 베이징)를 중심으로 하는 도로에 있어 공물수송은 물론 공문전달의 중요 통로이다.

천호제와 백호제 강력한 정치·군사 조직

몽고의 강력한 군사조직을 뒷받침하고 있는 것은 무엇인가? 무엇이 그토록 몽고를 강하게 만드는가? 그것은 바로 몽고의 강력한 사회조직 탓이다. 몽고는 '천호제', '백호제'라는 독특한 사회조직을 유지하고 있다. 이는 강력한 정치·군사적인 조직이다.

이 제도는 칭기즈칸이 처음 만들었으며, 전 몽고를 95개의 천호집단으로 나누고 1천 호를 다시 10개로 나누고, 1백 호를 10개의 10호 집단으로 나누어 지역을 다스리게 한다. 천호와 백호의 장(長)은 건국 공신으로 임명했으며, 이들은 칸에 절대적으로 복종함은 물론 천호 백호의 행정을 총괄하고 방위를 위한 병사를 징집한다. 이러한 제도는 이미 여진의 사회에서도 찾을 수 있다. 〈맹안모극〉이라는 제도이다.

역사신문

元, 혼인관계 바탕으로 고려에 절대적 영향력

국왕 즉위, 정책결정 등 거의 국정 전반에 걸쳐

충렬왕이 원의 공주와 결혼, 고려가 원의 부마국이 된 이래 원은 계속하여 고려왕실과 혼인관계를 맺으며 혈연을 매개로 한 외교관계를 바탕으로 국내의 정치상황에 거의 절대적인 영향력을 미치고 있다. 원은 현재 왕의 즉위과정이나 국내의 정책 등 모든 분야에 걸쳐 간섭하고 있으며 원의 신임 여하가 국내 정치적 실권의 향배를 결정하고 있는 실정이다.

실제로 충렬왕은 자신에 대한 원의 신임을 바탕으로 국내의 정국을 일시 안정시키고 일정한 국정개혁의 성과를 올리기도 했으며, 충선왕의 경우 원의 간섭에 의해 왕위를 내놓아야 했지만 자신의 정치적 후원자인 무종이 원의 황제가 된 이후에는 다시 왕위를 회복, 국정을 장악하기도 했다.

이는 고려의 자율적 정치능력을 상당한 수준으로 평가하고 있는 원 황실이 직접 통치하기보다는 혼인관계를 통한 대리통치를 대(對) 고려정책의 기본으로 설정하면서부터 전개되고 있다는 것이 일반적인 분석이다. 우리 왕실은 이러한 정치상황을 최대한 고려한 국정운영을 통해 나름의 실익 찾기에 고심하고 있는 것으로 보인다.

앞으로도 우리 왕실과 원 황실 간의 혼인관계는 계속 이어질 것으로 보여 현재와 같은 대원 정치관계는 상당기간 유지되어 나갈 것으로 전망된다. **관련기사 3면**

충렬왕, 元 지지 배경으로 국정개혁 추진

對元 외교 큰 성과 … 다루가치 철수

원의 간접적 통제 속에 정국 안정 기대

1278년 4월 우리 역사상 최초로 대륙국가 황실과 정식 혼인관계를 맺은 인물인 충렬왕이 즉위 후 자신의 강력한 외교적 배경을 바탕으로 국정쇄신에 나서고 있다.

충렬왕은 원 방문을 통해 그간 고려왕실에 원한을 품고 국정을 마음대로 장악하려 했던 홍다구 등을 원나라로 소환케 하고, 다루가치를 철수시키는 데 성공했다.

이는 우리나라의 국정이 일단은 국왕을 중심으로 운영될 수 있게 되었다는 점에서 상당한 정치적 의의를 가진다.

정부 관계자는 "충렬왕의 이번 대원외교 성과로 원은 더 이상 고려 국정에 직접 관여치 못하게 됐으며, 국내에서 부원세력이 더 이상 마음대로 활동하지 못하게 됐다"고 논평했다.

정가에서는 "충렬왕의 외교노선이 지나친 친원 외교라는 인상을 주기도 하지만 상당히 현실적인 외교노선임을 인정하지 않을 수 없다"며 향후 국정이 국왕을 중심으로 서서히 안정되어나갈 것이라는 반응을 보이고 있다.

관련기사 2면

일부 관제 개편, 왕실 용어 변경

적극적인 친원정책 일환, 한 단계씩 격하된다

1275년 10월 충렬왕은 적극적인 친원정책의 일환으로 원나라제도와 비슷한 우리나라의 관제와 칭호를 개편했다.

물론 이것은 부마국인 우리나라의 제도가 원나라와 같을 수 없다는 원나라의 요구에 따라 이루어진 것이다.

개편내용을 살펴보면 우선 주목되는 것이 국가의 자주성을 상징적으로 나타내는 왕실관련 용어의 변경이다. '선지'를 '왕지', '짐'을 '고'로 개편하여 왕실은 명분에서 원나라에 대해 격하됐다. 그리고 원의 국가기구 명칭 개편 요구에 의해 중서문하성과 상서성을 합쳐 첨의부, 추밀원은 밀직사, 6부는 전리사, 군부사, 판도사, 전법사 등 4사로 고쳤다.

종래의 3성 6부가 첨의부-4사의 형태로 개편된 것은 원나라 관제가 중서성-4부(이예부, 호부, 병형부, 공부)로 구성된 것을 그대로 반영했기 때문으로 알려졌다.

충선왕, 신진학자 등용 국정개혁 착수

… 원 간섭으로 강제 퇴위

충렬왕 재집권, 충선왕 개혁 백지화

충선왕 복위 뒤 재정개혁 단행

1298년 1월 충선왕은 즉위와 더불어 30개항에 달하는 개혁교서를 발표하고 국정 전반에 걸친 개혁을 주도, 신진정치세력들로부터 열렬한 지지를 받았으나, 원 성종에 의해 강제 퇴위 조치되고 충렬왕이 재집권하게 됐다.

이로써 부정부패 추방, 정부 조직 개편, 불법 수탈 토지 반환 등을 골자로 하는 충선왕의 개혁구상은 결국 무위로 돌아갔다. 충선왕은 원나라식 관제를 모두 이전으로 환원 조치하고 사림원 등 새로운 관제를 창설, 이승휴 등 신진학자들을 등용해 개혁작업을 주도했다. 충선왕의 개혁정치에 크게 반발했던 충렬왕 측근 세력들은 원의 개입으로 재집권, 충선왕의 모든 개혁을 백지화했다.

그러나 원으로 소환당했던 충선왕은 원 무종의 즉위에 공을 세워 정치력을 회복, 10여년 만에 다시 귀국 재차 왕위에 올라 재정개혁을 중심으로 한 국정개혁에 나서 삼사, 군기사, 도염원, 판도사를 합쳐 민부라 하여 재정권을 일원화하는 등의 조치와 양전사업을 통한 세액 조정 등의 조치를 단행했다.

또 민부를 통한 소금의 전매제도를 실시하여 관청이나 권세가들이 개별적으로 염분을 소유하지 못하게 하여 국가재정을 확보했다. 전매제도를 통한 세입이 지난 한 해 동안 포 4만 필에 달해 충선왕의 정책은 일단 성공적이라는 것이 일반의 평가이다.

한편, 원으로부터 고려국왕과 심양왕이라는 두 개의 왕위를 하사받은 충선왕은 대원외교에 치중, 복위 직후 원에 건너가 그곳에서 측근인물을 통해 고려의 국정을 운영하고 있다. **관련기사 2면**

충렬왕 訪元 외교 이모저모

홍다구군 소환 등 국정 현안 매듭

충렬왕은 첫 정상회담에서 1274년에 태풍으로 실패했던 원의 일본 정벌을 다시 추진할 것을 건의하면서, 물의를 일으키고 있는 홍다구군을 소환시켜줄 것을 요청했고 국내 모반사건 등은 충렬왕이 직접 해결하겠다고 말했다. 또 원 황제가 신임하는 다루가치를 고려에 배치해줄 것을 요청했다.

이에 대해 원 황제는 긍정적인 반응을 보이며 다루가치 자체를 폐지하겠다고 확답했다. 다루가치의 폐지는 고려의 독자적인 국가운영을 의미하는 것으로 현재 원은 자국과 관련 맺고 있는 모든 나라에 다루가치를 파견, 국정에 개입하고 있다.

충렬왕은 국정 전반에 대한 문제를 중서성에 제출해 논의했는데, 탐라 다루가치가 나주와 해남 등에 역참설치 금지, 동녕부 환수, 포로나 유민으로 동녕부 등에 거주하는 자들의 송환, 그리고 탐라와 진도 토벌 후 평민을 포로라고 속여 무단 사역시키는 행위 금지, 여행증명서를 다루가치가 아닌 고려왕이 직접 발급하는 문제, 탐라에 있는 원나라 죄인을 다른 섬에 옮기지 말고 관군을 두어 감시하는 문제, 우리나라에 들어와 도적질하는 요양인은 고려법에 의해 처리하는 것 등의 문제가 논의됐다.

제2차 정상회담에서 원 황제는 김방경 모반사건이 조작임을 인정했고, 흔도군과 홍다구군 그리고 종전군, 합포진수군까지 모두 소환하겠다고 약속했다. 또 충렬왕의 직접 통치를 허락했으며, 우리측이 원나라 법제에 따라 호구조사를 실시할 것을 요청한 것에 대해서도 자체적으로 시행하라고 말했다.

918
고려 건국

1230-50
대몽항쟁
1270
출륙환도
원간섭기
1356
반원개혁 운동
1392
조선 건국

77

역사신문

고려의 자주성에 일대 위기

모두들 가슴마다 꺾이지 않는 고려혼을 새기자

지금 고려는 국가의 자주성과 계속성을 유지한다는 점에서 개국 이래 최대의 위기에 봉착해 있다. 되돌아보건대 우리 겨레는 고조선 이래로 끊임없이 중원세력과 대립하고 갈등해오면서 힘의 굴곡이 있긴 했지만 연면하게 그 독자성을 지켜왔다. 고구려가 동북아의 강국으로서 중국과 대등한 관계 속에 독자적인 천하관을 세웠던 것이나 신라가 끝내 당나라의 지배를 물리쳤던 것이 그 좋은 실례가 될 것이다.

우리 고려도 국초 이래로 북방 제민족들의 침입을 받아 위기에 직면하기도 했지만, 화전 양면의 전술로 이들의 지배를 물리치고 지금까지 독립국가의 면모와 정치적 자주성을 유지해왔다. 이들에게 사절을 파견하고 조공을 보내긴 하였지만, 이것은 의례적인 국제관계로 그것이 바로 구조적 정치 간섭으로 이어지는 것은 아니었다.

그러나 지금 고려의 위상은 이와는 근본적으로 달라 원나라의 속국으로 전락한 것이나 다름없다. 원나라는 혼인관계를 통하여 고려국왕을 자신의 사위로 삼고 이를 매개로 고려정치에 절대적인 영향력을 행사하고 있다. 이처럼 권력이 원나라로부터 나오는 상황이 전개되면서 고려사회에는, 원나라 황실이나 정동행성 등의 원나라 기구에 빌붙어 제나라를 짓밟고 자신의 영달을 꾀하는 부원세력이 날로 발호하고 있다. 또 지배층일수록 제 정신을 버리고 몽고인의 생활양식이나 풍속을 따르는 풍조가 만연하여 사회 전체가 정치적으로나 정신적으로 주체성을 상실해가고 있다. 부원배들이야 원나라 세상이 영원히 지속되어야 좋을 것이고 또 마치 그럴 것처럼 날뛰지만, 어디 세상 이치가 그런가. 세상만물이 변화하지 않는 것이 없고 영고성쇠는 무상한 것이다. 이 땅에 뿌리내리고 살아가는 뭇 생령들의 삶이 초목이라면, 세상을 다 덮을 듯하는 원나라의 기세도 냉정하게 생각해보면 그 위에 내리는 하루 아침의 이슬에 지나지 않는 것이다.

막강한 힘으로 전 유라시아대륙을 휩쓰는 원나라를 당장 대적할 수야 없겠지만, 우리는 보다 긴 역사적 안목으로 그 끝을 투시하고 지금 우리가 해야 할 일이 무엇인가를 깊이 생각해야 할 것이다. 조상 대대로 연면하게 전해내려온 겨레의 계속성을 이어가기 위해, 또 장차 고려의 국가적 자주성을 되찾기 위해 지금 무엇보다 소중하게 지켜야 할 것은 우리 고려의 혼일 것이다. 우리 모두의 가슴마다에 꺾이지 않는 고려인의 혼을 새기자.

그림마당
이은홍

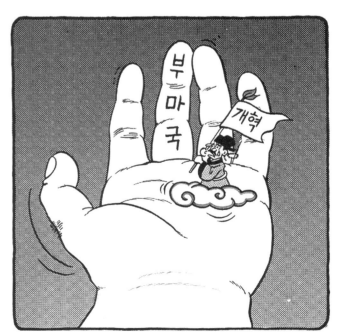

예속의 대가로 얻은 자치권, 적극적 친원행위 국내 비판 만만찮아

원의 군대와 다루가치가 모두 철수함으로써 비로소 원과의 전쟁에 대한 공포가 사라지게 됐다. 이는 원 황제의 사위인 충렬왕이 직접 원 황제를 만나서 요청한 결과 얻어낸 결과다. 이는 충렬왕의 국정 주도권이 더욱 강해지는 계기가 됐다.

원 황제로서는 군대나 다루가치를 통해 고려를 지배하는 데서 오는 여러 잡음에 골치 아파하느니, 아예 사위인 충렬왕에게 자치권을 대폭 주어 고려를 통치하도록 하는 것이 나을 것으로 판단했을 것이다. 더구나 이는 몽고 태조 이래 점령지를 각 가족들에게 분봉해온 관례와도 합치하는 것이다.

어쨌든 충렬왕은 자신의 외교력으로 원 군대와 다루가치를 물러나게 성공했을 뿐만 아니라 수안, 곡주, 은율 등의 영토를 되돌려 받고, 철수하는 몽고군이 고려 여인을 마구 잡아 데려가는 것을 막는 등 자치권의 범위 안에서는 가능한 모든 권한을 행사하는 태세를 보였다. 그리고 홍다구 등과 같이 몽고지역으로 도망한 고려인들이 원 조정에 진출해서 고려 내정에 간섭하는 일 역시 확실히 매듭지었다.

그러나 충렬왕은 국내에 큰 피해를 줄 몽고의 일본 정벌을 다시 건의하고 국내 최초로 변발과 몽고의 복 착용에 앞장서는 등 몽고풍에 푹 빠져 있으며, 세자를 몽고 황실의 딸과 결혼시키려고 온갖 애를 쓰는 등 줏대 없는 국왕이라는 비판도 만만치 않은 것이 사실이다.

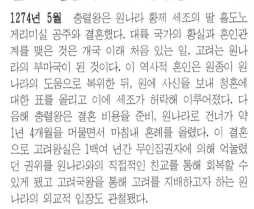

원나라 왕실 부마 1호 충렬왕

1274년 5월 충렬왕은 원나라 황제 세조의 딸 홀도노게리미실 공주와 결혼했다. 대륙 국가의 황실과 혼인관계를 맺은 것은 개국 이래 처음 있는 일. 고려는 원나라의 부마국이 된 것이다. 이 역사적 혼인은 원종이 원나라의 도움으로 복위한 뒤, 원에 사신을 보내 청혼에 대한 표를 올리고 이에 세조가 허락해 이루어졌다. 다음해 충렬왕은 결혼 비용을 준비, 원나라로 건너가 약 1년 4개월을 머물면서 마침내 혼례를 올렸다. 이 결혼으로 고려왕실은 1백여 년간 무인집권자에 의해 억눌렸던 권위를 원나라와의 직접적인 친교를 통해 회복할 수 있게 됐고 고려국왕을 통해 고려를 지배하고자 하는 원나라의 외교적 입장도 관철됐다.

세자 시절 개혁 꿈꾼 충선왕

충선왕의 개혁의지는 세자 때 형성된 것으로 알려졌다. 충선왕이 개혁의 필요를 절감한 것은 정치, 군사에 대한 통수권을 장악하고 충렬왕의 양해하에 임시로 국정을 운영했을 때였다. 그때 충선왕은 측근 정치로는 국가를 제대로 운영할 수 없다고 판단했던 것으로 알려지고 있다. 1년 뒤 충선왕은 원나라의 보탑실린 공주와 결혼, 원나라에 있다가 1297년 어머니인 제국공주가 죽었다는 소식을 듣고 귀국했다. 귀국 후 충선왕은 어머니의 죽음이 궁녀 무씨, 환관 최세연 등 40여 명의 저주에서 비롯되었음이 밝혀지자 이들을 모두 처벌토록 했다. 이를 계기로 충렬왕은 왕위를 양위했고, 충선왕은 국왕으로서 개혁에 착수할 수 있었던 것이다.

해설　개혁의 산실, 사림원

인사행정, 국정논의, 왕명출납 기능 독점

사림원은 충선왕 개혁의 중심기구라 할 수 있다. 왜냐하면 개혁에 대한 전반적인 구상과 계획이 이곳에서 나오기 때문이다. 충선왕은 처음에 사림원의 전신인 문한서(文翰署)를 통해 개혁을 시작했다. 문한서는 국왕의 교서를 작성하는 관청인데, 여기에 인사행정과 국정논의을 맡았던 정방을 폐지하고 그 직능을 대신했으며, 왕명출납을 담당했던 승지방을 폐지하고 그 기능까지 추가했다. 이렇게 기구의 역할이 커지자 명칭개정이 필요하게 됐고, 이에 사림원으로 개칭한 것이다.

사림원은 문한서, 정방, 승지방의 기능을 통합하여 국왕의 교서를 찬술하고 인사행정과 국정을 의논하며 왕명출납까지 담당함으로써 개혁기구이자 새로운 권력기구가 됐다.

사림원 개혁 사인방

학사승지 박전지 죽산 태생. 전법판서 박휘의 아들. 20세 전에 예부시에 급제한 수재. 경전과 사서에 능통. 충선왕에게 학문을 가르쳤고 충선왕이 세자로서 원나라에 있을 때 따라가 어려움을 같이 한 인물.

학사승지 최함 출신 미상. 충렬왕 때 진주목부사를 역임.

학사 이진 경주인으로 충렬왕때 예부시에 급제, 안동부사에 이어 군부총랑을 지냄. 백가에 통달, 시를 잘 짓는다.

시강학사 이승휴 경산 태생. 고종 때 예부시 급제. 충렬왕 때 정치의 잘잘못 15가지 건의. 이어 전중시사에 임명돼 충렬왕 정치의 잘잘못 10가지를 말하다가 파면, 재야에서 10년을 보낸 인물.

기자 수첩

충렬왕의 측근 정치

지금의 왕권은 종래 무신정치 기간 동안 국왕이 실질적인 권력을 갖지 못한 때와는 매우 다르다. 그러나 문제는 충렬왕이 새롭게 강화된 왕권을 정상적인 방법으로 행사하고 있지 않다는 점이다. 그것은 그의 정치권력이 외세를 등에 업고 생겨났다는 기본적인 한계 때문이겠지만, 원종 10년 이후 즉위할 때까지 거의 몽골에서 생활했던 충렬왕이 국내에 지지기반을 형성할 시간이 없었다는 현실과도 맞물려 있는 것이다.

이러한 정치 현실의 틈바구니에서 충렬왕은 전국 주도를 위한 방책으로 측근 세력을 형성했다. 이들은 주로 충렬왕이 세자로 원나라에 있을 때 시종한 신료를 중심으로 이루어졌는데, 충렬왕과의 사적인 관계를 중심으로 정치권력을 행사하는 부류였으므로 굳이 과거나 음서와 같은 정상적인 경로를 통해 진출할 필요가 없었다. 그래서 환관·내료·응방·역관·겁령구·폐행 등이 등용되었던 것이다.

그러나 이런 방식은 충렬왕의 입장에서 어쩔 수 없는 정치 현실에서 택한 것이겠지만, 정상적인 경로를 통해 진출한 세족과 신진 관료들의 비판을 얼마나 수용할 수 있는가 하는 문제가 충렬왕과 측근 세력에게는 중요한 정치적 과제가 될 것이라 생각한다.

원, 일본정벌 또 실패

지난번 정벌 때처럼 태풍 피해로 인해

대규모 병참 지원한 우리측 피해 막심
흉년 겹쳐 백성들 큰 어려움 …

1281년 원의 일본정벌이 또다시 실패했다. 십수 만의 병력과 수백 척의 배도 결국 태풍의 위력 앞에 굴복, 일본군과는 제대로 싸움 한번 못 해보고 패퇴한 것이다. 이번의 일본정벌은 충렬왕이 지난 원나라 방문 때 원의 정치적 양보에 대한 보답으로 스스로 자청했던 것이어서 우리나라도 큰 규모의 병력과 병참을 지원, 큰 피해를 입었다.

우리측은 병선 9백 척에 초공(梢工)과 수수(水手) 1만5천 명, 正軍 1만 명, 군량미 11만 석과 기타 병기류 등 제1차 일본정벌 때보다 훨씬 많은 물자와 인원을 원나라측에 제공했다.

지난 1274년 10월에 역시 태풍으로 실패, 1만3천5백 명이 희생됐던 제1차 일본정벌 이후 원 세조가 7년 만에 다시 감행한 이번 출정에 원나라에서는 종전보다 훨씬 많은 몽한군 3만 명과 멸망한 송나라 장수 범문호가 지휘한 강남군 10만 명 등 모두 13만 명의 군사를 파견했다.

이번 전쟁의 실패는 원에도 커다란 타격을 주었지만 우리의 피해도 만만치 않아 복구에 꽤 시간이 걸릴 전망이다. 특히 그동안 흉년을 무릅쓰고 군사와 병기와 군량미를 준비해온 백성들은 이제 명분 없는 전쟁에 더 이상 휩쓸리지 않아야 한다고 강하게 주장하고 있다. 그러나 두 차례의 실패에도 불구하고 원 세조가 여전히 일본정벌에 대한 욕망을 버리지 않고 있는 것으로 알려지고 있으며, 우리 왕실이 기본적으로 친원정책을 실시하고 있어 언제든 다시 전쟁이 일어날 수 있는 상황이라고 전문가들은 분석하고 있다.

시중 홍자번, 개혁방안 제출

'백성을 편하게 하는 18가지 개혁방안'

주로 지방관 비리 시정 거론, 근본문제 해결엔 한계

1296년 최근 측근 세력의 권력독점과 부정부패가 정국의 중요한 문제로 떠오르면서 시중 홍자번에 의한 개혁시책이 건의되고 그것이 충렬왕에 의해 수용되었다고 알려지고 있어 주목된다.

측근 세력의 권력집중과 부정부패는 일찍부터 예상되었던 것인데, 충렬왕은 왕권을 강화한다는 입장에서 그동안 이에 대한 개선책들을 무시해왔던 것이 사실이다.

홍자번은 세족 출신으로 음서로 관계에 진출했고, 수상의 직책을 맡고 있는 인물이다. 홍자번이 제출한 '백성을 편하게 하는 18가지 개혁방안'의 내용은 주로 지방관과 파견관의 부정부패에 대한 문제인데, 지방향리가 역을 피하는 문제, 수령이 영송비를 백성에게 부담시키는 문제, 파견관이 지방에서 예물을 받는 문제, 도망한 백성의 세금을 남은 백성에게 부담시키는 문제, 지방관이 공부를 대납하거나 정해진 액수 이상을 수취하고 수취를 금지한 물품을 징수하는 문제 등이다. 그리고 권세가들이 은병으로 세포(細布)를 강제로 구입하는 문제도 들고 있다.

홍자번의 개혁시책은 홍자번 자신이 세족으로서 관련되어 있는 대토지 소유문제는 전혀 다루지 않았고, 또한 측근 세력의 폐단에 대한 구체적인 지적과 시정방안을 제시하지 못하고 있어 일정한 한계를 갖고 있다는 평가가 지배적이다.

대규모 농장 급증, 심각한 사회문제로 대두

권문세가부터 국왕까지, 농장 확대에 혈안

불법적 사유지 조성, 대부분 면세거나 탈세 … 농민, 조세 부담 못 이기고 유랑길 나서

최근 들어 대규모 농장이 급증하고 있다. 농장의 규모는 산(山)과 천(川)을 기준으로 표시될 만큼 대규모화되고 있지만 농민들에 의하면 각지에 소규모로 분포되어 있는 경우도 많다고 한다. 그리고 농장주들은 왕실 종친, 권문세가, 지방관, 사원 등인 것으로 밝혀지고 있는 가운데 국왕까지도 이에 가담하고 있어 충격을 더해주고 있다. 충렬왕이 지난번에 왕실에 특별히 내방고(內房庫)라는 것을 설치하여 각지에 있는 국왕 개인농장을 관리하게 한 사실이 밝혀진 것이다.

고위층에서 대토지를 집적하는 방법은 주로 사패(賜牌)의 악용이라고 한다. 왕이 왕족이나 공신들에게 토지 혹은 수조권을 하사할 때 내린 문서인 사패를 앞세워 이미 주인이 있는 땅과 전적(田籍)에 올라 있는 땅까지도 불법적으로 탈점하고 있는 것이다. 또 놀고 있는 땅, 황무지 등을 농민들이 애써 개간해놓으면 어느날 권세가들이 나타나서 사패를 들이대며 땅을 빼앗는다는 것이다. 일례로 해두지방의 경우 관내 전토지의 약 5분의 1이 왕실 종친 왕아무개 한 사람의 농장지이다.

이들 농장들은 처음에는 소유권이 아닌 조(租)·용(庸)·조(調)의 수조권을 받아가는 형태가 다수였지만 최근에는 아예 사유지화 되고 있는 형세다. 이는 명백히 국법에 어긋나는 일인데 왕실 관계자는 무신집권기와 원침략기를 거치면서 사회혼란을 틈 타 이런 일이 일상화해가고 있다면서 사실상 손댈 의지가 없다는 뜻을 분명히 했다.

농장들은 대부분 탈세 또는 면세이기 때문에 관에서는 국세수입을 확보하기 위해 일반 농민들에게 더욱 세부담을 가중시킬 수밖에 없어 농민들의 피해가 극심한 실정이다. 문제가 심각해지자 충렬왕과 충선왕이 몇 차례에 걸쳐 폐단 시정을 지시한 바 있지만 실효가 있으리라고 보는 이는 거의 없다. 오히려 농민들은 땅을 버리고 유랑하거나, 노비가 되어 농장에 투탁(投托)하는 사례가 늘고 있다. 감찰사의 한 관리가 최근 노비수가 급증하여 전체 인구의 약 절반 정도는 될 것이라고 한 것이 이를 입증해준다.

이런 실정에 대해 비판의 목소리가 점점 거세지고 있다. 그러나 국왕 측근 왕아무개씨는 "너무 비판적으로만 보지 말아달라. 최근 이루어진 수리사업 확충, 새로운 시비법 및 이앙법 개발, 간척지 개간 등이 모두 대농장의 대규모 투자를 통해 이루어졌다는 점도 평가해주어야 할 것"이라고 강변하고 있다.

굶주린 농민들의 엑소더스

대규모 국외 탈출 잇달아
조정 긴급대책 마련에 나서

근래 들어 농민들이 과중한 조세부담을 못 이겨 토지를 버리고 유랑하는 일이 많아지고 있는 가운데 특히 최근에는 원 지배지역인 요양, 심양, 북경, 쌍성, 동진 등 국외로 탈출하는 사례가 늘고 있어 조정에서 대책 마련에 나섰다.

귀족들과 관료들의 토지는 날로 늘어 이제 대농장의 규모로 성장하고 있는 반면, 일반 농민들은 생활이 점점 어려워져 지난 충렬왕 6년(1280)에는 경상도, 전라도지방의 농민들이 식량이 없어 집단적으로 굶주리는 참화가 발생한 바 있다. 또 충렬왕 18년(1292)에는 충청도와 서해도에서 종자마저 식량으로 먹어버려 종자가 없어 농사를 못 짓는 사태도 발생했다. 이렇게 되다보니 농민들은 우리나라보다 살기가 훨씬 괜찮은 국외로 유랑하는 것으로 분석되고 있다.

조정에서는 해당지역에 관리를 보내 이들 유랑민들을 강제송환하는 한편, 원에 대해서도 송환에 협조해주도록 강력하게 요구하고 있는 것으로 알려졌다. 그러나 유랑농민들은 "먹고 살기 힘들어 나간 건데 무조건 데려온다고 문제가 해결되느냐"며 보다 근본적인 해결책을 요구했다.

세간에 몽고 바람

정부의 의도적 보급 때문 … 일부에선 강력히 비판
머리 모양, 옷 차림 … 몽고식 패션 열풍

요즘 세간에 몽고풍의 변발과 복식이 유행하고 있다. 1274년 10월 원나라에서 오는 왕비 홀도노게리미실 공주를 맞이하는 과정에서 충렬왕은 지주사 이분희 등 여러 관료들이 변발하지 않은 것을 책망했는데, 이에 이분희는 "머리깎기를 싫어하는 것이 아니라 여러 사람이 다같이 하기를 기다릴 뿐입니다"라고 말했다고 한다.

현재 몽골 풍속을 수용하는 것은 대세가 돼가는 느낌이다. 이는 단순히 외래문물의 수입이라는 차원이 아니라, 원나라의 정치적 지원을 얻으려는 왕실의 의도적인 입장에서 추진되는 것이라 할 수 있다.

그러나 이에 대한 심리적 반발 또한 만만치 않다. 원종의 경우도 일부 신료에게서 이러한 제의를 받았을 때 국제정치의 현실을 인정하면서도 "나는 차마 조상 때부터 내려온 전통을 갑자기 변경시킬 수 없다. 내가 죽은 다음에는 마음대로 하라"고 하여 거부감을 나타냈다고 한다. 그러나 충렬왕은 보다 적극적으로 이 문제를 수용했다.

충렬왕은 이미 1272년 2월 원나라에서 귀국할 때 변발과 호복을 하고 온 적이 있었다. 물론 그때에도 관료 중에는 탄식하고 우는 사람까지 있었다.

그럼에도 불구하고 충렬왕이 이같은 정책을 계속 추진하는 것은 그의 외교노선이 친원정책을 표방하고 있음을 명백히 보여준다고 할 수 있겠다.

이런 일 저런 일

원의 고려인 환관, 출세

1309년 9월 인사이동에서 원 황실에서 일하는 15명의 고려인 환관이 충선왕의 배려로 봉군(封君)되었는데, 이들은 외교문제에서 고려왕에게 사적인 도움을 주면서 더욱 국내외의 명성을 얻게 됐다. 특히 심심찮게 고려에 사신으로 온 이들은 친족들을 관직에 올리도록 고려왕에게 부탁하여 가문을 살린다는 소문이 퍼지자 지난 십여 년 동안 스스로 거세한 사람도 매우 많았다. "풍속이 갈수록 잘못되어간다"고 개탄하는 사람들이 많다.

국제결혼이 출세가도?

원 인종과 결혼한 김심의 딸이 금슬이 좋다는 소식이 전해졌는데, 최근 원 인종은 장인 김심을 고려도원수에 임명했다. 충렬왕때 원의 요구로 국제결혼이 추진됐을 때는 반발이 심했다. 당시 추밀원부사 홍규가 자신의 딸이 원 황제에게 보내는데 선발되자 딸의 머리를 깎았다가 유배된 일은 너무나 유명한 일이다. 이제는 여자들이 원 황실이나 고관에게 발탁되면 가족까지 출세한다는 생각에 이전처럼 반발이 심한 것 같지는 않다고 한다.

사경(寫經)아닌 사경(奢經)

사경(寫經)은 원래 불교의 가르침을 널리 펼치기 위해 경전을 베끼는 것으로 경건한 마음으로 임해야 하는 수행의 하나이다. 그러나 요즈음 원래의 의미는 퇴색되어 버리고 경전을 쓰는 것 자체가 공덕을 쌓는 일이라고 잘못 생각하는 풍조가 번지고 있다. 최근 권세가들 사이에는 금, 은으로 사경하는 일이 유행이되더니 이젠 금, 은으로 글씨와 그림을 그리는 풍조까지 나타나고 있어 뜻있는 많은 사람들의 비난을 받고 있다.

고려의 주자 안향(安珦) 타계

각계에서 추모

1306년 정동행성의 관리를 지냈으며, 항상 인재양성에 힘쓰고 유학진흥을 자신의 임무로 삼았다. 찬성사 재직 때 유학진흥 재단을 조성, 국학건물의 중수에 나서 그 비용을 충당하기 위해 섬학전을 만들기도 했고, 건물공사를 하고 남은 비용으로 강남에서 공자와 70제자의 화상 및 6경, 제자, 사서를 구입하는데 앞장서기도 했다. 말년에 들어 항상 주자 선생의 초상화를 걸고 자신의 호를 주자의 호 회암(晦庵)을 본떠 회헌(晦軒)이라 했다. 정부는 안향 선생에게 시호로 문성공을 주었다.

최근 유럽 곳곳에 의회 만들어져

봉건세력 약화시키려는 국왕의 의도에서 비롯

최근 영국을 필두로 유럽 각지에 의회가 만들어지고 있다. 1295년 영국의 에드워드 1세는 각주의 기사와 시민대표를 귀족회의에 참석토록 했는데 이후 정례화되면서 이를 '모범의회'라 부르고 있다. 에드워드 1세는 봉건귀족의 세력을 약화시키는 과정에서 확대된, 행정유지 비용을 징수하는데 동의를 얻기 위해 의회를 소집했다. 한편 1302년 프랑스에서도 필립4세가 대표적인 3개의 신분을 소집, 이른바 '삼부회의'를 열었다. 소수 특권층인 성직자와 귀족 그리고 대다수의 민중을 그 대표로 했다. 필립4세는 국가 차원의 정책 추진을 열망, 비상시 과세의 필요가 생겼을 때 소집될 각 신분의 대표들로 회의를 소집한 것이다.

이제 고딕 양식의 시대

최근 유럽에서 크게 유행하고 있는 고딕 양식은 크리스트 교회 건축의 정수로 역사상 가장 훌륭한 종교 건축 중의 하나로 평가된다. 고딕 건축물의 외형적 인상이 주는 경쾌한 수직감은 마치 중세의 사람들이 천국을 동경하고 있는 마음을 상징하는 것 같다. 사진은 고딕 건축물의 내부 모습이다.

새로운 시각의 역사서 「삼국유사」,「제왕운기」 편찬됐다

1285년 일연이 「삼국유사」를, 곧이어 1287년 이승휴가 「제왕운기」를 편찬함으로써 역사서의 새로운 장을 열었다는 평가를 받고 있다. 「삼국유사」는 이전의 「삼국사기」에서 빠진 옛날 기록들을 원형대로 모아 놓은 데에 특색이 있다고 한다. 「제왕운기」에서는 중국과 우리나라의 역사를 시조 형태로 엮어 이채롭다.

> 일연의 「삼국유사」
> … 삼국의 기록 원형대로 모아
> 이승휴의 「제왕운기」
> … 중국과 우리 역사, 시로 엮어

역사서의 새 장을 연 「삼국유사」와 「제왕운기」 대담

"몽고 입김 거센 가운데 우리의 자존심 담아"
"현단계 불교와 사회모순에 대한 비판의식 돋보여"

▲**사관 최문영** 몽고의 입김이 날로 거세지는 가운데 자존적 역사의식을 담은 역사서들이 잇달아 나오고 있다. 그중에서도 일연의 「삼국유사」와 이승휴의 「제왕운기」가 단연 눈에 띈다. 두 저서가 특히 관심을 끄는 것은 저자들이 각각 신진사인층(士人層)과 신흥선승(禪僧)을 대표한다는 점 때문이다. 이승휴의 경우, 충선왕이 계획중인 정치개혁에 기용될 것이라는 소문이 있다.

▲**사관 신용식** 일연은 도교적 은거생활을 영위하면서 저술에 몰두한 것으로 알려져 있다. 두 사서가 유교적 격식을 갖춘 관찬사서에 비해 체제상으로 미숙해 보이는 것은 이들의 종교적 성향 때문인 것 같다.

▲**사관 최문영** 오히려 그런 점이 장점이 될 수도 있다. 「삼국유사」는 저자의 관심을 끄는 사료들을 선택적으로 수집, 분류하는 자유로운 형식을 구사하면서 고기(古記)·금석문·고문서·문집 외에 민간전승의 설화와 전설까지 주요자료로 제시하고 있다. 이것이 「삼국사기」가 축소시켰던 고대사와 불교사, 전통문화를 복원시키는 데 큰 역할을 했다고 본다.

▲**사관 신용식** 「제왕운기」의 경우는 "요약하여 시로 만드는 것이 보기에 편하다"는 이유로 중국과 우리나라의 역사를 7언·5언시로 읊고 시 사이사이에 주를 달아서 국내외 사서를 인용하거나 자신의 사론을 덧붙인 세심함은 높이 평가한다. 어쨌든 내용 중에서 가장 감명을 받은 부분은 "맨 처음 누가 나라를 열어 풍운을 일으켰노? 하느님의 손자, 그 이름 단군이로세"라는 구절이었다. 이 저서에서 처음으로 평양지방의 지방신으로 대접받던 선인왕검(仙人王儉)이 단번에 민족시조인 단군으로 승격되어 나타난 것이다.

▲**사관 최문영** 「삼국유사」 역시 단군의 이야기를 싣고 있는데 "옛 성인이 예악으로 나라를 일으키는데 괴력난신은 말하지 않는다고 하지만 제왕이 일어나려 할 때는 반드시 남과 다른 점이 있기 마련"이라며 '유교적 합리주의'의 가치 아래 상고사를 축소시킨 김부식을 은근히 비판하고 나선 것도 재미있다.

▲**사관 신용식** 일연이 「삼국유사」 전편을 통해 신이(神異)한 일들을 강조한 것은 몽고의 압력에 대항할 수 있는 힘의 원천이 그런 것으로부터 나온다는 확신을 가졌기 때문인 것 같다.

▲**사관 최문영** 「제왕운기」 역시 우리나라 역사의 시작이 중국과 동등하다는 자부심을 키워주었을 뿐만 아니라 중국의 하·은·주 3대만이 이상시대라는 고정관념을 타파하였다. 또한 고조선·삼한·3국·고려로 이어지는 우리역사의 흐름을 제왕과 신하가 힘을 모아 이끌어온 것으로 서술함으로써 지난 무신집권시기의 파행적 정치구조를 군주 중심의 도덕적 관료정치로 끌어올리려는 의도 또한 엿보인다.

▲**사관 신용식** 「삼국유사」에도 현단계 불교와 사회모순에 대한 강한 비판의식이 드러나 있다. 사치에 물든 승려 경흥에게 문수보살이 나타나 꾸짖는 장면, 계집종이었던 욱면이 주인보다 먼저 성불하는 이야기 등은 부도덕한 승려에 대한 우회적인 비판이며 서민과 대중불교에 대한 애착이라고 할 수 있다.

▲**사관 최문영** 지방 향리층의 중앙진출이 두드러지고 기층사회의 움직임이 활발해지면서 전반적으로 백성들에 대한 관심이 높아지고 있는 것 같다. 이런 전환을 가장 먼저 체감하고 구체화시키기 시작한 것은 역시 지방 사회에서 성장해온 신진사인층이나 신흥선승들이 아닐까?

최근 쌍화점, 만전춘 등 속요 크게 유행

음정·박자 절묘, 퇴폐적 내용 논란 … 지도층 풍기 문란 사조 일반에 영향 우려

세속이 날로 타락하고 있어 큰 문제다. 심지어는 사회의 지도층 인사들이 속요를 제작·배포하는 일까지 발생, 더욱 큰 충격을 주고 있다. 충렬왕의 측근 인물인 오기, 김원상과 석천보, 석천경 등은 충렬왕의 환심을 사기 위해 관현방을 정비하고 지방관청의 기생을 선발, 개경의 관비나 무당 중에 노래와 춤을 잘하는 사람을 뽑아 궁중에 두면서 노래를 부르게 하고 있는데, 이때 부른 '쌍화점'이라는 노래가 장안에 유행하고 있는 것.

노래 내용도 내용이거니와 이들이 행한 음행도 추잡하기 이를데없어 많은 사람들의 분노를 사고 있다. 한 목격자는 "궁중 잔치 때마다 사용된 경비는 다 일일이 기록할 수 없을 정도로 많고, 군신간의 예의를 찾아볼 수 없을 정도"라고 말하고 있다.

'쌍화점'이라는 노래에는 "삼장사 안에 등을 밝히러 갔더니 사주(社主)가 내 손목을 잡았네. 혹시라도 이 말이 절 밖으로 새어나가면 상좌여 이것은 네가 말한 것이리라" "뱀이 용의 꼬리물고 태산의 절벽을 지나갔네. 만인이 제각기 한 마디씩 하여도 두 사람의 마음은 짐작되는 것이 있다네" 등등의 내용이다. 백주 대낮에 아녀자가 여러 부류의 남성들과 심지어는 외국인과도 자유연애를 즐기고 이 사실이 밖으로 알려지는 것을 크게 괘념치 않는 듯한, 아니 오히려 자랑스럽게 여기는 듯한 노랫말이다. 연애의 장소 또한 구애됨이 없어 듣는 이에게 큰 충격을 준다.

일부에서는 이를 창작의 자유, 욕망의 솔직한 발현이야말로 예술정신의 본령이라고 하며 이 노래를 비호하고 있으며, 특히 이 노래의 음정과 박자가 절묘해 대중의 사랑을 한 몸에 받는 것이라는 등의 비평을 내놓고 있다.

궁중 내의 극심한 향락사조와 몽고인들의 음란한 풍속이 일반화된 현실, 그리고 최근의 극심한 사회불안이 겹쳐 퇴폐적이기 그지없는 가요가 우리사회에 유행하고 있는 듯이 보인다.

역사신문

정치도감, 국정개혁 추진·부원세력 비리수사

채하중, 윤체종, 기삼만 등 연이어 구속 … 정동행성 본격 반발, 개혁 책임자 감금하기도

이제현의 개혁안이 바탕, 황제가 직접 개혁 지시

1347년 2월 조정에서는 정치도감을 설치하고 권세가의 농장·노비문제 및 세금수취문제 등 국정 전반에 걸친 광범위한 개혁작업에 착수했다. 그러나 정동행성 이문소에서 정치도감의 개혁에 본격 반발하고 나서서 개혁의 성공 여부에 정치권의 관심이 집중돼 있다.

개혁 담당자들은 주로 세족과 신진관료 출신들로 충혜왕 측근과 부원세력의 폐단을 제거하는 것을 기본 목적으로 하고 있는 것으로 알려지고 있는데, 부원세력으로 지목되고 있는 측의 반발도 만만치 않다. 그러나 개혁작업 전반을 지휘하고 있는 김영돈은 한 측근을 통해 "이번 개혁은 황제의 직접 명령에 의한 것이므로 결코 중단되지 않을 것"이라고 말해 강한 개혁의지를 밝히고 있다.

정치도감은 부정부패자 척결과 함께 국내문제에 대한 전반적인 개혁안을 제출하고, 특별 사정 대상자로 환관의

족속과 권세가 등을, 비리 관청으로는 행성, 순군, 홀치, 내승, 응방 등을 지목하고 이들에 대한 사정을 집중적으로 실시하고 있는 것으로 알려지고 있다.

현재 척결되어야 할 인물을 살펴보면 간신 채하중을 비롯하여 정동행성 이문소 이문인 윤체종, 기황후의 형제인 기주와 그 친족인 기삼만, 심왕 고(暠)의 형인 왕, 원 환관 이숙의 매부인 찬성사 전영보, 원 환관 고용보의 친척인 첨의참리 신예, 그리고 좌정승 노책 등이다.

정치도감은 채하중과 윤체종은 뇌물수수 혐의를 받고 있으며, 기삼만은 남의 토지를 빼앗고 불법을 자행한 것이 뚜렷하며 나머지 인물도 불법행위가 명백히 드러났다고 밝혔다.

한편 이문소는 지난번 부정행위자로 발각되어 심문과정에서 죽은 기삼만의 죽음을 규명한다는 명목으로 서호, 전록생 등 정치도감 관계인사들을 잡아

들였다. 현재 기삼만의 처가 정동행성에 이 문제를 호소하고 나서는 등 정치권은 어수선한 상태이다. 김영돈은 "황제의 명령으로 거물급 부정부패자를 잡아들였는데 무엇이 문제가 되느냐"고 반박 성명을 낸 뒤 황제에게 알리기 위해 원으로 출발했으나 곧 이문소의 관리에게 잡혀 추궁을 당하기도 했다.

현재 정치권에서는 이번 사태를 '개혁에 불만을 품은 이문소의 부원세력이 고의적으로 일으킨 사건'이라고 해석하고 있다.

정치도감에는 왕후, 김영돈, 안축, 김광철 등 4명이 판사로, 전녹생 등 34명이 실무자인 정치관으로 임명돼, 현재 충목왕 즉위 이후 지속된 개혁작업을 완결짓는 것을 표방하고 있다. 이번 개혁은 지난 1344년 이제현의 개혁안 제출이 커다란 계기가 된 것으로 알려지고 있다.

관련기사 2면

정치도감 개혁안의 주요 내용

정치문제

· 존무사, 안찰사는 탐관오리를 색출할 것
· 행성이 지방에 공문을 보낼 때는 도평의사사를 거칠 것
· 행성, 순군, 홀치가 급하지 않은 일로 역마를 이용하지 말 것
· 품관, 승속(僧俗)의 잡인(雜人)이 개인 일로 공문서를 받지 말 것

경제문제

· 환관족속과 권세가 및 향리가 토지를 탈점하지 못하게 할 것
· 환관족속과 권세가가 서민을 상대로 고리대를 하지 못하게 할 것
· 환관족속과 권세가가 빚을 빙자, 양인을 노비로 삼지 못하게 할 것
· 수조권자가 1년에 4~5차례 세금을 받는 것을 금지할 것
· 각 관청 공해전 수취인의 부정을 금지할 것

사회문제

· 행성, 홀치, 순군 등에 투속한 자를 본래대로 돌릴 것
· 내승, 응방에 투속한 자는 각 현의 별초 및 공호(貢戶)로 삼을 것

이제현, 개혁안 제출 … 시행 여부 관심

1344년 5월 이제현이 전반적인 국정개혁을 주장하는 문서를 국왕에게 올려 그 시행여부가 정치권의 관심사가 되고 있다.

이제현은 ① 국왕은 덕을 닦고, 검약하며 재상과 정치를 논의할 것 ② 정방을 폐지할 것 ③ 응방, 내승, 덕령고, 보흥고 등을 폐지할 것 ④ 지방관은 인

재를 등용할 것 ⑤ 무너진 녹과전 제도를 부활 정비할 것 ⑥ 강제징수한 布는 다음 해 잡공에 충당할 것 ⑦ 오래된 공부(貢賦)는 면제할 것 등의 개혁안을 제시하여 신진관료를 비롯한 상당수 정치인들의 호응을 얻고 있다. 이에 국왕도 일면 긍정적인 반응을 보이고 있어 개혁안의 일부 내용은 곧 시행에 착

수할 것으로 알려졌다.

그러나 정방 폐지나 녹과전 부활과 같은 정치세력의 이해가 민감한 사안은 그 시행 여부가 불투명한 상태이다. 현재 정치권에서는 "부원세력이 존재하는 한 이제현 개혁안은 처음부터 현실적인 한계에 부딪힐 수밖에 없을 것"이라고 보고 있다. 관련기사 2면

충숙왕 이후 국왕·부원세력간 갈등 … 파행정국

국왕 지위 추락 … 측근들 비리 만연, 사회 불안 고조

충선왕의 양위로 충숙왕이 즉위한 이후 고려왕권이 현저하게 약화되고 있어 정치정세가 계속 안정을 찾지 못하고 있으며 이로 인해 정국운영이 파행을 면치 못하고 있다. 1313년 충숙왕 즉위 이후 원황실의 지원 여하에 따라, 그리고 부원세력(附元勢力)의 발호가 계속되면서 점차 정상적인 왕권행사가 어려운 상황이 전개됐고 급기야 충숙왕과 충혜왕이 서로 중복해서 즉위하는 사태가 벌어지기까지 했다.

충렬왕 이후 고려국왕을 통해 정치적으로 고려국정에 간섭해나간다는 원의 방침에 따라, 고려국왕은 자신의 측

근 세력을 통해 정치를 행해 왔고 이는 그동안 비교적 잘 지켜졌었다. 특히 충선왕은 원나라 내에서도 심양왕에 오르는 등 확고한 지위를 갖고 있었다.

그러나 충선왕이 1313년 충숙왕에게 고려 왕위를 물려주고 1316년 조카 연안군 고에게 심양왕위를 물려주면서 심양왕 중심의 정치세력이 형성되어 충숙왕 세력과 대립했다. 충숙왕은 1322년 최성지·유청신 등이 주도한 심양왕의 고려국왕 옹립운동에 시달렸고 급기야 1327년 심양왕에게 왕위를 물려줄 결심을 하였으나 한종유의 만류로 그만두기까지 했다. 관련기사 3면

그뒤를 이은 충혜왕은 그 어머니가 고려인이어서 원황실의 후원을 받지 못해 즉위 이후 폐위되었다가 복위됐고, 부원세력이 정국운영에 노골적으로 개입하면서 국왕의 지위는 더욱 추락했으며 이들의 갖은 비리로 사회불안이 고조되고 있다. 충혜왕은 약화된 자신의 권위를 세우기 위해 무뢰배들을 시위군사로 채용하는가 하면 측근 세력들이 갖은 민폐를 일으켜 오히려 기철, 조익청 등 부원세력들이 충혜왕을 비난하고 신진관료들도 그의 국정운영 방식에 반발하는 등 정국이 더욱 파행으로 치닫고 있는 실정이다.

화려함의 극치

최근 검은 비단에 금이나 은을 수은에 녹여 불화를 그리고 있다. 이렇게 그려진 불화는 섬세함과 화려함의 극치를 이룬다. 이런 불화는 권문세족들의 소원을 빌기 위한 개인용 사찰인 원당에 걸려 있다. 불화에 나오는 협시보살의 키가 주존의 어깨를 넘지 않고, 8대 보살이나 10왕의 높이가 주존좌상의 무릎을 넘지 않을 정도로 신분구별이 엄격하고 권위적이다.

918
고려 건국

1230-50
대몽항쟁

1270
출륙환도

1356
반원개혁운동

1392
조선 건국

원 간섭기

81

역사신문

정치도감 개혁 실패의 교훈

문제는 원의 속박에서 벗어나는 것이다

충목왕 즉위 후 바로 시작된 정치도감의 개혁사업은 여러 가지 점에서 우리의 주목을 끌었다. 그동안 새로 국왕이 즉위할 때마다 개혁을 표방하여 전왕의 측근 세력들이 저지른 비행과 폐단을 시정하려 했던 것이 사실이다.

그러나 이번 정치도감 개혁은 이미 이제현을 중심으로 전왕인 충혜왕 측근 세력을 숙청한 뒤에 시작된 것으로, 무엇보다 채하중, 기삼만 등 부원세력 숙청과 행성·순군·홀치 등 원나라 부속 기구의 비리척결을 목표로 하고 있었다는 점이 주목을 끄는 것이었다. 이는 이전 왕들의 개혁에서는 볼 수 없었던 새로운 면으로 고려사회는 부원세력의 발호를 척결하지 않고는 더 이상 지탱할 수 없는 단계에 와 있음을 말해주는 것이다.

더구나 이번 개혁은 원나라 황제의 지시로 시작되었다는 점이 특기할 만한 것이었다. 원의 입장에서 볼 때에도 고려사회가 당면한 정치, 사회적 난맥상을 그대로 방치해서는 원의 고려지배가 순조롭지 못할 것이라는 점을 인정한 셈이었다. 그래서 정치도감 개혁은 자못 추진력 있게 진척되는 듯하였다.

그러나 지난 수십년에 걸쳐 고려사회에 뿌리를 내린 부원세력의 힘은 강고했다. 정동행성이문소에서 정치도감의 개혁사업에 조직적으로 반발하고 나서서 개혁은 결국 유야무야로 돌아가고 만 것이다. 부원세력의 힘과 그들이 고려사회를 어떻게 왜곡시키고 있는가를 다시 한번 확인해주는 대목이었다.

그처럼 강고한 부원세력의 힘의 근원은 어디에 있는가. 우리는 그것이 원의 고려 지배라는 지배구조에 있다고 단정한다. 이번 경우만 해도 그렇다. 기왕후의 족제 기삼만이 개혁과정에서 옥사한 것을 빌미로 기씨를 비롯한 부원세력이 원황실에 조직적으로 공작하여 정치도감 개혁 자체를 무산시킨 사실이 이를 입증하고 있다. 고려가 직면한 사회적 폐단의 핵심은 원이 고려 지배로부터 말미암은 것이다.

따라서 우리는 이번 정치도감 개혁이 실패하는 것을 보면서 고려사회의 개혁은 부원세력의 척결 없이는 이루어질 수 없다는 점을 확인함과 동시에 부원세력의 척결은 원나라와의 관계를 정상화하지 않고는 도저히 이루어질 수 없다는 점을 절감하지 않을 수 없다. 원의 속박에서 벗어나는 것, 그것이 바로 고려가 대내외적으로 새롭게 태어나는 길인 것이다.

그림마당
이은홍

정치도감 개혁의 성격과 한계

부원세력 제거에 초점 … 근본적 사회 모순 해결은 기대할 수 없어

원나라의 직접 지원받는 개혁작업 … 부원세력 폐단의 심각성 반증

정치도감의 정치개혁은 겉으로만 보면 신왕이 즉위하면서 전왕의 측근 세력을 제거하고 사회적 폐단을 척결하고자 한다는 점에서 이전의 개혁정치와 궤를 같이 한 것처럼 보이지만 이전과는 뚜렷하게 구분되는 몇 가지 특징을 갖고 있다.

우선 개혁안이 정동행성이나 순군·홀치·응방 등 원나라 관련기구의 불법행위를 구체적으로 적시하고 이의 시정을 명시하고 있다는 점을 들 수 있다. 그동안 이들 기구를 발판으로 부원세력이 관리에 대한 인사권을 장악하고 갖가지 비리와 폐단을 자행해온 점을 감안한다면 이 조치는 부원세력 축출을 목표로 한 것으로 보인다.

다음으로 이번 개혁조치가 이전처럼 국왕의 교서발표 형식을 통하지 않고 정치도감이라는 별도의 개혁전담기구를 통해 행해지고 있으며 이를 원나라가 직접 지원하고 있다는 점이다. 원나라가 부원세력의 제거를 지원하는 묘한 배경을 따져보면, 원나라가 직접 나

> **원나라 관련기구의 불법 행위를 구체적으로 적시하고 이의 시정을 명기**

서서 이들의 폐단을 제거하여 고려사회를 안정시키지 않으면 원의 고려 지배 자체가 어려울 만큼 이들의 폐해와 비리가 심각하기 때문이다. 특히 충목왕이 8세의 어린 나이에 왕위에 올라 아직 왕권이 확립되지 못한 상황이어서 원나라의 지원이야말로 이번 개혁조치의 실제적인 원동력이라고 봐야 할 것이다.

한편 이번 개혁은 국왕이 아직 어려 그 측근세력이 형성되지 못한 상황에서 부원세력에 불만을 품어온 세족들과 신진관료들이 중심이 되어 추진되고 있다는 점이 특징이다. 이들은 대체로 주자학을 공부하고 과거를 통해 관직에 진출한 신진인사들로서 1344년 주자학의 대가 이제현이 개혁안을 제출했던 분위기와 맞물리면서 개혁추진에 앞장서고 있다는 점이 주목된다.

그러나 이번 개혁은 그 내용을 보면 부원세력의 제거에만 초점이 맞춰져 있어 현재 고려사회의 사회경제적 모순을 근본적으로 해결하는 데는 한계가 있다는 것이 일반적인 지적이다. 권세가들의 농장 확대문제나 수취제도의 모순을 대대적인 제도개혁을 통해 바로잡으려 하기보다는 현행제도의 운영상의 폐단을 시정하는 선에서 대처하려 한다는 것이다.

또 그동안 고려사회 각계각층에 기득권을 확보하고 있는 부원세력을 어느정도 제거할 수 있을지는 미지수이다. 그러나 이번 개혁을 통해 부원세력에 대한 견제가 일반적인 정치풍토로 자리잡을 것으로 보이는데 이 점은 이번 개혁의 보이지 않은 성과로 남을 것 같다.

인터뷰　개혁안 제출한 익제 이제현

"지도자의 바른 마음자세가 개혁의 출발점"

이번에 제출한 개혁안의 골자는.

우선 국왕이 솔선하여 덕을 쌓고 검약한 자세를 갖추어야 하며 재상들과 정치를 논의하는 정상적인 정치행태를 복원해야 한다. 그러기 위해서 폐단이 극심한 정방과 응방·내승·덕령고·보흥고 등 대원관련 기구를 폐지해야 한다. 그리고 참신한 인재들을 등용, 이들이 안심하고 나랏일에 전념할 수 있도록 녹과전제도를 부활시켜야 한다.

또 민생안정을 위해 백성들의 무거운 조세부담을 덜어줘야 한다. 백성들이 오랫동안 못내고 밀린 세금은 정부가 나서서 면제해줘야 할 것이고 과외로 거두어들인 세금은 다음해 예산에 활용하도록 해야 할 것이다.

국왕의 통치자세를 지적한 것 등에서 예전의 국정개혁안들과는 다른 면모가 보이는데.

내가 생각하는 개혁안은 주자학의 이념에 바탕을 두고 있다. 오늘날 문란해진 정치·사회질서를 바로잡기 위해서는 임금과 신하가 자기의 직분에 따라 먼저 마음을 닦고 바른 마음으로 백성들을 교화해야 한다.

현재 우리사회의 문제점을 해결하기 위해선 고려의 사회제도 자체에 대한 대대적인 개혁이 시급하다. 이번에 제시한 개혁안의 수준으로는 미

흡한 것 아닌가. 가령 권세가들의 토지겸병으로 인한 농장의 확대 문제 해결과 같은 개혁 없이는 사회가 안정되기 어렵지 않은가.

그런 견해의 차이는 입장의 차이로부터 비롯된 것 같다. 현실의 폐단을 궁극적으로 제도상의 문제로 보느냐 아니면 인간 심성의 문제로 보느냐 하는 차이인데 나의 주자학적 세계관 속에서는 후자의 시각으로 현실문제를 진단하고 대책을 생각하게 된다.

언제 누구로부터 주자학을 배우게 되었는가.

고려에 주자학을 처음 들여온 백이정 선생을 스승으로 모셔 주자학을 배웠고 「사서집주」를 간행, 주자학 보급에 앞장선 권보 선생의 문생이자 사위가 되어 그 훈육을 받았다.

또 1314년 충선왕의 부름을 받고 연경의 만권당에 머물며 요수, 염복, 원명선, 조맹부 등과 같은 중국 학자들과 교류했다.

후학 양성 계획은.

이곡·이색 부자를 위시하여 많은 젊은이들과 같이 주자학을 토론하고 연찬하고 있다. 이런 신진인사들이 출사하게 되면 우리나라의 유학은 주자학이 중심이 되어 크게 발전하게 되고 사회도 훨씬 더 안정되리라 확신한다.

초점

성리학 공부한 신진관료들의 급부상

최근 정치도감의 개혁에서 신진관료들의 역할이 두드러져 주목된다. 안축, 전녹생, 김영리, 안길상, 백문보, 이배중, 김군발 등 30여명이 바로 그들이다.

이들 신진관료는 몇몇 인물을 제외하고는 대부분 가문의 전통이 없거나 한미한 집안 출신인데, 이번 개혁에서 권세가의 농장 확대에 따른 문제점이나 수조권자가 1년에 몇 차례씩 조세를 부당 수취하는 문제점 등을 지적하면서 그 금지를 주장했으며, 실제로 지방에 파견되어 토지를 조사하고 안렴사 임무를 받는 등 개혁의 실질적인 주체로서 활약하고 있는 것이다.

또한 이들은 대체로 성리학을 공부한 과거출신자가 많은 것으로 알려지고 있다. 충목왕이 즉위한 직후 성리학의 도리를 익힐 것을 요구하여 유명해진 이제현도 백문보와 함께 성리학자 백이정의 문하생인 것으로 알려지고 있다.

특히 충목왕 즉위년(1344) 8월 과거법을 개정하면서 사서육경의 뜻을 묻고 책문을 시험하도록 한 것은 종래의 사장 중심에서 경학 중심으로 바꾼 것으로, 이들 성리학자의 의지가 관철된 것이어서 높은 관심을 끌었다. 이들은 앞으로 고려사회의 개혁에 적극 참여할 것으로 생각되는데 그 귀추가 주목된다고 하겠다.

"사장 위주의 시험과목, 경학 중심으로 바꾼다"

정부, 주자학 보급 위해 과거법 개정키로

1344년 8월 정부에서는 과거법을 개정하여 종래 사장(詞章)을 위주로 하던 시험과목을 경학(經學)을 중심으로 크게 바꾸었다. 이는 최근 주자학이 도입되면서 이를 배운 신진관료들의 주장에 의해 주자학을 보급하기 위한 방편으로 취해진 조치로 알려지고 있다. 이에 따라 시(詩), 부(賦), 송(頌), 책(策)이 주요 시험과목이었던 지금까지와는 달리 앞으로는 사서와 육경의 뜻을 묻고 책문(策問)을 시험할 예정이라고 한다. 또 최근 주자학이 보급되면서 이를 배워 관리로 진출하려는 경향이 커지면서 과거가 법제대로 시행되고 있으며 제술과의 선발인원도 대체로 33인씩 선발하고 있다.

국왕 시종 기구 숭문관 설치

예전의 홍문관 이름 바꿔

1344년 6월 왕실에서는 국왕의 시종을 원활히 하기 위해 숭문관을 설치했다. 숭문관은 일찍부터 학식이 뛰어난 문신들로 하여금 국왕을 시종케 하기 위해 설치됐으며 995년(성종 14년) 이름을 홍문관으로 바꿔 학식 높은 학자들을 학사로 뽑아 배치하였던 기관이다. 다시 이름을 숭문관으로 바꾸어 국왕을 시종하는 기능을 강화하도록 했다.

◆ 고려 만화경 5

대농장!!

이 바구

농장, 심각한 사회문제로 대두

불법 토지획득사례 많아 … 정치도감 개혁대상 1호

최근 농장문제의 심각성이 첨예한 사회문제로 대두하고 있어, 이번 정치도감의 개혁에서도 권세가의 농장 소유문제는 가장 주목받는 쟁점이 되고 있다.

현재 농장주로 비난받고 있는 집단들은 왕실과 환관·내료·부원세력·세족·사원 등인데, 이들은 사패(賜牌)를 받아 개간하거나 토지를 사서 형성하기도 하지만 불법적으로 빼앗는 경우도 있으며, 그 밖에 수조지를 물려받아 농장을 형성하고 있는 것으로 알려지고 있다. 농장주들은 농장에 농사(莊舍)를 설치하고 책임자로 장두(莊頭)를 두어 농장을 관리하면서, 노비를 통해 경작하기도 하지만 대체로 농민들에게 경작시켜 수확의 2분의 1을 받고 있다.

작은 것은 30-40결에서 큰 것은 수백, 수천결에 이를 정도로 규모가 크고, 특히 농장주들이 권력을 이용하여 많은 농민을 모아 자신의 농장에 사역시키면서 국가 재정을 부담해야 할 층이 줄고 있어, 농장문제는 대단히 심각한 것으로 지적되고 있다. 현재 국가재정은 궁핍의 정도가 악화일로에 있는 반면에 농장주의 부는 더욱 증가하고 있는 실정이다.

또한 농장주들이 권력을 악용하여 관료들이 녹봉 대신 지급받는 녹과전마저 불법적으로 빼앗음으로써 신진관료의 거센 반발을 받고 있는데, 정치도감의 신진관료들은 이 문제에 집중적인 관심을 가지고 있는 것으로 알려지고 있어 향후 사정의 방향이 어떠할지 그 귀추가 주목되고 있다.

설왕설래

黑冊政事 ?!

요즈음 정계에는 '흑책정사'란 말이 떠돌고 있다. 다름 아니라 국왕이 인사 명령을 내리면 이인길, 김지경, 봉천우 등 몇몇 측근인물이 국왕을 속이고 서로 다투어 서류에 다시 지우고 쓰고 하여 글자를 제대로 알아볼 수 없게 되는 경우가 많이 생겨난 말이다.

그뿐 아니라 '돈 없는 사람은 관직을 구하지 말라'는 말이 나오고 있는 사실은 공공연한 관례가 되어버렸고, 심지어 1329년 9월에는 왕의 측근인물인 신시용이 이런 상황에서 관직을 잃은 사람에게 "너희들은 돈이 없으니 누구를 원망하겠느냐"는 말까지 한 것으로 알려지고 있다.

더욱 한심한 것은 충숙왕이 이 사실을 전혀 모르고 있다 하니 이야말로 국가의 인사정책의 실종이라 말할 수 있겠다.

일부 관료들, 심왕을 고려국왕으로 옹립하려 기도

충숙왕 위신 추락 … 정국 파행 우려돼

최근 최성지, 권한공, 유청신, 오잠 등이 심왕 고(暠)를 고려국왕에 옹립하려 했으나 대부분의 세족과 신진관료의 반발로 결국 실패로 끝나고 말았다. 최성지 등은 이미 두 차례나 관료들의 서명을 받아 황제에게 '충숙왕이 국정을 제대로 처리하지 못하니 심왕 고를 고려국왕으로 삼아 줄 것'을 요청했다.

최성지 등은 원래 충선왕 측근 인물로 충숙왕이 즉위한 1313년 이후에도 충선왕을 믿고 권력을 행사, 인사권을 장악하고 뇌물을 받는 등 부정을 저질러 비난을 받아왔다. 그 결과 충숙왕과 사이가 나빴는데 충선왕이 유배된 이후 고(暠)를 고려국왕으로 옹립하려는 움직임을 보인 것이다.

한편 이 사건을 계기로 고려국왕의 권위가 크게 실추돼 충숙왕이 이를 만회하기 위해 파행적인 측근정치를 실시하지는 않을까 하는 우려가 정계에서 일고 있다.

최근 왕위 변동 상황

1313년	충선왕 충숙왕에게 양위
1316년	충선왕 연안군 고에게 심양왕위 양위
1330년	충숙왕 충혜왕에게 양위
1332년	충숙왕 복위
1340년	충혜왕 복위
1344년	충목왕 즉위
1349년	충정왕 즉위

심양왕이란 ?

심양지역은 원과 고려간의 교통 길목이자 군사·경제상 요지로 고려인의 전쟁포로나 유민이 많이 살고 있는 곳이다. 원은 이지역을 다스리기 위해 별도의 왕을 세우고 이 곳에 대한 지배권을 준 것인데, 1308년 원나라 무종을 황제로 추대한 공으로 충선왕이 심양왕에 봉작받은 것이 그 시초. 충선왕 이후 심양왕의 지위는 명예직에 지나지 않게 되었으나 고려조정의 국왕 반대파가 이를 둘러싸고 정쟁을 일삼았으며 원에서도 이를 교묘히 이용하여 고려국왕을 견제하는 도구로 삼았다.

충혜왕, 폭군으로 군림

무차별 세금 징수·무리한 노역, 폭정 일삼아

최근 충혜왕은 국정운영이 매우 즉흥적이라는 비판과 함께 최고 책임자로서의 도덕적 자질마저 의심스럽다는 비난에 직면해 있다. 충혜왕은 1342년 5월 관료 녹봉지급문제로 담당자인 곽지보·황화상 등을 잡아 궁궐 밖에서 곤장을 때린 일이 있으며, 1343년 3월에는 내구(內廐)를 건축하면서 민가 1백여 채를 헐어 넓게 담을 둘러싸고 심지어 백성의 말을 빼앗고 토지를 탈점하여 세금을 강제 징수하기도 했다.

또한 관직을 가졌다가 지방에 거주한 사람에게 직세(職稅)를 거두되 6품 이상은 포 1백50필, 7품 이하는 1백필, 산직(散職)은 15필을 징수했는데, 혹시 가족을 데리고 산으로 도망한 경우에는 산에 불을 질러 수색하고 있다. 조세미납 피해가 친족에게까지 미치게 되자, 일부에서는 액수를 충당하지 못해 자살하는 경우까지 생겨나고 있다.

특히 최근 새 궁궐 건축과정에서 재상 이하 모든 관료에게 목재를 헌납시키고 심지어 서리까지 놋쇠와 구리 및 동철 등을 강제 징수하고 있으며, 백성들은 오랜 노역으로 농사를 짓지 못하고 있는 상태다.

충혜왕, 귀양가던 도중 급사

1344년 1월 원황제의 명으로 귀양가는 도중 충혜왕이 급사했다. 두 달 전 적·내주 등은 고려에 와 황제의 조서를 내리면서 칼을 휘두르며 많은 신료들과 측근을 죽이거나 부상을 입히고 충혜왕을 납치하듯이 데려갔다.

원의 황제는 한 달 전 직접 충혜왕을 재판, "너는 국왕이 되어 백성을 너무 심하게 약탈했으니 죽어 마땅하지만 게양현으로 유배보낸다"고 명해, 연경에서 2만 리나 되는 게양현으로 시종 신료 하나 없이 충혜왕은 혼자 유배됐는데 거기 가는 도중 죽은 것이다.

평론 가시리와 청산별곡

반복되는 운율에 멋스러움과 감동이 있어

가시리, 님 떠나보내는 안타까움 … 청산별곡, 백성들의 삶과 생활 담긴 노래

보내고 싶지 않은 님을 보내야 하는 심정을 소박하게 나타낸 가시리는 간결한 문장 속에 서러운 곡절을 담고 있어 사람들의 심금을 울리고 있다. 특히 '나난'이라는 말이 노래 한 줄 끝날 때마다 붙는 것이 자기를 버리고 가는 님에 대한 야속함을 더해준다.

가시리 가시리잇고 나난
바리고 가시리잇고 나난
위 증즐가 태평성대

날러는 엇디 살라 하고
바리고 가시리잇고 나난
위 증즐가 태평성대

잡사와 두어리마 나난
선하면 아니 올셰라
위 증즐가 태평성대

셜은 님 보내압노니 나난
가시난 닷 도셔 오쇼셔 나난
위 증즐가 태평성대

쉬운 내용의 가시리에 비해 8장으로 이루어진 청산별곡은 그 의미를 정확하게 가늠하기가 쉽지 않다.

살어리 살어리랏다.
청산애 살어리랏다
멀위랑 다래랑 먹고
청산에 살어리랏다.
얄리얄리 얄랑셩 얄라리얄라

청산에 살았으면 하는 말은 무엇을 뜻하는 것일까. 청산이란 혼탁한 속세와 대립되는 말인가, 아니면 농사짓고 사는 노동의 현장과 대립되는 말인가.
청산이 속세와 대립되는 말이라면, 머루나 다래는 속세가 싫다고 자진해서 도피한 사람이 얻을 수 있는 정신적 위안을 상징할 것이다. 청산이 농토와 대립되는 말이라면 마을에서 살아갈 길이 없으므로 산에 들어가서 머루나

다래라도 따먹고 연명해야 할 사정을 표현할 것을 게다.
그런데 6장에서는 바다에 가서 '나마자기 구조개'를 먹고 살았으면 하는 말을 한다. 이 구절을 생각해보면 '나마자기'는 해초의 일종이고 '구조개'는 굴과 조개로 정신적 위안이나 품위와는 거리가 있는 것이니 머루랑 다래도 연명을 하는 데 소용된 식품으로 보는 것이 타당할 듯하다.
따라서 청산별곡은 선비가 세속에서 물러나 자연을 찾고자 노래한 것이라기보다는, 거듭된 전란 때문에 자기 마을에서 머물러 살 수 없게 된 유랑민의 처지를 노래한 것이라고 보는 것이 옳겠다. 2장에서 새를 보고서 '널라와

시름 한 나도 자고니러 우니노라'고 한 심정도 그런 형편에 비추어 이해해 볼 수 있겠다.

가던 새 가던 새 본다
믈 아래 가던 새 본다
잉 무든 장글란 가지고
믈 아래 가던 새 본다
얄리얄리 얄랑셩 얄라리얄라

여기 3장에서의 새는 밭이랑을 뜻하는 것이니 '가던 새'는 '갈던 사래'로 보아, 물 아래 하류에 있는 경작하던 사래를 이끼 묻은 쟁기를 든 채 바라본다는 의미이다. 논밭을 버리고 산으로 쫓겨갔으니 쟁기에 이끼가 묻었을 것이다. 그래도 지난날을 잊을 수 없어 이렇게 하소연하는 것이다.
물론 이런 식으로만 청산별곡 전체를 읽어내긴 어렵다. 5장은 석전(石戰)과 같은 풍속과 관련된 노래며, 6장은 사슴으로 분장한 사람이 등장하는 놀이의 한 장면을 노래한 듯하다. 8장에서는 술로 근심을 잊을 수밖에 없다고 한다. 이렇게 볼 때 청산별곡은 최근 민중생활의 이모저모를 엮어 만든 노래로 볼 수 있다.

백이정, 주자 저서 반입

최근 원에서 10년만에 귀국한 백이정이 주자의 저서 [가례(家禮)]를 가지고와 학계에 주자학 바람이 불고 있다. 주자학은 원래 그의 스승인 안향이 처음으로 우리 나라에 소개한 바 있다. 이제는 백이정에 의해 고려 주자학은 본격적인 한 학파를 이루게 될 것으로 보인다.
주자학이란 송의 주희가 재래의 성리학을 자신의 학문적 탐구를 통해 재해석하고 집대성한 학문이다. 공자와 맹자의 고전을 토대로 하면서도 우주현상을 형이상학과 형이하학, 즉 이(理)와 기(氣)로 구분하여 만물에 내재하는 본질을 이로, 외형적 구성요소를 기로 구분한다. 그리고 이 둘은 각기 선과 악의 경향성을 갖기에 우리 인간은 면학과 수양을 통해 기를 제어하고 이에 도달해야 한다고 한다.
이것을 현실 정치에 적용하게 되면 왕은 고대의 성왕들 처럼 덕과 인(仁)에 의한 통치에 힘써야 한다. 또 기가 제멋대로 발현되는 것을 막기 위해서는 엄격한 질서가 있어야 된다고 한다. 이는 기존의 불교나 풍수도참사상과는 분명히 다른 것으로 정계에서도 주목을 하고 있다.
주자학은 앞으로 과거시험의 필수과목으로 할 예정이며 백이정의 문하에서는 이제현, 백문보와 같은 쟁쟁한 젊은 학자들이 학문을 연마하고 있어 이들에게 거는 기대가 자못 크다.

멀리 멀리
하늘을 향해
올라만 가는 돌탑

경천사에 10층 석탑 세워져

송도 부소산 아래의 경천사에 새로 지어진 탑이 그 모양이나 형식에 있어 세간의 이목을 끌고 있다. 이 탑은 재색의 대리석으로 만들어졌는데 3층 기단 위에 10층의 탑신으로 이루어져 있다.

「편년강목」 편찬

국정사업으로 착수
민지의 「편년강목」
새롭게 편집한다

1346년 충목왕이 국정사업으로 이제현, 안축, 이곡, 안진, 이인복 등에게 「편년강목」을 편찬하도록 지시 했다.
이 책은 원래 1317년 충숙왕 4년에 상왕인 충선왕의 명령을 받아 민지가 편찬한 「편년강목」을 새롭게 편집하는 것인데, 민지의 「편년강목」은 태조의 3대조인 원덕대왕에서 고종까지의 역사를 다루고 있다.

元, 급격히 쇠망

국가 기강 무너져
각지에 한족 반란 격렬

최근 원나라는 국세가 기울어지면서 말기적 증상을 보이고 있다. 수년간에 걸친 내란과 주변국에 대한 무리한 정벌전쟁으로 인한 국가재정의 궁핍, 왕위의 빈번한 교체, 왕위계승 때마다의 권신들의 소동 등으로 국가 기강이 해이할 대로 해이하여졌다.
성종 사망 후 많은 왕이 교체되면서 통치체제가 무너지고 있다. 1319년 부터 각지에서 한족들의 반란이 격렬하게 일어나고 있는데 주광경은 광동에서 일어나 대금(大金)이라 국호를 지었고, 1348년에 방국진은 절강의 태주에서 난을 일으켰다. 또 1351년에 한산동·유복통은 강남에서, 서수휘는 호북에서 반란을 일으켜 국호를 천완(天完)이라 하고 스스로 황제라 일컫고 있다.
지금과 같은 혼란상황이 앞으로 계속된다면 원은 이전의 막강한 제국의 위용을 머지않아 잃을지도 모른다.

설렁탕, 소주, 만두 등 별미 음식 인기

최근 몽고로부터 전해져와 … 몽고는 과자, 말린 생선, 인삼 등 수입

최근 몽고족인 원나라와의 교류가 빈번해지면서 다양한 문화가 우리나라와 원나라 사이에 교류되고 있다.
우리나라에서는 고려병(高麗餠)이라 불리우던 유밀과를 비롯하여 상치쌈, 고기를 지지거나 튀기는 조리법을 몽고인들에게 전해주었다.
또한 미역이나 말린 생선, 인삼 등을 몽고에 가는 사신을 통해 원왕실에 보내고 있다. 특히 원나라에서는 우리나라의 화려하고 우아한 그릇들을 탐내고 있어 충렬왕 4년에는 금화옹기(金畵甕器)를 보낸 바 있으며, 원종 3년에는 놋그릇의 원료인 놋쇠를 보내기도 했다.
원나라로 부터는 소주나 상화, 포도주, 설렁탕과 같은 색다른 음식들이 민간에까지 전파되어 화제가 되고 있다.
불교의 영향으로 채식위주의 식생활을 했던 우리나라 사람들에게 설렁탕은 아주 별스러운 음식이다. 한편 일부에서는 몽고계 매사냥꾼들을 통해 도살법을 익히고, 원나라에서 제주도를 목장으로 개발함에 따라 목축업을 배

우고 있다고 한다.
소주는 원래 몽고인들이 아라비아인, 페르시아인에게서 수입된 문화인데 몽고가 우리나라를 침략할 당시 경상도 안동을 중심으로 전파되었다고 한다. 당시에는 이 소주를 '아라기 酒'라 불렀는데 이는 아라비아말인 Arag에서 유래한 것이라 한다.
상화는 만두류로서 밀가루에 술을 넣어 반죽해서 부풀린 다음, 오이, 박, 버섯으로 속을 놓거나 팥으로 속을 넣어 찐다고 한다.

奇氏, 원 황후에 책봉

1340년 4월 11일 원 순제의 후궁으로 선발되어 원에 갔던 기자오의 딸이 황태자를 낳아 제2 황후에 임명됐다는 소식이 외신을 통해 들어왔다. 고려 관료의 딸이 원 황실의 정식 황후가 되다니 여원관계의 긴밀성을 실감나게 하는 사건이다.

역사신문

공민왕, 反元自主化 기치 내걸다

고려 · 원 국가관계 정상화 궤도에 … 원나라도 사실상 인정

부원 세력 숙청, 元의 연호 정지 … "元의 정치 간섭 불허"

공민왕의 그림 천산대렵도

1356년 5월 18일 공민왕 5년 역사적인 반원운동이 시작되었다. 공민왕은 기철, 노책, 권겸 등 그동안 왕권을 제약해오던 부원세력들을 숙청하고 정동행성에 부속된 사법기구로서 그동안 부원세력의 첨병노릇을 해온 정동행성 이문소를 폐지하는 한편, 평리인에게 압록강 서쪽 8개 점(站)을 공격할 것과 밀직부사 유인우에게 1백여 년간 원의 땅이던 쌍성총관부 수복을 위한 공격을 명령했다.

또 공민왕은 개혁교서를 발표하고 원의 연호를 정지시키는 국권 자주성 확보의 상징적 조치를 단행했다. 그동안 고려는 원의 연호를 사용, 사실상 고려가 원의 간섭을 받는 제후국임을 나타내었었기 때문에, 이번 조치는 고려가 원과의 정치적, 관계를 단절하겠다는 결의를 표시하고, 국가의 자주성 회복에 대한 공민왕의 강한 의지를 대내외에 천명한 것으로 받아들여진다.

또한 공민왕은 개혁교서를 통해 조종의 법을 회복하며 나라를 다시 새롭게 하겠다는 '일국갱시'(一國更始)를 표방했고, 정치·군사·경제·사회의 여러 부문에 대한 세부적인 개혁 방안을 아울러 발표했다.

이같은 공민왕의 조치들에 대해 원나라는 사신을 파견, 고려가 기철 사건을 즉각 보고하지 않은 것과 압록강 지역 군사행동은 유감스러운 일이지만, 고려측이 사후에 사죄했으므로 관용을 베풀겠다는 뜻을 밝혀, 사실상 그동안 우리측의 반원운동 추진에 따라 일촉즉발의 긴장관계가 형성돼온 고려·원 관계는 일단 정상화 단계에 접어든 것으로 보인다.

한편 공민왕은 이인복을 원에 파견, 반원운동의 결과를 기정사실화하면서 원과의 외교관계는 지속하되, 지난 80여 년과 같은 정치적 간섭은 용인할 수 없다는 입장을 분명히 밝힘으로써 자주국으로서 고려의 지위를 완전히 회복하게 됐다.

최근의 반원운동에 대해 원은 지난 6월, 80만 대군으로 고려를 공격하겠다고 위협하는 등 노골적인 불만을 드러내고 있었다. 그러나 당시 공민왕은 원이 실제로 우리를 공격할 능력이 없다고 판단, 원측의 태도를 묵살하고 반원운동에 더욱 박차를 가했었다.

지난 7월, 원은 압록강의 군사행동은 고려의 의도적인 행동이 아닐 것이라는 입장을 전달해왔고, 이에 원의 의도를 파악한 우리 정부가 사과 표문을 올림으로써 양국간 화해의 전기가 마련됐었다. **관련기사 2, 3 면**

지도: 초산, 공민왕대(14C), 길주, 고려초(10-12C), 통일신라(7C)

흥왕사에서 국왕시해기도 사건 발생

주모자 김용 처형 … 최영, 진압에 공 세워

1363년 3월 흥왕사에서 김용 일당이 부원배와 결탁, 국왕 시해를 기도했으나 다행히 국왕은 흥변을 모면했고 김용일당은 일망타진됐다.

정계 소식통에 따르면, 지난 1361년 홍건적 침입 때 국왕의 측근세력들인 정세운, 안우, 이방실, 김득배, 김용, 최영 등이 공을 세웠는데, 이들 사이에 논공행상을 둘러싸고 다툼이 일어나 김용은 왕지(王旨)라고 속여 안우, 이방실, 김득배로 하여금 평소 정치적 견해 차이로 대립하던 정세운을 죽이게 하고, 또 그 죄를 뒤집어씌워 이들조차 모두 살해했다. 그리고 반원정책을 취하고 있는 국왕을 죽이려 왕이 머무르고 있던 흥왕사에 도당 50여 명을 보냈으나, 환관 이강달의 기지로 왕은 화를 면하고 대신 얼굴이 비슷한 안도적 등

이 살해되는 소동이 발생한 것이다. 이후 최영 등에 의해 사태가 진정되자, 김용은 자신의 음모가 탄로날 것을 염려, 그가 보낸 일당 50명을 모두 살해했지만 마침내 진상이 밝혀졌다.

한편 국왕은 이번 변란 진압에 공이 큰 최영(위 사진) 등을 흥왕토적공신으로 봉해 향후 무장들의 정치적 영향력이 커질 전망이다.

元 쇠퇴, 明 건국

적절한 외교노선 수립 요구돼

최근 원나라 세력이 급격하게 위축되고 명나라가 새로 건국되는 등 대륙정세가 급변함에 따라 우리측의 적절한 대응이 요청되고 있다.

원나라는 순제(順帝)의 문란한 궁중생활로 재정이 악화되고 민생이 곤궁해지자, 한족 봉기군이 중국 전역 1백여 곳에서 일어나 큰 위기에 직면해 있다.

이러한 국제정세의 변동은 반원운동의 한 원인이 됐으며 고려는 공민왕 5년 이후 원뿐만 아니라 한족 봉기군들과도 사절 교환을 통한 외교관계를 유지하면서 대륙의 동향을 파악하는 데 더욱 노력을 기울였다. 또한 공민왕 17년에 주원장이 명을 건국한 뒤에는 명과 수교를 맺는 등 외교문제에 기민하게 대처하고 있다.

신돈, 공민왕 후원받아

전민변정도감 설치, 대대적 국정개혁 병행

최영 및 일부 세족 정계 은퇴 추진

1365년 공민왕 14년 신돈이 공민왕의 후원 하에 정국을 뒤흔들며 개혁을 추진하고 있다. 현재 신돈은 최영 등 무장세력과 일부 세족들을 정계에서 은퇴시키고, 특히 세족에 의해 자질러진 폐단을 시정하는 데 총력을 기울이고 있다.

신돈은 몇 명의 재추를 선발하여 내재추(內宰樞)라고 하고 이들로 하여금 궁중에서 국정을 처리하도록 하여 도당의 권한을 무력화시켰고, 또한 순자격(循資格)제도를 채용하여 관료의 승진 기준을 근무 연한에만 두도록 했다. 그리고 이색을 등용한 성균관의 증영도 개혁 사업의 일환으로 추진 중이다.

특히 주목되는 사업은 전민변정도감(田民辨正都監)의 설치인데, 현재 이 기구는 세족이 탈취한 토지나 억지로 노비로 삼은 백성을 원래의 상태로 돌리는 역할을 해서 그 성과가 매우 큰 것으로 알려지고 있다. **관련기사 2면**

918
고려 건국

1230-50
대몽항쟁

1270
원간섭기 시작

1347
정치도감 개혁

반원개혁정치

1392
조선 건국

85

역사신문

전면 개혁으로 역사전환 이뤄야

신진사대부의 활동에 기대 커

공민왕이 마침내 반원의 깃발을 높이 들었다. 보도된 바와 같이 1356년 공민왕은 기철, 권겸 등 부원세력을 숙청하고 정동행성이문소를 폐지함과 아울러, 원의 연호 사용을 금지시켜 국가적 자주성을 내외에 천명하였다. 뿐만 아니라 공민왕은 개혁교서를 발표하여 내정 전반에 대해서도 개혁을 단행할 방침임을 밝혔다. 우리는 공민왕의 이러한 일련의 반원개혁정책을 적극 환영하는 바이다.

지금 고려는 대내외적으로 국가적 위기에 처해 있다. 중국대륙에서는 원이 쇠퇴하고 도처에서 한족들이 봉기하여 극히 혼란한 상태에 있다고 하니 이에 대한 적극적인 대응이 절실하게 필요한 때이다. 또 대내적으로 고려사회는 원간섭기 이래의 사회적 모순이 켜켜이 쌓여 대대적인 개혁이 단행되지 않으면 안될 위기국면으로 치닫고 있는 실정이다. 그런 점에서 이번 공민왕의 반원개혁정책은 시의적절한 것이다.

또 고려사회가 안고 있는 모든 사회적 모순은 그 밑바닥에 원의 고려지배라는 지배구조가 깔려 있고, 이 관계의 단절 없이는 결코 고려사회가 개혁되기 어렵다는 점을 유념할 때 공민왕이 반원과 사회개혁을 동시에 천명한 것도 적절하다는 것이 우리들의 생각이다.

그러나 문제는 이런 역사적 과제를 어떻게 수행할 것인가 하는 데에 있다. 고려사회는 지난 100여년 동안 원 간섭하의 파행적인 권력구조 속에 사회 각 분야에 이미 막강한 기득권층이 형성되어 있다. 부원세력도 부원세력이지만 전국 각처에서 토지를 탈점하여 농장을 확대하고 곤궁한 백성들을 농장에 은닉함으로써 사회불안을 야기시킬 뿐만 아니라, 정상적인 국가 경영 자체를 위협하고 있는 무리들이 바로 기득권을 갖고 있는 권문세족들이다. 지금까지 역대 왕들이 모두 다 권세가들의 토지겸병에 따른 모순의 시정을 천명하였으면서도 이를 실행하지 못했던 것도 이들의 방해 때문이었다. 요컨대 이번 개혁의 성패는 이 막강한 기득권세력을 어떻게 제압할 것인가에 달려 있는 것이다.

그렇게 보면 이는 몇몇 사람의 생각과 노력으로 이루어질 수 있는 그런 일이 아니라, 사회 전반이 재편되어야 하는 역사적 전환의 과업이라고 할 수 있을 것이다. 그런 점에서 개혁사업이 성공적으로 추진되기 위해서는 새로운 사회세력을 적극 육성시키는 것이 절실하다는 생각이다. 이와 관련하여 우리는 지금 한창 관계에 진출하여 성리학을 이론 무기로 삼아 사회개혁의 발언을 높이고 있는 신진 사대부들의 활동에 주목하고자 한다. 이들은 사회경제적 기반에서, 또 그들의 학문사상과 정치적 입장에서 기득권세력과는 공존할 수 없는 입장에 서있기 때문이다. 향후 이들의 개혁활동에 기대를 거는 바이다.

그림마당
이은홍

자주독립국가로서의 위상 회복

지난 80여년간의 대원 종속 관계 종식

공민왕의 주도로 시작된 이번 반원운동은 고려 역사의 새 장을 연 것이라 할 만큼 중요한 사건이다. 고려는 몽골과의 항전에서 항복한 이래, 지난 80여년간 원의 정치·경제·군사적 간섭을 직접적으로 받아왔다.

그동안 원은 형식상으로는 고려의 국가적 독립을 유지시켜주었지만 실제로는 고려국왕에 대한 원의 책봉권을 현실화하여 충렬왕과 충선왕, 충숙왕과 충혜왕을 재임 중에 물러나게 했다가 다시 즉위시키기도 했다. 심지어 충혜왕과 충정왕은 강제 폐위당하기도 하는 등의 수모를 겪어왔다.

뿐만 아니라, 점차 고려국왕이 원 황실의 직접 지원을 보장받지 못함에 따라 국왕권마저 불안해졌으며, 또한 원세력과 관련을 맺은 기철 등 부원세력이 등장하면서 고려의 국가적 독립마저 부정당하는 지경에 이르게 되었다.

그런데 이번 반원운동은 기철 등 부원세력의 제거로부터 시작되었지만 단순히, 원의 간섭을 인정하는 가운데 고려의 독립성을 지키려는 수준이 아니라 원 간섭 자체를 배제하는 조처였다는 점에서 그 역사적 의미가 있는 것이다. 고려는 이제 원의 간섭을 받기 전과 같은 완전한 자주국으로 그 위상을 회복할 기반을 다지게 된 것이다.

인터뷰 개혁 실세 신돈

1365년 일개 승려였던 신돈이 공민왕의 특명으로 전민변정도감을 설치하고 권문세족이 탈점한 토지를 본래 주인에게 돌려주는 등 획기적인 개혁조치를 발표, 조야에 큰 파문을 던지고 있다.

"나는 노비의 자식, 개혁 추진에 거리낄 것 없어"

"개혁 실무 추진 세력으로 사대부 계층에 큰 기대 걸고 있다"

개인적 신상을 간단히 말해 달라.
모친은 계성현 옥천사의 노비였다. 나는 노비의 자식으로 어려서부터 갖은 천대를 받아가며 성장했다. 출가한 뒤 법명은 편조이고 속성은 신씨이다.
어떤 계기로 공민왕의 신임을 얻어 공직에 나오게 됐나.
국왕께서는 평소 획기적인 국정개혁을 추진할 만한 인물을 찾고 있었는데 내가 상호군(上護軍)인 김원명의 추천을 받았다. 국왕은 내가 파당이 없고 권문세족과도 연이 멀어서 아무 거리낌없이 개혁사업을 추진할 수 있다고 본 것 같다.
현재 고려사회의 가장 큰 문제점은 무엇이라고 생각하는가.
종묘나 학교, 사원의 땅은 물론 군수전(軍須田) 심지어 세업민전(世業民田)까지도 권세가들이 모두 탈점한 상태다. 권세가들은 농장을 운영하며 주현의 역리(驛吏)와 관노는 물론 일반 백성 중 공역(公役) 도피자들까지 모두 숨겨 노예로 부리고 있다. 이런 상황에서 백성은 병들고 나라는

쇠약해지고 있다.
앞으로 개혁진행의 방향은.
앞서 말한 문제를 해결하기 위해 우선 전민변정도감이라는 특별기구를 설치했다. 지금까지의 정황을 감안, 앞으로 개경은 15일, 각 지방은 40일의 기한을 두고 비리·범법 사실의 자진신고를 받을 예정이다. 기한 안에 자진신고한 자는 죄를 묻지 않겠지만 만일 기한이 지난 뒤에 적발된 자는 법으로 엄중하게 다스릴 것이다.
혁신정치를 지속적으로 시행하려면 실제 개혁에 공감하면서 이를 추진해나갈 주체가 있어야 하는데 이에 대한 대책은 무엇인가.
사실 이번 개혁조치를 구상하면서 가장 고심했던 부분이다. 나는 지금 한창 성장하고 있는 신진사대부들에게 큰 기대를 걸고 있다. 실제로 이들이 전민변정도감의 실무관리가 된다. 이들은 사회경제적 처지로 보나 그들이 신봉하는 주자학의 이념으로 보나 병든 고려사회의 환부를 도려낼 수 있는 새로운 세력이라고 생각한다.

왜 신돈을 등용했나

공민왕은 신돈 등용 배경에 대해 '도를 깨달아 욕심이 없고 미천하여 소속 당파가 없기 때문'이라고 밝힌 바 있다. 현재 신돈은 최영, 양백익 등 무장세력과 세족들을 유배보내는 등 공민왕의 정치적 의도에 따른 개혁계획을 확실하게 추진하고 있다.

공민왕은 즉위 5년 후에 반원정책을 실시, 각광을 받았지만 즉위 후 8년과 10년에는 홍건적의 침략을 받아 안동으로 피난할 수밖에 없었고, 즉위 후 12년 되던 해에는 측근인물 등이 흥왕사에서 자신을 죽이려는 사건까지 경험했다. 당시 최영 등 무장세력의 권력이 매우 강화되어 왕권은 약화되는 시점에서 신돈은 공민왕에 의해 전격 등용됐다.

공민왕은 무장세력과 친당으로 얽혀있는 세족을 약화시키고 폐단을 개혁하기 위해 아무 정치적 연고가 없는 신돈을 등용한 것으로 보인다.

급부상하는 정치세력 신진사대부

주자학을 사상적 기반으로 연대감 강해 …   전면적 토지개혁 주장

지금 관계에는 사대부라는 신진관료들이 진출하여 급속히 정치세력을 형성하면서 세인의 관심을 끌고 있다. 성균관을 중심으로 결집하여 세를 형성하면서, 신돈의 개혁정치에 참여하여 실무적으로 이를 뒷받침하고 있다. 신진사대부의 주요 면면을 보면 이색을 비롯하여 정몽주, 정도전, 이숭인, 권근, 윤소종, 이존오, 박의중 등이다.

권문세족에 비해 연소한 이들은 대부분 각 지방의 중소지주 출신으로 토

지겸병과 수조지 수탈에 기반을 둔 권문세족과는 경제적 이해관계를 달리하고 있다. 또 신진관료로 관계에 진출하였지만 권문세가들의 수조지 겸병으로 인해 관리로서 수조지조차 지급받지 못하며, 권문세가들의 수탈의 대상이 되기도 한다는 점에서 일반 농민들과 이해관계를 같이하는 면이 있다.

사상적으로도 이들은 새로 도입되고 있는 주자학에 공명하여 성균관을 중심으로 주자학을 연구, 보급시키는 등

사상적 일체감을 갖고 있다.

이들은 현재의 고려사회를 위기국면으로 진단하고 이를 치유하기 위해서는 대대적인 수술이 필요하다고 주장하고 있는데,이 가운데서도 급진파들은 권문세족들의 토지겸병에 대해 전면적인 개혁을 주장하는 한편 대외관계에서도 적극적인 친명정책을 표방하고 있어 친원정책을 추진하는 권문세족과의 대결이 불가피할 전망이다.

관련기사 3면

홍건적 두 차례 침입으로 큰 피해

국왕, 안동으로 피신하기도 … 최영 등 무장세력 정계 실력자로 부상

1359,1361년 두 차례에 걸친 홍건적의 침략으로 국왕이 안동으로 피신하는 등 커다란 피해가 발생했다.

머리에 붉은 수건을 둘렀다 해서 홍건적으로 불리는 이 도적떼들은, 단순한 도적이 아니라 원의 지배에 반발하여 하북성에서 한산동, 유복통 등이 결성한 한인 반란군으로 백련교와 연결된 것으로 알려지고 있다. 이번에 침략한 홍건적은 그 중 일부로서 요양(遼陽)에서 원의 반격을 받고 밀려난 세력이다.

이 사건은 현 정국에 적지 않은 영향을 미치고 있다. 대대적으로 전개되던 반원운동의 경우, 그 범위가 대외적 자주성 회복에 그치고 국내 문제의 개혁에까지는 손을 대지 못한 채 중단되면서 공민왕의 정치적 주도권이 약화되고 있다.

이와 함께 최영 등 무장세력의 지위가 급격하게 부상하고 있어 이후 정국의 추이가 관심을 끌고 있다.

왜구 피해, 갈수록 심각

개경까지 침입 … 사회 혼란 가중

최근 왜구의 잦은 내침으로 백성들의 생업이 막대한 피해를 입고 있다. 지난 1373년에는 강화 교동을 함락시키고 해주에까지 침입해 들어와 목사 엄익겸을 살해하는 일까지 벌어졌다. 이에 수도 개경도 안전지대가 아님을 걱정한 조정에서는 개경에 계엄령을 발동하는 소동을 벌이기까지 한 바 있고 일부에서는 이러한 어수선한 분위기를 틈 타 남경으로의 천도설을 주장하는 등 혼란이 점차 가중되고 있다.

왜구들의 침입 목적은 주로 양곡 약탈이라고 하며 일본의 몰락 무사 출신들이 많이 잔악하기 그지 없다고 한다. 남쪽 어느 지방에서는 왜구들이 쳐들어와 두살배기 어린애를 머리를 깎고 배를 갈라 깨끗이 씻어 놓고 제를 올린 뒤, 태워버렸다는 소식도 들려오고 있다. 따라서 백성들은 물론 지방 군졸들도 왜구가 쳐들어온다는 말만 들어도 도망치기에 바쁘다는 것이다.

조정에서는 이의 대책 마련에 골몰하고 있는데 일전에 이색이 '육수해전(陸守海戰)'안을 올려 육지에서는 수비에 치중하고 바다로 나가 싸워야 한다고 주장해 관심을 끈 바 있으나 실효는 별로 없다고 한다. 우리 병사들의 무기가 형편 없으며 사기 또한 땅에 떨어져 있기 때문이라는 것이다.

한편 조정에서는 1363년 검교중랑장 김일을 일본에 사신으로 파견해 왜구의 침범을 단속해줄 것을 요청하였으나 일본 조정은 "왜구들은 시코쿠와 큐슈를 근거로 활동하고 있는 자들로서 우리 교토 조정도 그들에 대해 손쓸 수 없다"는 대답만을 듣고 왔다는 후문이다. 이에 따라 앞으로도 왜구의 침입에 대해서는 단호히 격퇴하는 이외에는 별다른 방법이 없다는 것이 조정 관계자의 말이다.

일부 사대부, 농업기술 개발에 관심

「농상집요」소개, 수차이용 건의

경세의 학문인 성리학을 수학하는 사대부 가운데 농업기술 문제에 관심을 갖는 경우가 많은 것으로 알려진다. 지난 충정왕 즉위년(1349)에 이암이 연경에서 화북지방의 농법이 수록된 「농상집요(農桑輯要)」를 들여와 김칸 등과 함께 최근에 간행했고, 이색은 이 책을 추천하면서 이에 기록된 농법이 '백성의 생업을 위한 좋은 방법'이라 했다고 한다. 또한 공민왕 11년(1362)에는 백문보가 강남농법의 장점을 수용하여 논농사에 수차를 이용하자는 건의를 했다.

水車 이용은 논 농사에 익숙하지 않은 현재로는 큰 성과를 보지 못하고 있지만, 이러한 사대부의 지원과 백성의 노력에 힘입어 종래의 농토가 산지에서 평지로 점차 바뀌어가면서 경상, 전라, 충청도의 개발이 활발하게 전개되고 있는 형편이다.

한편, 최근 심각한 문제로 대두한 농장의 확대는 사대부와 농민들의 노력의 결실을 박탈하는 것이라는 비난이 일고 있는데 정부는 이 문제를 철저하게 파헤쳐 사대부와 농민들이 정당한 노력의 대가를 잃지 않도록 해주어야 할 것이다.

과거제도 바뀐다

3차에 걸쳐 시험
최종회에는
국왕이 직접 참석

문벌 귀족, 시험 주관 못해 영향력 약화될 듯

1368년 정부는 과거제도를 개정하여 종래 세력있는 문벌 출신의 문관들이 지공거가 되어 시험을 주관하던 제도를 바꾸어, 국왕이 직접 구재(九齋)에 행차하여 친시를 통해 관리를 선발하도록 했다.

그리고 이듬해에는 원나라의 과거제도를 본받아 향시, 회시, 전시의 과거삼층법을 실시하여 마지막 단계에서 국왕이 주관하는 친시를 거치도록 하는 제도를 정착시켰다.

이에 대해 정부 고위관리는 "지금까지 권문세족들이 지공거가 됨으로써 좌주-문생관계를 통해 신진 유생들을 자신의 파당으로 삼는 경우가 많았는데 이제부터는 국왕이 직접 신진관료들을 장악하여 일사불란하게 국정을 이끌어가게 될 것"이라고 말했다.

또 1374년부터는 본관지에서 향시를 거치지 않은 자는 회시에 응할 수 없도록 하였는데, 이 또한 중앙의 권문세족 자제들의 과거응시를 억제하기 위한 조치라는 것이 일반적 지적이다.

공민왕, 호복 벗고 변발 풀다

공민왕 1년 1월 공민왕이 감찰대부 이연종의 건의에 따라 호복을 벗고 변발을 풀었다. 변발이 충렬왕의 명령으로 시작된 이래 80년만에 없어진 것이다. 이연종은 이번에 변발과 호복이 '先王의 제도가 아니므로 본받지 마소서'라는 내용의 건의를 한 것으로 알려지고 있다.

인터뷰 반원 자주화의 주역 공민왕

"조국의 자주화 노력은 역사적 의무"

반원정책 추진의 배경과 목적은.

나는 국왕이 되기 전 원에서 살았으므로 원의 정치적 변화를 눈여겨 볼 수 있었다. 즉위 후, 원이 반란군을 진압하기 위해 우리에게 군사를 요청할 정도로 약해진 것을 보고는 반원의 시기가 가까왔다고 판단했다. 그리고 기철 등 부원세력들을 그대로 두었다가는 정치를 제대로 할 수 없어 적극적인 반원정책만이 문제를 해결할 수 있는 방법이라고 생각했다. 또 우리나라가 자주국의 지위를 회복할 수 있도록 노력하는 것은 국왕에게 주어진 역사적 책무로서 당연한 일 아닌가.

많은 반대에도 불구하고 신돈을 전격 등용한 이유는 무엇인가.

나는 그가 아무런 정치적 연고가 없는 인물이라는 점에 큰 기대를 걸고 있다. 잘 알다시피 권세가의 불법적인 토지 및 노비의 탈점 현상은 오랫동안 누적된 폐단이다. 그간 개혁이 시도되지 않은 것은 아니지만, 개혁 주체와 대상이 서로 일치했기에 근본적인 개혁이 불가능했다. 나는 새 인물이 나서야 한다고 생각했고, 신진관료라 할 수 있는 사대부를 다수 등용한 것도 이러한 이유 때문이다.

최근 명이 건국하자 즉각 친명정책을 표방했는데 그 이유는 무엇인가.

나는 반원운동 이후 종래의 대원관계는 청산하는 대신, 원과 단절하지 않고 대등한 외교관계를 유지해왔다. 이번의 친명정책도 마찬가지 입장이다. 또 원이 몰락해가는 반면 명은 신흥하는 국가이며, 원은 오랑캐의 나라지만 명은 중화의 정통을 계승한 국가라고 생각한다. 이런 견해는 사대부들의 지지를 받고 있다.

성균관, 교육내용 개편

경전 중심의 주자학 교육

신진사대부 대거 포진, 주자학 총본산으로 육성

1367년 정부는 최고교육기관 성균관을 중건하고 생원을 1백 명으로 늘리는 한편, 사서오경재를 따로 두고 교육내용도 경전 중심의 주자학 교육 위주로 대폭 개편했다.

정부에서는 공민왕 즉위 초 유교학부와 함께 있던 율학, 서학, 산학 등의 기술학부를 완전히 분리시켜 이를 따로 교육시키게 함으로써 성균관은 명실공히 최고의 유학교육기관으로 만든 바 있다.

이에 따라 앞으로 성균관은 새로 도입되고 있는 주자학의 연구와 교수를 전담하는 총본산으로 고려사회에 새로운 학풍과 가치관을 전파할 것으로 보인다.

현재 성균관에는 이색이 대사성(大司成)으로 있으며 김구용, 정도전, 정몽주, 이숭인, 박상충, 박의중 등 신진사대부들이 학관으로 재직하고 있다.

화폐제도 개선 논의

베 8필 값 銀錢주조
오승포, 보조화폐 활용 등

공민왕 5년 9월 도당이 주관하여 화폐제도 개혁에 대한 논의를 벌여 향후 개선책이 주목되고 있다.

이번 논의에서는 숙종 이래 사용되어 온 은병과 오승포를 사용해왔는데 점차 은에 동을 섞거나 베가 더욱 거칠어지면서 제 기능을 못하게 되고 특히 은병의 값은 포 1백여 필이나 되어 백성들 사이에는 거의 사용되지 않은 상태라는 것에 있다고 하겠다. 지금 가장 유력한 견해는 베 8필에 해당하는 은전을 만들고 오승포를 보조화폐로 사용하자는 것이다.

사실 그동안 화폐 통용에 대한 정부의 많은 노력이 있었고 여러 화폐들이 사용되기도 했지만, 조세나 공복 및 녹봉 등을 현물로 지급하는 현재의 상황에서 화폐가 어느 정도 기능을 발휘할 지는 의문시되고 있다.

부원배 축출 공신 포상

1359년 6월 공민왕 8년 공민왕은 3년전 반원운동 시작 당시 기철 등 부원배를 죽이는데 공로를 세운 신료들에게 공신호를 주었다. 이번에 공신호를 받은 인물로는 1등공신으로 책봉된 홍언박, 경천흥, 안우, 정세운, 황상, 유숙, 목인길, 이몽고대 등 8명과 2등공신 김득배 등 11명이다.

이들은 대체로 공민왕 5년의 반원운동을 주도한 인물로서 공민왕이 원에 갈 때 따라갔던 시종신료들인데, 현재 공민왕의 측근세력으로 활약하고 있다.

元 직할령의 千戶 이자춘
공민왕에 귀부 의사 밝혀

1355년 쌍성 지방의 천호 이자춘이 개경에 와서 공민왕을 만나 귀부의 뜻을 보였다. 원 직할령의 천호의 고려정부에의 귀부 소식에 많은 사람들이 원이 약해졌다는 소문을 실감하고 있다.

성리학, 학계에 새 바람

이제현, 이색, 정몽주 등 학맥 이으며 심도있는 연구

**성리학을 모토로 삼는 사대부들,
실제 정치에서 이상 펼치려 해 학문에 생명력 넘친다**

최근 과거 출신의 사대부들이 정계에 등장하여 신선한 충격을 주고 있음은 주지하는 사실이다. 그런데 바로 이들 대부분은 성리학을 수학한 학자로서, 이들에 의해 학계에 새 기풍을 형성되면서 주목되는 바이다.

성리학이란 송대에 형성된 학풍으로 경학을 이론적으로 탐구하는 신유학인데 남송대 주자에 의해 집대성되었지만 고려가 성리학을 접한 것은 원 간섭기였다. 백이정에 의해 수입된 성리학은 이제현, 박충좌, 이인복, 백문보 등에게 전수되었고, 이제현은 이곡, 이색에게 전했으며, 이색은 정몽주, 이숭인, 정도전 등 많은 제자를 길러내면서 학문적 깊이를 더하고 있다. 특히 정몽주는 이색으로부터 「동방이학(東方理學)의 조(祖)」라는 칭찬을 받을 정도로 뛰어난 인물로 평가되고 있다.

또한 성리학은 사장(詞章) 중심의 유학과 달리 경세를 목표로 하기 때문에 이에 충실하려는 사대부들이 실제로 정계에 진출하여 그 이상을 펼치고자 하면서 학문의 생명력을 더하고 있고, 최근 과거 과목이 사장(詞章)이 아닌 경학(經學)으로 바뀐 것과 성균관에 사서오경재를 설치한 것도 이들의 주장에 의한 것이라는 점에서 앞으로 성리학은 지식인들 사이에 더욱 확산될 것으로 보인다. 참조기사 18호 4면

역사서 편찬 붐

고금록, 국사, 사략, 본조금경록 등 잇달아

**반원운동에 맞춘 자주성 회복 운동으로 이해돼
본격적인 성리학 이념이 투영된 역사 기술 작업들**

최근 여러 종류의 역사서가 편찬되고 있어 독서계의 관심을 끌고 있다. 공민왕 6년(1357)에 이인복이 고금록을 편찬했으며, 같은 해에 이제현, 백문보, 이달충 등이 태조 이하의 고려사를 기전체로 된 국사로 편찬하기 시작했다. 특히 이제현은 태조에서 숙종까지를 분담 집필하기로 했는데 그 초고를 「사략」이라 이름붙였다고 한다. 그러나 아쉽게도 이제현의 「사략」이 지난번 홍건적 침략 때 소실되었고 그마저 공민왕 16년에 세상을 떠났기 때문에 현재 「국사」의 편찬은 무기한 연기된 상태에 있다.

한편, 이를 대신하여 공민왕 20년에 이인복과 이색이 「본조금경록」을 증수하기 시작했는데 현재 태조에서 정종까지 작업이 이루어졌다고 한다.

최근의 역사편찬 작업이 대부분 사대부에 의해 주도되면서 우리 역사 기술에 성리학적 이념이 본격적으로 투영되기 시작했다고 평가되고 있다. 특히 최근의 역사서 편찬 작업들은 반원운동의 시점에 이루어져 국가의 자주성 회복의 염원을 반영했다는 평가를 받고 있다.

익재 이제현 사망

1367년 「역옹패설」의 저자이자 당대의 대정치가인 익재 이제현이 향년 81세로 서거하였다. 그는 안향, 백이정을 뒤이은 고려 주자학의 거두로, 또 공민왕 밑에서 네 번에 걸쳐 정승을 맡으며 개혁정치를 이끈 큰 정치가로 세인의 추앙을 받아왔다. 이를 반영하여 그의 제자 이색은 비문에 "그는 도덕의 으뜸이요, 문학의 종주였다"는 글귀를 새겨 넣었다.

그는 일찍이 15세에 과거에 합격했으며 충선왕을 따라 원의 수도 연경으로 가서 그곳의 만권당에서 조맹부 등 당대 일류 문인들과 교류하였다. 아울러 서촉의 아미산, 절강성의 보타사, 감숙성의 타마사 등을 두루 여행하며 견문을 넓혔다. 아직까지 우리나라에서 그만큼 넓은 견문을 쌓은 이가 없다는 평을 받고 있다. 원의 부마국이라는 현실 속에서 국가의 존립과 사회모순의 해결을 위해 애써 대체로 합리적 개혁론자라는 평을 받아왔다.

놋다리 밟기 성행

공민왕 강 건너준 것이 기원

경상도 안동지방에 놋다리밟기라는 놀이가 새로 생겨나 화제이다. 이 놀이는 성의 부녀자들이 동부와 서부로 나누어 각각 공주를 선출하여 부녀자들이 일렬로 엎드린 위로 오가면서 밤새도록 노래를 부르는 놀이이다. 최근 공민왕이 홍건적의 난을 당하여 안동으로 피난을 오게 되었는데, 이 소식을 듣고 안동의 읍민들이 마중을 나왔다. 왕 일행이 소야천을 건너야 했는데 읍민들이 일렬로 허리를 굽혀 왕 일행이 편안히 건너게 한 것에서 유래했다.

천문·기상
천문 연구기관 개설

**올바른 농정 펼치기 위해
명의 대통력도 수입**

현재 정부는 종 3품의 서운정을 장관으로 하는 서운관(書雲觀)을 설치하고 있는데, 종래에 사천대와 태사국으로 분리되었던 것을 합쳐 만든 것이다. 이곳에는 20명 가량의 전문가들이 점성술을 하고, 일식과 월식을 예보하며, 별과 기후의 이변, 가뭄, 홍수 등을 관찰하고 그 대책을 세우는 일을 하고 있다.

이처럼 천문, 역법을 담당한 관청이 3품 관부가 될 정도로 중시되는 것은 무엇보다 농사시기를 적절하게 맞추기 위해서이다. 그러나 더욱 중요한 것은 천자나 국왕은 하늘의 뜻을 대신해서 나라를 다스리는 존재인데, 하늘의 변화와 지상의 재난은 하늘의 뜻을 반영하는 것이라 믿었으므로 국왕 자신이 이것을 자세히 알고 있어야 하기 때문이다. 원 간섭기 때 원의 수시력(授時曆)이 보급되고, 공민왕 때 명의 대통력(大統曆)을 수입한 것도 모두 이러한 명분과 밀접한 관련을 갖는 것이라 하겠다.

공민왕 사랑이야기

공민왕 14년 2월, 공주가 난산으로 병이 심하자, 국왕은 향을 피우며 잠시도 곁을 떠나지 않고 간호했지만 결국 세상을 떠났다. 국왕이 비통해하자 재상이 다른 곳에 기거할 것을 요청했으나 "내가 공주와 함께 있겠다고 약속했다"며 옮기지 않았고, 또 한 왕은 장례의 순서와 신릉의 제도를 그림그리게 하여보고는 눈물을 흘리며 슬퍼했다고 한다.

공주와 왕의 사랑은 평소에도 잘 알려졌지만 지난 왕 11년 흥왕사에서 발생한 공민왕 시해사건 때 공주가 태후의 밀실에 국왕을 숨기고 그 문을 막아 목숨을 구한 사실도 있어 공민왕의 슬픔은 그 누구보다도 더 할 것으로 생각된다.

이제 삼베 벗고 면포 입자
이 땅에 의류혁명 올 듯

문익점, 면포 생산 성공 발표

물레

씨앗은 원에서 밀수, 씨아·물레 국내 개발

강성현(경남 산청)에서 문익점과 그의 장인 정천익은 기자회견을 갖고 목화재배에 드디어 성공하였음을 발표했다. 문익점은 "목화씨는 원에서 몰래 가지고 들어왔다. 원래 수출 금지품이라 숨겨들어오는 데 애먹었다"고 하며 "3년만에 재배에 성공은 하였으나 실뽑고 옷감짜는 방법을 몰라 궁리하던 중 마침 우리 집에 머물고 있던 몽고 승려가 이를 보고 〈씨아〉와 〈물레〉 만드는 방법을 가르쳐줘 면포를 생산하는 데 성공했다"며 감격해했다.

이에 따라 앞으로 우리나라 의복 생산에 획기적인 전환이 올 것으로 기대되고 있다. 기존의 우리 옷감은 상류층을 빼고는 대개 삼베를 사용했는데 삼베는 올이 거칠고 뻣뻣하여 불편했던 게 사실이다. 목화를 원료로 한 면포는 훨씬 얇고 부드러워 옷맵시가 제대로 난다고 한다.

게다가 여름에는 홑겹으로 옷을 해입지만 봄·가을에는 겹으로 해입고, 겨울에는 겹으로 한 뒤 사이에 솜을 넣어 누비면 두껍지 않으면서도 따뜻하게 입을 수 있어 가히 의류 혁명을 일으키게 될 것이라고 한다.

유럽 전역, 흑사병 공포

최근 지중해로부터 퍼져나간 흑사병이 1347년에는 시칠리아, 1348년에는 북아프리카, 이탈리아, 스페인, 영국, 프랑스, 1349년에는 오스트리아, 헝가리, 스위스, 독일, 1350년 스칸디나비아와 발트해의 국가들에 영향을 끼치고 있다. 사망율이 80%에 이르는 센페스트와 사망율이 100%에 이르는 폐페스트 이렇게 두 가지 형태가 기승을 부리고 있다.

아시아와 오리엔트에서 잦았던 이 병은 제노바의 범선들을 통해서 유럽에 전파됐다. 제노바는 흑해 연안에 여러 식민지들을 두고 있었다. 이 중 하나였던 카파가 1348년 몽골 족에 의해 포위됐고 흑사병으로 많은 병사들이 쓰러지자, 몽고군은 그 시체를 포위된 도시 안으로 밀어놓았다. 이때 공포에 질린 도시 주민들이 도시를 빠져나와 배를 타고 시칠리아로 향함에 따라 흑사병은 빠르게 유럽전역으로 확산됐다.

이 질병이 인구와 사회에 끼칠 영향이 매우 클 것으로 보인다.

우선 단적으로 인구가 급속히 줄어 노동력이 감소해 많은 지주들이 몰락하고 있다는 것이다. 노동력의 부족으로 지주들은 소작인들의 노동력을 집세로 대신하거나 임금을 주어야만 하고 기술자와 소작농의 임금도 상승할 것으로 보인다. 또한 많은 사람들은 지나치게 미신에 의존하는 경향을 보이고, 교회 역시 더이상 구원을 약속할 수 없게 됨에 따라 많은 수도원의 수도사들도 갈수록 숫자가 줄어들고 있어 성직자의 질적 타락을 걱정하지 않을 수 없는 상황이다.

주원장, 명나라 건국

고려 친명정책 실시

1368년 공민왕 17년 1월 주원장은 스스로를 황제로 칭하고 명나라를 세웠다. 원래 주원장은 원에 반란을 일으킨 곽지흥 군대에 있었는데 그가 죽자 자립, 다른 반란군인 장사성, 방국진 세력을 평정하기에 이르렀다. 이에 웅천부에서 명을 건국하고 스스로 황제를 칭했다. 이 해 8월에 명은 원의 수도 연경을 함락하고 11월에 사신을 고려에 보내 건국을 통보했다.

이에 공민왕은 종래 형식적으로 사용하던 원의 지정 연호를 정지하고, 7월에 명의 홍무 연호를 채택하는 등 즉각적인 친명정책을 실시하고, 12월에는 동녕부 정벌을 벌여 북원과의 관계를 단절했다.

역사신문

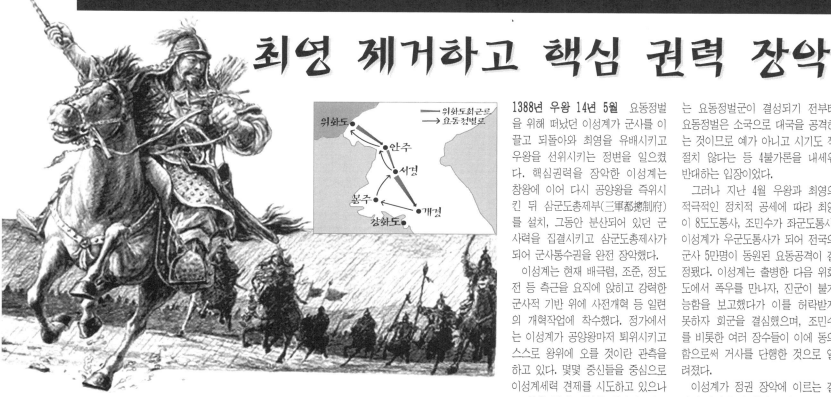

이성계, 위화도에서 회군 …

최영 제거하고 핵심 권력 장악

1388년 우왕 14년 5월 요동정벌을 위해 떠났던 이성계가 군사를 이끌고 되돌아와 최영을 유배시키고 우왕을 선위시키는 정변을 일으켰다. 핵심권력을 장악한 이성계는 창왕에 이어 다시 공양왕을 즉위시킨 뒤 삼군도총제부(三軍都摠制府)를 설치, 그동안 분산되어 있던 군사력을 집결시키고 삼군도총제사가 되어 군사통수권을 완전 장악했다.

이성계는 현재 배극렴, 조준, 정도전 등 측근을 요직에 앉히고 강력한 군사적 기반 위에 사전개혁 등 일련의 개혁작업에 착수했다. 정가에서는 이성계가 공양왕마저 퇴위시키고 스스로 왕위에 오를 것이란 관측을 하고 있다. 몇몇 중신들을 중심으로 이성계세력 견제를 시도하고 있으나 그 힘은 극히 미약한 상태다. 결국 이성계의 정치적 의도대로 향후 정국이 운영될 것이란 관측이 지배적인 가운데 이성계의 정치적 목적이 어디까지인지에 관심이 집중되고 있다.

요동정벌군 5만 명이 이성계의 주도로 위화도에서 회군한 것은 아주 예상치 못한 일은 아니었다. 이성계는 요동정벌군이 결성되기 전부터 요동정벌은 소국으로 대국을 공격하는 것이므로 예가 아니고 시기도 적절치 않다는 등 4불가론을 내세워 반대하는 입장이었다.

그러나 지난 4월 우왕과 최영의 적극적인 정치적 공세에 따라 최영이 8도도통사, 조민수가 좌군도통사, 이성계가 우군도통사가 되어 전국의 군사 5만명이 동원된 요동공격이 결정됐다. 이성계는 출병한 다음 위화도에서 폭우를 만나자, 진군이 불가능함을 보고했다가 이를 허락받지 못하자 회군을 결심했으며, 조민수를 비롯한 여러 장수들이 이에 동의함으로써 거사를 단행한 것으로 알려졌다.

이성계가 정권 장악에 이르는 결정적 계기가 된 위화도 회군의 성공 이유는 우왕의 신변보호 요청에 따라 8도도통사였던 최영이 직접 요동정벌에 나서지 않고 휘하 장수와 군사를 좌우군에 배속시킴으로써 대부분의 군사력이 모두 정벌군에 투입된 반면 최영의 군사력은 약화되어 있었기 때문에 가능했던 것으로 분석된다. **관련기사 2, 4, 5면**

이성계의 4불가론

첫째, 소국이 대국을 거스를 수 없다.
둘째, 여름에는 군사를 동원할 수 없다.
셋째, 거국적으로 원정하면 왜구가 틈을 타서 공격해올 것이다.
넷째, 지금은 덥고 비오는 시기이니 활의 아교가 풀어지고 대군이 질병에 걸릴 것이다.

명, 철령 이북 점령 … 철령위 설치 통고
정부, 강·온파 나뉘어 대응책 놓고 격론

우왕 14년 2월 명의 철령위 설치 대응책을 두고 격론이 일고 있다. 그간 명은 고려가 나하추 등 요동의 원 잔존세력과 연결될 것을 염려, 사신 왕래를 제한하는 등 강압적인 고려정책을 구사해왔는데, 지난해 나하추를 정벌한 뒤 요동을 세력권에 두고 철령위 설치를 결정, 이를 통고해왔다.

이에 대해 고려는 철령 이북에서 공험진까지는 우리 땅이므로 철령위 설치를 중단할 것을 요구했다. 그러나 명은 요동의 봉집현에 철령위지휘사사(鐵嶺衛指揮使司)를 설치하는 등 압력을 가해옴에 따라 최영을 중심으로 요동을 공격하자는 측과 소국이 대국을 공격할 수는 없다는 이성계를 비롯한 일부 사대부의 입장으로 나뉘어 대응책을 두고 격론이 일고 있다.

이인임, 염흥방 등 숙청 … 최영, 이성계 급부상

우왕 14년 1월 우왕은 최영 및 이성계와 함께 지난 14년 동안 정권을 장악해온 이인임, 임견미, 염흥방 등의 세력을 숙청했다.

이인임 등은 독단적으로 국정을 운영하면서 인사권을 전횡, 재상들을 한번에 59명씩이나 선발하는가 하면 인사와 관련 공공연히 뇌물을 요구, 비판받아왔으며, 엄청난 규모의 토지를 소유하고 백성을 강제로 노비로 삼는 등 온갖 비리를 저질러왔다.

최영 등은 염흥방, 임견미, 도길부 등 70여 명과 지방에 있던 이들의 가노 1천여 명을 죽이고, 이인임 등 수많은 인물을 유배했다. 이번 사건으로 최영, 이성계 등은 정치권력의 중심으로 부상했다.

창왕 폐위 … 공양왕 즉위

1389년 즉위 1년 만에 창왕이 폐위되고 공양왕이 즉위하면서, 선왕인 우왕·창왕 부자가 강릉과 강화에서 살해됐다. 이번 사건은 이성계가 직접 관련돼 있는 것으로 알려져 정가에서는 우왕을 정점으로 한 구세력을 확실히 제거하겠다는 이성계의 의지를 확인했다고 말하고 있다.

이성계, 군부 완전장악

1391년 공양왕 3년 1월 이성계는 삼군도총제부를 설치, 삼군도총제사로 취임해 군사통수권을 최종 장악했다. 조민수를 제거, 현재 실질적인 군통수권자인 이성계는 작년 여러 원수의 인장을 거두었다가 이번에 삼군도총제부를 설치하여 이를 제도화시킨 것이다. 이성계는 배극렴을 중군총제사, 조준을 좌군총제사, 정도전을 우군총제사에 임명, 이성계 및 사대부세력이 군권을 실질적으로 장악했음을 과시했다.

조준, 정도전 등
혁신적인 사전개혁 주장

"모든 사전 개혁해 국가 수조지로 하자"

1388년 창왕 즉위년 7월 이성계 세력과 결합한 조준, 정도전 등 사대부가 사전개혁을 강력하게 주장하고 나서 정국의 새 쟁점으로 떠올랐다. 사전의 폐단은 오랫동안 지적돼 왔고, 이에 대한 개혁도 예전부터 논의돼왔던 것이지만 이번 조준 등의 주장은 상당히 혁신적인 내용을 담고 있어 사대부 사이에도 커다란 논란이 되고 있다.

소식통에 따르면 창왕 1년(1389) 4월, 사전개혁 논의가 도당에서 본격화되면서 조준, 정도전, 윤소종 등은 모든 사전을 개혁해 국가 수조지로 만들 것을 주장한 반면에, 이색을 비롯한 이림, 우현보, 변안렬 등은 옛 법을 경솔하게 바꿀 수 없다는 입장을 취하며 이에 반대했고, 정몽주는 중립적인 입장을 보였다고 한다.

한편 백관회의 논의에서는 참석자 53명 가운데 개혁을 적극 지지한 경우가 80~90%나 되었다고 한다.

이번 사전개혁이 어느 정도의 수준에서 이루어질지는 아직 알 수 없지만 현재 군사력을 장악하고 있는 이성계 등이 조준 등의 입장을 적극 지지하고 있어 그들의 입장이 관철될 가능성이 큰 것으로 전문가들은 보고 있다. **관련기사 3, 4, 5면**

역사신문

역성혁명은 역사의 대세

역사적 전환 수렴할 제도와 이념 정립 필요

이성계의 위화도 회군 이후 고려 정국은 예측불허의 긴장상태가 계속되고 있다. 위화도 회군은 단순한 군사적 후퇴가 아니라 정치적 변란으로, 그는 군사를 돌림으로써 최영을 위시한 고려조정에게는 돌아올 수 없는 다리를 건너버린 것이다. 회군 이후 이성계는 무력을 기반으로 실권을 장악하고 혁신적인 신진사대부들과 연결하여 사전개혁을 추진하는 한편, 권문세족들을 숙청하는가 하면 국왕을 갈아치우는 등 고려조정을 허세화시키고 있다. 새 왕조의 개창이 임박했다는 풍문도 무성하다.

이성계와 신진사대부의 이런 움직임을 어떻게 볼 것이냐는 현재의 시국을 어떻게 인식할 것인가 하는 문제와 직결된다고 할 수 있다. 왕조까지도 바꾸는 근본적인 개혁이 필요한 전환기인가, 아니면 고려왕조를 유지하는 가운데 개량적인 방법으로 이를 안정시킬 것인가.

우리는 현시국은 사회체제를 전면적으로 개혁하고 새로운 제도와 이념을 확립해야 할 전환기라는 점을 주장하고자 한다. 우리 사회가 당면한 위기의 근원이 권문세족들의 토지겸병과 권력독점에 있다는 것을 우리는 누누이 지적해왔다. 또 이 위기를 해결하기 위한 개혁을 계속해서 시도해왔지만 권문세족의 기득권에 밀려 번번이 용두사미에 그치고 말았다는 것은 누구나 알고 있는 바이다. 신돈을 기용했던 공민왕의 개혁 노력조차도 결국은 이들을 꺾지 못하고 좌절되지 않았는가. 이런 정황으로 볼 때 지금은 고려왕조를 지킨다는 명분에 연연할 때가 아니라, 비상한 수단과 방법으로 구세력을 쓸어내고 난마처럼 얽힌 난국을 바로잡는 혁명적인 조치가 필요할 때라는 것이 우리의 입장이다. 시대의 대세는 그런 쪽이라는 것이다.

이와 함께 우리는 고려왕조의 실정을 타산지석 삼아 개혁세력이 유념해야 할 몇 가지를 지적하고자 한다. 우선 정치적으로 고려왕조가 혼란을 거듭하게 된 이유 가운데 하나가 중앙집권력의 미약에 있었다는 점을 염두에 두고 국왕을 중심으로 한 집권체제의 강화에 힘쓰라는 것이다. 경제적으로는 사대부들의 주도 하에 강남농법 도입으로 급속히 늘어나는 농업생산이 민생을 안정시키는 방향으로 발전할 수 있도록 해야 할 것이다. 민의 성장과 자립이 곧 미래의 사회체제를 새로운 사회체제답게 한다는 점을 명심할 필요가 있다. 또 사상적으로도 민이 개별적인 삶의 단위와 주체로서 생업에 힘써 나갈 수 있게 하는 그런 이념을 마련하고 이를 보급할 필요가 있을 것이다.

그림마당
이은홍

왕명불복, 하극상이냐 … 진정한 혁명정권이냐

구악 일소 가능성 있는 사대부계층의 대표성 지녀, 이전과는 다른 권력투쟁 양상

위화도 회군 사건은 사실상의 반란사건으로서 최영 일파에 대한 이성계 일파의 정치적 승리를 의미한다. 최영측과 이성계측은 요동정벌을 두고 계속 대립해왔으나, 우왕의 지원을 받는 최영측이 주도권을 잡아 요동정벌이 결정됐다. 그러나 이성계가 국왕과 상관인 팔도도통사의 수차에 걸친 진군 독려에도 불구하고 이른바 4불가론을 내세우며 군을 돌려 개경으로 향해 진격, 왕실을 유린하고 최영 일파를 제거하는 정변을 일으켰다. 이성계의 이러한 왕명 불복과 하극상 행위로 현재 정국은 극히 혼미한 상태다.

최영은 명이 철령 이북 지역을 원에 이어 자기 땅으로 하려는 데 대해 무력으로라도 이를 되찾고자 한 애국자라는 평과, 원에 대해 미련을 버리지 못하는 구세력의 마지막 거두로서 대(對)명 항쟁론이 실은 원간섭 아래 축적한 자신들의 막강한 재산과 권력의 보호 유지를 위한 방편에 지나지 않는다는 비난을 동시에 받고 있다. 이성계 역시 전시에 왕명을 어기고 상관을 체포, 유배, 살해한 반역자로 새롭게 대두하고 있는 신진사대부세력을 대표한 개혁의 선봉장으로 극단의 평가를 동시에 받고 있다.

두 사람 모두 무신으로서 어떤 역사적 평가를 받을지 두고봐야겠지만, 최근 사태는 지난날 무신정권기 무신들간의 권력투쟁과는 그 성격을 달리하고 있다. 즉 권문세가세력과 신진사대부세력이 각기 최영과 이성계를 대표로 내세워 싸우는 전혀 새로운 양상의 권력투쟁이라는 것이다.

관심의 초점은 이성계측에 가담하고 있는 조준, 정도전 등 이른바 신진사대부 계층에 쏠리고 있다. 이들은 공민왕 시기 신돈의 개혁과 함께 부상한 신진관료들로서 권문세가의 토지 탈점으로 인한 경제혼란을 개혁할 수 있는 새세대로 주목을 받고 있다. 더욱 중요한 것은 이들이 과거의 정파들과는 달리 성리학이라고 하는 새로운 사상체계로 무장하고 있다는 점이다. 이들은 판을 새로 짤 수 있는 조건들을 갖추고 있다는 말이다.

그러나 이들 신진사대부세력은 철령 이북과 제주도 등 우리 영토에 대해 야욕을 드러내고 있는 명에 대해 설득할 뚜렷한 대안을 제시해야 한다는 정치적 숙제를 안고 있다. 사전(私田)개혁 문제 또한 그들의 정치력에 대한 시험대이다. 개혁이 말로만 그치고 실천이 뒤따르지 않을 경우, 이번 위화도 반란은 과거와 같은 일회성 정변으로 그칠 수도 있는 것이다.

"나의 국왕 즉위 문제는 천명에 달려 있다"

집 주변 경계가 너무 삼엄하다.

나를 제거하려는 음모가 있다는 정보 때문이다. 최영과 우왕, 창왕이 차례로 살해당한 것이 나의 소행이라는 악랄한 유언비어가 유포돼 있다. 정말 이 나라가 이대로 가다가는 어떻게 될지 걱정된다.

그 사건들에 관련돼 있는 것은 사실 아닌가.

지금 진행되는 수사가 끝나면 모든 것이 밝혀질 것이다. 최영은 엄청난 토지 부정축재자이며, 우왕과 창왕도 사실 신돈과 계집종 사이에서 나온 천인들인데다 역모를 꾸민 것이 발각됐다. 모든 것은 역사가 평가해줄 것이다.

최영 장군과는 한 때 동지적 관계이지 않았는가.

그렇다. 평안도에 원이 침입했을 때 함께 격퇴시킨 일도 있다. 우왕 때는 함께 조정의 부패분자들을 숙청하기도 했다. 그런데 이후 최영 문하시중은 내가 제시한 개혁안에 반대했다. 알고보니 최영 장군 자신도 엄청난 부정축재를 했고, 또 그 주위에 그런 세력들이 집결해 있었다. 그래서 부득이 유배를 보내게 된 것이다.

장군은 친명파로 알려져 있다.

나는 현실론자다. 원은 망한 지 오래고 명은 그뒤를 이은 강국이자 문화선진국이다. 우리는 요가 강할 땐 요에게, 금이 강할 땐 금에게 사대의 예를 표해 평화를 유지해 왔다. 또 현재 왜구들의 침략으로 나라가 소란하다. 이럴 때 명과 전쟁을 하는 것은 무모한 짓이다. 나는 선조들의 전통적 외교정책의 계승자다.

어쨌거나 백성들은 지금 거의 죽을 지경이다.

그래서 더욱 전쟁은 안 된다는 것이다. 이번에 온갖 반대에도 불구하고 사전혁파안을 관철시킨 것도 백성들을 위해서다. 이제 농민들은 지주나 국가에 10분의 1의 전조만 내면 된다.

그런데도 농민들의 지지는 별로 대단치 않다.

글쎄 이런 백성들을 믿고 정치를 해야 하나 이런 생각마저 든다. 불교 갖고는 이제 안 된다. 나는 이제부터 성리학을 정치철학 및 생활철학으로 적극 보급할 생각이다. 백성들도 성리학의 교화를 받게 되면 반항심을 차분히 가라앉히고 생업에 종사하게 되리라 본다.

과연 소문대로 왕위에 오를 것인가.

성리학에 천명(天命)이라는 말이 있다. 또 군주가 민심을 잃으면 역성혁명(易姓革命)이 일어난다는 말도 있다. 어느 한 개인의 의지로는 안 된다는 말이다. 그 정도만 말해두겠다.

향후 정국전망

결국 역성혁명인가

위화도 회군 사건 이후, 실권을 장악한 이성계 일파의 향후 정국운영구도가 초미의 관심사가 되고 있다. 이들은 우선 구 권문세족세력 제거와 새 개혁정책 제시의 두 갈래로 정국을 이끌 것으로 보인다.

이성계는 이미 우왕 14년(1388) 최영과 손잡고 이인임, 임견미, 염흥방 등 골수 친원파 권문세족들을 제거했고 위화도 회군 뒤 최영, 이어 우왕과 창왕까지도 살해, 제거했다. 이성계는 반대파 우두머리에 대해서는 아예 목숨을 없애 후환의 씨도 남기지 않는 잔혹한 일면을 보였다. 이제 남은 것은 신진사대부세력 내부의 잠재적 반대자들을 제거하는 일만 남았는데 이색 등이 그 대상자로 거론되고 있다.

새 개혁정책의 핵심 현안은 사전(私田)혁파와 과전법 시행이다. 이는 구세력 제거와 맞물려 있다. 사전개혁의 최대 반대자들이 바로 대토지 소유자들인 구 권문세족들이기 때문이다. 조정의 고위직을 차지하고 있는 이들 권문세족들의 저항은 의외로 거세다.

이성계 진영의 핵심이론가 정도전은 "우리에게 후퇴는 없다. 걸림돌이 있으면 과감히 깨부수고 나갈 것"이라며 자신들이 의도하는 바가 사실상 혁명임을 굳이 감추려 하지 않는다. 더구나 이성계는 우왕, 창왕과 최영을 비롯한 많은 권문세족들을 살해하는 피의 숙청으로 일관해 스스로 뒤로 물러설 여지를 남기지 않았다. 결국 역성혁명으로까지 이어질 것인지 정가는 긴장상태다.

사전개혁에 대한 각계 반응

적극 찬성, 일부 긍정, 극렬 반대 등등 정치적 입장에 따라 다양한 반응

지난 1388년(우왕 14년) 이래 논의된 사전개혁에 대한 각 계층의 반응은 정치적 입장에 따라 다양하다.

조준 등은 "양전을 시행, 1개 토지에 다수의 수조권자가 존재할 수 없도록 막았고 토지문서를 불태워 종래 전주들이 부당한 주장을 하지 못하게 했으며, 관료 녹봉과 군량미 문제해결을 위해 3년간 사전(수조권상의 사전)의 세금을 국가에서 거두게 한 것은 사전의 폐단을 실질적으로 근절하는 계기가 됐다"고 평가했다. 그리고 과전법 시행에 대해선 "급전도감에서 다시 수조지를 분급함으로써 모든 관료들이 다시 안정된 기반 위에서 업무를 수행하게 돼 매우 의미 있는 일"이라고 했다.

한편 권근 등은 "많은 무리가 있었지만 과전법에서 사전을 국가에 신고하기만 하면 합법적으로 전수토록 인정해준 것은 조종의 제도를 계승했다는 점에서 잘한 일"이라고 말했다. 또한 정부에서는 이번 개혁을 통해 지방에 있는 국가 수조지가 대폭 확충되어 국가재정이 회복되고 있다는 중간 보고를 내놓고 있다.

농민들은 "이전에는 여러 명의 관리들이 1년에 몇 차례씩 세금을 거두어 가 살기가 매우 힘들었는데, 이제 1년에 한 번만 세금을 거두고 세금도 10분의 1세로 규정됐으니 이대로만 된다면 먹고 살만하다"는 반응이다.

송광미 최영의 측근

사전혁파는 관료 및 공신들의 생계를 빼앗은 조치다. 사전혁파안은 조정에서도 논란이 돼 이색을 비롯한 많은 이들이 반대입장을 폈다.

우리들을 대토지 소유자라고 손가락질하고 있지만 이는 여론재판이다. 사실 불법으로 토지를 겸병하거나 사패(賜牌)를 악용하는 경우는 극히 일부에 불과하다.

그들만 처벌하면 될 것을 우리 권문세족 전체로 확대한 것은 정치적 의도가 있다는 의혹을 사기에 충분하다.

허응 좌상시(左常侍)

개혁의 핵심은 사전혁파에 있다. 지금 재상을 새로 임명해도 법에 따라 지급해야 할 토지를 지급하지 못한다. 전국의 토지가 모두 권문세족들의 대농장에 복속되어 있기 때문이다. 조정에서 논란이 있었던 것은 조정 백관들 대다수가 대토지 소유자이기 때문이다. 따라서 기습적 양전사업 실시는 시의적절한 조치다.

박세연 경상도 농민

그동안 우리 농민들은 전조가 50%에 각종 역(役)까지 부담, 계속 적자만 봤다. 그래서 차라리 농장노비로 들어가든가 요병으로 이주해 가는 일이 많았던 것이다.

이번 조치로 전조가 1/10로 정해져 부담이 대폭 경감된 것은 반가운 일이다. 그러나 사실 최근 우리 농민들의 분위기는 심상치 않았다. 각지에서 일대 봉기가 일어날 주객관적 조건이 점차 성숙됐던 것이다. 나는 이번 사전개혁이 이러한 농민층 정세에 대한 김빼기 작전으로 보고 있다.

일문일답

사전은 개인 소유지를 말하나.

원칙적으로는 개인 소유지도 포함하지만 토지소유자가 조(租)를 국가가 아닌 특정 개인에게 납부할 경우, 그 토지를 그 개인의 수조지(收租地) 혹은 사전이라고 부르는데 이것이 문제의 대상이다.

그러한 사전은 어떻게 생겨났나.

국가에서 공신이나 관료에게 토지를 하사할 때 토지를 주는 것이 아니라, 국가가 일반 민전에서 받는 조를 대신받아 가질 권리, 즉 수조권을 주어왔기 때문이다.

사전이 왜 개혁의 대상이 되나.

권문세족들이 수조권을 탈점해 엄청나게 집적하고 있어 국가 조세수입이 격감했고, 심지어 한 토지에 3, 4인의 수조권자가 설정돼 농민들의 피해가 막심하기 때문이다.

사전개혁의 핵심은 무엇인가.

현재의 수조권을 국가가 환수, 직위에 따라 재분급한다는 것이다.

농민에겐 어떤 혜택이 돌아가나

한 토지에 하나의 수조권만 설정되면 농민들의 조(租)부담은 이전에 비해 훨씬 덜어질 것이다.

정몽주, 피살되다
정가 큰 충격 …

1392년 공양왕 4년 4월 수문하시중 정몽주가 피살돼 정가는 물론 그를 따르는 많은 사대부들이 큰 충격에 휩싸여 있다. 이번 사건은 정몽주가 이성계의 병문안을 다녀오던 중에 발생했는데, 이성계의 아들 이방원이 조영규 등을 사주하여 선죽교에서 철퇴로 죽였다고 알려지고 있다.

정가에서는 이번 사건이 이성계, 조준 세력과 정몽주 세력의 불화에서 나온 것으로 파악하고 있다.

공양왕이 즉위한 이래 정몽주는 이성계, 조준과 함께 개혁을 주도해왔으나 조준 등이 고려의 천명이 이성계에게 옮겨지고 있다고 생각하면서 그를 추대하려 하자 고려몰락의 위기의식을 느낀 정몽주는 공양왕이 추대된 왕씨이므로 군신의 강상을 지키려는 의리론에 입각하여 이들과 다른 입장을 취했다.

정몽주는 이성계가 말에서 떨어져 병이 난 것을 계기로 김진양 등 대간을 시켜 조준, 정도전, 남은, 윤소종 등을 유배보내 이성계 일파의 계획을 좌절시키려 했으나 이방원 등의 계책으로 도리어 죽음에 이른 것이다. 향년 59세.

정몽주와 정도전 …
정치사의 격랑에 굴절된 애증의 세월

한 스승을 모시고 동문수학 했으며 권신세력에 맞서 행보를 같이 했던 어제의 동지가 이제는 피를 부르는 정적(政敵)으로 돌아섰다. 바로 정몽주와 정도전이 그 주인공.

5살 차이인 정몽주와 정도전은 명망 높은 성리학자 이색의 밑에서 함께 공부했고 형뻘인 정몽주가 후배인 정도전에게 「맹자」를 선물하며 배움을 격려했을 정도로 두 사람은 한때 서로 존경하고 의지했던 사이. 권세가의 농장확대로 인한 향촌 구성원의 광범한 유망 속에서 재지 중소지주 출신인 두 사람은 일종의 위기의식을 공유했고 또 불교에 더 이상 희망을 걸지 않은 것도 마찬가지.

권신 이인임의 친원정책에 반대, 각각 경상도 언양과 전라도 회진으로 귀양길에 올랐을 때, 명의 무리한 공물요구를 무마하기 위해 성절사·서장관으로 사행길에 동행했을 때, 그리고 공양왕 옹립에 힘을 모을 때까지 두 사람은 누가 보아도 신진사대부의 양대 기둥이었다. 그러나 사전개혁 문제가 제기되면서 권문세족과 기득권을 가진 사대부 사이에 밀월이 이루어졌고 정도전은 진정한 개혁을 위해 '고려왕조라는 관을 깨야 한다'는 편에 섰지만 정몽주는 그 반대편에 섰다. 그뒤로는 정몽주의 정도전 탄핵, 그리고 정도전·이방원의 정몽주 제거라는 숨가쁜 정국이 이어졌다.

'군신-부자-장유'의 명분을 유지하는 지침서로 「춘추」를 강조했고 교육론·수양론을 통한 개인의 도덕성 회복을 주장하며 불교를 어느 정도 긍정하는 속에서 사전개혁에 반대의사를 표명, 결국 반동의 낙인이 찍혔던 두 정씨의 스승 이색. 정몽주가 스승 이색의 길을 그대로 따라 걸었다면 정도전은 나름의 길을 간 셈이다.

정몽주가 스승을 본받아 서울의 5부학당, 지방의 향교 설립과 같은 교육 진흥에 동분서주하며 기존 고려왕조의 유지에 힘쓰는 동안 정도전은 이성계·조준 등과 함께 사전개혁에 반대하는 고려왕조의 마지막 뿌리를 뽑는 데 정진했다. 정도전이 학계 주류에서의 일탈을 감수하면서까지 「주례」를 탐독했다는 것은 이미 널리 알려진 사실. 하·은·주 3대의 이상사회를 목표로, 인간 내면을 중시하기보다는 제도 자체, 체제 이념 자체를 중시하는 정치론으로 정도전은 현실에 대응하는 과정에서 스승·선배와 다른 길을 간 것이다.

최근 들어 왜구 침략 급증 … 큰 피해

최영, 이성계, 최무선 등 왜구격퇴에 큰 공 … 박위, 대마도 정벌

최근 왜구가 더욱 기승을 부리고 있어 백성의 근심을 더하고 있다.

우왕 2년(1376) 부여, 경주 등을 공격한 왜구를 최영이 홍산에서 격멸했지만 우왕 3년에는 왜구 때문에 도읍을 철원으로 옮기려고까지 할 정도로 큰 피해를 입었다. 우왕 4년에는 승천부에 침략한 왜구를 최영, 이성계 등이 격퇴했다.

우왕 5년 왜구가 기병 7백과 보병 2천여 명을 동원, 진주, 풍천 등을 침략했고, 우왕 6년에는 왜선 5백여 척이 진포 어귀에서 약탈하자 나세, 최무선 등이 화포로 격퇴했다. 이때 남은 왜구가 운봉까지 진격하자 이를 막기 위해 10여 명의 장수가 동원됐고 이성계, 변안렬 등의 활약으로 황산에서 이들을 간신히 격멸했는데, 이 전투의 승리를 기점으로 왜구의 기세는 다소 꺾이게 됐다.

이후 창왕 1년(1389)에 박위를 보내 대마도를 정벌하고 적선 3백여 척을 불태우고 우리나라 사람 1백여 명을 구해오면서 왜구의 침략은 많이 줄어들게 되었다.

이러한 왜구의 끊임없는 침략으로 개경에 여러 차례 계엄령이 내려졌고, 조운이 활발하지 못해 군수와 녹봉 등 국가재정의 어려움이 심해졌으며 농토도 황폐되어 백성들의 삶이 더욱 곤궁해졌다. 왜구의 침략은 우왕대 정치의 혼란을 크게 가중시켰다.

왜구란 충숙왕 2년(1333) 이후 일본에서 생겨난 해적집단이다. 가마쿠라 막부가 멸망하고 무로마치 막부가 들어서면서 일본 황실이 양분, 지방 통치가 불가능해지자 일본 규수와 대마도 등의 백성들이 심한 곤궁에 처해 왜구가 됐다. 주로 미곡을 탈취하기 위해 중국과 우리나라를 침략하고 있는데, 규모는 50척에서 크게는 5백척까지 다양하고 보병과 기병을 합쳐 많게는 2천여 명씩 떼지어 공격해오고 있다. 충정왕 2년(1350)부터 우리나라를 침략하기 시작한 왜구는 공민왕 때 1백15회, 우왕 때는 재위 14년 동안 3백78회나 우리 백성들을 괴롭혔다.

[지도 범례: 단천, 통주, 강화, 양주, 명주, 남양, 울진, 진포, 동래, 장흥]

화통도감 설치된다
화약 전문가 최무선 건의로

1377년 우왕 3년 최무선의 건의로 화통도감이 설치됐다. 최무선은 "왜구의 침략에 보다 효과적으로 대응하기 위해 화약제조의 필요성이 절실하다"고 주장했다. 그는 원나라 사람 이원에게 염초취술(焰硝取術)을 배워 노력 끝에 제작술을 터득한 것으로 알려지고 있다. 화통도감 설치와 화기 제작으로 왜구방어에 커다란 진전을 가져올 것이 기대된다.

물가, 하늘 높은지 모른다

요즘 권세가의 토지탈점과 왜구 침략이 계속되면서 물가가 하늘을 모르고 치솟고 있다. 특히 우왕 5년 조운이 막히면서 개경에서는 베 1필로 쌀 3~4되밖에 구입할 수 없게 됐고, 우왕 7년에도 같은 사태가 발생, 베 1필에 쌀 5되밖에 구입할 수 없었다. 우왕 8년에 다시 물가가 급등하자 정부는 경시서를 통해 뒤늦게 물가조절정책을 실시하고 있지만 그 성과 여부는 불확실하다.

특별 좌담   혼란의 시대, 지금 우리는 무엇을 어떻게 해야 하나

"제도 개혁, 체제 혁신으로 반동의 시대

위화도 회군 이후 정세는 한치 앞을 내다보기 힘들 정도로 급변하고 있다. 단순한 권력교체가 아닌 왕조교체론까지 등장하고 있는 것은 "우리 사회의 누적된 문제를 어떻게 해결할 것인가"라는 고민과 맞물려 있다. 현 정국을 바라보는 시각과 각각의 문제 처리방식에서 상이한 의견을 내놓고 있는 이석·우현부·정도진 씨와 함께 이야기를 나누어보았다. 이석은 신진사대부 가운데 개량론자인 반면, 정도진은 개혁론자이며 우현보는 권문세족 출신이다.
〈편집자 주〉

▲사회 : 먼저 회군의 정당성 여부에 대한 이야기를 했으면 한다.

▲우현부 : 신진사대부들은 구세력을 '친원파'라고 비난하면서 사실 자신들이 '친명파'라는 것을 잊고 있는 것은 아닌지 모르겠다. 이성계의 '4불가론' 중에 "작은 나라가 큰 나라를 치는 것은 불가하다"는 항목이야말로 사대주의적 발상이 아닌가? 그리고 요동정벌이 무리한 원정이었다고 하는데 명의 팽창주의에 대한 대응책은 요동정벌 이전부터 꾸준히 이루어져온 편이다. 우왕 3년 정월에는 북변에 대한 군대증강책으로 안주(安州)에 10익(翼)을 두었고 11월에는 양반의 전지를 감하여 군수를 보충하는 조치를 취했다. 그리고 요동정벌 자체도 선제공격으로 기선을 제압할 의도로 시도된 '제한전쟁'이었지 나라의 국운을 건 모험주의는 결코 아니었다.

▲정도진 : 명에 대한 사대는 북방 오랑캐에 대한 사대와는 구별되야 한다. 같은 문화권에서 대소·강약의 차이를 인정하면서 평화적 외교관계를 수립하는 형태가 곧 대국과 소국을 군신관계로 연계시키는 '사대'의 본뜻이다. 명에 대한 사대는 군사적인 면과 동시에 문화·정치적 측면을 함께 갖는다. 물론 사대관계 자체가 평화적이고 호혜적인 것이기 때문에 정치적 자율이 침해된다든가 평화가 깨지고 폭력적 위협이 가해진다면 우리의 자세도 달라져야 한다고 생각한다.

사대의 대원칙은 상호호혜

▲이석 : 사대의 원리에 대해서는 누구나 인정하리라 생각한다. 다만 친원정책이나 친명정책의 표방이 권력투쟁의 양상을 띠고 있다는 점을 인정하는 데에는 양 정파가 모두 인색한 것 같다. 실제로 원의 세력이 약화되면서 친원파의 입지가 약화됐고 명과 외교관계가 성립하는 직후 곧바로 과중한 공물을 요구해오면서 대명외교를 주도했던 신진사대부의 정치적 입장이 약화되어 이인

임이 주도하는 반동정치가 성공할 수 있었던 것 아닌가?.

▲사회 : 회군은 어떻게 보면 하극상의 유혈극이고 군사반란이라고도 할 수 있는 사건이다. 당시 군대동원 과정상에서 드러나는 명령체계의 문제점에 대해 이야기를 한다면?

▲우현부 : 이성계는 최대한의 군사력이 집결된 상태에서 군 통수권을 장악할 수 있는 기회를 포착한 탁월한 정치적 안목의 소유자이자 지역 군벌이다. 이성계의 고조부 이안사는 원의 세력 아래에서 이주민과 여진인을 휘하 주민으로 포용하면서 준독립적인 기반을 형성했고 아버지 이자춘은 원이 약화되자 재빨리 고려정부와 제휴하는 동시에 안정된 기반을 이성계에게 물려주었다. 이성계는 조상 전래의 가별초(家別抄) 집단을 기반으로 동북면 일대의 다른 가별초 집단까지 흡수함으로써 동북면의 군사력을 장악하고 군벌화됐다. 회군 소식이 전해지자 종군하지 않았던 동북면 주민 천여 명이 밤낮으로 달려 회군군에 합류한 것만 봐도 평소에 얼마나 훈련이 잘 돼 있었는지 알 수 있다. 이성계는 동북면을 중심으로 준독립적인 막강한 세력을 형성했을 뿐만 아니라 개경에 이르는 요소에 충실한 부하를 배치시켜 유사시에 대비하고 있었던 것이다.

▲정도진 : 사실 군벌화한 무장은 이성계 하나만이 아니다. 최영·변안렬·지용수·우인열 등이 거느린 군졸들은 사병화해서 일관된 통솔이 어려울 지경이었다. 요동정벌 때도 각 부대의 원수(元帥)는 징발된 군사의 출신지와 일치시켜 편제되었다. 이성계는 우군도통사(右軍都統使)로 평안도·강원도·함경도 지역의 군사를 맡은 장군을 거느리고 있었고 좌군도통사(左軍都統使)인 조민수는 하삼도와 경기도의 군사를 지휘했다. 지역별로 군벌화하는 경향은 국가에서 군대를 뒷받침해줄 만한 충분한 재정을 갖추지 못했기 때문에 나타난 현상이다.

▲이석 : 국가에서 이성계 같은 무장을 필요로 한 측면도 있다. 우왕 6년 8월에 하삼도를 휩쓸다시피 한 왜구 5백 척에게 아군의 장군들이 곳곳에서 패하고 있을 때 이성계는 운봉에서 동북면 출신 무장 이두란과 처명의 활약에 힘입어 왜구를 물리쳤고 11년 9월 함주에서는 이두란·조영규 등과 같이 왜구를 격멸했다. 왜구와 홍건적, 반독립적 부원세력의 침입에 정부는 이성계의 선대부터 형성된 동북면의 군사력을 지원받지 않을 수 없는 상황이었고 이성계 역시 이러한 상황을 이용, 동북면에 대한 정부의 간섭을 해제하고 군사권과 행정권을 독립적으로

자위화하는 야망을 성취했다.

▲사회 : 회군 이후 회군 주체세력들이 이전의 구세력과의 차이점을 부각시키려고 노력하는 모습이 눈에 띈다. '신세력'이라고 자부하는 진영에서 내놓은 카드는 물론 사전개혁이다. 현단계 토지문제와 부세제도에 대해 이야기해봤으면 한다.

이성계의 군사적 기반은 가별초

▲정도진 : 국가에서 백성들이 토지를 스스로 개간하거나 점유하는 것을 허락하고 있기 때문에 노동력이 많은 자는 개간하는 땅이 넓고 세력이 강한 자는 점유하는 땅이 많아졌으나 힘이 약한 자는 세력이 강한 자의 토지를 빌려서 소출의 반을 지주와 나누어먹게 됐다. 이 제도는 토지를 경작하는 사람은 하나인데 먹는 사람은 두 사람이 되는 것이다. 가난한 사람은 일년 내내 부지런하고 고통스럽게 농사를 지어도 식량이 도리어 부족하고 부자는 편안히 앉아 농사일을 하지 않으면서도 농민들을 부려서 그 수입의 반을 먹는다. 나라에서는 두 손을 모은 채 구경만 하고 그 이득은 얻지 못하고 있으니 인민들은 더욱 괴로워지고 나라는 더욱 가난하게 된 것이다.

▲이석 : 자기 집안에 노동력이 많아서 혹은 개간을 통해 토지를 집적하는 것에 대해 국가가 뭐라고 할 수 있는 근거는 사실 없다. 지금 문제삼아야 할 것은 한 사람이 경작하는 토지의 수조권자가 7·8인에 이르는 경우이다. 여러 명의 전주(田主)가 여러 차례 수조를 해가니 농민들이 가난해지는 것이다. 1341년 양전 때 작성된 전안(田案)인 갑인

주안(甲寅柱案)과 수조지점유의 증빙문서인 공문주필(公文朱筆)을 참작하여 문제가 되고 있는 수조지의 전주를 명백히 가려내는 것이 급선무다.

▲우현부 : 사전의 폐단을 시정하려는 움직임은 이성계 진영에서만 나온 것은 아니다. 원·명 교체에 따른 불안한 북방정세 속에서 군량의 확보와 농민에 대한 안정적 수취는 한층 절실한 문제가 되었다. 충숙왕 원년(1314)의 양전 이후 새로 경작된 토지의 소출은 전쟁이 끝날 때까지 모두 '군량미로 하자는 극단론까지 제기된 적이 있고 전조(田租)의 반액 혹은 ⅓을 군량미로 사용하는 긴급시책도 수시로 실시했다. 얼마 전 제거된 최영도 우왕 3년(1377) 3월에 교동·강화의 사전혁파를 요구하여 관철시켰던 인물이다. 우리 고려정부를 보호하기 위해 사전 지배의 권한, 즉 전주권을 유보하거나 그 행사를 일시적으로 포기할 의사는 구세력이라고 하더라도 조금씩은 다 가지고 있다. 이석씨 말대로 '1전 1주(一田一主)'의 원칙만 준수된다면 더 이상 왈가왈부할 것이 없다고 보는데…

▲정도진 : 이석씨나 우현부씨 모두 막대한 양의 수조지를 점유하고 있는 것으로 알고 있다. 결국 1전 1주의 사전개선론은 수조지 점유자 전체의 안전을 도모하기 위해서 불법적으로 지목되는 몇몇 수조권자들을 개별적으로 제거하고 현제도의 골격은 그대로 유지하자는 발상이 아닌가 모르겠다. 지금 문제가 되고 있는 사전은 사실 1대에 한하여 수조권을 부여받은 토지인데 지금은 조상 대대로 물려받아 집안재산이 되다시피 했으니 사실은 조업전(祖

業田)화한 사전 자체가 불법이다. 백보 양보해서 1전 1주 원칙이라도 실시한다고 하자. 지금과 같이 수조지 점유에 한정이 없고 직역을 지지 않는 노인·아녀자·어린아이가 조업전을 움켜쥐고 가만히 앉아서 먹는 규모가 수백·수천 결에 이르는 상황에서 과연 1전 1주 원칙의 시행이 국가재정 확보에 일호의 보탬이라도 되겠는가?

▲이석 : 사전개혁측의 골자는 수조지 점유관계의 재편성, 즉 국가에서 직역 담당자들에게 1대에 한해서 사전을 지급하는 원칙을 세우자는 것으로 알고 있다. 수조지의 집적, 전주전객제에 의해 운영되는 농장을 부정하는 것이지 소유권에 의거한 토지소유, 지주전호제로 경영되는 농장까지 부정하는 것은 아니지 않은가? 아직 사전을 받지 못한 신진관료들이나 지금의 수조권자들에 의해서 침해를 받고 있는 중소지주층들이 사전개혁측에 지지를 보내는 것도 자기 잇속을 챙기려는 속셈이다.

사전 폐단, 빈익빈부익부 가속화

▲정도진 : 지금 토지문제 해결방안에 대해서는 사전개혁론보다 더 급진적인 주장도 있다. 개혁론은 소유권에 대한 조정이 없다는 점에서는 개선론과 다를 바가 없고 지주층의 안정과 성장을 배려하고 있는 측면이 강하다. 반면에 급진론은 호구수에 비례해서 토지를 분배하여 모든 국민을 자영농으로 만들고자 하는 '균산주의(均産主義)'이다. 공전(公田)·균전제(均田制)는 주대(周代)의 이상적인 제도이며 이는 '주례(周禮)'에 근거하고 있다.

국가에서 이성계와 같은 무장을 필요로 했던 측면도 있어
'농민 조세 부담 가중, 국가 재정 취약' 어떻게든 해결해야 할 문제

특별 좌담

끝장내야 한다"

향촌 사회질서 복구와 안정을 위해
농민과 깊은 유대 맺어야

▲우현부 : 우리 모두 사직의 안전에 대해 걱정하는 것은 마찬가지다. 그런데 정도진씨가 섬기고 있는 이성계의 방약무인한 태도는 어떻게 설명할지 궁금하다. 이성계는 대궐에 오를 때 신을 신고 칼을 찬 채 의기양양하게 임금 앞에 서고, 임금은 감히 이성계의 이름조차 부르지 못한다. 임금은 얼마 전에 "잠이 안온다. 어찌할 바를 몰라 눈물로 세월을 보낼 뿐"이라고 현재의 심정을 토로한 적이 있다. 더군다나 이성계는 자기 비위에 거슬리는 반대파의 움직임이 있을 때마다 관직에서 물러나 동북면에 돌아가 쉴 것을 주청하는 식으로 자신의 불만을 나타내면서 은근히 국왕을 위협하고 반대파를 단계별로 숙청해가고 있다. 이성계의 아들과 동북면 출신의 무장이 조정에 포진하고 있으며 이성계는 이미 자기 호적에 스스로를 '화녕부왕(和寧府王)'으로 기재해놓았다니 지금의 고려는 거의 이씨의 조정이나 다름이 없지 않은가?

향촌사회 와해현상 심각해

▲정도진 : 국왕이 개혁에 협조적이라면 모르지만 창왕은 사전전조(私田田租)의 3년간 국가재정 충당에 동의했으나 개선론자들의 꼬임에 빠져 이를 돌연 수정해서 반수(半收)로 그치게 하는 등 전제개혁에 미온함을 보였고 지금의 공양왕 역시 경기 이외 지역에도 사전을 설치하자는 개선론자들의 요구에 부화뇌동하고 있다. 자칫 잘못하면 왕실과 구세력, 개선론자들의 연합에 의해서 지금까지 이룩해놓은 개혁마저 물거품이 되고 반동의 시대가 도래할 수도 있다. 현정국에 대한 극약처방(?)도 고려하지 않을 수 없는 상황이다.
▲이석 : 지금 그 발언이 왕조교체를 의미하는 것이라면 못들은 것으로 해두겠다. 전주들이 1/10 조수율을 준수하게 하고 전주의 양식과 이에 의한 전객보호를 통해 전주와 전객 간의 조화·질서를 회복하고 여기서 사회안정, 나아가서는 우리 고려의 회생을 이루어야 한다는 것이 내 생각이다. 그리고 현단계 사회모순을 해결하기 위해서는 교육을 통한 윤리도덕의 회복이 무엇보다 중요하다.
▲정도진 : 지금은 제도의 개혁, 체제의 혁신이 필요할 때다. 현재

농업생산력은 수리시설의 확충과 수전개발로 인해 큰 성장을 보이고 있다. 토목기술의 발전과 자연촌의 성장으로 마을 단위 수로사업의 활성화, 하천수의 활용과 소규모 제언의 신축으로 수리시설이 마련되고 저습지·연해지가 개발되고 있다. 재지신진세력들은 '이생(理生)'의 방도로서 수차와 같은 수리시설 마련이나 권농에 관심을 기울이는 등 소농민들의 재생산 기반보호에 노력하고 있다. 그런데 이와 같은 새로운 경지의 개발과 생산력 상승의 가능성을 열어주는 못할망정 왜곡시키고 있는 세력들이 있다. 우선 향리계층이 향역 부담층으로 전락하면서 권귀들의 농장확대에 결탁하고 가중되는 수취과정에 편승하거나 고리대행위를 통해 사리를 도모하고 소농민들의 토지를 침탈하는 등 수탈적 성향을 보이고 있다. 농민층 분화로 인해 수공업이나 상업쪽으로 전환한 백성의 경우도 권귀, 사원, 향리 등의 강제적 상행위에 의해 설 자리를 잃고 도적이 되는 형편이다.
▲사회 : 개경을 비롯한 도시의 호협들이 무뢰배와 같은 사적인 무력을 갖추고 향촌사회에 가서 고리대행위를 하거나 강제적 교역 행위인 '반동'을 자행한다는 이야기는 잘 알려져 있다. 이들이 과소비를 하면서 노비는 물론 개와 말까지 잘 먹이고 수고하(?) 자신의 부하들에게도 후한 포상을 한다는 이야기도 들었다. 그렇다면 신흥사대부들이 향촌에서 구체적으로 농민을 위해서 하는 일은 무엇인가? 정도진씨는 향촌사회가 어떻게 편성돼 나가야 한다고 생각하는가?
▲정도진 : 지금의 구세력은 강패까지 동원할 정도로 농장의 경영에서 그 규모를 확대하고 수조를 원활하게 하며 수조량을 늘리는데 관심을 가질 뿐이다. 이들은 향촌사회의 질서 복구와 안정을 위해 힘쓰거나 농민과의 유대관계를 맺는 데는 관심을 보이지 않고 있다. 이 점은 성리학의 새로운 예교(禮敎) 질서와 선진농법 수용에 적극적이고 지주·전호 간의 관계를 상보적으로 이해하고 있는 신흥사대부의 입장과는 아주 대조적이다. 이제 신흥사대부들은 주자 성리학을 통해 자신이 주체가 되는 관리로서의 책무를 자부하고 국가의 공적 질서를 확립하는 대민통치를 이루어나가야 할 것이다.

회군은 표면상 '별들의 전쟁'을 방불케 할 만큼 막강한 군권 실력자들의 동조적 분위기 속에서 감행된 것으로 알려져 있다. 현재 이들의 협조에 대해 "잠정적인 협력관계에 불과하다"는 주장과 "굳건한 지지기반이 이미 확립되었다"는 평가가 엇갈리는 형편. 회군 주체들의 배경은 다양하지만 몇몇 가담자들의 면모를 살펴보는 것은 이후 정치권의 '판짜기'를 미리 보는 한 가지 방법이 될 듯하다.

▲ **조인벽** 한양 조씨. 가문의 세력 기반 자체가 동북면. 공민왕 때 쌍성총관부 탈환의 수훈자이며 왜구토벌 등의 거듭되는 전투를 통해 막강한 무장의 지위를 확보. 사회 통념상 알아주는 가문이 아니라는 점은 이성계의 고민과 일맥상통. 이성계 누이의 사위이며 요동행에 동행한 혈맹의 전우. 회군 발의자 중의 하나

위화도 회군의 주역들

이며 회군과정의 실무 참모.
▲ **이지란·김고시첩목아** 이지란은 공민왕 때 귀화, 북청에 거주하면서 이성계와 인연을 맺은 이후 항상 이성계 밑에서 종군. 호발도의 서주침략 때에는 이성계의 원조 요청에 모친 상중에도 득달같이 달려가는 충성을 과시. 이지란이 거느린 500여 호의 가별초(家別抄)는 정예부대로 소문이 나 있으며 이번 요동정벌에도 원수의 직을 띠고 참여. 그밖에 여진인 김고시첩목아 역시 회군 직후 국내에서 이성계군에 내응하는 민첩함을 보였다.
▲ **황희석·한충** 황희석은 우왕 9년 청주 만호로 있으면서 호발도의 침입시 이성계의 지휘를 따른 경력이 있다. 회군과정에서 군사집단을 이루어 이성계를 뒷받침. 승려였다가 환속한 인물. 지방의 군사실력자로는 이천 지방의 한충 또한 빼놓을 수 없다. 회군의 성공이 불투명한 단계에

서 이방원이 일족을 이끌고 피신해왔을 때 장정 백여 명을 동원, 자체방어에 나설 정도로 지방의 유력자.
▲ **정총** 사회개혁 의지가 비교적 뚜렷한 인물. 우왕 2년 과거에 급제, 대간직을 역임한 문사로 그의 손을 거치지 않은 외교문서가 드물 정도. 회군계획 초기부터 이성계의 국왕추대를 추진한 몇 안 되는 참모 중의 하나. 아버지 정공권은 이존오와 더불어 신돈의 죄를 탄핵한 것으로 유명, 대쪽 같은 성품은 부전자전이라는 평가를 받고 있다.
▲ **박영충·구성로** 박영충은 3대에 걸쳐 고위 관직을 역임한 권문세족. 강원도 조전(助戰) 원수의 신분으로 회군에 동의. 구성로 역시 명문가인 육성 구씨이며 회군 당시 강원도 부원수의 자리에 있었다. 기존 권력자의 후원이 필요한 이성계의 적극적 포섭이 먹혀들어간 대표적 사례.

위화도 회군의 이모저모

요동정벌은 정당한가?

북원의 여진 추장 나하추의 몰락 이후 요동에 대한 명의 공세는 그 강도를 더해왔다. 요동 도사(都司)가 1천 명의 군대로 철령위(鐵嶺衛)를 세우는 동시에 요동에서 철령까지 70여 개의 역참(驛站)을 설치했다는 보고가 조정에 접수된 이후 즉시 8도의 군사가 징집되고 최영의 지휘 하에 정벌군이 편성됐다. 고려의 군사력을 고려할 때 요동정벌 자체가 무리한 원정이었다는 지적에 대해 정벌군 지휘관 홍모씨는 "거창한 성과보다는 선제공격을 가함으로써 최소한의 전략상의 우위를 확보하는 투지를 과시하고자 한 것 뿐"이라고 설명. 요동정벌은 대외정세의 변화에 따른 불가피한 대응이며 정치적·경제적 불안정 속에서 감행된 군사행동인 만큼 애당초 '제한전쟁'으로 시작한 것이지 결코 '국운'을 건 모험주의는 아니었다는 것이 출병론자들의 항변이다.

일사불란한 군사반란(?)

표면상 일선 지휘관들은 회군에 만장일치로 동의한 것으로 알려져 있다. 이렇게 본다면 이성계는 최대한의 군사력이 집결된 상태에서 군통수권을 장악할 수 있는 좋은 기회를 포착한 탁월한 정치적 안목의 소유자가 되는 셈. 그러나 실제로는 36명의 원수 모두가 회군에 동의한 것은 아니다. 양광도 도원수 왕안덕은 "일단 대세에 따르는 분위기가 형성된 것은 사실이나 평안도 수군 조전(助戰) 원수 최유경은 회군군에 대한 반격군으로서 최영의 군사와 행동을 같이 했고 이성 군수 홍인규·강계 원수 이의 등은 별도로 요동 선공 부대로 활약했다"고 증언한 뒤 자신은 '본의 아닌 동조자'라고 강조.

동북면의 이상 열기, 회군 소식에 일제히 술판

이성계의 회군 소식을 접한 동북면 백성과 여진인 1천여 명은 신속하게 무리를 지어 밤낮으로 달려 회군군에 합류하는 조직력을 과시, 보는 이들의 감탄을 자아내기도. 한편 진격로 인근 주민들은 술판을 벌이며 이들을 환영하는 광적인 분위기. 이들의 단결력에 대해 개경의 한 관리는 "다분히 조직적인 반군적 성격의 호응"이라며 목소리를 높인 뒤 "이성계는 고조부인 이안사 이래 가문에 소속돼온 유이민 집단을 물려받아 자신의 가병(家兵)으로 키워왔다"고 주장한다. 소위 '가별초(家別抄)'라 불리우는 이들 집단은 국가에 역을 지지 않고 특정 가문의 우두머리에게 역을 제공하는가 하면 비상시에 사병으로 활용되는 양상을 보이고 있다. 이성계가 최영·지용수 등의 여타 무장보다 부하에게 너그럽다고 소문이 난 이유도 사실은 군기를 잡을 필요가 없을 정도로 이미 병사들의 규율이 확립되어 있기 때문이라는 분석까지 나오는 형편. 이성계의 군대는 각도의 양민이 모인 잡다한 군대가 아니라 긴밀하게 결합된 '지역결사(?)'인 셈.

최영의 몰락은 정치군인의 필연적 말로인가?

최영이 정계에서 두각을 나타내기 시작한 것은 이인임과 더불어 우왕을 옹립하면서부터이고 당시 정국은 개혁노선의 후퇴로 요약될 수 있다. 권문세족의 토지탈점 현상이 다시 나타나고 왜구까지 극성을 부리는 혼란상황에서 종적인 명령체계를 갖는 군부세력이 통치의 효율성을 발휘하기 시작. 군부의 성공적 영도자 최영은 이인임의 비호 아래 자신의 정치적 비중을 꾸준히 높여 나갔기 때문에 혹자는 당시 정권을 '벌족권신(閥族權臣)과 무장 관료의 연립정권'이라고까지 논평했다. 군권을 바탕으로 한 정권장악은 이미 최영이 선례를 남긴 셈이다. 한 가지 재미있는 것은 이번 회군의 주체인 이성계·조인벽 등의 신흥무관 역시 최영의 비호 아래 세력을 키울 수 있었다는 점. 이인임 몰락 후 경쟁적인 무장들을 차례로 제거하며 권좌를 지켜온 최영의 자리에 서게 된 이성계, "최영의 전철은 밟지 않겠다"고 다짐했다는 후문.

초학자들을 위한 성리학 입문서

「입학도설」그림으로 원리 설명

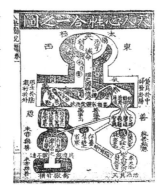

1390년 성리철학을 그림으로 쉽게 풀어서 쓴 책이 출간되어 화제이다. 저자인 권근은 "최근 우리 나라에 들어온 성리학이 그 원리가 까다로워 초학자들에게는 접하기 어렵다는 말이 많다. 그래서 이번에 그 내용을 쉽게 그림으로 설명한 책을 내게 되었다"라고 말했다.

총 26종의 도설(圖說)이 실려 있는데, 특히 첫머리에 나오는 천인심성합일지도(天人心性合一之圖)는 성리철학의 가장 중요한 근본을 설명한 것으로 평가된다. 태극·천명·이기·음양·오행·사단·칠정등의 문제를 하나의 도표 속에 요약하고 이들의 상호관계와 각각의 특성들을 평이하게 설명하고 있다. 이 외에도 「대학지장지도」, 「논맹대지」등에는 사서와 오경의 세계가 일목요연하게 해설되어 있다.

이 저서는 앞으로 성리학을 대중적으로 확산·보급시키는 데 큰 역할을 할 것이라는 중론이다.

사연 많은 다리 '선죽교'

이방원이 "이런들 엇더하며 저런들 엇더하리 만수산 드렁칡이 얼거진들 긔 엇더하리 우리도 이가치 얼거져 백년까지 누리이라"라는 〈하여가〉로 정몽주의 마음을 돌리려 했으나 정몽주는 "이 몸이 죽고 죽어 일백번 고쳐 죽어 백골이 진토되어 넋이라도 잇고 업고 님 향한 일편단심이야 가싈 줄이 이시랴"라는 〈단심가〉를 불러 거절했다고 한다. 의리론에 철저한 정몽주의 절의 정신을 보여주고 있어 그의 죽음이 더욱 아쉽게 느껴진다.

금속활자 이용 출판 점차 일반화

출판계 활력소될 듯

금속활자 제조법 아직 개선의 여지 많아

이제는 금속활자로 책을 간행하는 일이 일반화되고 있어 앞으로 우리 출판계에 큰 활력소가 될 전망이다. 최근에는 흥덕사에서 금속활자로 찍어낸 저서 「백운화상초록불조직지심체요절」이 간행됐다.

이 책은 중앙관서가 아니라 지방 사찰에서 찍어낸 것이어서인지 활자의 크기와 모양이 고르지 않고 동일한 글자에 같은 모양의 것이 별로 보이지 않는다. 또한 글자획의 굵기와 가늘기에 차이가 크고 획이 부분적으로 끊긴 것도 적지 않으며, 활자의 크기에 차이가 커서 옆줄이 맞지 않고 심한 경우에는 윗자와 아랫자가 서로 물린 것도 있다.

원래 금속활자 주조방법은 활자모양으로 만든 밀랍에 글자를 새기고 녹인 쇳물의 열에 견딜 수 있도록 도가니 만드는 흙과 질그릇 만드는 흙을 잘 섞어 반죽하여 덮어싸서 자형(字型)을 만들어 구운 다음, 녹인 쇳물을 부어 활자를 조성해낸다.

그러나 이 방법으로는 복잡한 자형은 한 번밖에 사용할 수 없으므로 동일한 글자에 있어서 같은 모양의 것이 거의 나타날 수 없게 된다고 한다. 이같은 문제점이 보완되는 금속활자제조법의 개선책이 요망되고 있다.　참조기사 15호 6면

일부 성리학자들, 격렬하게 불교 비판

최근 성리학적 입장에 근거한 사대부들이 불교에 대해 격렬한 비판작업을 수행하고 있어 주목을 받고 있다. 이들은 유교를 정치사상, 불교를 개인윤리로 인정하던 종래의 관행을 깨고 개인윤리마저 유교에 근거해야 한다고 주장, 관심을 끌고 있다.

사실 이들의 주장은 정확한 불교 이해에 기반하고 있다기보다는 유학신봉자의 시각으로 바라보는 일방적 비난에 가까운 것이었다. 참 진리를 깨우치는 구도의 길을 흐려놓은 우리 불교계의 현 모습이 이들의 약간은 왜곡된 불교관 형성에 일조했다는 판단으로 일단 그들과의 대화를 여과없이 싣기로 했다.〈편집자 주〉

"불교는 인류을 무시 … 평상의 도가 아니다"

최근 신랄한 불교 비판을 계속하고 있는데 당신들이 보는 불교의 가장 큰 문제를 무엇인가.

정몽주 지금 현재 우리나라 사찰들은 농장을 경영하거나 고리대 사업을 하고 술을 만들어 파는 등 사회에 큰 해악을 끼치고 있다. 또한 불교는 친척을 떠나고 남녀 관계를 끊으니 평상의 도라 말할 수 없다.

박초 천하에는 부부, 부자, 군신의 예가 있는 바 이는 고금의 진리이다. 불교는 이것을 무시한다.

김초 나는 불교가 정상적인 인륜을 벗어난 것이라고 본다. 나는 불교 자체를 없애 승려는 농사를 시키고 재산은 몰수하여 관청에 소속시키고 승려가 되려는 자는 죽여서 용서하지 말아야 한다고 생각한다.

정도전씨는 보다 체계적으로 불교를 비판하고 있는 것으로 알고 있다.

정도전 불교에 대한 내 생각은 곧 「불씨잡변」이라는 이름의 책으로 출간할 생각이다. 지금 간략하게 말해본다면 현재 불교계의 사회경제적 폐단은 말할 것도 없고 불교의 윤회설이나 인과설, 심성설, 지옥설 등 교학 자체도 성인의 가르침과는 거리가 멀다고 생각한다.

불교에서 착한 일을 하면 복을 얻는다고 하지만 실제로 공민왕 때 많은 불사를 경영했다가 오히려 사람들의 원망과 비방만 들었다. 그러므로 부처를 섬기는 것은 아무런 이득도 없는 허사이며 오히려 성인의 가르침으로 관료와 백성을 교화해야 한다고 생각한다.

해외 소식

유럽, 농민반란 잇달아 …

최근 유럽에서는 농민의 경제적 조건 및 지위가 향상되면서 이를 인정하지 않으려는 봉건지배층과 농민들 사이에 격렬한 충돌이 발생하고 있다.

1358년 프랑스의 쟈크리의 봉기 이래 1381년에는 영국에서 와트타일러를 중심으로 농민 봉기가 발생해 체제의 붕괴를 선도하고 있다.

쟈크리 봉기의 경우 귀족들은 농민들을 쟈크라고 얕잡아 불렀는데 그것은 원래 농민의 별칭인 쟈크보놈(Jacques Bonhomme)에서 유래한다. 결사적이었던 농민들은 성을 약탈하고 불질렀으며, 그 안에 사는 자들을 신분에 관계없이 무자비하게 학살했다. 이 광란적인 살륙을 제지하기 위하여 가스통 드 푸아 백작이 피비린내 나는 진압작전을 감행했다고 한다.

연 표

국 내		국 외	
시 기	내 용	시 기	내 용
A · D		A · D	
892	견훤, 무진주를 점령하고 건국	875	(당)황소의 난
894	최치원 시무 10조를 올림		
895	궁예, 후고구려 건국		
898	궁예, 송악으로 천도		
916	거란족, 요나라 건국		
903	왕건, 금성(나주) 공격	902	(일본)최초의 장원 정리령
904	궁예, 국호 마진, 연호 무태		(이탈리아)사라센이 시칠리아를 점령
905	궁예, 철원 천도	907	(프랑스)클뤼니 수도원 완성
911	궁예, 국호 태봉, 연호 수덕만세		
915	궁예, 부인 강씨와 두 아들 죽임	916	(거란)야율아보기, 황제를 칭하고 거란국을 세움
918	왕건 즉위, 고려 건국, 연호 천수		
919	도읍 철원에서 송악으로 옮김		
920	신라, 고려에 사신 보냄	920	(거란)거란문자 창시
922	명주 장군 순식 고려에 투항	924	(거란)서쪽으로 원정
925	후백제, 신라의 20여 성 점령		
	발해, 신덕 등 500여 명 고려에 투항		
927	최치원, 「계원필경」저술		
	견훤, 금성에 침입. 경순왕 옹립		
930	울릉도, 고려에 공물 바침		
931	왕건, 신라의 금성 방문		
932	후백제의 주사 예성강 부근 공격		
	고려, 후당에 사신 보냄		
934	발해 세자 대광현, 고려에 투항		
935	후백제 신검, 견훤 유폐하고 왕 즉위	936	(거란)후당의 석경당을 진제로 옹립하고 연운 16주를 취함
	경순왕 고려에 항복		(독일)오토 1세(대제)의 재위 기간
936	신검, 일리천에서 고려에 대패		
	왕건, 「정계」1권, 「계백료서」 8편 반포		
940	경주를 대도독부로 함		
	역분전제를 정함		
943	혜종 즉위		
945	정종 즉위		
	왕규, 박술희 죽임		
946	대사원에 불명경보, 광학보 둠		
947	서경에 왕성 쌓음		
	30만의 광군을 두고 거란 대비		
949	광종의 즉위		
	주현의 세공액을 정함		
950	광덕이란 연호를 사용		
951	성남에 봉은사 창건(태조 원당)		
952	후주에 사신을 보냄		
956	노비안검법 실시		
958	과거제도 실시		
960	백관의 공복을 정함	960	(송)조광윤, 후주를 멸하고 송을 건국
963	제위보를 둠	972	(신성 로마제국)오스마르크 회복
973	균여대사, 「보현십원가」 지음		
977	공음전시를 정함	979	(송)중국 통일 북벌 개시
981	팔관회의 잡기를 폐지		
982	백관의 명호를 고침		
982	최승로, 시무 28조를 올림		
983	12목 설치, 3성 6부 7시를 정함		
984	군인의 복색을 정함		
986	흑창을 의창으로 고쳐 설치		
987	노비환천법 제정		
	12목에 경학박사, 의학박사 1명씩 둠		
989	동북, 서북면에 병마사를 둠		
990	송의 무악 전래		
	서경에 분사를 설치		
	서경에 수서원 세움		
991	중추원 설립		
992	국자감 창립		
993	거란, 고려에 침입		
995	6부 상서의 칭호 정함		
996	금속화폐 철전 주조		
997	목종 즉위		
998	백관 및 군인전시과 개정		
1002	개경에 6위의 군영을 지음		

시 기	내 용	시 기	내 용
1004	과거법 개정		
1006	식량이 떨어진 자에게 곡식 지급		
1007	대반야경판 찍어서 냄		
	월정사 8각 9층탑 건립		
1009	서북면 병마사 강조, 목종을 폐하고		
	대량원군 순 현종으로 즉위		
1010	강조, 행영도통사로 통주에서		
	30만 대군으로 거란에 대비		
1010	거란, 2차 침입 개시		
1011	거란군 개경에 침입		
1011	「초조대장경」 조판 시작		
1013	거란 강동 6주 침입		
	「국사」 편찬 시작		
	30결 이상 소유토지 세액 정함		
1018	4도호 8목의 지방제 개정		
	거란 소배압 등 10만 침입		
1019	강감찬의 귀주대첩		
1021	사원에서의 술 제조를 금지		
1024	죽은 군인의 미망인에게 구분전 지급		
1025	대식국인 100명 공물을 바침		
1031	국자감시 신설		
1032	「7대실록」 편찬		
1033	천리장성 축조 개시	1033	(송)인종의 친정이 시작됨(경력의 치)
1034	정종 즉위		
1036	모든 관리에게 녹패를 줌		
1040	도량형 통일		
1042	국자감의 학생 중 나이 많고 재능 없는 자를 광군에 보충	1042	(송)요와 화친을 맺음
1044	천리장성 완성	1043	(동로마)키예프의 블라지미르가 콘스탄티노플을 공격
1047	구분전 제정		
1049	양반의 공음전시를 정함		
1050	동북면 병마사, 해적을 추자도에서 대파		
1054	전품 3등법을 정함	1054	(로마 교회)교회 동서로 분리됨(로마와 그리스)
1058	「황제내경」 등 의서 간행		
1059	서북면 제주에 양전 실시		
1061	내사문하성을 중서문하성으로 고침		
1062	개성부 다시 설치		
1063	거란이 대장경을 보내옴		
1065	흥왕사 완성		
1066	3년간 전국의 도살 금지케 함	1066	(거란)국호를 다시 요로 고침
1072	예복제도를 정함	1069	(송)왕안석의 개혁 시작
1075	혁련정, 「균여전」을 지음		
1076	양반전시과를 경정		
1079	송, 의관과 약재를 보내옴		
1080	문정 등 기병 3만 여진정벌		
1082	일본의 대마도 사신 입국		
1083	군신에게 녹패를 줌	1084	(신성 로마제국)하인리히 4세, 교황 그레고리를 포위
1085	법천사 지광국사 현묘탑 건립	1085	(로마 교회)교황 그레고리 7세 죽음
	통도사 주위에 국장생표 세움		
1086	흥왕사에 교장도감 설치	1086	(송)왕안석 죽고 사마광이 재상이 되어 신법을 폐지
1087	「초조대장경」 간행(흥왕사)		
1090	의천, 「신편제종교장총록」 편수		
1095	중추원을 추밀원으로 고침	1095	(로마 교회)교황 우르바노 2세, 십자군 운동을 호소
1096	의천, 「속장경」을 완성, 부인사에 보관	1096	(프랑스, 신성 로마제국)제1차 십자군 원정
1097	의천, 「대각국사문집」 지음		
1101	국자감에 서적포를 둠		
	처음으로 은병 사용		
1102	해동통보 15000관 주조		
1104	별무반, 항마군 조직		
1107	윤관, 여진 격파. 6성 축조		
1108	윤관, 함경도 북부에 9성 축조		
1109	9성 돌려줌		
1112	혜민국 설치	1115	(금)여진족, 금을 건국
1119	국학에 양현고 설치		
1120	왕, 팔관회에서 「도이장가」 지음		
1122	「예종실록」 찬수	1122	(신성 로마제국)보름스 협약 (성직임명권문제 해결)
1124	「고려도경」 40권을 지어 바침		
1126	이자겸의 난	1127	(남송)남송 건국
1127	척준경, 최식 등 유배		
1129	서경에 대화궁 낙성. 서적고를 둠		
	묘청 등 칭제건원 요청		

국 내		국 외	
시 기	내 용	시 기	내 용
1132	임원애, 묘청 등을 죽일 것을 요청	1130	(신성 로마제국)황제당과 교황당의 항쟁 시작
1135	묘청, 서경에 대위국 건설, 서북농민 이에 호응		
1136	서경 함락		
1145	김부식, 「삼국사기」 50권 편찬		
1147	서경사람 이숙, 모반하다 사형당함		
1149	연등회 실시	1147	(프랑스, 신성 로마제국)제2차 십자군
1154	과거법 개정	1150	(영국)아더왕 이야기 완성
1158	백주에 별궁(중흥궐) 창건		
1159	고려청자 등 도자기 성행		
1162	이천, 동주, 선주 등에서 대규모 민란		
1170	정중부, 문신대학살	1167	(영국)옥스포드대학 창시
1171	이고, 모역하다 사형	1170	(프랑스)파리대학 개교
1172	창주, 동주, 선주 등지 대규모 민란	1171	(영국)아일랜드를 침략하기 시작
	지리산 단곡사에 대감국사탑비 건립		
1173	김보당의 난(동북면)		
	이의민, 의종을 죽임(경주)		
	조위총의 난, 서북민 40여 성 민란		
1175	명종, 정중부에게 궤장을 내림		
1176	공주 명학소, 망이·망소이 민란		
	서경 함락, 조위총을 죽임		
1177	망이·망소이 항복		
	망이, 공주·아산 점령.		
	서경에 민란 재발(서경 장악)		
1178	이의민, 서경봉기 진압		
	박제검, 서북지방의 봉기군 토벌		
1179	서경, 민란 재발		
	경대승, 정중부와 송유인을 죽임. 도방 설치		
1190	경주지방 민란	1189	(프랑스, 신성 로마제국)제3차 십자군
1193	운문의 김사미와 초전의 효심 민란		
	이규보, 「동명왕편」을 지음		
1196	최충헌, 이의민을 죽이고 3족을 멸함		
	봉사 10조 올림		
1197	신종 즉위		
	임춘, 「공방전」·「국순전」 지음		
1198	만적, 노비폭동 계획 실패		
1199	명주, 경주에서 민란		
1202	경주, 운문, 울진 연합 민란		
1204	희종 즉위	1202	(프랑스, 신성 로마제국)제4차 십자군
1205	최충헌에게 내장전 100결 내림	1208	(영국)케임브리지 대학 창립
1208	교정도감 설치		
1212	최충헌의 흥녕부를 진강부로 함		
1213	고종 즉위		
1215	각훈, 「해동고승전」 지음		
1216	김취려, 연주에서 거란군 격파	1215	(영국)마그나카르타 제정
1217	흥왕사 승도, 최충헌 시해 시도		
1219	조충·김취려 강동성 거란 격퇴		
1221	최우, 진강후로 봉해짐		
1223	왜, 금주에 침입		
1225	저고여, 압록강 연안서 피살		
	최우, 사저에 정방 설치		
1126	왜, 경상도 연안 침입		
1231	살례탑의 몽고군 1차 침입	1227	(서하)칭기즈칸에 의해 멸망됨
1232	다루가치 설치, 강화 천도	1228	(프랑스, 신성 로마제국)제5차 십자군
	몽고군 2차 침입, 김윤후의 활약	1229	(오고타이 한국)오고타이, 칭기즈칸을 계승(태종)
	초조대장경 불타버림		
1234	금속활자로 「상정고금예문」 인쇄		
1235	몽고군 3차 침입	1234	(금)원에 의해 멸망됨
1236	대장경 조판에 착수. 몽고군 각지 둔전	1235	(몽고)수도인 카라코룸 건설
1237	이규보, 「동국이상국집」 지음		
	부인사 소장의 대장경 불에 탐		
1239	몽고, 고려왕의 친조를 요구		
1243	지방에 순문사와 권농사 파견	1241	(신성 로마제국)한자동맹 성립
1247	몽고군 제4차 침입	1243	(차카타이 한국)오고타이, 칭기즈칸을 계승
1249	몽고, 고려왕의 출륙친조 요구		(킵차크 한국)바투, 건국
	최우 죽음, 최항 정권장악	1248	(프랑스, 신성 로마제국) 제6차 십자군
1253	삼별초, 금주 전주에서 몽고 격파		
1254	몽고 차라대군 5차 침입	1253	(프랑스)소르본느대학 창립
1255	최자의 「보한집」 이룩됨	1254	(신성 로마제국)대공위 시대
1257	몽고 차라대군 6차 침입		
	최항 죽음, 최의 정권계승		

국 내		국 외	
시 기	내 용	시 기	내 용
1258	김준, 유경 등 최의를 죽임		
	화주에 쌍성총관부를 둠		
1259	강화도의 내, 외성을 헐음		
1260	태자 몽고에서 귀국하여 즉위, 이인로의 「파한집」 간행		
1265	남쪽 해안지방에 왜구 침입		
1269	전민변정도감을 둠	1265	(영국)하원의 시초인 시몽 드 몽포르의회 개최
1270	서경에 동녕부를 둠	1270	(프랑스)제7차 십자군 원정(루이 9세의 객사로 중도 귀환)
	배중손 등 삼별초의 항쟁, 삼별초 진도로 들어감.		
1271	김방경, 몽고세력과 진도 함락		
1272	세자, 변발·호복하고 돌아옴	1271	(이탈리아)마르코 폴로, 동방 여행길에 오름(1295. 돌아옴)
1273	김방경과 원의 장수 탐라 공격		
1274	결혼도감을 둠. 김방경, 혼도와 일본정벌 실패		
1278	녹과전을 다시 지급	1274	(로마 교회)토마스 아퀴나스 사망
1281	몽고, 고려군을 강제 동원하여 일본정벌		(원)고려군과 연합하여 일본 원정, 실패
1285	일연, 「삼국유사」 지음	1281	(원)일본 2차 원정하였으나 실패
1287	이승휴, 「제왕운기」 지음		
1288	전민변정도감 둠		
1298	정방 폐지. 관제를 고침		
1301	관명이 원과 같은 것은 모두 개칭	1295	(영국)모범의회
1314	5도 양전 실시	1302	(프랑스)삼부회 최초로 소집됨
1316	관리와 승려의 상업행위를 금함	1309	(로마 교회)교황의 아비뇽 유폐
1318	제주도 민란 일어남. 사심관 폐지	1310	(차카타이 한국)오고타이 한국을 멸망
1330	안축, 「관동별곡」·「죽계별곡」 지음		
1342	이제현, 「역옹패설」 지음	1338	(영국, 프랑스)백년전쟁 발발
1348	경천사 다층석탑 지어짐	1347	(유럽)전유럽에 걸친 페스트 만연 - 인구 대폭 감소
1350	왜의 침략 격화, 고성, 거제, 합포 등에 침략		
1351	왜선 100여 척, 경기도 노략질		
1352	변발금지. 예의추정도감 둠		
1354	왜구 전라도 조운선을 노략질		
1356	정동행성 폐지		
1359	홍건적, 서경 함락	1358	(영국)자크리 농민 반란
1363	문익점·원에서 목화씨를 가져옴		
1367	호복제를 폐함. 국학 다시 설치	1364	(원)주원장, 오왕을 칭하고 자립
1372	제주도에 민란	1367	(신성 로마제국)한자시의 쾰른 동맹
1377	화통도감 설치	1368	(명)주원장 황제를 칭하고 명 건국(수도,금릉)
1380	이성계, 운봉에서 왜구 격파	1378	(로마 교회)교회가 로마와 아비뇽으로 분리
1387	원복을 폐하고 명제에 따름	1380	(킵차크 한국)모스크바 대공, 최초로 킵차크에 승리
1388	최영 요동정벌. 이성계, 위화도 회군으로 정권 장악		(명)황제의 독재권 강화
1389	이성계, 우왕과 창왕 죽임. 관제개혁	1381	(영국)와트 타일러의 난
1390	토지문서 불태움		
1391	과전법 제정		
1392	이성계 왕으로 추대	1391	(북원)명에 항복하여 멸망

찾 아 보 기

신문으로 엮은 한국 역사 2

역사신문

1996년 1월 25일 1판 1쇄
2022년 2월 28일 1판 37쇄

지은이 | 역사신문편찬위원회

편집관리 | 인문팀
제작 | 박흥기
마케팅 | 이병규·양현범·이장열
홍보 | 조민희·강효원

출력 | 블루엔
인쇄 | 천일문화사
제책 | J&D바인텍

펴낸이 | 강맑실
펴낸곳 | (주)사계절출판사
등록 | 제406-2003-034호
주소 | (우)10881 경기도 파주시 회동길 252
전화 | 031)955-8588, 8558
전송 | 마케팅부 031)955-8595   편집부 031)955-8596
홈페이지 | www.sakyejul.net   전자우편 | skj@sakyejul.com
페이스북 | facebook.com/sakyejul 트위터 | twitter.com/sakyejul
블로그 | skjmail.blog.me

ⓒ 사계절출판사, 1996

값은 뒤표지에 적혀 있습니다.
잘못 만든 책은 구입하신 서점에서 바꾸어 드립니다.

사계절출판사는 성장의 의미를 생각합니다.
사계절출판사는 독자 여러분의 의견에 늘 귀 기울이고 있습니다.

이 책은 저작권법에 따라 보호받는 저작물이므로
무단전재와 무단복제를 금합니다.

ISBN 978-89-7196-297-8 04910

愚區區庸鄙投其旨趣能無疑
者哉然則大教之興基乎西土騰
庭而皎夢照東域而流慈昔者分
分跡之時言未馳而成化當常現
之世民仰德而知遵及乎晦影歸
遷儀越世金容掩色不鏡三千之
麗象開圖空端四八之相於是微

凡愚區區庸鄙投其音趣貪背無疑

者茫然則大教之興基乎西土騰

庭皎夢照東域而流慈世者分

分跡之時言未馳而成化當今現

之世民仰德而知道遵及乎晦影歸

逐儀越世金容掩色不鏡三千之

鹿象開圖空端四八之相於是微